de-**riv**-e）であることを知れば，想像もしていなかったような新しい英単語の世界が解明されますし，有機的に関連づけることによって，楽しく語彙力の効果的な増強がはかれるはずです。

　本書には英語の語根を見出し語として，それぞれの見出し語根を共有する英単語が収録されています。語根については造語力が高く，そして，ここに取り上げられている英単語はすべて，活用度，使用頻度の高いものばかりです。

　まったく新しい方法ですが，本書では縦線によって，語根と接頭辞，接尾辞がそれぞれ区分されています。これは，語根を核とした英単語の構成をより具体的に示すためです。

　単語構成の部分では，それぞれの英単語の生い立ちや成り立ちが解説されています。そのところどころで，その語の背景にある歴史や文化，そして，その中に生きた人たちのロマンに満ちた世界を想像していただければ幸いです。

　執筆に際しては，Klein, E.：*Klein's Comprehensive Etymological Dictionary of the English Language* (1971), Weekley, E.：*An Etymological Dictionary of Modern English* (1967), Skeat, W. W.：*A Concise Etymological Dictionary of the English Language* (1965), 中島文雄・寺澤芳雄共編『英語語源小辞典』(1964) に加え，多くの辞書を参考にさせていただきました。ここに，その恩恵が大きかったことを記し，それぞれの辞書に，心から感謝の意を表する次第です。

　本稿は1968年に脱稿されたものです。出版に至る30年以上の時間の経過を考えるとき，感慨一入なものがあります。それだけに，本書が英語力を向上させるために活用していただければ，著者としてこれに越した喜びはありません。

　最後になりましたが，長い期間にわたり，特に編集部の鵜沢敏明氏，藤田佣一郎氏には編集・校正などに多大のお骨折りをいただきました。心からお礼を申し上げます。

2000年11月

瀬　谷　廣　一

語根中心
英単語辞典
Concise Dictionary of Roots
for English Words
瀬谷廣一
Seya Koichi

大修館書店

はじめに

「どうしたら英語の語彙を飛躍的に増やすことができるだろう
時間をかけて，覚えたはずなのにすっかり忘れてしまって，同じ
辞書で引いているとはどうしたことなのだろうか」。

　これらは，英語学習者ばかりでなく，外国語学習者ならだれし
とではないでしょうか。

　英語の語彙数を正確に言える人はひとりとしていないはずです
上だという人もいれば，百万語くらいだという人もいます。さらに
生活様式の多様化，テクノロジーの発展等に伴い，それらの諸相
語彙が時々刻々生み出されています。

　これほどの数の英単語を丸暗記という方法で習得しようとして
現実的であり，また，不可能に近いことです。

　しかしながら，この語彙の大海の中にあって，英語を話してい
さに英語を用いて生活しているわけですから，英単語の習得を無理
ものとし，しかも，記憶の中に長く定着させることのできる仕組み
のものの中にあるはずです。

　本書はその仕組みの一つとして，英単語構成の中核をなす「語根
に注目して，英単語を単にアルファベットの羅列として覚えるの
語力を身につけ，さらに単語理解の奥行きを増し，その幅を広げて
成することを狙いとしています。

　英語の単語は，日本語の漢字の「偏(へん)」と「旁(つくり)」の造語法と同じ
様式をもっています。すなわち，〈英単語＝接頭辞＋語根＋接尾辞〉
式から成り立っています。語根を中心にして，接頭辞は語彙の語根
向づけに大きな役割を果たし，接尾辞は品詞決定の働きをするので
味から，本書では「接頭辞」と「接尾辞」を第1部としました。英
を深め，さらに幅広いものにするために役立ててください。「語根
え，その「語根」に接頭辞・接尾辞をつけ加えることにより，一見
る英単語でも，その意味を推測できるということは実に楽しいこと

　例えば，prediction という単語が，

　　pre[＝before 前もって]＋**dict**[＝declare 宣言する，say 言う，…]＋**ion**[
　　└─〈接頭辞〉　　　　　└─〈語根〉　　　　　　　　　　〈接尾辞〉─┘

という構成であることがわかれば，「前もって言うこと」→「予
意味になることが理解できるでしょう。

　また，次の五つの単語 ripple「さざ波」，river「川」，rival「ラ
arrive「到達する」，derive「由来する」は，なんのつながりもない
ますが，「川，堤」を意味する **riv** が共通語根（**ripp**-le, **riv**-er, **riv**-al,

語根中心
英単語辞典
Concise Dictionary of Roots
for English Words

瀬谷廣一
Seya Koichi

大修館書店

はじめに

「どうしたら英語の語彙を飛躍的に増やすことができるだろうか」。「相当な時間をかけて，覚えたはずなのにすっかり忘れてしまって，同じ単語を何度も辞書で引いているとはどうしたことなのだろうか」。

これらは，英語学習者ばかりでなく，外国語学習者ならだれしもが考えることではないでしょうか。

英語の語彙数を正確に言える人はひとりとしていないはずです。50万語以上だという人もいれば，百万語くらいだという人もいます。さらには，昨今の生活様式の多様化，テクノロジーの発展等に伴い，それらの諸相を表す新しい語彙が時々刻々生み出されています。

これほどの数の英単語を丸暗記という方法で習得しようとしても，それは非現実的であり，また，不可能に近いことです。

しかしながら，この語彙の大海の中にあって，英語を話している人たちはまさに英語を用いて生活しているわけですから，英単語の習得を無理なく確実なものとし，しかも，記憶の中に長く定着させることのできる仕組みが英単語そのものの中にあるはずです。

本書はその仕組みの一つとして，英単語構成の中核をなす「語根（Root）」に注目して，英単語を単にアルファベットの羅列として覚えるのではなく，造語力を身につけ，さらに単語理解の奥行きを増し，その幅を広げて運用力を養成することを狙いとしています。

英語の単語は，日本語の漢字の「偏（へん）」と「旁（つくり）」の造語法と同じような構成様式をもっています。すなわち，〈英単語＝接頭辞＋語根＋接尾辞〉，という公式から成り立っています。語根を中心にして，接頭辞は語彙の語根の意味の方向づけに大きな役割を果たし，接尾辞は品詞決定の働きをするのです。この意味から，本書では「接頭辞」と「接尾辞」を第1部としました。英単語の知識を深め，さらに幅広いものにするために役立ててください。「語根」を一つ覚え，その「語根」に接頭辞・接尾辞をつけ加えることにより，一見難解に見える英単語でも，その意味を推測できるということは実に楽しいことです。

例えば，prediction という単語が，

pre［＝before 前もって］＋**dict**［＝declare 宣言する，say 言う，…］＋**ion**［→名］
　└〈接頭辞〉　　　　└〈語根〉　　　　　　　　└〈接尾辞〉

という構成であることがわかれば，「前もって言うこと」→「予言」という意味になることが理解できるでしょう。

また，次の五つの単語 ripple「さざ波」, river「川」, rival「ライバル」, arrive「到達する」, derive「由来する」は，なんのつながりもないように見えますが，「川，堤」を意味する **riv** が共通語根（**ripp**-le, **riv**-er, **riv**-al, ar-**riv**-e, de-**riv**-e）であることを知れば，想像もしていなかったような新しい英単語の世界が解明されますし，有機的に関連づけることによって，楽しく語彙力の効果的な増強がはかれるはずです。

　本書には英語の語根を見出し語として，それぞれの見出し語根を共有する英単語が収録されています。語根については造語力が高く，そして，ここに取り上げられている英単語はすべて，活用度，使用頻度の高いものばかりです。

　まったく新しい方法ですが，本書では縦線によって，語根と接頭辞，接尾辞がそれぞれ区分されています。これは，語根を核とした英単語の構成をより具体的に示すためです。

　単語構成の部分では，それぞれの英単語の生い立ちや成り立ちが解説されています。そのところどころで，その語の背景にある歴史や文化，そして，その中に生きた人たちのロマンに満ちた世界を想像していただければ幸いです。

　執筆に際しては，Klein, E.：*Klein's Comprehensive Etymological Dictionary of the English Language* (1971), Weekley, E.：*An Etymological Dictionary of Modern English* (1967), Skeat, W. W.：*A Concise Etymological Dictionary of the English Language* (1965), 中島文雄・寺澤芳雄共編『英語語源小辞典』(1964) に加え，多くの辞書を参考にさせていただきました。ここに，その恩恵が大きかったことを記し，それぞれの辞書に，心から感謝の意を表する次第です。

　本稿は 1968 年に脱稿されたものです。出版に至る 30 年以上の時間の経過を考えるとき，感慨一入なものがあります。それだけに，本書が英語力を向上させるために活用していただければ，著者としてこれに越した喜びはありません。

　最後になりましたが，長い期間にわたり，特に編集部の鵜沢敏明氏，藤田侊一郎氏には編集・校正などに多大のお骨折りをいただきました。心からお礼を申し上げます。

2000 年 11 月

瀬　谷　廣　一

語根中心 英単語辞典

目　次

はじめに ……………………………………………………………… iii

本書の使用法 ………………………………………………………… vi

凡例 …………………………………………………………………… viii

第1部　**接頭辞と接尾辞** ………………………………… 3

第2部　**語根中心　英単語辞典** …………………… 17

索引 …………………………………………………………………… 279

本書の使用法

語 根

　不思議に思えるかも知れませんが，本書の「見出しの〈語根〉」は一つとは限りません。複数の，いくぶん（あるいはずいぶん）語形の異なる場合があります。この現象は，英語がその歴史において経験してきた音韻変化，そして，西欧文明の源流であるギリシャ語・ラテン語，さらには，フランス語から多くの語を借用してきたということによるものです。その借用の時代と経由によって語源は同じであっても異なる語根となっているのです。

　この意味で，語根は英語が現在の豊かさを獲得するまでの歴史の軌跡を示していると言えるでしょう。

＊ reg, roy ［＝king 王］

| reg | al | ＜L. *rēgālis*「王様の」（⇐ラテン語） |
| roy | al | ＜OF. *roial* ＜L. *rēgālis*「王様の」（⇐古フランス語 ⇐ラテン語） |

＊ car, char ［＝car 車, run 走る］

car		＜OF. *carre*「四輪馬車」（⇐古フランス語）
car	t	＜OF. *cræt*「車」. r と æ の文字が入れ替わって音韻変化をした car の指小語.（⇐古英語）
char	iot	＜OF. *chariot*（char［＝car］＋iot［＝small→指小辞］（⇐古フランス語）

＊ duc, duct ［＝lead 導く］

| pro | duc | e | ＜L. *prōdūcere*［prō 前に＋dūcere 導く］.「前方に導く」（⇐動詞の原形） |
| pro | duct | | ＜L. *prōductum*［prō 前に＋dūcere 導く＋tus 過去分詞語尾］（⇐動詞の過去分詞形） |

＊ prob, prov ［＝prove 証明する, good 良い］

| prob | e | ＜L. *probāre*「調べる」（⇐ラテン語） |
| prov | e | ＜OF. *prover* ＜L. *probāre*「調べる」（⇐古フランス語 ⇐ラテン語） |

第1部　接頭辞と接尾辞

1）接頭辞はそれが表す意味の上から分類した。〔　　〕はその意味構成である。

　　(1)「前（に）・前もって」（before, forward）
　　　　① **ante-**　（＜L.）　antecedent〔ante＋cedent（＝go）行く〕先行詞
　　　　　　anti-　（＜L.）　anticipate〔anti＋cipate（＝take）取る〕予期する

② **pre-**（＜L.）prejudice〔pre＋judice（＝judge）判断する〕先入観
pro-（＜Gk.）progress〔pro＋gress（＝go）行く〕進歩する

(2)「後（に）・もとに」(after, backward)
① **post-**（＜L.）postpone〔post＋pone（＝put）置く〕延期する
② **re-**（＜L.）recede〔re＋cede（＝go）〕退く，引っ込む
③ **retro-**（＜L.）retrospect〔retro＋spect（＝look）見る〕回顧する

2）接尾辞は品詞別・機能別に分類した。〔　〕はその意味構成である。

1．名詞語尾として用いるもの(1)「人」を表す
① **-an**（-ian, -en）（＜L.）
　　historian〔history 歴史＋an〕歴史家
　　Grecian〔Greece ギリシャ＋ian〕ギリシャ人
　　warden〔ward 監視＋en〕管理人
② **-ant**（-ent）（＜L.）
　　assistant〔assist 助ける＋ant〕アシスタント
　　student〔study 研究する＋ent〕学生
③ **-er**（-ar, -eer, -or）（＜L.）
　　scholar〔school 学校＋ar〕学者
　　writer〔write 書く＋er〕作家
　　auctioneer〔auction 競売する＋eer〕競売人
　　doctor〔doct 教える＋or〕博士，医者

第2部　語根中心 英単語辞典

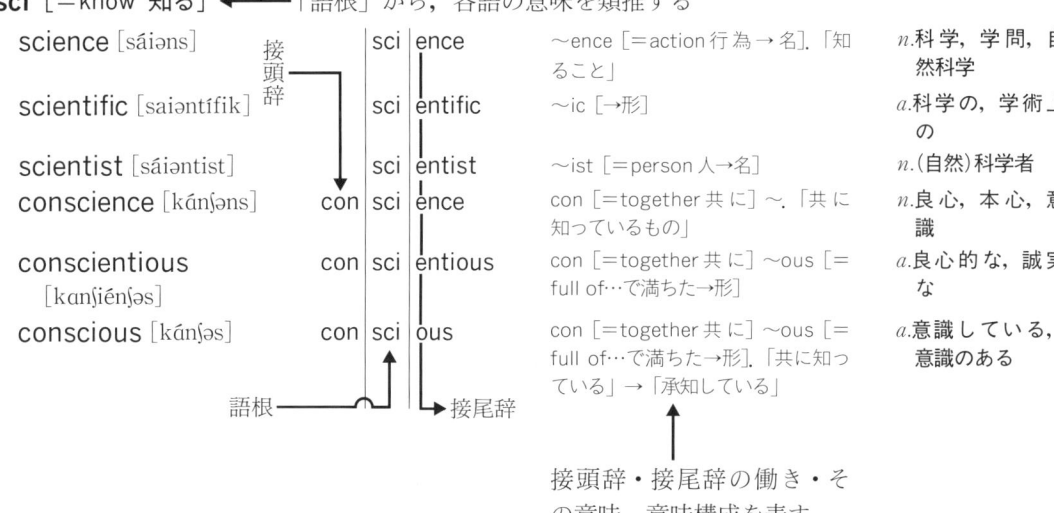

【凡 例】

1. 記号

    ＜＝語源
    〜＝見出し語根と同一のつづり
    →＝意味の変化，派生関係，単語の変遷など

2. 品詞略語一覧

    a.＝adjective 形容詞　　　　形＝形容詞
    ad.＝adverb 副詞　　　　　　副＝副詞
    conj.＝conjuction 接続詞　　　接＝接続詞
    int.＝interjection 間投詞　　　名＝名詞
    n.＝noun 名詞　　　　　　　　前＝前置詞
    prep.＝preposition 前置詞　　　動＝動詞
    v.＝verb 動詞

3. 言語名略記一覧

    Arab. アラビア語　　　　　　　MDu. 中期オランダ語（12〜16 世紀頃）
    Eng.　英語　　　　　　　　　　ME.　中英語（11〜15 世紀）
    F.　　フランス語　　　　　　　MF.　中フランス語（14〜16 世紀）
    GK.　ギリシャ語　　　　　　　MLG. 中低ドイツ語（12〜15 世紀）
    It.　　イタリア語　　　　　　　OE.　古英語（8〜11 世紀）
    L.　　ラテン語　　　　　　　　OF.　古フランス語（9〜13 世紀頃）
    俗ラテン語（紀元前 3〜後 6 世紀頃）　　ON.　古ノルド語（7〜14 世紀頃）

語根中心
英単語辞典

瀬谷 廣一 著

大修館書店

第1部
接頭辞と接尾辞

I. 接頭辞のいろいろ

接頭辞の特徴は，その多くが，添加される語の意味を変えることです。すなわち，接頭辞は「語」の意味を方向づけたり，拡大する働きをするのです。

たとえば，動詞 press「押す，圧する」の語頭に com-, de-, ex-, im-, re-, sup- などの接頭辞をつけてみましょう。品詞は動詞のままで変りませんが，意味は次のように変化します。

com-	ともに	+	press	=	compress	圧縮する
de-	下へ	+	press	=	depress	落胆させる，抑圧する
ex-	そとへ	+	press	=	express	表現する
im-	中へ	+	press	=	impress	印象を与える
re-	後ろへ	+	press	=	repress	抑制する
sup-	下に	+	press	=	suppress	抑圧する

以下はもっとも普通の接頭辞を意味の上から分類したものです「＜」は語源を示し，GK. は「ギリシア語」，L. は「ラテン語」，Eng. は「英語」を表します。

(1)「前（に）・前もって」(before, forward)
 ① **ante-** (＜L.) antecedent〔ante＋cedent（＝go）行く〕先行詞
  anti- (＜L.) anticipate〔anti＋cipate（＝take）取る〕予期する
 ② **pre-** (＜L.) prejudice〔pre＋judice（＝judge）判断する〕先入観
  pro- (＜GK.) progress〔pro＋gress（＝go）行く〕進歩する

(2)「後（に）・もとに」(after, backward)
 ① **post-** (＜L.) postpone〔post＋pone（＝put）置く〕延期する
 ② **re-** (＜L.) recede〔re＋cede（＝go）〕退く，引っ込む
 ③ **retro-** (＜L.) retrospect〔retro＋spect（＝look）見る〕回顧する

(3)「上に・超えて・過度の」(over, beyond)
 ① **extra-** (＜L.) extraordinary〔extra＋ordinary 普通の〕異常な，非凡な
 ② **super-** (＜L.) supernatural〔super＋natural 自然な〕超自然な
 ③ **sur-** (＜L.) surpass〔sur＋pass 通過する〕まさる
 ④ **ultra-** (＜L.) ultramodern〔ultra＋modern 現代の〕超現代的な

(4)「下に」(down, under)
 ① **de-** (＜L.) depend〔de＋pend さげる〕依存する，頼る
 ② **sub-** (suc-, suf-, sug-, sum-, sup-, sus-) (＜L.)
  ＊通例 c の前では suc-，f の前では suf-，g の前では sug-，m の前では sum-，p の前では sup-，t の前では sus- となる。
   subway〔sub＋way 道〕地下鉄
   suffer〔suf＋fer 運ぶ〕苦しむ

suggest〔sug＋gest 運ぶ〕暗示する
　　　summon〔sum＋mon 警告する〕呼び出す
　　　suppress〔sup＋press 圧す〕抑圧する
　　　sustain〔sus＋tain 保つ〕支える

(5)「中に，中へ」(in, within)
　①　**in-** (il-, im-, ir-) (＜L.)
　　＊b, m, p の前では im-, l の前では il-, r の前では ir- となる。
　　　income〔in＋come〕収入
　　　imbibe〔im＋bibe 吸収する〕飲む
　　　immerse〔im＋merse 浸す〕浸す
　　　import〔im＋port 運ぶ〕輸入する
　　　irruption〔ir＋ruption 破裂〕突入
　②　**en-, em-** (＜GK., L.)
　　　enclose〔en＋close 閉じる〕囲む
　　　embrace〔em＋brace 腕〕抱擁する
　③　**inter-, intra-, intro-** (＜L.)
　　　interrupt〔inter＋rupt 破壊する〕妨げる
　　　intramural〔intra＋mural 壁の〕学内の
　　　introduce〔intro＋duce 導く〕紹介する
　④　**enter-** (＜L.) entertain〔enter＋tain 維持する→接待する〕楽しませる

(6)「外に」(out, without)
　①　**ex-** (e-, ec-, ef-, es-) (＜GK., L.)
　　＊f の前では ef-, その他の子音の前では e-, c または s の前ではしばしば ec-, フランス語起源の語では es- となる。
　　　elect〔e＋lect 選ぶ〕選挙する
　　　eccentric〔ec＋centric 中心の〕風変わりな
　　　efface〔ef＋face 表面〕消す
　　　escape〔es＋cape 外套〕逃げる
　　　expel〔ex＋pel 追いやる〕追い出す
　　＊ex- はハイフンを用いて，地位・官職・身分などを表す合成語を作る。
　　ex-＝former, previous「以前の，前…」
　　　ex-president 前大統領（会長，社長）
　　　ex-husband 前夫
　②　**exo-** (＜GK.) exogamy〔ex＋gamy 結婚〕族外結婚
　③　**extra-, extro-** (＜L.)
　　　extramural〔extra＋mural 壁の〕学外の
　　　extrovert〔extro＋vert 向ける〕外向性の

(7)「周りに」(around, about)
　①　**ambi-** (＜L.) ambition〔ambi＋it (＝go)＋ion 歩きまわること〕野心

② **circu-** (＜L.) circuit〔circu+it＝go〕巡回
③ **circum-** (＜L.) circumference〔circum+fer 運ぶ+ence まわりに運ぶこと〕円周，周囲
④ **peri-** (＜GK.) period〔peri+od＜odos 途(ʓ)＝ひとまわりした途→周期〕時期，期間

(8)「一方へ，〜の方へ」(to, toward)
　ad- (a-, ac-, af-, ag-, al-, an-, ap-, ar-, as-, at) (＜L.)
　＊c, k, q の前では ac-, f の前では af-, g の前では ag-, l の前では al-, n の前では an-, p の前では ap-, r の前では ar-, s の前では as-, t の前では at- になる。
　　　amass〔a+mass かたまり〕ためこむ
　　　access〔ac+cess 来る〕近づき，出入り
　　　acknowledge〔ac+knowledge 知識〕認める
　　　acquire〔ac+quire 得る〕取得する
　　　adhere〔ad+here 密着する〕固執する，粘着する
　　　afflict〔af+flict 打つ→打ちのめす〕ひどく苦しめる
　　　aggression〔ag+gress 侵す，行く+ion →侵すこと〕侵略
　　　allure〔al+lure 誘う〕誘う，魅惑する
　　　announce〔an+nounce 報告する〕発表する
　　　approach〔ap+proach より近く〕近づく
　　　arrange〔ar+range 並べる〕整える
　　　assent〔as+sent 感じる〕同意（する）
　　　attract〔at+tract 引く〕ひきつける

(9)「離れて」(away, apart)
　① **a-** (＜L.) avert〔a+vert 回す〕そむける
　② **ab-** (＜L.) abnormal〔ab+normal 通常の〕異常な
　　abs- (＜L.) abstract〔abs+tract 引く〕抽象的な
　③ **de-** (＜L.) defy〔de+fy 信じる→信じなくなる〕反抗する
　④ **di-** (＜L.) divorce〔di+vorce 向きを変える〕離婚
　　dif- (＜L.) differ〔dif+fer 運ぶ→離れて運ぶ〕異なる
　　dis- (＜L.) dismiss〔dis+miss 送る〕去らせる
　⑤ **se-** (＜L.) seduce〔se+duce 導く→わきに導く〕誘惑する
　⑥ **apo-** (＜GK.) apology〔apo+logy 語→離れるための言葉〕わびること，弁護

(10)「共に，同時に」(together, with)
　① **com-** (co-, col-, con-, cor-) (＜L.)
　＊母音および h, gn の前では co-, l の前では col-, r の前では cor-, その他の場合には con- となる。
　　　cohere〔co+here くっつく〕密着する

collect〔col+lect 集める〕収集する
　　　comfort〔com+fort 強い〕慰め
　　　consist〔con+sist 立つ→共に立つ〕成り立つ
　② **syn-** (syl-, sym-, sys-)（＜L.）
　　＊l の前で syl-, m, p, b の前で sym-, s の前では sys- となる。
　　　syllable〔syl+lable つかむ〕音節
　　　symmetry〔sym+metry＜métron 尺度→同じ尺度〕対称，調和
　　　sympathy〔sym+pathy 感情〕同情
　　　synonym〔syn+onym 名前→同じ意味〕同意語
　　　syssarcosis〔sys+sarcosis 骨の筋〕《解剖》筋連結

(11)「通して，横切って」(through, across)
　① **dia-**（＜GK.） diameter〔dia+meter 物差し〕直径
　② **per-**（＜L.） persist〔per+sist 立つ→立ちつづける〕固執する，言い張る

(12)「…がない，欠けている」(not)
　① **dis-**（＜L.） dishonest〔dis+honest 正直な〕不正直な
　② **in-** (ig-, il-, im-, ir-)（＜L.）
　　＊l の前では il-, r の前では ir-, p, b, m の前では im- となる。
　　　ignoble〔ig+noble 気高い〕下劣な，恥ずべき
　　　illegal〔il+legal 合法的な〕不法の
　　　imbalance〔im+balance 均衡〕不均衡
　　　immortal〔im+mortal 死すべき〕不死の
　　　impossible〔im+possible 出来る〕不可能な
　　　irregular〔ir+regular 規則的な〕不規則な
　③ **non-**（＜L.） nonsense〔non+sense 意味〕無意味
　④ **an-**（＜GK.） anarchy〔an+archy 政治，支配〕無政府

(13)「逆にする，取り去る」(reverse)
　　de-（＜L.） defrost〔de+frost 霜〕解凍する
　　dis-（＜L.） disarm〔dis+arm 武器〕武装を解く
　　un-（＜Eng.） unlock〔un+lock 錠〕錠をはずす

(14)「反対の，〜に対する」(against)
　① **anti-**（＜GK.） antisocial〔anti+social 社会的な〕反社会的な
　② **contra-**（＜L.） contradict〔contra+dict 言う〕否定する，矛盾する
　　contro-（＜L.） controversy〔contro+versy＝turn →反対に向けられた〕
　　　　論争，論戦
　　counter-（＜L.） counteract〔counter+act 行なう〕妨げる，中和する
　③ **ob-** (oc-, of-, op-, o-)（＜L.）
　　＊c の前では oc-, f の前では of-, p の前では op-, m の前では o- となる。
　　　obstacle〔ob+sta 立つ+cle →じゃまして立つ〕障害，妨害

occupy〔oc+cupy つかむ〕占領する
　　　offend〔of+fend 打つ〕…の感情を害する
　　　omit〔o+mit 送る→反対に送る〕除く，省略する
　　　oppose〔op+pose 置く〕反対する
　④ **with-** (＜Eng.)　withstand〔with+stand 立つ〕抵抗する

(15)「善い，良い」(good, well)
　① **bene-** (＜L.)　benefit〔bene+fit 行なう〕利益，恩恵
　② **eu-** (＜GK.)　eulogy〔eu+logy 話すこと〕賛辞
　③ **wel-** (＜L.)　welfare〔wel+fare やっていく〕幸福，福祉

(16)「悪い，誤って」(bad, wrong)
　① **mal-** (＜L.)　malice〔mal+ice 名詞語尾〕悪意，敵意
　　male- (＜L.)　malevolent〔male+volent 欲する〕悪意のある
　② **mis-** (＜L. Eng.)　misunderstand〔mis+understand 理解する〕誤解する

(17)「同一の，等しい」(same, equal)
　① **equi-** (＜L.)　equivocal〔equi+vocal 声の→どっちつかずの声の〕あいまいな
　② **homo-** (＜GK.)　homosexual〔homo+sexual 性の〕同性愛の

(18)「再び，新たに」(again, anew)
　　re- (＜L.)　reproduce〔re+produce 生産する〕再生する

(19)「遠い，遠方から」(far, off)
　　tele- (＜GK.)　telephone〔tele+phone 音→遠くから聞える音〕電話

(20)「強意」を表す
　① **be-** (＜Eng.)　beseech〔be+seech＝求める〕嘆願する
　② **com-** (＜L.)　command〔com+mand 託する〕命じる
　③ **de-** (＜L.)　deserve〔de+serve 役立つ〕…に値する，価値がある
　④ **ex-** (＜L.)　exquisite〔ex+quisite 求められた〕みごとな，完ぺきな
　⑤ **per-** (＜L.)　perfect〔per+fect 作られた〕完全な

(21)「他動詞」を作る
1) 名詞・形容詞につけて，「…にする」
　① **be-** (＜Eng.)
　　　befriend〔be+friend 名友人〕味方にする，援助する
　　　belittle〔be+little 形小さい〕過小評価〔軽視〕する
　② **en-** (＜L.)
　　　endanger〔en+danger 名危険〕危険にさらす
　　　enrich〔en+rich 形金持の〕富ます

③ **im-** (＜L.) imperil〔im＋peril 名危険〕危険にさらす
　in- (＜L.)
　　inflame〔in＋flame 名炎〕もやす
　　insure〔in＋sure 形確かな〕保証する
2) 自動詞につけて,「…にする」
　① **be-** (＜Eng.) bemoan〔be＋moan 不平を言う〕…を悲しむ〔嘆く〕
　② **out-** (＜Eng.)「…よりずれて」
　　outrun〔out＋run〕…より遠く〔速く〕走る, 追い越す

⑵「数」を表す
1) 1～10, 100
　① 1 (one, single)
　　mon- (＜GK.) monarch〔mon＋arch 支配する人〕君主
　　mono- (＜GK.) monopoly〔mono＋poly 販売〕独占 (権), 専売
　　uni- (＜L.) unify〔uni＋fy＝make〕1つにする, 統一する
　② 2 (two, twice)
　　bi- (＜L.) bicycle〔bi＋cycle 車〕自転車
　　bis- (＜L.) biscuit〔bis＋cuit 料理された→2度焼かれた〕ビスケット
　　di- (＜GK.) dilemma〔di＋lemma 仮定〕ジレンマ, 板ばさみ
　③ 3 (three)
　　tri- (＜GK. L.) triangle〔tri＋angle 角〕三角形
　④ 4 (four)
　　quadr- (＜L.) quadrangle〔quadr＋angle 角〕四角形
　　quadri- (＜L.) quadrilateral〔quadri＋lateral 側面の〕四辺形
　　tetra- (＜GK.) tetrapod〔tetra＋pod 足〕テトラポッド
　⑤ 5 (five)
　　penta- (＜GK.) pentagon〔penta＋gon 角〕五角形。〔the P～〕ペンタゴン (米国国防総省)
　　quinque- (＜L.) quinquepartite〔quinque＋partite 分かれた〕5部から成る
　⑥ 6 (six)
　　hexa- (＜GK.) hexagon〔hexa＋gon 角〕六角形
　⑦ 7 (seven)
　　hepta- (＜GK.) heptagon〔hepta＋gon 角〕七角形
　　sept(i, em)- (＜L.) September〔septem「7」7番目の月。ローマ暦では7月にあたる〕9月
　⑧ 8 (eight)
　　oct(a, o)- (＜GK. L.) octopus〔octo＋pus 足→8本の足〕タコ
　⑨ 9 (nine)
　　novem- (＜L.) November〔novem「9」9番目の月。ローマ暦では9月にあたる〕11月
　⑩ 10 (ten), 10分の1 (tenth)

dec(a)- (＜GK.) decameter〔deca 10＋meter メートル〕デカメートル
　　　　(10 メートル)
　　　deci- (＜L.) decimeter〔deci 10 分の 1＋meter〕デシメートル (10 セン
　　　　チ)
　⑪100 (hundred)
　　　cent(i)- (＜L.)
　　　　centipede〔centi 100＋pede 足〕ムカデ (百足)
　　　　centimeter〔centi 100 分の 1＋meter → 1 メートルの 100 分の 1〕センチ
　　　　メートル
2) 1,000 (thousand), 1000 分の 1 (thousandth)
　① **kilo-** (＜GK.) kilogram〔kilo＋gram グラム〕キログラム (1,000 グラ
　　　ム；略語は kg.)
　② **milli-** (＜L.)
　　　milligram〔milli＋gram〕ミリグラム (1 グラムの 1,000 分の 1；略語は
　　　mg.)
　　　millipede〔milli＋pede →千本の足〕《動》ヤスデ
3) 半(分) (half)
　① **demi-** (＜L.) demigod〔demi＋god 神〕半神
　② **hemi-** (＜GK.) hemisphere〔hemi＋sphere 球〕半球
　② **semi-** (＜L.) semicircle〔semi＋circle 円〕半円
4) 多くの (many, much)
　① **multi-** (＜L.) multinational〔multi＋national 国家の〕多国籍(企業)の
　② **poly-** (＜GK.) polyglot〔poly＋glot 舌，言葉〕数か国語を話す〔書く〕
　　　(人)
5) 「すべての」 (all)
　　　omni- (＜L.) omnipotent〔omni＋potent 力のある〕全能の

II. 接尾辞のいろいろ

接尾辞の多くは，添加される語の品詞を変えることを特色としています。すなわち，接尾辞は品詞決定の働きをします。

例えば，動詞 create「創造する」の語尾に -ion, -ive, -ity, -or, -ure などの接尾辞をつけてみましょう。語の品詞は次のように変化します。

create＋**ion**［動作→（抽象）名詞］＝creation 創造
create＋**ive**［…の性質のある→形容詞］＝creative 創造的な
create＋**ive**＋**ity**［性質→（抽象）名詞］＝creativity 創造性
create＋**or**［人→（普通名詞）］＝creator 創造者，［the C～］神
create＋**ure**［結果→（抽象）名詞］＝creature 生き物

以下はもっとも普通の接尾辞を，品詞別・機能別に分類したものです。

I. 名詞語尾として用いるもの

(1)「人」を表す
　①**-an**（**-ian**, **-en**）（＜L.）
　　　historian〔history 歴史＋an〕歴史家
　　　Christian〔Christ キリスト＋ian〕キリスト教徒
　　　warden〔ward 監視＋en〕管理人
　②**-ant**（**-ent**）（＜L.）
　　　assistant〔assist 助ける＋ant〕アシスタント
　　　student〔study 研究する＋ent〕学生
　③**-er**（**-ar**, **-eer**, **-or**）（＜L.）
　　　writer〔write 書く＋er〕作家
　　　scholar〔school 学校＋ar〕学者
　　　auctioneer〔auction 競売する＋eer〕競売人
　　　doctor〔doct 教える＋or〕博士，医者
　④**-ist**（**-ast**）（＜L.）
　　　violinist〔violin バイオリン＋ist〕バイオリン奏者
　　　enthusiast〔enthusi 神がとりついた状態＋ast〕ファン
　⑤**-ee**（＜L.）受動の意味がある。「…される人」
　　　employee〔employ 雇う＋ee〕従業員
　⑥**-ster**（＜Eng.）（しばしば軽蔑的）「ある事を職業あるいは常習とする人」
　　　songster〔song 歌＋ster〕歌手
　⑦**-ess**（＜Eng.），**-ine**（＜GK.）「女性」
　　　goddess〔god 神＋ess〕女神
　　　tigress〔tiger トラ＋ess〕雌のトラ
　　　actress〔actor 役者＋ess〕女優
　　　＊-er, -or で終わる語はその母音字が脱落する。
　　　　heroine〔hero ヒーロー＋ine〕ヒロイン

(2)抽象名詞を作る
 ①**-ade**（＜L.）「行動・過程」
  blockade〔block 妨害＋ade〕封鎖
 ②**-age**（＜L.）「行為・状態・地位・身分」
  courage〔cour 心＋age〕勇気
  bondage〔bond 農奴＋age〕束縛
 ③**-al**（＜L.）「行為」
  arrival〔arrive 到着する＋al〕到着
 ④**-ance, -ence**（＜L.）「行動・状態・性質」
  resemblance〔resemble 似る＋ance〕類似
  difference〔differ 異なる＋ence〕相違
 ⑤**-ancy, -ency**（＜L.）「行動・状態・性質」
  decency〔decent 礼儀にかなった＋ency〕礼儀正しさ
 ⑥**-(a)cy**（＜L.）「状態・性質・職」
  privacy〔private 個人的な＋acy〕プライバシー
 ⑦**-dom**（＜Eng.）「地位・勢力範囲・状態・領地」
  freedom〔free 自由な＋dom〕自由
  kingdom〔king 王＋dom〕王国
 ⑧**-hood**（＜Eng.）「状態・性質」
  childhood〔child 子供＋hood〕幼年時代
  falsehood〔false 偽りの＋hood〕うそ
 ⑨**-ics**（＜GK.）「学問・術・活動・特性」
  economics〔economy 経済＋ics〕経済学
 ⑩**-ion**（＜L.）「行動・状態・過程・結果」
  union〔uni 1つ＋ion〕結合，組合
 ⑪**-ism**（＜GK.）「行動・状態・主義・特性・中毒」
  socialism〔social 社会の＋ism〕社会主義
  heroism〔hero ヒーロー＋ism〕英雄的行為
 ⑫**-ment**（＜L.）「動作・状態・結果・手段」
  agreement〔agree 同意する＋ment〕同意
 ⑬**-ness**（＜Eng.）「状態・性質」
  kindness〔kind 親切な＋ness〕親切
 ⑭**-ship**（＜Eng.）「状態・性質・地位・能力・関係」
  friendship〔friend 友人＋ship〕友情
 ⑮**-th**（＜Eng.）「状態・性質・動作」
  warmth〔warm 暖かい＋th〕温暖，熱心
  length〔long 長い＋th〕長さ
 ⑯**-tude**（＜L.）「状態・性質」
  solitude〔sole 単独の＋tude〕孤独
 ⑰**-ty**（＜L.）「状態・性質」
  cruelty〔cruel 残酷な＋ty〕残酷
  safety〔safe 安全な＋ty〕安全

⑱ **-ure** (＜L.)「行動・動作・結果・手段」
　　pressure〔press 押す＋ure〕圧力
　　culture〔cult 耕す＋ure〕文化

(3)「小さい」の意味を表す
　① **-el** (＜GK. L.) kernel〔kern＜corn 穀粒＋el〕穀粒，中核
　② **-en** (＜Eng.) chicken〔chick ひよこ＋en〕鶏のひな
　③ **-et** (＜L.) islet〔isle〔ail〕島＋et〕小島
　　-ette (＜L.) statuette〔statue 彫像＋ette〕小さな彫像
　　＊-ette は「女性」，「代用品」を表す名詞も作る。
　　　suffragette〔suffrage 参政権＋ette〕女性参政権論者
　　　leatherette〔leather 革＋ette〕模造革
　④ **-(i)cle** (＜L.) icicle〔ice 氷＋icle〕つらら
　⑤ **-ie** (＜Eng.) birdie〔bird 鳥＋ie〕小鳥
　⑥ **-isk** (＜GK.) asterisk〔aster 星＋isk〕星印
　⑦ **-kin** (＜Eng.) napkin〔nap ナプキン＋kin〕ナプキン
　⑧ **-le** (＜GK. L.) handle〔hand 手＋le〕ハンドル
　⑨ **-ling** (＜Eng.) duckling〔duck アヒル＋ling〕アヒルの子

(4)「集団・集合」を表す
　① **-ade** (＜L.) crusade〔crus＜cross 十字＋ade〕十字軍
　② **-age** (＜L.) assemblage〔assemble 集まる＋age〕集合
　③ **-hood** (＜Eng.) neighborhood〔neighbor 近所の人＋hood〕近所の人たち
　④ **-(e)ry** (＜L.) cavalry〔caval 馬＋ry →馬の隊〕騎兵隊
　⑤ **-ship** (＜Eng.) readership〔reader 読者＋ship〕読者層

(5)「場所」を表す
　① **-age** (＜L.) anchorage〔anchor 錨＋age〕停泊地
　② **-ary** (＜L.) library〔libr 本＋ary〕図書館
　③ **-ery** (＜L.) bakery〔bake 天火で焼く＋ery〕パン製造所
　④ **-ory** (＜L.) dormitory〔dormit 眠る＋ory →眠る場所〕寄宿舎，寮

2．形容詞語尾として用いるもの

(1)「…できる」(possible)
　① **-able** (＜L.) drinkable〔drink 飲む＋able〕飲める
　② **-ible** (＜L.) visible〔vis 見る＋ible〕目に見える，明白な
　③ **-ble** (＜L.) soluble〔solu 解く，溶ける＋ble〕溶ける，解決できる

(2)「…に満ちた・…の多い」(full of)
　① **-ful** (＜Eng.) beautiful〔beauti 美＋ful〕美しい
　② **-lent** (＜L.) pestilent〔pest 疫病＋lent〕有害な

③ **-ous** (＜L.) perilous〔peril 危険＋ous〕危険な
　　④ **-y** (＜Eng.) bloody〔blood 血＋y〕血だらけの

(3)「…倍の」(folded)
　　① **-ble** (＜L.) double〔dou＜duo 2＋ble〕2倍の
　　② **-fold** (＜Eng.) twofold〔two 2＋fold〕2倍の
　　③ **-triple** (＜L.) triple〔tri＜tres 3＋ple〕3倍の

(4)「…のような・…らしい」(like)
　　① **-esque** (＜L.) picturesque〔picture 絵＋esque〕絵のような
　　② **-ish** (＜Eng.) childish〔child 子供＋ish〕子供っぽい
　　　　＊-ish は通例悪い意味
　　③ **-like** (＜Eng.) homelike〔home 家族＋like〕家庭的な
　　④ **-ly** (＜Eng.) friendly〔friend 友人＋ly〕友情のある
　　⑤ **-some** (＜Eng.) fearsome〔fear 恐れ＋some〕恐ろしい

(5)「…の(性質の)・…の(特徴のある)」
　　① **-ate** (＜L.) collegeate〔college 大学＋ate〕大学の
　　② **-ed** (＜Eng.) sugared〔sugar 砂糖＋ed〕甘ったるい
　　③ **-ive** (＜L.) attractive〔attract 引きつける＋ive〕魅力のある
　　④ **-ory** (＜L.) compulsory〔compulsion 強制＋ory〕強制的な

(6)「…に関する・…に属する・…のような・…の」
　　① **-al** (**-ial**, **-ual**, **-ical**) (＜L.)
　　　　emotional〔emotion 感情＋al〕感情的な
　　　　artificial〔artifice 策略＋ial〕技巧の
　　　　gradual〔grade 段階＋ual〕徐々の
　　　　economical〔economy 節約＋ical〕節約する，省エネの
　　② **-an** (＜L.) suburban〔suburb 郊外＋an〕郊外の
　　③ **-ant** (＜L.) distant〔distance 距離＋ant〕遠い
　　④ **-ar** (＜L.) singular〔single 1個＋ar〕唯一の
　　⑤ **-ary** (＜L.) elementary〔element 成分，要素＋ary〕初歩の
　　⑥ **-ic** (＜L.) historic〔history 歴史＋ic〕歴史の
　　　　＊-ic と-ical は同じ意味の場合と意味が異なる場合がある。poetic (＝poetical)「詩的な」。economic「経済(上)の」，economical「倹約を重んじる」
　　⑦ **-ile** (＜L.) facile〔fac 作る，なす＋ile →たやすくできる〕軽快な，器用な
　　⑧ **-ine** (＜L.) marine〔mare 海＋ine →海に属する〕海の，航海の

(7)「方向」を表す
　　① **-ern** (＜Eng.) western〔west 西＋ern〕西方の
　　② **-ward** (＜Eng.) upward〔up 上＋ward〕上(向き)の

(8)「…でできている」(made of)
　　-en （＜Eng.）wooden〔wood 材木＋en〕木製の

3. 副詞語尾として用いるもの

(1)「方法・様態」を表す
　①-ly （＜Eng.）carefully〔careful 注意深い＋ly〕注意深く
　②-ways （＜Eng.）always〔al＜all すべての＋ways〕いつも
　③-wise （＜Eng.）otherwise〔other 他の＋wise〕他の方法で
　　＊口語では「…に関して（は），…の点では」の意味の副詞を作る。
　　　budgetwise〔budget 予算＋wise〕予算の点で

(2)「方向」を表す
　　-ward(s) （＜Eng.）downward(s)〔down 下の方へ＋ward(s)〕下方へ

4. 動詞語尾として用いるもの

(1)「…にする・…させる・…化する」(make)
　①-ate［eit］（＜L.）vaccinate〔vaccine ワクチン＋ate〕種痘する
　②-en （＜Eng.）darken〔dark 暗い＋en〕暗くする
　③-(i)fy （＜L.）classify〔class 種類＋ify〕分類する
　④-ise, -ize （＜GK.）civilize〔civil 礼儀正しい＋ize〕文明化する，教化する
　⑤-ish （＜L.）finish〔fin 終わり＋ish〕終える
　⑥-ite （＜L.）unite〔uni 1つ＋ite〕1つにする

(2)「反復」を表す
　①-er （＜Eng.）batter〔bat バットで打つ＋er〕連打する
　②-le （＜Eng.）sparkle〔spark 火花を出す＋le〕火花を散らす

第2部
語根中心 英単語辞典

A

abb [=father 父]

abbacy [ǽbəsi]	abb|acy	~cy [=position 身分→名]	n.abbot(僧院長)の職
abbé [æbéi]	abb|é		n.(フランスで)神父
abbess [ǽbis]	abb|ess	~ess [female 女性→名]	n.女性の僧院長
abbey [ǽbi]	abb|ey	~ey [=existence 存在→名]	n.僧院, 修道院
abbot [ǽbət]	abb|ot	もとはアラム語 abba「父」	n.僧院長

abdomen, abdomin [=belly, stomach 腹部, 腹]

abdomen [ǽbdəmən]	abdomen		n.腹部, 腹
abdominal [æbdámınl]	abdomin|al	~al [→形]	a.腹部の

abl, abil [=able できる, fit 有能な]

able [éibl]	abl|e		a.できる, 才能のある
ability [əbíləti]	abil|ity	~ity [=state 状態→名]	n.能力, 手腕
disable [diséibl]	dis|abl|e	dis [=not] ~	v.無能にする, 不具にする
disability [disəbíləti]	dis|abil|ity	dis [=not] ~ity [state 状態→名]	n.無力
enable [inéibl]	en|abl|e	en [=make…にする→動] ~	v.…できるようにする
inability [inəbíləti]	in|abil|ity	in [=not] ~ity [→名]	n.できないこと, 無能
unable [ʌnéibl]	un|abl|e	un [=not] ~	a.できない

abol [=destroy 破壊する]

abolish [əbáliʃ]	abol|ish	~ish [=make…にする→動]「破壊する」	v.(制度などを)廃する
abolishment [əbáliʃmənt]	abol|ishment	~ish[=make…にする→動] ~ment [→名]	n.廃止
abolition [æbəlíʃən]	abol|ition	~tion [→名]	n.廃止, 撤廃

academ(y) [=プラトン Plato が教えた学園の名 Akadēmeia から]

academy [əkǽdəmi]	academ|y		n.学校, 学園, 学士院
academic [ækədémik]	academ|ic	~ic [→形]	a.学園の, 学問上の
academical [ækədémikəl]	academ|ical	~ical [→形]	a.=academic
academician [əkædəmíʃən]	academ|ician	~ian [=person 人→名]	n.アカデミー会員

acerb, acet, acid, acri, acro, e(a)ger [=bitter 苦い, sour すっぱい, sharp 鋭い]

acerbity [əsə́ːrbəti]	acerb|ity	~ity [=state 状態→名]	n.苦しみ, 酸味, 辛らつさ
acetify [əsétəfai]	acet|ify	~fy [=make…にする→動]	v.すっぱくする
acid [ǽsid]	acid	<L. acidus「すっぱい」	a.すっぱい, 気むずかしい
acidity [əsídəti]	acid|ity	~ity [=state 状態→名]	n.酸味, 酸性度

acrid [ǽkrid]		acrid		L. ācer「鋭い」に acid「すっぱい」の id がついた	a.苦い, からい, 辛らつな
acrimony [ǽkrəmouni]		acri	mony	～mony [=condition 状態→名]	n.(態度, 言葉などの)激しさ, きびしさ
acrobat [ǽkrəbæt]		acro	bat	～bat [=go 行く]. 爪先立ちで歩く	n.アクロバット
eager [í:gər]		eager		<ME. egre<OF. aigre<L. ācer「鋭い, 熱心な」	a.熱心な, 熱望して
eagerly [í:gərli]		eager	ly	～ly [→副]	ad.熱心に
eagerness [í:gərnis]		eager	ness	～ness [→名]	n.熱心, 熱望
exacerbate [igzǽsərbeit]	ex	acerb	ate	ex [強意] ～ate [=make…にする→動]	v.悪化させる
vinegar [vínəgər]		vin	egar	vin [=wine] ～. 原義は「すっぱいぶどう酒」	n.酢

ache [=pain 痛み]

ache [eik]			ache		n.痛み; v.痛む
headache [hédeik]		head	ache	head「頭」～	n.頭痛
heartache [há:rteik]		heart	ache	heart「心臓」～	n.心臓の痛み, 心痛
toothache [tú:θeik]		tooth	ache	tooth「歯」～	n.歯痛

act [=act 行なう, do する, drive 追いやる]

act [ækt]		act		<L. āctus<agere「行なう」+tus [=過去分詞語尾]「されたこと」	n.行為, 条例, 幕; v.行なう
action [ǽkʃən]		act	ion	～ion [→名]	n.活動, 行動
active [ǽktiv]		act	ive	～ive [→形]	a.活発な, 積極的な
activity [æktívəti]		act	ivity	～ive [→形]+ity [=condition 状態→名]	n.活動
actor [ǽktər]		act	or	～or [=agent 行為者→名]	n.俳優
actress [ǽktris]		act	ress	～ess [=female 女性→名]	n.女優
actual [ǽktʃuəl]		act	ual	～al [→形]	a.現実の, 実際の
actually [ǽktʃəli]		act	ually	～al [→形]+ly [→副]	ad.現実に, 実際に
counteract [kauntərǽkt]	counter	act		counter [=against 反対に] ～	v.妨げる, 中和する
enact [inǽkt]	en	act		en [=make…にする→動] ～	v.制定する, 演じる
exact [igzǽkt]	ex	act		<L. exactus(ex [=out of 外に]+agere「行なう」+tus [=過去分詞語尾].「吟味された」→「原器で測られた」→「正確な」)	a.正確な
exactitude [igzǽktitju:d]	ex	act	itude	ex [=out of 外に] ～itude [→名]	n.正確
exactly [igzǽktli]	ex	act	ly	ex [=out of 外に] ～ly [→副]	ad.正確に, まさしく
inactive [inǽktiv]	in	act	ive	in [=not] ～ive [→形].「無気力の」	a.無活動の, 不活発な
react [ri(:)ǽkt]	re	act		re [=again 再び] ～	v.反応する

reaction [ri(:)ǽkʃən]	re	act	ion	re [=again 再び] ~ion [→名]	n.反動，反応
reactionary [ri(:)ǽkʃəneri]	re	act	ionary	re [=again 再び] ~ion [→名]+ary [→形, 名]	a.反動の；n.反動主義者
reactive [ri(:)ǽktiv]	re	act	ive	re [=again 再び] ~ive [→形]	a.反動的，反応の
transact [træns[z]ǽkt]	trans	act		trans [=through 貫いて] ~「貫く」	v.処理する，取り引きする
transaction [træns[z]ǽkʃən]	trans	act	ion	trans [=through 貫いて] ~ion [→名]	n.処置，取引，議事録

add [=put 置く, join 結合する]

add [æd]	add		ad [=to…へ]+L. dare [=put 置く]	v.加える，ふやす
addition [ədíʃən]	add	ition	~ion [→名]	n.付加，加法
additional [ədíʃənəl]	add	itional	~ion [→名]+al [→形]	a.追加の
additive [ǽditiv]	add	itive	~ive [→形]	a.付加的な

admiral, emir [=commander of the sea 海の王者]

admiral [ǽdmərəl]	admiral			n.海軍大将，司令長官
admiralty [ǽdmərəlti]	admiral	ty	~ty [=state 状態→名]	n.海軍本部
emir [emíər]	emir		<Arab. amir (=ruler 支配者)	n.(アラビアの)王族(prince),首長

adul, adol [=grown up 成長した]

adult [ədʌ́lt/ǽdʌlt]	adul	t	<L. adultus (ad「…へ」+alescere「成長する」+tus [過去分詞語尾].「成長した者」	n.成人
adolescence [ædəlésəns]	adol	escence	~escence [=condition 状態→名]	n.青春期
adolescent [ædəlésənt]	adol	escent	~escent [→形]	a.青春期の

aeri, aero, air, oar [=air 空気]

aerial [éəriəl]	aeri	al	~al [→形]	a.空気の，空中の
aerocraft [éərəkræft]	aero	craft	=airplane 飛行機	n.飛行機(=aircraft)
aeroplane [éərəplein]	aero	plane	=airplane 飛行機	n.飛行機(=airplane)
air [eər]	air		<GK. āer「低い大気」	n.空気，様子
airmail [éərmeil]	air	mail	~mail [=sack 皮の入れ物]	n.航空郵便
airplane [éərplein]	air	plane	~plane [=flat surface 平らな面]「板」	n.飛行機
airport [éərpɔːrt]	air	port	~port [=harbor 港]	n.空港
soar [sɔ́ːr]	s	oar	s<ex [=out of 外に] L. aura [=air 空気].「外へ飛ぶ」	v.舞い上がる
soaring [sɔ́ːriŋ]	s	oar	ing	s<ex [out of 外に] ~ing [→形]	a.急上昇する

af [＝behind (の)後ろに, after (の)あとに]

after [ǽftər]	af|ter	＜OE. æf [＝off 離れて]＋ter [比較の接尾辞]	ad.のちに；prep.…の後ろに
afternoon [ǽftərnu:n]	af|ternoon	～noon [＝midday 正午]	n.午後
afterward(s) [ǽftərwərd(z)]	af|terward(s)	～ward(s) [＝toward(s) …の方へ→副]	ad.あとで, のちに

ag, gu, a, g, ig [＝do する, drive 追いやる, go 行く, lead 導く, move 動く]

agency [éidʒənsi]	ag|ency	～ency [＝state 状態→名]	n.作用, 機関, 周旋, 代理店
agenda [ədʒéndə]	ag|enda	＜L.＝things to be done なされるべきこと	n.協議事項, 議事日程
agent [éidʒənt]	ag|ent	～ent [＝person 人→名].「推進する人」→「行為者」	n.代理人[店], 行為者, 作因
agile [ǽdʒəl]	ag|ile	～ile [＝easy…しやすい→形].「行動しやすい」→「機敏な」	a.軽快な
agility [ədʒíləti]	ag|ility	～ile [easy…しやすい→形]＋ty [＝state 状態→名]	n.機敏, 軽快さ
agitate [ǽdʒiteit]	ag|itate	～it [＝move 動く]＋ate [＝make…にする→動].「無理に何度も何度もさせる」→「騒がす」	v.動揺させる, 扇動する
agitation [ædʒitéiʃən]	ag|itation	～it [＝move 動く]＋ate [＝make…にする→動]＋ion [→名]	n.動揺, 扇動
agitator [ædʒitéitər]	ag|itator	～it [＝move 動く]＋ate [＝make…にする→動]＋or [＝person 人→名]	n.扇動者
agony [ǽgəni]	ag|ony	～y [＝condition 状態→名].「闘争, 競争」→「苦痛」	n.苦悩
agonize [ǽgənaiz]	ag|onize	～ize [＝make…させる→動]	v.苦しませる
agonizing [ǽgənaiziŋ]	ag|onizing	～ize [＝make…させる→動]＋ing [→形]	a.苦しい, つらい
ambiguity [æmbəgjúəti]	ambi|gu|ity	ambi [＝around あたりに]＋gu [＝go 行く] ～ity [＝state 状態→名].「さまよい歩く」→「あいまいな」	n.あいまいさ
ambiguous [æmbígjuəs]	ambi|gu|ous	ambi [＝around あたりに] ～ous [＝full of…で満ちている→形]	a.あいまいな
antagonist [æntǽgənist]	ant|ag|onist	ant [＝against 反対に] ～ist [＝person 人→名]	n.反対者, 敵対者
antagonize [æntǽgənaiz]	ant|ag|onize	ant [＝against 反対に] ～ize [＝make…にさせる→動]	v.反対する
demagogue [déməgɔg]	dem|ag|ogue	＜GK. demos [＝people 人々]＋agogue [＝lead 指導する].「民衆を駆り立てる人」	n.扇動政治家
examine [igzǽmin]	ex|a|mine	＜L. examen. ex＋＜L. agere「計る」天秤の針,「計ること」→「調べる」	v.試験する, 検討する
examination [igzæminéiʃən]	ex|a|mination	～ation [→名]	n.試験, 検査

examiner [igzǽminər]	ex a	miner	~er [=person 人→名]	n.試験官, 検査官
navigate [nǽvigeit]	navi g	ate	navi [=ship 船]+(a)g [=go 行く]+ate [=make…させる→動]「船を推進させる」	v.航海する, 操縦する
navigation [nævigéiʃən]	navi g	ation	navi [=ship 船]+(a)g [=go 行く]+ate [=make…させる→動]+ion [→名]	n.航海, 航行, 航空
pedagogue [pédəgɑg]	ped ag	ogue	ped [=boy 少年]+agogue [=lead 指導する]	n.先生, 教育者
prodigal [prɑ́digəl]	prod ig	al	prod [=away 離れて]+ig [=drive 追いやる]+al [→形, 名]「前へ追いやる, 浪費する」	n.放蕩者; a.浪費する
synagogue [sínəgɑg]	syn g	ogue	syn [=together 共に]~agogue [=lead 指導する]「共にすること」→「集まり」	n.ユダヤ教の礼拝堂

age [=old 年をとった]

age [eidʒ]	age		<OF. aage「年齢」	n.年齢, 時代
aged [éidʒid]	age	d	~d<ed [→形]	a.老いた, 古びた
ageless [éidʒlis]	age	less	~less [=without…のない→形]	a.永遠に若い
agelong [éidʒlɔŋ]	age	long	~long 長い	a.長年の

agr, acr, agri [=field 畑]

acre [éikər]	acr	e	<OE. æcer「畑」; L. ager「畑」, GK. agros「畑」と同語源	n.エーカー, 土地
agrarian [əgréəriən]	agr	arian	~arian [→形]	a.耕地の, 農業の
agricultural [ægrəkʌ́ltʃərəl]	agri	cultural	~culture [=cultivation 耕作]+al [→形]	a.農業の
agriculture [ǽgrəkʌltʃər]	agri	culture	~culture [=cultivation 耕作]	n.農業
agronomy [əgrɑ́nəmi]	agr	onomy	~nomy [=study 学問]	n.農作物, 農学

aid [=help 助力, 援助]

aid [eid]	aid		<F.=assistant on the field「戦場での補佐」	v.,n.手助け(する), 援助(する)
aid-de-camp [eiddəkǽmp]	aid	-de-camp		n.副官
aid station [éid steiʃən]	aid	station	~station [=place 場所]	n.前線応急手当所

al [=the アラビア語の定冠詞]

alchemist [ǽlkəmist]	al	chemist	alchemy 錬金術+ist [=person 人→名]	n.錬金術師
alchemy [ǽlkəmi]	al	chemy	~chemy<GK. [=molten metal 融けた金属]「金属を変質させること」	n.錬金術
alcohol [ǽlkəhɔːl]	al	cohol	~cohol (<Arab.) [=powder of antimony アンチモニーの粉末]「東洋でアイシャドーに用いられた粉」	n.アルコール

algebra [ǽldʒibrə]	al	gebra	～gebra (＜Arab.) [＝putting together of fragments 壊れた部分をつなげること].「統合を研究する学問」	n.代数学
alkali [ǽlkəlai]	al	kali	～kali (＜Arab.) [＝charred ashes 焼き灰].「ソーダをとる海岸の焼き灰」が原義	n.アルカリ

alb [＝white 白]

albino [ælbáinou]	alb	ino	～ino [＝-ine…の(ような)→形]. whitish「白っぽい」	n.白子
Albion [ǽlbiən]	Alb	ion	英国南部海岸の白亜質の絶壁から	n.アルビオン(England を表す雅語)
album [ǽlbəm]	alb	um	＜L. album [＝white tablet 白い板]	n.アルバム
albumen, -min [ǽlbjumin]	alb	umen, -min	＜L. albumen [＝white of an egg 卵の白身]	n.卵白

ali, allo, alter, altr, el [＝other 他の, strange 見知らぬ]

alibi [ǽlibai]	ali	bi	～bi [＝place 場所→名].「別の場所で」	n.アリバイ
alien [éiliən]	ali	en	～en [＝belonging to…に属する→形, 名].「他人の」	a.外国(人)の, 性質が異なる; n.外国人, のけ者, 宇宙人
alienable [éiliənəbl]	ali	enable	～able […できる→形]	a.譲渡できる
alienate [éiliəneit]	ali	enate	～ate [＝make…にする→動].「別なものとする」	v.遠ざける, 不和にする
alienation [eiliənéiʃən]	ali	enation	～ate [＝make…にする→動]＋ion [→名]	n.疎外, 離間
allophone [ǽləfoun]	allo	phone	～phone [＝sound 音]	n.異音
alter [ɔ́ːltər]	alter		＜L. al「他の」＋ter [＝比較級接尾辞].「他のものにする」→「変える」	v.変更する, 改める
alteration [ɔːltəréiʃən]	alter	ation	～ate [＝make…にする→動]＋ion [→名]	n.変更
altercate [ɔ́ːltərkeit]	alter	cate	～cate [＝dispute 議論する→動]	v.口論する
altercation [ɔːltərkéiʃən]	alter	cation	～cate [＝dispute 議論する→動]＋ion [→名]	n.口論, 論争
alternate a.[ɔ́ːltərnit] v.[ɔ́ːltərneit]	alter	nate	～ate [＝make…にする→形, 動].「変える」	a.交互の; v.交代する
alternation [ɔːltərnéiʃən]	alter	nation	～ate [＝make…にする→動]＋ion [→名]	n.交互, 交代
altruism [ǽltruizm]	altr	uism	～ism [＝action 行為, doctrine 教義→名].「他人のことを考える」	n.利他主義, 利他的行為
altruistic [æltruístik]	altr	uistic	～ist [＝person 人→名]＋ic [→形]	a.利他(主義)的な
else [els]	el	se	＜OE. elles [＝otherwise 別のやり方で]. 元来 el＝other「他の」の属格	a.他の

alt, alp, haught [=high 高い]

alpine [ǽlpain]	alp	ine	～ine [→形]	a.アルプスの
Alps [ǽlps]	Alp	s		n.[the ～]アルプス山脈
alto [ǽltou]	alt	o		n.アルト
altar [ɔ́ːltər]	alt	ar	～ar [→名].「高い場所」	n.祭壇
altitude [ǽltətjuːd]	alt	itude	～itude [→名].「高いこと」	n.高度，海抜
exalt [igzɔ́ːlt]	ex alt		ex [=out of 外に] ～.「高く持ち上げる」	v.高める，昇進させる，ほめる
exaltation [ègzɔːltéiʃən]	ex alt	ation	ex [=out of 外に] ～ation [→名]	n.高揚，昇進，有頂天
exalted [igzɔ́ːltid]	ex alt	ed	ex [=out of 外に] ～ed [→形]	a.高い，高尚な
haughty [hɔ́ːti]	haught	y	<F. haught<L. alt「高い」，～y [→形]	a.ごう慢な，尊大な

am, em, mi, im [=love 愛, friend 友人]

amateur [ǽmətəː(r)]	am	ateur	～eur [=person 人→名].「愛する人」	n.アマチュア，好事家
amateurism [ǽmətəːrizm]	am	ateurism	～eur [=person 人→名]+ism [=practice 行為→名]	n.しろうと芸，道楽
amiable [éimiəbl]	am	iable	～able […できる→形].「友の」	a.愛想のよい
amicable [ǽmikəbl]	am	icable	～able […できる→形].「友にできる」	a.友好的な
amity [ǽməti]	am	ity	～ty [=state 状態→名]	n.親善(関係)，友好
amorous [ǽmərəs]	am	orous	～ous [=full of…で満ちた→形]	a.好色の，恋の
amour [əmúər]	am	our	<L. amor [=love 愛]	n.恋愛事件
enemy [énimi]	en	em y	en[=not] ～<L. emy [=friend 友人].「友人でない」	n.敵
enmity [énməti]	en	mi ty	en [=not] ～ty [=state 状態→名]	n.敵意，悪意
inimical [inímikəl]	in	im ical	in [=not] ～ical [→形].「友でない」	a.敵意のある，不和な

amb, amph [=about, around 周りを，周囲に]

ambiguity [əmbigjúəti]	amb	iguity	～igu<L. igere [=move 動く]+ity [=state 状態→名]	n.あいまい
ambiguous [əmbígjuəs]	amb	iguous	～igu<L. igere [=move 動く]+ous [=full of…で満ちた→形].「さまよい歩く」→「あいまいな」	a.あいまいな
ambition [əmbíʃən]	amb	ition	～it [=go 行く]+ion [→名].「票を求めて歩きまわる」．ローマ時代には選挙の際票を求めて歩きまわる習慣があった	n.野心
ambitious [əmbíʃəs]	amb	itious	～it [=go 行く]+ous [=full of…で満ちた→形]	a.野心的な

amble [ǽmbl]		amb	le	~le [=frequentative 反復→動].「ぶらぶら歩く」	v.(馬が)側対歩で歩く, (人が)ゆっくり歩く
ambulance [ǽmbjuləns]		amb	ulance	~ul<L. ulāre [=walk 歩く]+ance [→名].「散歩する(歩く)病院」	n.救急車, 野戦病院
ambulate [ǽmbjuleit]		amb	ulate	~ul<L. ulāre [=walk 歩く]+ate [=make…にする→動].「歩きまわる」	v.歩く, 動きまわる
amphibious [æmfíbiəs]		amph	ibious	~bi<GK. bios [=life 生命]+ous [=full of…で満ちた→形].「両側に生命のある」→「両方に住む」	a.水陸両生の
amphitheater [ǽmfiθiətər]		amph	itheater	~theater [=劇場].「周りに座席を持つ劇場」	n.円形闘技場, 階段教室
perambulate [pəræmbjuleit]	per	amb	ulate	per [=through 通って] ~ate [=make…にする→動].「歩きまわる」	v.中を巡回する, ぶらつく
perambulator [pəræmbjuleitər]	per	amb	ulator	per [=through 通って] ~ate [=make…にする→動]+or [=instrument 道具→名]	n.うば車
ramble [ræmbl]	r	amb	le	<ME. romblen [=roam 歩きまわる]+le [=反復を示す語尾]	v.ぶらぶら歩く, 漫然と話す

an, ant(e), ant(i), ance [=before 前に, 先に]

ancestor [ǽnsestər]	an	cestor	an<ane [=以前に]+cest [=go 行く]+or [=person 人→名].「前に行く人」→「先住者」	n.祖先, 先祖
ancestral [ænsestrəl]	an	cestral	ancestor「先祖」+al [→形]	a.先祖の
ancestry [ǽnsestri]	an	cestry	ancestor「先祖」+ry [→名]	n.先祖, 家系
ancient [éinʃənt]	an	cient	~ent [→形]	a.古代の, 古い
antecedence [æntisí:dəns]	ante	cedence	~ced [=go 行く]+ence [→名]	n.先行, 先住
antecedent [æntisí:dənt]	ante	cedent	~ced [=go 行く]+ent [→形].「前に行く」→「先行する」	a.先行の, 以前の; n.先行詞
anticipant [æntísipənt]	anti	cipant	~cip [=take 取る]+ant [=person 人→名]	n.予期する人
anticipate [æntísipeit]	anti	cipate	~cip [=take 取る]+ate [=make…にする→動].「先に取る」→「予測する」	v.予期する, 先んじる
anticipation [æntisəpéiʃən]	anti	cipation	~cip [=take 取る]+ate [=make…にする→動]+ion [→名]	n.先見, 予想, 見込み
anticipatory [æntísəpətɔ:ri]	anti	cipatory	~cip [=take 取る]+ate [=make…にする→動]+ory [→形]	a.予想しての, 先行の
antique [æntí:k]	ant	ique	~ique [=related to…に関する→形].「前の」	a.古代の, 古風な
antiquity [æntíkwəti]	ant	iquity	~ique [=related to…に関する→形]+ity [=state 状態→名]	n.古代, 古風

advance [ədvǽns]	adv	anc	e	<OF. avancer<avante<ab [=from …から]+ante [=before 前に]．ab-の原義が忘れられラテン語のad-が採用された．「前になるようにする」→「促進する」	v.進む，進歩させる
advanced [ədvǽnst]	adv	anc	ed	adv [=before 前に] ～ed [→形]	a.進んだ，高等の
advancement [ədvǽnsmənt]	adv	anc	ement	adv [=before 前に] ～ment [→名]	n.前進，進歩
advantage [ədvǽntidʒ]	adv	ant	age	adv [=before 前に] ～age [→名]．「優位な状態」	n.有利，便宜，利益
advantageous [ædvəntéidʒəs]	adv	ant	ageous	adv [=before 前に] ～age [→名]+ous [=full of…に満ちた→形]	a.有利な，都合のよい
disadvantage [disədvǽntidʒ]	disadv	ant	age	dis [=not]+adv [=before 前に] ～age [→名]	n.不利，損害

anch, ang¹, ank [=bent 曲がった]

anchor [ǽŋkər]		anch	or	<L. ancora [=bent hook 曲がったかぎ]	n.錨
anchorage [ǽŋkəridʒ]		anch	orage	～age [→名]	n.投錨，碇泊(地)
angle [ǽŋgl]		ang	le	～le [=small→小さい→指小辞]．「曲がったもの」→「角」	n.かど，角(度);v.釣をする
angler [ǽŋglər]		ang	ler	～er [=person 人→名]	n.釣師
Angles [ǽŋglz]		Ang	les	元来はドイツのScheswig地方の名．その形が鉤(angle)のようなところから名づけられたという	n.アングル族(今の英国人の祖先)
angular [ǽŋgjulər]		ang	ular	～ar [→形]	a.かどばった，片意地な
ankle [ǽŋkl]		ank	le	angle「角」，anchor「錨」と同根	n.足首，くるぶし

ang², anx [choke 窒息させる，strangle 首を締める]

anger [ǽŋgər]		ang	er	<ON. anger「悲しみ」．「首を締めること」→「苦悩，悲しみ」→「怒り」	n.怒り，立腹
angry [ǽŋgri]		ang	ry	～y [→形]	a.怒った
anguish [ǽŋgwiʃ]		ang	uish	<L. angustia「狭い場所」→「苦境」	n.激しい苦痛
anxiety [æŋzáiəti]		anx	iety	～ty [=state 状態→名]．「窒息させるほどの状態」→「不安」	n.心配，不安
anxious [ǽŋkʃəs]		anx	ious	～ous [=full of…で満ちた→形]	a.心配な，切望して
strangle [strǽŋgl]	str	ang	le	str<extr [=out of 外に] ～le [→動]	v.窒息させる
strangulate [strǽŋgjuleit]	str	ang	ulate	str<extr [=out of 外に] ～ate [=make…にする→動]	v.(血行を)縛って止める

anim [=breath 息，life 生命，mind 心，vehemence 激しさ]

animal [ǽniməl]		anim	al	～al [→名]．「息をするもの」	n.動物，けだもの
animalcule [ǽnimǽlkju:l]		anim	alcule	～cule [=small 小さい→指小辞]	n.極微動物

ann, enn

語	接頭	語幹	接尾	語源解説	意味
animate [ǽnimeit]		anim	ate	～ate [=make…にする→動]．「生命あるものとする」	v.生かす，活気づける
animated [ǽnimeitid]		anim	ated	～ate [=make…にする→動]+ed [→形]	a.生気のある，盛んな
animosity [æniməśəti]		anim	osity	～os<ous [=full of…に満ちた→形]+ity [→名]．「怒ること」	n.敵意，強い憎しみ
equanimity [i:kwəníməti]	equ	anim	ity	equ [=equal 等しい] ～ity [→名]．「気性が均等であること」	n.平静，落ち着き
inanimate [inǽnimit]	in	anim	ate	in [=not] ～ate [→形]	a.生命のない，非情の
magnanimity [mægnəníməti]	magn	anim	ity	magn<magna [=large 大きい] ～ity [=state 状態→名]．「大きな心」	n.雅量(に富むこと)
magnanimous [mægnǽnəməs]	magn	anim	ous	magn<magna [=large 大きい] ～ous [=full of…で満ちた→形]	a.太っ腹の，高潔な
unanimity [ju:nəníməti]	un	anim	ity	un<uni [=one 1つ] ～ity [state 状態→名]．「一つ心の」	n.満場一致
unanimous [junǽniməs]	un	anim	ous	un<uni [=one 1つ] ～ous [=full of…で満ちた→形]	a.満場一致の，同意見の

ann, enn [=year 年]

語	接頭	語幹	接尾	語源解説	意味
annalist [ǽnəlist]		ann	alist	～al [→名]+ist [=person 人→名]	n.年代記編者，歴史家
annals [ǽnəlz]		ann	als	～al(s) [→名]．「年報，年鑑」	n.年代記，年史
anniversary [ænivə́:rsəri]		ann	iversary	～vers [=return 戻る]+ary [→形]．「年々めぐってくる」	n.記念日，記念祭
annual [ǽnjuəl]		ann	ual	～al [→形]．「年の」	a.1年の，例年の，年1回の
annually [ǽnjuəli]		ann	ually	～al [→形]+ly [→副]	ad.毎年，年1回ずつ
annuity [ənjú:əti]		ann	uity	～ity [=condition 状態→名]	n.年金
centennial [senténjəl]	cent	enn	ial	cent [=hundred 百] ～al [→形，名]．「百年期(の)」	a.百年の，百年祭の，百歳の；n.百年祭
perennial [pərénjəl]	per	enn	ial	per [=through 通して] ～ial [→形]．「年中の」	a.四季を通じての，永久の

anthrop [=man 人]

語	接頭	語幹	接尾	語源解説	意味
anthropology [ænθrəpálədʒi]		anthrop	ology	～logy [=study 学問]．「人間に関する学問」	n.人類学
misanthropy [mizǽnθrəpi]	mis	anthrop	y	mis [=hate 嫌う] ～y [→名]．「人間を嫌う」	n.人間嫌い

philanthropism [filǽnθrəpizəm]	phil	anthrop	ism	phil [＝love 愛する] ～ism [doctrine 主義→名].「人間を愛する」	n.博愛主義

apt, att, ept [＝fit, suitable, ready 適した]

apt [æpt]		apt		「適した」	a.…しやすい,適当な
aptitude [ǽptitjuːd]		apt	itude	～itude [＝state 状態→名].「適していること」→「適性」	n.適切さ,才能,傾向
aptness [ǽptnis]		apt	ness	～ness [→名]	n.適切さ,才能,傾向
attitude [ǽtitjuːd]		att	itude	aptitude「適性」と同じ語源から	n.態度,身がまえ
adapt [ədǽpt]	ad	apt		ad [＝to…へ] ～.「適合させる」	v.適合させる,改作する
adaptable [ədǽptəbl]	ad	apt	able	ad [＝to…へ] ～able […できる→形]	a.適合できる
adaptation [ədæptéiʃən]	ad	apt	ation	ad [＝to…へ] ～ation [→名]	n.適応,改作
adaptive [ədǽptiv]	ad	apt	ive	ad [＝to…へ] ～ive [→形]	a.適応できる
inept [inépt]	in	ept		in [＝not] ～	a.不適当な,ばかげた
ineptitude [inéptitjuːd]	in	ept	itude	in [＝not] ～itude [＝state 状態→名]	n.不適当,愚かさ

aqua, aque [＝water 水]

aqualung [ǽkwəlʌŋ]	aqua	lung	～lung [＝肺]	n.アクアラング
aquaplane [ǽkwəplein]	aqua	plane	～plane [＝flat surface 平らな面]	n.波乗り板
aquarium [əkwɛ́əriəm]	aqua	rium	～rium＜arium [＝place 場所→名].「水に関する場所」	n.水族館,養魚池
aquatic [əkwǽtik]	aqua	tic	～tic [→形]	a.水の,水生[中,上]の
aqueduct [ǽkwidʌkt]	aque	duct	～duct [＝tube 管]	n.水路,水道
aqueous [ǽkwiəs]	aque	ous	～ous [＝full of…で満ちた→形]	a.水の,水成の,含水の

arc, arch¹ [＝arch アーチ, bow 弓]

arc [ɑːrk]	arc		＜L. arcus「弓」	n.(円)弧,弓形,アーク
arch [ɑːrtʃ]	arch		＜L. arcus「弓」	n.アーチ
archer [ɑ́ːrtʃər]	arch	er	～er [＝person 人→名]	n.弓の射手
archery [ɑ́ːrtʃəri]	arch	ery	～ery [＝specific action 特殊な行為→名]	n.弓術,弓道

arch² [＝chief 最高位の, first 第一の, ruler 支配者]

archbishop [ɑ́ːrtʃbiʃəp]	arch	bishop	bishop 司教	n.大司教,大僧正
architect [ɑ́ːrkitekt]	arch	itect	～tect [＝carpenter 大工].「主たる大工」	n.建築家,設計者
architectural [ɑːrkitéktʃərəl]	arch	itectural	～tect [＝carpenter 大工]＋ure [＝result 結果→名]＋al [→形]	a.建築術の
architecture [ɑ́ːrkitektʃər]	arch	itecture	～tect [＝carpenter 大工]＋ure [＝result 結果→名]	n.建築学,建築

単語	分解	語源説明	意味
anarchism [ǽnərkizəm]	an | arch | ism	an [=without…のない]～ism [=doctrine 教義→名]	n.無政府主義
anarchy [ǽnərki]	an | arch | y	an [=without…のない]～y [=state 状態→名]. 「指導者のいない混乱した状態」	n.無政府，無秩序
hierarchy [háiərɑːrki]	hier | arch | y	hier [=sacred 聖なる]～y [=state 状態→名]. 「聖職者による支配制度」	n.階級組織，聖職政治
matriarchy [méitriɑːrki]	matri | arch | y	matri [=mother 母]～y [=state 状態→名]. 「女家長による支配制度」	n.女家長制
monarch [mɑ́nərk]	mon | arch	mon [=one 1つ]～. 「1人で支配する人」	n.君主，帝王
monarchy [mɑ́nərki]	mon | arch | y	mon [=one 1つ]～y [=state 状態→名]	n.君主政治[政体]
oligarchy [ɑ́ləgɑːrki]	olig | arch | y	olig [=few 少数の]～y [=state 状態→名]. 「少数者による支配制度」	n.寡頭政治，少数独裁政治

ard [=flame 炎, fire 火]

単語	分解	語源説明	意味
ardent [ɑ́ːrdənt]	ard | ent	～ent [→形]「燃えている」→「熱烈な」	a.燃えるような，熱烈な
ardently [ɑ́ːrdəntli]	ard | ently	～ent [→形]+ly [→副]	ad.熱烈に，熱心に
ardor [ɑ́ːrdər]	ard | or	～or [=nature 性質→名]. L.ardor [=flame 炎]	n.熱情，熱心
arduous [ɑ́ːrdjuəs]	ard | uous	～ous [=full of…で満ちた→形]	a.困難な，根気強い

arm [=tool 道具, weapon 武器]

単語	分解	語源説明	意味
arm(s) [ɑ́ːrm(z)]	arm | (s)		n.兵器，武器
armada [ɑːrmɑ́ːdə]	arm | ada	～ada [=group 集団→名]. 「武装した軍隊」	n.艦隊，軍用飛行機
armament [ɑ́ːrməmənt]	arm | ament	～ment [→名]	n.軍隊，軍備
armistice [ɑ́ːrmistis]	arm | istice	～stice [=stop 中止する]. 「武装を解くこと」	n.休戦
armor [ɑ́ːrmər]	arm | or	～or [=もの→名]. 「武装するもの」	n.鎧(よろい)かぶと
army [ɑ́ːrmi]	arm | y	～y [=group 集団→名]. 「武装した集団」	n.陸軍，軍隊
alarm [əlɑ́ːrm]	al | arm	al<ad [=to…へ]～, イタリア語 all'arme!「武器を(とれ)!」から	n.驚き，警報
alarm clock [əlɑ́ːrmklɑk]	al | arm | clock	～clock 時計	n.目ざまし時計
disarm [disɑ́ːrm]	dis | arm	dis [=apart 離れて]～. 「武器を奪う」	v.武器を取り上げる
disarmament [disɑ́ːrməmənt]	dis | arm | ament	dis [=apart 離れて]～ment [→名]. 「武器を奪う」	n.武装解除
rearm [riɑ́ːrm]	re | arm	re [=again 再び]～	v.再軍備させる
rearmament [riɑ́ːrməmənt]	re | arm | ament	re [=again 再び]～ment [→名]	n.再軍備

art, ert [=skill (of joining together) (結びつける) 技術]

単語	分解		語源説明	意味
art [ɑːrt]	art			n.人工, 芸術, 技術, 熟練
artful [ɑ́ːrtfəl]	art	ful	〜ful [=full of…で満ちた→形]	a.狡猾な, 熟練した
article [ɑ́ːrtikl]	art	icle	〜cle [=small 小さい→指小辞]	n.品物, 箇条, 冠詞
articulate [ɑːrtíkjuleit]	art	iculate	〜ate [=make…にする→動]	v.はっきり発音する, 明瞭に表現する
artificial [ɑːrtifíʃəl]	art	ificial	〜fic [=make作る]+al [→形]	a.人造の, 不自然な
artificially [ɑːrtifíʃəli]	art	ificially	〜fic [=make作る+al [→形]+ly [→副]	ad.人為的に, 不自然に
artisan [ɑ́ːrtəzən]	art	isan	<L.=instructed in arts「技術の指導を受けた」	n.職人, 職工
artist [ɑ́ːrtist]	art	ist	〜ist [=person 人→名]	n.芸術家, 美術家, 画家
artistic [ɑːrtístik]	art	istic	〜ist [=person 人→名]+ic [→形]	a.芸術的な, 芸術の, 美術の
artless [ɑ́ːrtlis]	art	less	〜less [=free from, wanting 欠けている→形]	a.ありのままの, 無邪気な, 不細工な
inert [inə́ːrt]	in	ert	in [=not]+ert [=skill, art 技術].「技術のない」	a.自動力のない, 鈍い, 不活発な

asper [=rough ざらざらした]

単語	分解		語源説明	意味
asperity [æspérəti]	asper	ity	〜ity [=condition 状態→名].「でこぼこ, ざらざら」	n.荒々しさ, 無愛想
exasperate [igzǽspəreit]	ex	asper ate	ex [=completely 完全に] 〜ate [=make…にする→動].「非常に粗い状態にする」	v.怒らせる
exasperation [igzæspəréiʃən]	ex	asper ation	ex[=completely 完全に] 〜ate [=make…にする→動]+ion [→名]	n.憤激, 悪化

aster, astro [=star 星]

単語	分解		語源説明	意味
aster [ǽstər]	aster		<L. aster「星」	n.《植》エゾギク
asterisk [ǽstərisk]	aster	isk	isk [=small 小さい→指小辞].「小さい星」	n.星印
astrology [əstrɑ́lədʒi]	astro	logy	〜logy [=study 学問]	n.占星学[術]
astronaut [ǽstrənɔːt]	astro	naut	〜naut [=sailor 水夫].「星の水夫」	n.宇宙飛行士
astronomy [əstrɑ́nəmi]	astro	nomy	〜nomy [=law 法則].「星の法則」	n.天文学
disaster [dizǽstər]	dis	aster	dis [=ill 不吉な] 〜.「不吉の星」	n.災害, 不幸
disastrous [dizǽstrəs]	dis	astr ous	dis [=ill 不吉な] 〜ous [=full of…で満ちた→形]	a.不幸な, 悲惨な

athl [＝contest 競争]

単語	分解		語源	意味
athlete [ǽθliːt]	athl	ete	＜GK. *athlētēs*「競技」	n.競技者, 運動家
athletic [æθlétik]	athl	etic	～ic [＝related to…に関する→形]	a.運動競技の
athletics [æθétiks]	athl	etics	～ics [＝技術→名]	n.運動競技
decathlon [dikǽθlɑn]	dec athl	on	deca [＝ten 10]＋athlon [＝game]	n.十種競技
pentathlon [pentǽθlɑn]	pent athl	on	pent [＝five 5]＋athlon [＝game]	n.五種競技

auc, aug, auth, aux [＝grow 成長する, increase 増える]

単語	分解		語源	意味
auction [ɔ́ːkʃən]	auc	tion	L.*augēre* (＝increase)～tion [→名]. 「金額を増加する」→「せり売りする」	n.競売, せり売り
auctioneer [ɔːkʃəníər]	auc	tioneer	～tion [→名]＋eer [＝person 人→名]	n.競売人
augment [ɔːgmént]	aug	ment	～ment [→名]	v.増す
author [ɔ́ːθər]	auth	or	～or [＝person 人→名].「ものを生み出す人」	n.著者, 創始者
authoritative [əθɔ́ːrəteitiv]	auth	oritative	～or [＝person 人→名]＋ate [＝make…にする→動]＋ive [→形]	a.権威のある, 信ずべき
authority [əθɔ́ːrəti]	auth	ority	～or [＝person 人→名]＋ity [＝state 状態→名]	n.権威, 権力, 権限, 当局
authorize [ɔ́ːθəraiz]	auth	orize	～or [＝person 人→名]＋ize [＝make…にする→動]	v.認可する, 機能を与える
auxiliary [ɔːgzíliəri]	aux	iliary	～ary [→形].「補助として増加した」	a.補助の, 副の

aud, ed, ey [＝hear, listen 聞く]

単語	分解		語源	意味
audible [ɔ́ːdəbl]	aud	ible	～ible [＝able…できる→形].「聞くことのできる」	a.聞こえる
audience [ɔ́ːdiəns]	aud	ience	～ience [→名].「聞くこと」	n.聴衆
audit [ɔ́ːdit]	aud	it	～it [→過去分詞語尾].「聞かれた」昔の会計検査は口頭でなされた	v.聴講する, (会計を)検査する
audition [ɔːdíʃən]	aud	ition	～tion [＝→名]	n.聴力, 試聴, オーディション
auditorium [ɔːditɔ́ːriəm]	aud	itorium	～orium [＝place 場所→名].「聴く場所」	n.講堂, 聴衆席
inaudible [inɔ́ːdəbl]	in aud	ible	in [＝not] ～ible [＝able…できる→形]	a.聞きとれない
obedience [əbíːdiəns]	ob ed	ience	ob [＝to…へ] ～ence [→名]	n.服従, 従順
obedient [əbíːdiənt]	ob ed	ient	ob [＝to…へ] ～ent [→形]	a.従順な
obey [əbéi]	ob	ey	ob [＝to…へ]＋*audire* [＝listen 聞く].「人の言うことを聞く」	v.従う, 服従する
disobey [disəbéi]	disob	ey	dis [＝not] ～	v.従わない
disobedient [disəbíːdiənt]	disob ed	ient	dis [not] ～ent [→形]	a.不従順な

aus, avi [=bird 鳥]

auspice [ɔ́:spis]	aus	pice	~spice [=look 見る]．鳥の飛ぶのを見て吉凶を占ったことから	n.保護，援助，吉兆
aviary [éiviəri]	avi	ary	~ary [=place 場所→名]．「鳥を入れておく所」	n.鳥のおり
aviation [eiviéiʃən]	avi	ation	~ate [=make…にする→動]+ion [→名]．「鳥のように飛ぶこと」	n.飛行，航空
aviator [éivieitər]	avi	ator	~ate [=make…にする→動]+or [=person 人→名]	n.飛行家

auto [=self 自身の [で]]

autobiographer [ɔ:toubaiágrəfər]	auto	biographer	~bio [=life 人生]+graph [=write 書く]+er [=person 人→名]	n.自叙伝作家
autobiography [ɔ:toubaiágrəfi]	auto	biography	~bio [=life 人生]+graph [=write 書く]+y [→名]．「自分自身の生活を記述したもの」	n.自叙伝
autocracy [ɔ:tákrəsi]	auto	cracy	~cracy<GK.=power 政権, rule 統治 [→名]	n.独裁権,独裁政治,独裁国
autocrat [ɔ́:təkræt]	auto	crat	~crat<GK.=ruler 統治者 [→名]．「自分で支配する者」	n.独裁君主,独裁者,専制君主
autocratic [ɔ:təkrætik]	auto	cratic	~crat [<GK.=ruler 統治者→名]+ic [→形]	a.独裁の，独裁的な
autograph [ɔ́:təgra:f]	auto	graph	~graph [=write 書く]	n.,v.自筆(で書く)
automat [ɔ́:təmæt]	auto	mat	~mat [=move 動く]．「自分で動く」	n.自動販売機式食堂，オートマット
automatic [ɔ:təmǽtik]	auto	matic	~mat [=move 動く]+ic [→形]	a.自動の，自動的な
automation [ɔ:təméiʃən]	auto	mation	~mat [=move 動く]+ion [→名]	n.オートメーション
autonomy [ɔ:tánəmi]	auto	nomy	~nomy [=law 法則→名]．「自らを治めること」	n.自治

B

back [＝後ろ，背中]

back [bæk]	back		n.背，後部；ad.後ろに
backbone [bǽkboun]	back|bone	～bone 骨	n.背骨
background [bǽgraund]	back|ground	～ground 地面	n.背景
backward [bǽkwərd]	back|ward	～ward [＝toward …の方へ]	ad.,a.後ろへ[の]，遅れた
aback [əbǽk]	a|back	a[＝on 上に]～	ad.〔次の成句で〕be taken aback「不意をうたれる」

bag(g)，budg [＝袋]

bag [bæg]	bag		n.袋，かばん
baggage [bǽgidʒ]	bagg|age	～age [＝集合体→名]	n.手荷物
budget [bʌ́dʒit]	budg|et	＜OF. bougette「小さな袋(＝財布)」	n.予算，家計

ball¹ [＝dance 踊り]

ball [bɔːl]	ball	原義は「からだを投げて踊る」	n.舞踏会
ballad(e) [bǽləd]	ball|ad(e)	～ade [→名]．「踊りに合わせて歌われる歌」	n.民謡，バラッド
ballerina [bæləríːnə]	ball|erina	～ina [＝feminine 女性→名]	n.バレリーナ
ballet [bǽlei]	ball|et	～et [＝small 小さい→指小辞]	n.バレエ，舞踊劇[団]

ball² [＝球]

ball [bɔːl]	ball		n.球，ボール
balloon [bəlúːn]	ball|oon	～oon [＝large 大きい→拡大辞]	n.気球，風船
ballot [bǽlət]	ball|ot	＜イタリア語 ballota＝small ball「小さな球」．秘密投票に用いられた	n.,v.投票(する)

band, bind, bond, bound, bund [＝bind 結ぶ，control 支配する，limit 制限する]

band [bænd]	band		bind「結ぶ」の母音交替形	n.帯，団体；v.結合する
bandage [bǽndidʒ]	band|age	～age [→名]	n.包帯
bind [baind]	bind		v.結ぶ，義務を負わせる
bond [bɑnd]	bond		n.束縛，義務，公債
bound [baund]	bound		n.境界，範囲；v.限る
boundary [báundəri]	bound|ary	～ary [＝place 場所→名]	n.境界
bundle [bʌ́ndl]	bund|le	～le [→名]．「束ねられたもの」	n.,v.束(ねる)

bar [＝棒]

bar [bɑːr]	bar		n.棒，法廷；v.妨げる
barrack [bǽrək]	bar|rack	bar [横木] で作った一時的な家	n.バラック，兵営
barrel [bǽrəl]	bar|rel	＜L. barra「樽の板」	n.樽

barricade [bǽrəkeid]	bar	ricade	＜F. barricade「樽で作った防塞物」	n.バリケード
barrier [bǽriər]	bar	rier	～er [＝thing もの→名].「棒による柵」	n.柵, 障害
barrister [bǽristər]	bar	rister	法廷で被告席を仕切った barrier「柵」より	n.法廷弁護士
debar [dibá:r]	de	bar	de [＝apart 離れて]～.「棒を取り除く」	v.除外する, 妨げる
embargo [embá:rgou]	em	bar	go	em＜en [＝into …の中へ]＋bargo＜Sp. barra [＝bar 横木].「障害物を置く」	n.出入港禁止, 禁止
embarrass [imbǽrəs]	em	bar	rass	em＜en [＝into …の中へ]＋barrass [＝bars 横木].「道に障害物を置く」	v.困らせる, 邪魔する
embarrassing [imbǽrəsiŋ]	em	bar	rassing	em＜en [＝into …の中へ]～ing [→形]	a.困らせる, やっかいな
embarrassment [imbǽrəsmənt]	em	bar	rassment	em＜en [＝into …の中へ]～ment [→名]	n.当惑

barb¹ [＝barb 釣針, beard あごひげ]

barb [bɑ:rb]	barb			n.(釣針などの)あご
barbel [bá:rbl]	barb	el	～el [＝small 小さい→指小辞]	n.(魚の)ひげ
barber [bá:rbər]	barb	er	＜OF. barbeor＜L. barba＝beard あごひげ. 14世紀から	n.理髪師

barb², brav [＝strange 見なれぬ, foreign 外国の]

barbarian [bɑ:rbéəriən]	barb	arian	～arian [→名, 形].「ギリシャ語を解せぬ者」	n.野蛮人, 無教養な人; a.野蛮な
barbarous [bá:rbərəs]	barb	arous	～ous [＝full of…で満ちた→形]	a.野蛮な
bravado [brəvá:dou]	brav	ado	～ado [＝action 行為→名]. 本来はよい意味であった	n.虚勢, からいばり
brave [bréiv]	brav	e	原義は「乱暴な」. 本来は悪い意味であった	a.勇敢な
bravely [bréivli]	brav	ely	～ly [→副]	ad.勇敢に
bravery [bréivəri]	brav	ery	～ery [＝action 行為→名]	n.勇敢, 華美

bas [＝low 低い]

base [béis]		bas	e	＜L. basis「土台」	n.土台, 塁; v.基礎を置く
baseball [béisbɔ:l]		bas	eball	～ball ボール	n.野球
basement [béismənt]		bas	ement	～ment [→名]	n.地階
basic [béisik]		bas	ic	～ic [→形]	a.基本の, 根本的
basis [béisis]		bas	is	pl. bases	n.基礎, 土台
bass [bæs]		bas	s		n.バス, 低音(歌手)
abase [əbéis]	a	bas	e	a＜ad [＝to…へ]～	v.(地位, 品位などを)落とす

単語	分解			語源説明	意味
abasement [əbéismənt]	a	bas	ement	a＜ad [＝to…へ] ～ment [→名]	n.失墜，屈辱
debase [dibéis]	de	bas	e	de [＝down 下に] ～	v.(品質，品位などを)低下させる

bat, beat [＝beat, strike 打つ]

単語	分解			語源説明	意味
batter [bǽtər]		bat	ter	～er [＝反復→動]．「バットで打つ」	v.乱打する，打ちこわす n.打者，バッター
battery [bǽtəri]		bat	tery	～ery [→名]．「打つ場所」	n.砲列，砲台；バッテリー
battle [bǽtl]		bat	tle	～le [→名]．「打つこと」	n.戦闘；v.戦う
battlefield [bǽtlfi:ld]		bat	tlefield	～field 野原	n.戦場
battleship [bǽtlʃip]		bat	tleship	～ship 船	n.戦艦
beat [bi:t]		beat			v.打つ
abate [əbéit]	a	bat	e	a＜ad [＝to…へ] ～．「打って減らす」	v.減じる，和らげる
abatement [əbéitmənt]	a	bat	ement	a＜ad [＝to…へ] ～ment [→名]	n.減少，緩和
combat [kámbæt]	com	bat		com [＝together 共に] ～．「共に打ち合う」	n.,v.格闘(する)，闘争(する)
combatant [kəmbǽtənt]	com	bat	ant	com [＝together 共に] ～ant [＝person 人→名]	n.戦闘員
combative [kəmbǽtiv]	com	bat	ive	com [＝together 共に] ～ive [→形]	a.好戦的な
debate [dibéit]	de	bat	e	de [＝down 下に] ～．「打ち倒す」	n.,v.討論(する)
rebate [ribéit]	re	bat	e	re [＝back もとへ] ～．「打ち返す」	n.,v.割引き(する)

bel(l), vel(l) [＝war 戦争]

単語	分解		語源説明	意味
bellicose [bélikous]		bell	icose	～ose [＝full of…で満ちた→形]	a.好戦的な(＝warlike)
bellicosity [belikásəti]		bell	icosity	～ose [＝full of…で満ちた→形]＋ity [＝state 状態→名]	n.好戦的なこと
belligerence [bilídʒərəns]		bell	igerence	～ger [＝carry 推し進める]＋ence [→名]．「戦争を行なうこと」	n.交戦状態
belligerent [bilídʒərənt]		bell	igerent	～ger [＝carry 推し進める]＋ent [→形]	a.交戦中の
ante-bellum [ænti-béləm]	ante	bell	um	ante [＝before 前に] ～	a.戦前の
post-bellum [poust-béləm]	post	bell	um	post [＝after 後に] ～	a.戦後の
rebel v.[ribél] n.[rébl]	re	bel		re [＝again 再び] ～．「戦争を再び起こす」	n.,v.むほん(を起こす)
rebellion [ribéljən]	re	bell	ion	re [＝again 再び] ～ion [→名]	n.むほん，反乱
rebellious [ribéljəs]	re	bell	ious	re [＝again 再び] ～ious [＝full of…で満ちた→形]	a.むほんの，反抗的

語	分綴	語源解説	意味
revel [révl]	re|vel	re [=again 再び] ~．rebel と同語源．「騒ぎを起こす」	v.飲み騒ぐ
reveller [révələr]	re|vell|er	re [=again 再び] ~er [=person 人→名]	n.飲み騒ぐ人
revelry [révəlri]	re|vel|ry	re [=again 再び] ~ry [→名]	n.底抜け騒ぎ

bell, beau [=beautiful 美しい]

語	分綴	語源解説	意味
beau [bou]	beau	<F.=美しい	n.しゃれ男
beautiful [bjúːtəfəl]	beau|tiful	~ful [=full of…で満ちた→形]	a.美しい，りっぱな
beautifully [bjúːtəfəli]	beau|tifully	~ful [=full of…で満ちた→形]+ly [→副]	ad.美しく
beautify [bjúːtəfai]	beau|tify	~fy [=make…にする→動]	v.美しくする
beauty [bjúːti]	beau|ty	~ty [=state→名]	n.美，美人
belle [bel]	bell|e	<F. beau の女性形	n.美人

bene, bon, boun [=good, well よい]

benediction [benidíkʃən]	bene|diction	~dict [=say 言う]+ion [→名]．「祝福の言葉」	n.祝福
benefaction [benifǽkʃən]	bene|faction	~fact [=do 行なう]+ion [→名]．「よい行為」	n.恩恵，慈善行為
benefactor [benifǽktər]	bene|factor	~fact [=do 行なう]+or [=person 人→名]	n.恩人，保護者
beneficial [benifíʃəl]	bene|ficial	~fic [=make…にする→動]+ial [→形]	a.有益な
benefit [bénifit]	bene|fit	~fit [=make…にする→動]．「よい行為」	n.利益，恩恵； v.利する
benevolent [binévələnt]	bene|volent	~vol [=wish 意志]+ent [→形]．「善意の」	a.情け深い
bonny [báni]	bon|ny	~y [→形]	a.美しい，愛らしい
bonus [bóunəs]	bon|us	<L. bonus=good よい．18世紀から	n.ボーナス
bountiful [báuntifəl]	boun|tiful	~ful [=full of…で満ちた→形]	a.慈悲深い
bounty [báunti]	boun|ty	~ty [=state 状態→名]．「善」	n.博愛，賜物

bet [=excite 興奮させる，instigate そそのかす]

bet [bet]	bet	abet の頭音消失形	v.かける；n.かけ(金)
abet [əbét]	a|bet	a<ad [=to…へ] ~．「餌を与える」	v.けしかける，扇動する
abetment [əbétmənt]	a|bet|ment	a<ad [=to…へ] ~ment [→名]	n.教唆
abetter, -tor [əbétər]	a|bet|ter, -tor	a<ad [=to…へ] ~er, ~or [=person 人→名]	n.教唆者

bi, bin [=two 二つの]

語	分綴	語源解説	意味
bicycle [báisikl]	bi|cycle	~cycle 車輪．「二輪車」	n.自転車

bilateral [bailǽtərəl]	bi	lateral	〜lateral 側に属する	*a.*両側の，二面のある
bilingual [bailíŋgwəl]	bi	lingual	〜lingual 言語の.「二つの言語の」	*a.*二言語を話す，二言語併用の
bimonthly [baimʌ́nθli]	bi	monthly	〜monthly 毎月の	*a.,ad.*隔月の[に]; *n.*隔月発行雑誌
binary [báinəri]	bi	nary	〜ary [→形]	*a.*二要素から成る，二元の，二進の
binocular [bainάkjulər]	bi	nocular	〜ocul [＝eye 目]＋ar [→形]	*n.*(*pl.*)双眼鏡
biped [báiped]	bi	ped	〜ped [＝foot 足]	*n.*二足動物
biplane [báiplein]	bi	plane	〜plane「飛行機」	*n.*複葉飛行機
combine [kəmbáin]	com	bin e	com [＝together 共に]〜.「2つずつにする」	*v.*結合させる，兼ねる，化合させる
combination [kəmbənéiʃən]	com	bin ation	〜ate[＝make…にする→動]＋ion [→名]	*n.*結合，共同，組み合せ，仕合い

bib, bev [＝drink 飲む]

beverage [bévəridʒ]	bev	erage	＜OF. *bevrage*＜L. *bibere*「飲む」	*n.*飲み物
bib [bib]	bib			*n.*よだれ掛け，胸当て
imbibe [imbáib]	im	bib e	im [＝into 中へ]〜.「飲み込む」	*v.*吸収する，飲む

bibli, Bible [＝book 本]

Bible [báibl]	Bible		パピルスを船積みしたフェニキアの港 Byblos より	*n.*[the 〜]聖書
biblical [bíblikəl]	bibli	cal	〜cal [→形]	*a.*聖書の
bibliographer [bibliάgrəfər]	bibli	ographer	〜graph [＝write 書く]＋er [＝person 人→名]	*n.*書誌学者
bibliography [bibliάgrəfi]	bibli	ography	〜graphy [＝writing 書くこと].「書物に関する学問」	*n.*書誌学
bibliomania [bibliouméiniə]	bibli	omania	〜mania「…狂」	*n.*書籍狂

bide, bode [＝wait 待つ]

abide [əbáid]	a	bide	a [強意]〜	*v.*とどまる，守る
abode [əbóud]	a	bode	〜＜abide	*n.*住所，居住

bio [＝life 生命，生活]

biochemistry [baioukémistri]	bio	chemistry	〜chemistry「化学」	*n.*生化学
biographer [baiάgrəfər]	bio	grapher	〜graph [＝write 書く]＋er [＝person 人→名]	*n.*伝記作者
biographical [baiəgrǽfikəl]	bio	graphycal	〜graph [＝write 書く]	*a.*伝記(体)の
biography [baiάgrəfi]	bio	graphy	〜graphy [＝writing 書くこと].「生涯を記述した書き物」	*n.*伝記

単語	分解			語源説明	意味
biological [baiəládʒikəl]	bio	logical		～logi [＝learning 学問]+cal [→形]	a.生物学(上)の
biology [baiálədʒi]	bio	logy		～logy [＝study 学問]	n.生物学
amphibious [æmfíbiəs]	amphi	bio	us	amphi [＝on both sides 両側に] ～ous＝full of…で満ちた→形].「両方に住む」	a.水陸両生の
autobiographer [ɔ:toubaiágrəfər]	auto	bio	grapher	auto [＝self 自身] ～graph [＝write 書く]+er「＝person 人→名」	n.自叙伝作家
autobiography [ɔ:toubaiágrəfi]	auto	bio	graphy	auto [＝self 自身] ～graphy [＝writing 書き物→名].「自身の伝記」	n.自叙伝

bitr [＝go 行く，judge 判定する]

単語	分解			語源説明	意味
arbitrary [á:rbətreri]	ar	bitr	ary	ar＜ad [＝to…へ] ～ary [→形]	a.随意の，独断的
arbitrate [á:rbitreit]	ar	bitr	ate	ar＜ad [＝to…へ] ～ate [＝make…にする→動].「調停のために見に行く」	v.仲裁する
arbitration [a:rbitréiʃən]	ar	bitr	ation	ar＜ad [＝to…へ] ～ate [＝make…にする→動]+ion [→名]	n.仲裁，調停

blem, ball³, vil, bol, ble¹, bola [＝throw 投げる]

単語	分解			語源説明	意味
ballistic [bəlístik]		ball	istic	～istic [→形].「投げるものの」	a.弾道(学)の
devil [dévl]	de	vil		＜GK. dia [＝across 越えて]+ballista [＝throw 投げる].原義は「投げつけるもの」	n.悪魔
diabolic [daiəbálik]	dia	bol	ic	dia [＝across 越えて] ～ic [→形]	a.悪魔のような
emblem [émbləm]	em	blem		em＜en [＝in 中に] ～.「中にはめ込まれたもの」	n.象徴 (＝symbol)，典型
emblematic [emblimǽtik]	em	blem	atic	em＜en [＝in 中に] ～atic [→形]	a.象徴的な
parable [pǽrəbl]	para	ble		para [＝並んで] ～.「そばに置くこと」→「比較すること」	n.たとえ(話)
parabola [pərǽbələ]	para	bola		para [＝並んで] ～	n.放物線
problem [práblm]	pro	blem		pro [＝before 前に] ～.「前に投げられたもの」→「難問」	n.問題
problematic [prɑbləmǽtik]	pro	blem	atic	pro [＝before 前に] ～atic [→形]	a.疑問の，問題の
symbol [símbəl]	sym	bol		sym [＝together 共に] ～.「共に投げる」→「比較する」	n.象徴，記号
symbolism [símbəlizəm]	sym	bol	ism	sym [＝together 共に] ～ism [→名]	n.象徴主義
symbolize [símbəlaiz]	sym	bol	ize	sym [＝together 共に] ～ize [＝make…にする→動]	v.…を表す，…を象徴する

bless, bleed, blood [＝blood 血]

単語	分解			語源説明	意味
bleed [bli:d]		bleed		＜OE. blēdan「血が流れる」(いけにえの血で祭壇を清める儀式より)	v.出血する
bless [bles]		bless			v.祝福する，賛美する
blessed [blésid]		bless	ed	～ed [→形]	a.神聖な，幸せな

blessing [blésiŋ]	bless	ing	~ing [→名]		n.祝福，天恵
blood [blʌd]	blood		<OE. blōd「血」		n.血，血統
bloodshed [blʌ́dʃed]	blood	shed	~shed [=divide 分ける]．「血を流す」		n.流血，殺りく
bloody [blʌ́di]	blood	y	~y [→形]		a.血の出た，血なまぐさい

board [=plank 板]

board [bɔːrd]	board		原義は「切りとられたもの」		n.板，掲示板，食卓，賄い，委員会
boarder [bɔ́ːrdər]	board	er	~er [=person 人→名]		n.下宿人
boardinghouse [bɔ́ːrdiŋhaus]	board	inghouse	~ing [→名] ＋house [家]		n.下宿屋，寄宿舎
aboard [əbɔ́ːrd]	a	board	a [=on…へ] ~		ad.船に，飛行機に

bomb, bump [=humming sound「ブンブン」という擬声音]

bomb [bɑm]	bomb		原義は「ブンブンという音」		n.爆弾
bombard [bɑmbáːrd]	bomb	ard	<F. bombarde [=cannon 大砲]		v.砲撃する，爆撃する
boom [buːm]	boom		<ME. bombon「ブンブン」		n.ブーンという音，にわか景気
bump [bʌmp]	bump		擬声音		n.でこぼこ；v.突き当たる
bumper [bʌ́mpər]	bump	er	~er [=instrument 道具→名]		n.バンパー

brace [=arm 腕]

brace [breis]	brace		GK. brakhīōn「上腕」		n.突っ張り，支柱；v.引き締める
bracelet [bréislit]	brace	let	~let [=small 小さい→指小辞]		n.腕輪
embrace [imbréis]	em	brace	em<en [=into…の中へ] ~．「腕の中に入れる」		v.抱擁する，抱き合う

breast [=胸]

breast [brest]		breast	ゲルマン語では「ふくらむ」		n.胸(=chest)，心情
abreast [əbrést]	a	breast	a [=on…へ] ~		ad.相並んで
redbreast [rédbrest]	red	breast	red 赤い~		n.(赤胸の)コマドリ

brev, brief, bridg(e) [=short 短い]

brevity [brévəti]	brev	ity	~ity [=state 状態→名]		n.(時の)短さ，簡潔さ
brief [briːf]	brief				a.短時間の，簡潔な
briefly [bríːfli]	brief	ly	~ly [→副]		ad.簡単に
abbreviate [əbríːvieit]	ab	brev	iate	ab<ad [=to…へ] ~iate [=make …にする→動]	v.略して書く，要約する
abbreviation [əbriːviéiʃən]	ab	brev	iation	ab<ad [=to…へ] ~iate [=make …にする→動]＋ion [→名]	n.省略(語)
abridge [əbrídʒ]	a	bridge		a [=to…へ] ~	v.要約する，短縮する
abridg(e)ment [əbrídʒmənt]	a	bridg(e)	ment	a [=to…へ] ~ment [→名]	n.要約，短縮

broad, bread [=wide 幅が広い]

breadth [bredθ]	bread|th	<OE. *brād*「広い」+th [→名]	*n.*幅, 広さ
broad [brɔːd]	broad		*a.*広い, 一般の
broadcast [brɔ́ːdkæst]	broad|cast	~cast [=throw 投げる]. 「広く声・画面を投げる」	*n., v.*放送(する)
broaden [brɔ́ːdn]	broad|en	~en [=make…にする→動]	*v.*広げる, 広がる
abroad [əbrɔ́ːd]	a|broad	a [=to…へ] ~. 「広く」が原義	*ad.*海外へ[に], 国外へ

broc, broach, brooch, broch, brok [=pointed stick とがった棒]

broach [broutʃ]	broach	原義は「とがったもの, 大くぎ」	*n.*焼きぐし, 穴あけぎり, ブローチ
brooch [broutʃ]	brooch	「とがった[突き出た]もの」	*n.*ブローチ
brocade [brokéid]	broc|ade	<Sp. *brocado.* embroider「刺しゅうする」の過去分詞	*n.*にしき, 金襴(きんらん)
brochure [bróuʃər]	broch|ure	<F. *brocher*=stitch 刺しゅうする	*n.*仮とじ本, パンフレット
broker [bróukər]	brok|er	~er [=person 人→名]. 「ブドウ酒の樽のせんを取る人」	*n.*ブローカー

busc, bouqu, bush [=bush 茂み]

bouquet [buːkéi]	bouqu|et	~et [=small 小さい→指小辞]. フランス語 *bois*「森」の指小形	*n.*花束
bush [buʃ]	bush		*n.*かん木, やぶ, 茂み
bushy [búʃi]	bush|y	~y [→形]	*a.*低木のおいしげる, やぶの多い
ambuscade [æmbəskéid]	am|busc|ade	<F. *embuscade* [=ambush 待ち伏せ(する)]	*n., v.*=ambush
ambush [æmbuʃ]	am|bush	am<em [=in 中に] ~. 「森の中に入る」	*n., v.*待ち伏せ(る)

C

cad, cas¹, chanc, cheat, cid¹, cay [=fall 落ちる, happen 起こる]

見出し語	接頭	語根	接尾	語源・構成	意味
cadaverous [kədǽvərəs]		cad	averous	<L. *cadere* [=fall dead 死んで倒れる] ~ous [=full of…で満ちた→形]	a.死体のような, 青ざめた
cascade [kæskéid]		cas	cade	<It. *cascata*「落とされるもの」	n.小滝, 人工滝
case [keis]		cas	e	「起こされた」→「出来事」	n.場合, 事実, 問題, 実情
casual [kǽʒuəl]		cas	ual	~al [→形]「出来事の」	a.偶然の, 臨時の, むとんちゃくな
chance [tʃæns]		chanc	e	<L. *cadere*「(偶然)落ちる, 起こる」→「出来事」	n.機会, 成算, 偶然
cheat [tʃi:t]			cheat	<ME. *eschet*「復帰」の短縮形.「人の手に落ちる」→「すべり落ちる」から意味が変化した	v.だます, ごまかす; n.ペテン師, ごまかし
accident [ǽksidənt]	ac	cid	ent	ac<ad [=to…へ] ~ent [→名].「身の上に起こった」	n.事故, 思いがけぬ出来事
accidental [æksidéntl]	ac	cid	ental	ac<ad [=to…へ] ~ent [→名]+al [→形]	a.偶然の, 付属的
coincide [kouinsáid]	coin	cid	e	co [=together 共に]+in [=on 上に] ~.「共に起こる」	v.同時に起こる, 符合する
coincidence [kouínsidəns]	coin	cid	ence	co [=together 共に]+in [=on 上に] ~ence [→名]	n.一致, 同時発生
coincident [kouínsidənt]	coin	cid	ent	co [=together 共に]+in [=on 上に] ~ent [→形]	a.一致した, 時を同じくした
decadence [dékədəns]	de	cad	ence	de [=down 下に] ~ence [→名].「下へ落ちること」	n.堕落, デカダンス
decadent [dékədənt]	de	cad	ent	de [=down 下に] ~ent [→形]	a.退廃的な
decay [dikéi]	de	cay		de [=down 下に] ~.「下へ落ちる」	n.,v.腐食[腐敗](する), 衰え(る)
decayed [dikéid]	de	cay	ed	de [=down 下に] ~ed [→形]	a.腐敗した, 衰えた
deciduous [disídjuəs]	de	cid	uous	de [=down 下に] ~ous [=full of…で満ちた→形].「下に落ちる」	a.脱落性の, はかない
incidence [ínsidəns]	in	cid	ence	in [=on 上に] ~ence [→名].「降りかかること」→「起こること」	n.(出来事, 影響などの)範囲, 発生率
incident [ínsidənt]	in	cid	ent	in [=on 上に] ~ent [→形, 名]	n.出来事, 事件 a.ありがちな
incidental [insidéntl]	in	cid	ental	in [=on 上に] ~ent [→名]+al [→形]	a.付随して起こる, ありがちな
incidentally [insidéntəli]	in	cid	entally	in [=on 上に] ~ent [→名]+al [→形]+ly [→副]	ad.偶発的に, ついでに

occasion [əkéiʒən]	oc	cas	ion	oc [=to…へ] ～ion [→名]. 「落ちて来ること」→「機会」	n.(特殊の)時, 場合, 機会
occasional [əkéiʒənəl]	oc	cas	ional	oc [=to…へ] ～ion [→名]+al [→形]	a.時折の, 随時の
Occident [áksidənt]	Oc	cid	ent	oc [=to…へ] ～ent [→名]. 「(太陽が)落ちる, 沈む」	n.西洋
Occidental [ɑksidéntl]	Oc	cid	ental	oc [=to…へ] ～ent [→名]+al [→形]	a.西洋の

cal¹, call, cil [=call 呼ぶ, summon 召集する]

calendar [kǽlindər]		cal	endar	本来は「会計簿」の意.<L. *calendae*「(古代ローマ暦の)月の第1日」. 月初めに布告がなされたことから	n.カレンダー
calends [kǽləndz]		cal	ends	昔, 月の初めを触れて知らせたことから. (ローマ暦の)「朔日(ついたち)」	n.(ローマ古暦の)朔日(ついたち)
call [kɔːl]		call			v.呼ぶ, 召集する; n.呼び声, 召集
conciliate [kənsílieit]	con	cil	iate	con [=together 共に] ～ate [=make…にする→動]. 「呼び合い不信を取り除く」	v.なだめる, 不信を除く, 調停する
council [káunsəl]	coun	cil		coun<con[=together 共に] ～. 「呼び集めること」→「会議」	n.会議, 評議会
councilor [káunsilər]	coun	cil	or	coun<con[=together 共に] ～or [=person 人→名]	n.顧問官, 議員
reconcile [rékənsail]	recon	cil	e	re [=again 再び]+con [=together 共に] ～. 「呼び集める」	v.和解させる, 調停する, 調和させる

calc, cal², chalk [=stone 石, limestone 石灰岩]

calcium [kǽlsiəm]		calc	ium	～ium [元素名を示す語尾]	n.カルシウム
calculate [kǽlkjuleit]		calc	ulate	～ul(L.=small)+ate [=make…にする→動]. 「小石で数える」	v.計算する, 予想する, 計画する
calculation [kælkjuléiʃən]		calc	ulation	～ate [=make…にする→動]+ion [→名]	n.計算, 予想
calculator [kǽlkjuleitər]		cal	culator	～ate [=make…にする→動]+or [=person 人, thing もの→名]	n.計算者, 計算器, 打算的な人
calculus [kǽlkjuləs]		cal	culus	「(算術用の)小石」	n.結石, 計算法, 微積分学
chalk [tʃɔːk]		chalk		<L. *calx*「石灰」	n.白亜, チョーク
chalky [tʃɔ́ːki]		chalk	y	～y [→形]	a.白亜(質)の, 白い

calor, cal³, chafe, chal [=hot 熱い]

calm [kɑːm]		cal	m	真昼の暑さを避けるために休息することから. L. *calēre*「暑い」+L. *ma*「熱」	a.穏やかな, 静かな
calmly [kɑ́ːmli]		cal	mly	～ly [→副]	ad.穏やかに, 冷静に
calorie [kǽləri]		calor	ie	L. *calor*「熱」からの造語	n.カロリー
calorific [kælərífik]		calor	ific	～fy [=make…にする→動]+ic [→形]	a.熱を生じる, 熱の
chafe [tʃeif]		chafe		<L. *calēre* [=hot 暑い]+*facere* [=make…にする→動]	v.こすって暖める, すりむく

nonchalance [nɑnʃəláːns]	non	chal	ance	non [=not] ~ance [→名].「熱のないこと」	n.むとんちゃく,無関心
nonchalant [nɑnʃəláːnt]	non	chal	ant	non [=not] ~ant [→形]. not warm 熱意のない	a.むとんちゃくな,無関心な

camer, chamber, comr [=room 部屋]

camera [kǽmərə]	camer	a	<L. camera [=room 部屋].「カメラ」の意味では1840年頃から	n.カメラ
chamber [tʃéimbər]	chamber		cameraと二重語	n.室, 会議所, 議会
chamberlain [tʃéimbərlin]	chamber	lain	~lain [=…にかかわりのある人[物]→名]	n.侍従, 家令
comrade [kάmræd]	comr	ade	スペイン語の (persona) camarada「部屋に入れられた(人)」から.「同室者」	n.友人, 戦友

camp, champ [=field 野原]

camp [kæmp]	camp		<L. campus「野原」. OE. で「戦場」	n.,v.キャンプ(する), 野営(する)
campaign [kæmpéin]	camp	aign	<L. campus「野原」+ānia「地域」. 原義は「平らな野原の地域」	n.戦役, 運動
campus [kǽmpəs]	camp	us	最初米国の Princeton 大学で用いられた	n.校庭, キャンパス
champaign [ʃæmpéin]	champ	aign	campaign「戦役, 運動」と二重語をなす	n.平野, 平原
champion [tʃǽmpiən]	champ	ion	~ion [→名].「戦士」	n.チャンピオン, 選手
championship [tʃǽmpiənʃip]	champ	ionship	~ion [→名]+ship[=state 状態]→名	n.選手権
decamp [dikǽmp]	de	camp	de [=off, away 離れて] ~	v.野営を引き払う, 逃亡する
decampment [dikǽmpmənt]	de	camp	ment	de[=off, away 離れて] ~ment [→名]	n.野営を解くこと, 逃亡
encamp [inkǽmp]	en	camp		en<in [=into 中に] ~	v.野営する
encampment [inkǽmpmənt]	en	camp	ment	de<in [=into 中に]~ment[→名]	n.野営, 野営地
scamper [skǽmpər]	s	camp	er	s<ex [=out of 外に] ~er [=反復→動]	v.はねまわる, あわを食って逃げる

canal, channel [=canal 運河]

canal [kənǽl]	canal		<L. canalis「水道」	n.運河, 掘り割り
channel [tʃǽnəl]	channel		canal「運河」と二重語. 北フランス語の ca- が中部フランス語では cha- になる	n.海峡, 水路, 方面, チャンネル

cand, chand, kind¹, cend, cens¹ [=glow, shine 輝く, white 白い]

candid [kǽndid]		cand	id	~id [→形]. 原義は「白い, 悪意のない」	a.率直な, 正直な, 公平な

candidate [kǽndədeit]		cand	idate	<L.=clad in white「白を着た」。昔、ローマで公職の候補者は白衣(toga)をまとったことから	n.志願者, 候補者
candle [kǽndl]		cand	le	〜le [→名]	n.ロウソク
candor [kǽndər]		cand	or	〜or [=state 状態→名]	n.率直, 公平
chandelier [ʃændəlíər]		chand	elier	<L. candelāria [=candlestick しょく台]	n.シャンデリア
kindle [kíndl]		kind	le	candle「ろうそく」の変形	v.燃やす, 点火する, 鼓舞する
incandescent [inkændésnt]	in	cand	escent	in [=on 上に] 〜escent [→形]	a.白熱の, 光り輝く
incendiary [inséndieri]	in	cend	iary	in [=on 上に] 〜iary [→形, 名]	a.放火の, 扇動的; n.放火者, 扇動者
incense v.[inséns] n.[ínsens]	in	cens	e	in [=on 上に] 〜「燃やされたもの, 燃やされる」→「香料」	v.怒らせる; n.香, 香料

cant, chant, cent¹ [=sing 歌う, charm 魔法にかける, song 歌]

canto [kǽntou]		cant	o	<It.<L. cantus [=sing 歌う]	n.(長詩の)編; ソプラノ
chant [tʃænt]		chant		<F. chanter「歌う」	n.歌, 賛美歌; v.歌う, ほめたたえる
chanter [tʃǽntər]		chant	er	〜er [=person 人→名]	n.詠唱者, 聖歌隊員
accent [ǽksent]	ac	cent		ac<ad [=to…へ] 〜.	n.アクセント, なまり; v.強調する
accentuate [əkséntʃueit]	ac	cent	uate	ac<ad [=to…へ] 〜ate [=make …にする→動]	v.アクセントをつける, 力説する
enchant [intʃǽnt]	en	chant		en [=in 中に] 〜.「歌って魔法をかける」	v.うっとりさせる, 魔法をかける
enchanting [intʃǽntiŋ]	en	chant	ing	en [=in 中に] 〜ing [→形]	a.うっとりする
enchantment [intʃǽntmənt]	en	chant	ment	en [=in 中に] 〜ment [→名]	n.魔法, こうこつ, 魅力
incantation [inkæntéiʃən]	in	cant	ation	in [=on…に] 〜ate [=make…にする]→動] 〜ion [→名]	n.呪文, まじない
recant [rikǽnt]	re	cant		re [=back もとへ] 〜	v.取り消す, 撤回する

cap¹, cab, capit, catt, chapt, chief, chiev, cipic, cipit [=head 頭, chief 長]

cabbage [kǽbidʒ]		cab	bage	<OF. caboche「頭」	n.キャベツ
cap [kæp]		cap			n.帽子, 首領
capital [kǽpitl]		capit	al	〜al [→形, 名]「頭の」→「主要な」。牛の頭数が「富」を表し、「資本」の意を得た	a.首位の, 素晴らしい; n.首府, 資本
capitalism [kǽpitəlizəm]		capit	alism	〜al [→形]+ism [→名]	n.資本主義
capitalist [kǽpitəlist]		capit	alist	〜al [→形]+ist [=person 人→名]	n.資本家
capitalistic [kæpitəlístik]		capit	alistic	〜al [→形]+ist [=person 人→名]+ic [→形]	a.資本主義の

cap², caps, capt, cas², cash, cask, catch, cept, cip, ceiv, ceit, cup, ceipt

Capitol [kǽpitl]	Capit	ol	Jupiterの神殿	n.(米)国会議事堂
capsize [kæpsáiz]	cap	size	<Sp. cabezar「頭から沈む」	v.転覆させる[する]
captain [kǽptin]	cap	tain	～ain [=person 人→名].「長」	n.長, 船長, 主将
cattle [kǽtl]	catt	le	<L. capitālis「資本」. 牛は資本・財産であった	n.牛, 家畜
chapter [tʃǽptər]	chapt	er	古代フランス語 chapitre [=head「頭」の指小辞]	n.章, 分会, 支社
chief [tʃi:f]	chief		<OF. chief「頭」	a.主要な; n.長, 首領
chiefly [tʃí:fli]	chief	ly	～ly [→副]	ad.主として, 主に
achieve [ətʃí:v]	a	chiev	e	a<ad [=to…へ] ～. bring to a head「頂点に達する」	v.成就する, 成しとげる
achievement [ətʃí:vmənt]	a	chiev	ement	a<ad [=to…へ] ～ment [→名]	n.成就, 獲得, 業績
decapitate [dikǽpiteit]	de	capit	ate	de [=off, away 離れて] ～ate [=make…にする→動].「首を取る」	v.…の首を切る (=behead)
mischief [místʃif]	mis	chief		mis [=bad 悪い, wrong 誤った] ～.「頭に来る, 怒る」	n.害(=damage), 危害, いたずら
mischievous [místʃivəs]	mis	chiev	ous	mis [=bad 悪い, wrong 誤った] ～ous [=full of…で満ちた→形]	a.有害な, いたずらな
precipice [présipis]	pre	cipic	e	pre [=before 前に] ～. falling down headlong「まっさかさまに落ちること」	n.断崖, 絶壁, 危機
precipitate [prisípiteit]	pre	cipit	ate	pre [=before 前に] ～ate [=make…にする→動]	v.せきたてる, さか落としにする
recapitulate [ri:kəpítʃuleit]	re	capit	ulate	re [=again 再び] ～ate [=make…にする→動]	v.要点を繰り返す, 要約する

cap², caps, capt, cas², cash, cask, catch, cept, cip, ceiv, ceit, cup, ceipt
[=contain 含む, receive 受ける, seize つかむ]

capability [keipəbíləti]	cap	ability	～abil [=able…できる→形]+ity [→名]	n.可能性, 能力
capable [kéipəbl]	cap	able	～able [=possible…できる→形].「つかむことができる」	a.…ができる, 力量のある
capacity [kəpǽsəti]	cap	acity	～ity [→名].「収容力」	n.容積, 力量, 才能, 資格
capsule [kǽpsəl]	caps	ule	～ule [=small 小さい→指小辞].「小さな入れ物」	n.カプセル
captivate [kǽptiveit]	capt	ivate	～ive [→形]+ate [=make…にする→動].「心をとらえる」	v.魅惑する, 悩殺する
captive [kǽptiv]	capt	ive	～ive [→形, 名].「とらわれた」	a.生捕りの, 捕虜の; n.捕虜, 囚人
captivity [kæptívəti]	capt	ivity	～ive [→形]+ity [→名].「とらわれていること」	n.監禁, 束縛

単語	接頭	語根	接尾	語源説明	意味
capture [kǽptʃər]		capt	ure	～ure [=action 行為→名]. 「とらえられること」	v.とらえる；n.捕獲
case [keis]		cas	e	<L. *capsa*「箱」	n.箱
casement [kéismənt]		cas	ement	～ment [→名]	n.開き窓
cash [kæʃ]		cash		<L.=money-box 金庫.	n.現金
cashier [kæʃíər]		cash	ier	～er [=person 人→名]	n.出納係
casket [kǽskit]		cask	et	～et [=small 小さい→指小辞]	n.小箱, 手箱
catch [kætʃ]		catch			v.とらえる, 間に合う；n.捕獲, 漁獲
catcher [kǽtʃər]		catch	er	～er [=person 人→名]	n.《野球》捕手
accept [əksépt]	ac	cept		ac<ad [=to…へ] ～	v.受ける (=receive), 認める
acceptable [əkséptəbl]	ac	cept	able	ac<ad [=to…へ] ～able [=possible…できる→形]	a.受諾できる, 結構な
acceptance [əkséptəns]	ac	cept	ance	ac<ad [=to…へ] ～ance [→名]	n.受領, 承諾
anticipate [æntísipeit]	anti	cip	ate	anti [=before 前もって] ～ate [=make…にする→動]. 「前もって取る」→「予測する」	v.予期する, 楽しみに待つ
anticipation [æntisipéiʃən]	anti	cip	ation	anti [=before 前もって] ～ate [=make…にする]+ion [→名]	n.先見, 予想, 見込み
anticipant [æntísipənt]	anti	cip	ant	anti [=before 前もって] ～ant [=person 人→名]	n.予期する人
conceivable [kənsí:vəbl]	con	ceiv	able	con [=together 共に] ～able [=possible…できる→形]	a.考えられる
conceive [kənsí:v]	con	ceiv	e	con [=together 共に] ～. 「共に取る」→「考え出す」. 13世紀「妊娠する」, 14世紀「考える」	v.想像する, 考える, 妊娠する
concept [kánsept]	con	cept		con [=together 共に]. 「つかまれたもの」	n.概念
conception [kənsépʃən]	con	cept	ion	con [=together 共に]+ion [→名]	n.概念, 着想, 妊娠
deceit [disí:t]	de	ceit		de [=off, away 離れて] ～	n.欺き, いつわり
deceitful [disí:tfəl]	de	ceit	ful	de [=off, away 離れて] ～ful [=full of…で満ちた→形]	a.だます, まどわしやすい
deceive [disí:v]	de	ceiv	e	de [=off, away 離れて] ～.「(心を) 取り去る」→「だます」	v.だます, 欺く
deception [disépʃən]	de	cept	ion	de [=off, away 離れて] ～ion [→名]	n.欺き, ごまかし
deceptive [diséptiv]	de	cept	ive	de [=off, away 離れて] ～ive [→形]	a.ごまかしの, 欺く
encase [inkéis]	en	cas	e	en [=into 中に] ～	v.箱などに入れる, 含む
except [iksépt]	ex	cept		ex [=out of 外に] ～.「外に取り出す」	v.除く；*prep.*…を除いて
excepting [ikséptiŋ]	ex	cept	ing	ex [=out of 外に] ～ing [→現在分詞]	*prep.*…を除いて
exception [iksépʃən]	ex	cept	ion	ex [=out of 外に] ～ion [→名]	n.例外, 異議

単語	接頭辞	語根	接尾辞	語源説明	意味
exceptional [iksépʃənəl]	ex	cept	ional	ex [＝out of 外に]〜al [→形]	a.例外的
inceptive [inséptiv]	in	cept	ive	in [＝into 中に]〜ive [→形].「取り入れる」	a.初めの, 発端の
intercept [intərsépt]	inter	cept		inter [＝between 間に]〜.「間に入れる」	v.横取りする, さえぎる
interception [intərsépʃən]	inter	cept	ion	inter [＝between 間に]〜ion [→名]	n.横取り, 妨害
occupant [άkjupənt]	oc	cup	ant	oc[＝near そばに]〜ant [＝person 人→名]	n.使用者, 占有者
occupation [ɑkjupéiʃən]	oc	cup	ation	oc[＝near そばに]〜ate [＝make…にする→動]+ion [→名]	n.仕事, 職業, 占有, 占領
occupy [άkjupai]	oc	cup	y	oc [＝near そばに]〜.「そばにつかむ」	v.占める, 従事している
perceive [pərsí:v]	per	ceiv	e	per [＝completely 完全に]〜.「完全につかむ」	v.知覚する, 了解する
perceptible [pərséptibl]	per	cept	ible	per [＝completely 完全に]〜ible [＝possible…できる→形]	a.知覚できる
perception [pərsépʃən]	per	cept	ion	per [＝completely 完全に]〜ion[→名]	n.知覚, 認知, 理解力
imperceptable [impərséptəbl]	imper	cept	able	im [＝not]+per [＝completely 完全に]〜able [＝possible…できる→形]	a.目に見えない, わずかの
receipt [risí:t]	re	ceipt		re [＝back もとへ]〜	n.受取り, 領収（証）
receive [risí:v]	re	ceiv	e	re [＝back もとへ]〜.「取り返す」	v.受け取る, 迎える, もてなす
receptacle [riséptəkl]	re	cept	acle	re [＝back もとへ]〜cle [→指小辞]	n.容器, 置き場
reception [risépʃən]	re	cept	ion	re [＝back もとへ]〜ion [→名]	n.接待, 歓迎（会）, 入会, 受領
receptive [riséptiv]	re	cept	ive	re [＝back もとへ]〜ive [→形]	a.受容力のある, 感受性の強い
recipe [résəpi]	re	cip	e	＜L.＝Take!「受け取りなさい」	n.調理法, 秘けつ
recipient [risípiənt]	re	cip	ient	re [＝back もとへ]〜ient [→形, 名]	n.受領者 ; a.受領する, 感受性のある
susceptible [səséptibl]	sus	cept	ible	sus [＝under 下に]〜ible [〜able…できる→形].「下につかむ」→「つかみ得る」	a.敏感な, …ができる

cape, chap [＝cape ケープ, cloak マント]

単語	語根	接尾辞	語源説明	意味
cape [keip]	cape		初出は 14 世紀. cap と同源	n.マント, ケープ
chapel [tʃǽpəl]	chap	el	〜el [＝small 小さい→指小辞]. St. Martin の cappa（＝cape「ケープ」）を保存していた聖堂の意	n.礼拝堂
chaperon [ʃǽpəroun]	chap	eron	もとは chapel「礼拝堂」の異つづり	n.付き添い
chaplet [tʃǽplit]	chap	let	〜let [＝small 小さい→指小辞]	n.花の冠,（カトリック教の）小数珠

escape [iskéip]	es	cape	es＜ex［＝out of 外に］～．「外套を置き去りにして逃げること」から	v.逃げる，免れる

car¹, char¹ ［＝car 車, run 走る］

car [kɑːr]	car		1382年頃 Wiclif の聖書にあり	n.車，電車，自動車
career [kəríər]	car	eer	＜L.＝carriage way「車道」．人生を旅路にたとえた	n.経歴，生涯，職業
cargo [kɑ́ːrgou]	car	go	スペイン語 cargo「車に荷物を積む」から	n.船荷，積み荷
caricature [kǽrikətʃuər]	car	icature	イタリア語 caricature「積みすぎた」から．「積みすぎた」→「誇張された」	n.漫画，風刺画
carpenter [kɑ́ːrpəntər]	car	penter	＜L. carpentum 二輪馬車＋er［＝person→名］．昔，二輪馬車を作るのが大工の仕事であった	n.大工
carriage [kǽridʒ]	car	riage	～iage［＝action 行為→名］．「運ぶこと」	n.馬車，運搬，態度
carrier [kǽriər]	car	rier	～er［＝person 人→名］	n.運搬人
carry [kǽri]	car	ry	car が動詞化したもの	v.運ぶ，もたらす，通す
cart [kɑːrt]	car	t	car の指小語．＜OE. cræt「車」．r と æ の文字が入れ替わった．	n.荷車，荷馬車
charge [tʃɑ́ːrdʒ]	char	ge	「車」から load「荷」の意となる	v.満たす，告発する；n.責任，代価，管理，充電
chariot [tʃǽriət]	char	iot	＜OF.～iot［＝small 小さい→指小辞］	n.(昔の)戦車，四輪馬車
discharge [distʃɑ́ːrdʒ]	dis char	ge	dis［＝off, away 離れて］～	v.発射する，免職する，支払う

car², char², cher ［＝dear かわいい］

caress [kərés]	car	ess	＜L. carus［＝dear, beloved かわいい］	v.愛撫する，抱く；n.愛撫，抱擁
charitable [tʃǽritəbl]	char	itable	～able［＝…できる→形］	a.慈悲深い
charity [tʃǽriti]	char	ity	～ity［→名］	n.慈悲，慈善(行為)
cherish [tʃériʃ]	cher	ish	～ish［＝make…にする→動］．「いつくしむ」	v.大切にする

carn ［＝flesh 肉］

carnal [kɑ́ːrnəl]	carn	al	～al［→形］「肉の」	a.肉体の，浮き世の
carnation [kɑːrnéiʃən]	carn	ation	～ation［→名］．花の色が「人の肉」に似ていることから	n.カーネーション，肉色
carnival [kɑ́ːrnivəl]	carn	ival	＜It. carnevale［＝肉食をやめること］．四旬節の間は肉食を絶つので肉に別れを告げる意味でその前に食べたことによる	n.謝肉祭
carnivorous [kɑːrnivərəs]	carn	ivorous	～ous［＝full of…で満ちた→形］	a.肉食の

incarnate *a.*[inkά:*r*nit] *v.*[ínkɑ:*r*neit]	in	carn	ate	in [＝into 中に] ～ate [→形, 動]	*a.*肉体を持つ，具体的な；*v.*体現させる
incarnation [inkɑ:*r*néiʃən]	in	carn	ation	in [＝into 中に] ～ion [→名]	*n.*人間化，実現，化身

cast [＝throw 投げる]

cast [kæst]		cast			*v.*投げる，役をきめる
castaway [kǽstəwei]		cast	away	～away 離れて	*a.*,*n.*捨てられた(人，船)
broadcast [brɔ́:dkæst]	broad	cast		broad [＝far and wide 広く] ～	*n.*,*v.*放送(する)
forecast [fɔ́:*r*kæst]	fore	cast		fore [＝before 前もって] ～	*n.*,*v.*予報(する)，予想(する)

caus, cus [＝cause 原因, charge 非難]

cause [kɔ:z]		caus	e	＜L. *causa*「理由」	*v.*引き起こす，…させる；*n.*原因，目的，訴訟
causative [kɔ́:zətiv]		caus	ative	～ative [→形]	*a.*原因となる
accuse [əkjú:z]	ac	cus	e	ac＜ad [＝to…へ] ～	*v.*告訴する，非難する
accusation [ækjuzéiʃən]	ac	cus	ation	ac＜ad [＝to…へ] ～ation [→名]	*n.*告発，非難
accusatory [əkjú:zətəri]	ac	cus	atory	ac＜ad [＝to…へ] ～atory [→形]	*a.*告訴の，非難の
because [bikɔ́:z]	be	caus	e	be [＝by…によって] ～. ME.*bi cause* (by cause) の短縮形	*conj.*なぜならば，…だから
excuse *v.*[ikskjú:z] *n.*[ikskjú:s]	ex	cus	e	ex [＝out of 外へ] ～.「罪を解除する」	*v.*申しわけする，許す；*n.*言いわけ
excusable [ikskjú:zəbl]	ex	cus	able	ex [＝out of 外へ] ～able [＝possible…できる→形]	*a.*申しわけのたつ
inexcusable [inikskjú:zəbl]	inex	cus	able	in [＝not]＋ex [＝out of 外へ] ～able [＝possible…できる→形]	*a.*許しがたい

cav, cag [＝hollow くぼんだ]

cage [keidʒ]		cag	e	＜OF.*cage*＜L.*cavea*「ほら穴」	*n.*鳥かご，おり，獄舎
cave [keiv]		cav	e	＜L.*cavus*「くぼんだ，空洞の」	*n.*ほら穴
cavern [kǽvə*r*n]		cav	ern	＜F.＜L.*caverna*「空洞の」	*n.*どうくつ
cavernous [kǽvə*r*nəs]		cav	ernous	～ous [＝full of…で満ちた→形]	*a.*くぼんだ，ほら穴の多い
cavity [kǽviti]		cav	ity	～ity [→名]	*n.*空洞，うつろ
excavate [ékskəveit]	ex	cav	ate	ex [＝out of 外へ] ～ate [＝make…にする→動]	*v.*掘る(＝dig)，発掘する

caval, chival [＝horse 馬]

cavalier [kævəlíə*r*]		caval	ier	～ier [＝man 男→名]).「馬にたずさわる男」	*n.*騎士

ced, ceas, cess, cest, ceed, ci

cavalcade [kǽvəlkeid]	caval	cade		~cade [=procession 行列, parade パレード]	n.(馬に乗った人または馬車の)行列
cavalry [kǽvəlri]	caval	ry		~ry [=集合→名]	n.騎兵隊
chivalry [ʃívəlri]	chival	ry		~ry [=性質→名]	n.騎士道, 武勇

ced, ceas, cess, cest, ceed, ci [=go 行く, surrender 明け渡す, yield 屈する]

cease [si:s]		ceas	e	<OF. cesser「中止する」	v.終わる, やめる
ceaseless [sí:slis]		ceas	eless	~less [=without…がない→形]	a.絶え間ない
cede [si:d]		ced	e		v.譲る, 引き渡す
accede [æksí:d]	ac	ced	e	ac<ad [=to…へ] ~.「接近する」	v.同意を表す, (官職に)つく
access [ǽkses]	ac	cess		ac<ad [=to…へ] ~.	n.接近, 近づく方法(機会)
accessible [æksésəbl]	ac	cess	ible	ac<ad [=to…へ] ~ible [=possible…できる→形]	a.近づきやすい
accession [ækséʃən]	ac	cess	ion	ac<ad [=to…へ] ~ion [→名]	n.(権利, 財産などの)取得, 相続
accessory [æksésəri]	ac	cess	ory	ac<ad [=to…へ] ~ory [→名, 形]	n.アクセサリー, 従犯者; a.補助的
ancestor [ǽnsistər]	an	cest	or	an<ante [=before 前に] ~or [=person 人→名]	n.祖先, 先祖
ancestry [ǽnsistri]	an	cest	ry	an<ante [=before 前に] ~ry [=集合体→名]	n.先祖, 家系
ancestral [ænséstrəl]	an	cest	ral	an<ante [=before 前に] ~al [→形]	a.先祖の
concede [kənsí:d]	con	ced	e	con [=together 共に] ~.「譲る」	v.譲歩する, 与える
consession [kənséʃən]	con	cess	ion	con [=together 共に] ~ion [→名]	n.譲歩, 許可
consessive [kənsésiv]	con	cess	ive	con [=together 共に] ~ive [→形]	a.譲歩の
decease [disí:s]	de	ceas	e	de [=off, away 離れて] ~.「去っていく」	n.,v.死亡(する)
deceased [disí:st]	de	ceas	ed	de [=off, away 離れて] ~ed [→形]	a.死去した
exceed [iksí:d]	ex	ceed		ex [=out of 外に] ~.「越えていく」	v.越える, まさる
exceeding [iksí:diŋ]	ex	ceed	ing	ex [=out of 外に] ~ing [→形]	a.超過の, 非常な
exceedingly [iksí:diŋli]	ex	ceed	ingly	ex [=out of 外に] ~ing [→形]+ly [→副]	ad.非常に
excess [iksés]	ex	cess		ex [=out of 外に] ~	n.超過, 過分
excessive [iksésiv]	ex	cess	ive	ex [=out of 外に] ~ive [→形]	a.過度の, 余分の
intercede [intərsí:d]	inter	ced	e	inter [=between 間に] ~.「間に行く」→「調停する」	v.仲裁する, 取りなす

ced, ceas, cess, cest, ceed, ci

単語	分解1	分解2	分解3	語源説明	意味
intercession [intərséʃən]	inter	cess	ion	inter [=between 間に] ~ion [→名]	n.仲裁, 調停
necessary [nésəseri]	ne	cess	ary	ne [=not] ~ary [→形].「ゆずることのできない」	a.必要な, 必然的
necessarily [nesəsérəli]	ne	cess	arily	ne [=not] ~ari＜ary [→形]+ly [→副]	ad.どうしても, 必ず
necessity [nisésiti]	ne	cess	ity	ne [=not] ~ity [→名]	n.必要, 必然, 必要物
necessitate [nisésiteit]	ne	cess	itate	ne [=not] ~ate [=make…にする→動]	v.必要とする
precede [prisí:d]	pre	ced	e	pre [=before 前に] ~.「前に行く」	v.…に先だつ, まさる
precedence [prisí:dəns]	pre	ced	ence	pre [=before 前に] ~ence [→名]	n.先行, 優先権
precedent [présidənt]	pre	ced	ent	pre [=before 前に] ~ent [→形, 名]	n.先例, 慣例; a.前の, 先の
preceding [prisí:diŋ]	pre	ced	ing	pre [=before 前に] ~ing [→形]	a.以前の, 前述の, 上記の
predecessor [prédisesər]	pred	cess	or	pre [=before 前に]+de [=off, away 離れて] ~or [=person 人→名]	n.前任者, 先輩, 先祖
proceed [prəsí:d]	pro	ceed		pro [=before 前に] ~.「前へ進む」	v.進む, 進展する, …から起こる
proceeds [próusi:dz]	pro	ceed	s	pro [=before 前に] ~	n.収入, 収益
procedure [prəsí:dʒər]	pro	ced	ure	pro [=before 前に] ~ure [=action 行為→名]	n.手続き, 処理, 進行
proceeding [prəsí:diŋ]	pro	ceed	ing	pro [=before 前に] ~ing [→名]	n.進行; (pl.) 議事録
process [práses]	pro	cess		pro [=before 前に] ~	n.経過, 方法
procession [prəséʃən]	pro	cess	ion	pro [=before 前に] ~ion [→名]	n.行列, 行進
recede [risí:d]	re	ced	e	re [=back もとへ] ~.「後へ行く」	v.退く, 手を引く, 返還する
recess [risés]	re	cess		re [=back もとへ] ~	n.休み時間, 休会; (pl.) 奥まった所
recession [riséʃən]	re	cess	ion	re [=back もとへ] ~ion [→名]	n.後退, 退去, (占領地の) 返還
reciprocal [risíprəkəl]	re	ci	procal	re [=back もとへ] ~al [→形].「前に後ろに行く」	a.相互的 (=mutual)
reciprocate [risíprəkeit]	re	ci	procate	re [=back もとへ] ~ate [=make…にする→動]	v.交換する, 返礼する, 報いる
secede [sisí:d]	se	ced	e	se [=away 離れて] ~.「離れて行く」	v.脱退する, 分離する
succeed [səksí:d]	suc	ceed		suc＜sub [=under 下に] ~.「下に, 次に来る [行く]」	v.成功する, 後を継ぐ
success [səksés]	suc	cess		suc＜sub [=under 下に] ~	n.成功, 出世, 幸運
successful [səksésfəl]	suc	cess	ful	suc＜sub [=under 下に] ~ful [=full of…で満ちた→形]	a.成功した, 大当たりの

succession [səkséʃən]	suc	cess	ion	suc<sub [=under 下に] ~ion [→名]	n.連続, 相続, 系列
successive [səksésiv]	suc	cess	ive	suc<sub [=under 下に] ~ive [→形]	a.連続的, 代々の
successively [səksésivli]	suc	cess	ively	suc<sub [=under 下に] ~ive [→形]+ly [→副]	ad.引き続いて
successor [səksésər]	suc	cess	or	suc<sub [=under下に] ~or [=person 人→名]	n.後継者, 相続人
unprecedented [ʌnprésədentid]	unpre	ced	ented	un [=not]+pre [=before 前に] ~ent [→名]+ed [→形]	a.先例[前例]のない, 空前の

ce(i)l [=heaven 天, sky 空]

ceil [siːl]		ceil			v.…に天井を張る
ceiling [síːliŋ]		ceil	ing	~ing [=process 過程→名].「天井を張ること」	n.天井, 天井板, (物価などの)最高値
celestial [səléstʃəl]		cel	estial	~ial [→形].「天上の」	a.天の, 天体の, 神々しい

cel(er) [=rise 昇る, quick 速い]

celerity [siléreti]		celer	ity	~ity [=state 状態→名]	n.敏速, すばやさ
accelerate [əkséləreit]	ac	celer	ate	ac [=to…へ] ~ate [=make…にする→動]	v.加速する
acceleration [əkseləréiʃən]	ac	celer	ation	ac [=to…へ] ~ate [=make…にする→動]+ion [→名]	n.加速(度), 促進
decelerate [diːséləreit]	de	celer	ate	de [=off, away 離れて] ~ate [=make…にする→動]	v.減速する
deceleration [diːseləréiʃən]	de	celer	ation	de [=off, away 離れて] ~ate [=make…にする→動]+ion [→名]	n.減速
excel [iksél]	ex	cel		ex [=out of 外に] ~.「高くそびえ立つ」	v.まさる
excellent [éksələnt]	ex	cel	lent	ex [=out of 外に] ~ent [→形]	a.すぐれた
excellence [éksələns]	ex	cel	lence	ex [=out of 外に] ~ence [=state 状態→名]	n.卓越, 優秀, 長所
excellency [éksələnsi]	ex	cel	lency	ex [=out of 外に] ~ency [=being, state 地位→名]	n.[E-]閣下

cell, col¹, ceal, cul, hall, hell, helm [=hide 隠す]

cell [sel]		cell		「修道院の独居房」より	n.小室, 個室, 細胞
cellar [sélər]		cell	ar	~ar [=place 場所→名]	n.地下室
color [kʌ́lər]		col	or	<OF.<L. color「色合い」<L. cēlāre「隠し」. 原義は「覆い」	n.色(彩)
conceal [kənsíːl]	con	ceal		con [=together 共に] ~.「共に隠す」	v.隠す(=hide), 秘密にする
concealment [kənsíːlmənt]	con	ceal	ment	con [=together 共に] ~ment [→名]	n.隠ぺい, 隠れ場所
occult [əkʌ́lt]	oc	cul	t	oc<ob [=over 上に]+<L. cēlāre [=cover 覆う, hide 隠す]	a.神秘的, 不可思議な
hall [hɔːl]		hall		<OE. heall「隠れ場」<L. cēlāre「覆う」と同系	n.廊下, 玄関, 大広間, 会館

hell [hel]	hell		<OE. hell 覆い隠されている所	n.地獄, 地獄のような場所[状態]
helmet [hélmit]	helm	et	～et [=small 小さい→指小辞]	n.かぶと, ヘルメット

cens² [=estimate 評価する, judge 判断する]

censor [sénsər]	cens	or	～or [=person 人→名].「評価する人」	n.検閲官; v.…を検閲する
censorious [sensɔ́:riəs]	cens	orious	～ous [=full of…で満ちた→形]	a.批評好きの
censure [sénʃər]	cens	ure	～ure [→名, 動].「検閲をすること」	n.非難; v.非難する, とがめる
census [sénsəs]	cens	us	<L.=register 登録する	n.国勢調査, 人工調査

cent² [=a hundred 100]

cent [sent]	cent			n.セント (1/100 ドルの銅貨)
centenary [senténəri]	cent	enary	～ary [→名, 形]	n.百年間, 百年祭; a.百年の
centennial [senténiəl]	cent	ennial	～ial [→名, 形]	n.百年祭; a.百年の
centigrade [séntigreid]	cent	igrade	～grade 度	a.百分度の
centigram [séntigræm]	cent	igram	～gram グラム	n.センチグラム
centimeter [séntimi:tər]	cent	imeter	～meter メートル	n.センチメートル
centipede [séntipi:d]	cent	ipede	～pede [=feet 足].「100本の足」	n.ムカデ
century [séntʃəri]	cent	ury	～y [→名].「100 の部分からなる単位. 原義は兵隊の単位」	n.百年, 世紀
percent, per cent [pərsént]	per	cent	per [=by…につき].「100 につき」	n.パーセント (%)
percentage [pərséntidʒ]	per	cent age	per [=by…につき] ～age [→名].「100 につきいくら」	n.百分率, 割合, 手数料

centr, center [=center 中心]

center, -tre [séntər]	center		原義は「円を描く時にあける中心点」	n.中心(地); v.中心に集める
central [séntrəl]	centr	al	～al [→形]	a.中心の, 主要な
centralize [séntrəlaiz]	centr	alize	～al [→形]+ize [=make…にする→動]	v.中心に集める
centralization [sentrəlizéiʃən]	centr	alization	～al [→形]+ize [=make…にする→動]+ation [→名]	n.中央集権, 中心に集めること
centrifugal [sentrífjugəl]	centr	ifugal	～fug [=flee 逃れる]+al [→形]	a.遠心(性)の
centripetal [sentrípətl]	centr	ipetal	～pet [=seek 求める.「中心に求める」]+al [→形]	a.求心(性)の
concentrate [kánsəntreit]	con	centr ate	con [=together 共に] ～ate [=make…にする→動]	v.集中する, 専心する
concentration [kɑnsəntréiʃən]	con	centr ation	con [=together 共に] ～ate [=make…にする→動]+ion [→名]	n.集中, 精神統一

単語	分解			語源説明	意味
decentralize [di:séntrəlaiz]	de	centr	alize	de [=off, away 離れて]〜ize [=make…にする→動].「中心から離す」	v.分散する，地方分権にする
eccentric [ikséntrik]	ec	centr	ic	ec [=out of 外に]〜ic [→名, 形].「中心からはずれた」	n.変人, 奇人；a.風変わりな
eccentricity [əksentrísəti]	ec	centr	icity	ec [=out of 外に]〜ic [→形]+ity [=state 状態→名]	n.風変わり，奇行

cern, cri(t), creet, cre(t) [=distinguish 区別する, separate 分ける, sift ふるい分ける]

単語	分解			語源説明	意味
crisis [kráisis]		cri	sis	〜sis [→名].「決定的な時期」	n.危機, 重大な時局, 病気の峠
criterion [kraitíəriən]		crit	erion	〜ion [→名]	n.批判, (断定の)標準, 基準
critic [krítik]		crit	ic	〜ic [→名]	n.批評家, 鑑定家
critical [krítikəl]		crit	ical	〜ical [→形]	a.批評の, 危急の
criticism [krítəsizm]		crit	icism	〜ism [→名]	n.批評, 評論
criticize [krítəsaiz]		cri	ticize	〜ize [=make…にする→動]	v.批評する
concern [kənsə́:rn]	con	cern		con [=together 共に]〜.「まじり合わせふるいにかける」	v.関係する, 心配させる；n.関係, 心配
concerned [kənsə́:rnd]	con	cern	ed	con [=together 共に]〜ed [→形]	a.心配な, 関係のある
concerning [kənsə́:rniŋ]	con	cern	ing	con [=together 共に]〜ing. もとは concern の現在分詞	prep.…に関して (=about)
diacritical [daiəkrítikəl]	dia	crit	ical	dia [=between 間に]〜tic [→名]+al [→形]	a.区別できる
discern [disə́:rn]	dis	cern		dis [=apart 離れて]〜.「別々にわける」	v.見分ける, 認める
discernible [disə́:rnəbl]	dis	cern	ible	dis [=apart 離れて]〜ible [=possible…できる→形]	a.見分けられる
discreet [diskrí:t]	dis	creet		dis [=apart 離れて]〜.「区別のある」	a.分別のある(=prudent), 慎重な
discretion [diskréʃən]	dis	cret	ion	dis [=apart 離れて]〜ion [→名]	n.思慮, 分別, 随意
discriminate [diskríməneit]	dis	cri	minate	dis [=apart 離れて]〜ate [=make…にする→動]	v.区別する
discrimination [diskrəméiʃən]	dis	cri	mination	dis [=apart 離れて]〜ate [=make…にする→動]+ion [→名]	n.区別, 差別待遇
excrement [ékskrimənt]	ex	cre	ment	ex [=out of 外に]〜ment [→名]	n.糞便
excrete [ekskrí:t]	ex	cret	e	ex [=out of 外に]〜.「ふるいにかけて外に出された」	v.排泄する
hypocricy [hipákrəsi]	hypo	cri	sy	hypo [=under 下に]〜sy [→名]	n.偽善, ねこかぶり

hypocrite [hípəkrit]		hypo	cri	te	hypo [＝under 下に] ～ite [＝person 人→名]．「下に区別する人」→「役を演ずる人」	n.偽善者
indiscernible [indisə́ːrnəbl]		indis	cern	ible	in [＝not]＋dis [＝apart 離れて] ～ible [＝able…できる→形]	a.識別できない，見分けにくい
indiscreet [indiskríːt]		indis	creet		in [＝not]＋dis [＝apart 離れて] ～．	a.無分別な，無謀な
secret [síːkrit]		se	cret		se [＝apart 離れて] ～．「別に分けられた」→「秘密の」	a.秘密の，不思議な；n.秘密，秘訣
secrete [sikríːt]		se	cret	e	se [＝apart 離れて] ～．「別に分離する」	v.秘密にする，隠す，分泌する
secretary [sékrəteri]		se	cret	ary	se [＝apart 離れて] ～ary [→名]	n.秘書，書記，(米)長官
secrecy [síːkrisi]		se	cre	cy	se [＝apart 離れて] ～cy [＝state 状態→名]	n.秘密，内密，秘密主義
unconcerned [ʌnkənsə́ːrnd]		uncon	cern	ed	un [＝not]＋con [＝together 共に] ～ed [→形]	a.のんきな，平気な，関係しない
unconcernedly [ʌnkənsə́ːrndli]		uncon	cern	edly	un [＝not]＋con [＝together 共に] ～ed [→形]＋ly [→副]	ad.平気で，無関心で

cert [＝decided 確固たる，sure 確かな]

certain [sə́ːrtn]			cert	ain	＜F. certain「確かな」＜L. certus「決定された」	a.確かな(＝sure)，正確な，ある(＝one, some)
certainly [sə́ːrtnli]			cert	ainly	certain＋ly [→副]	ad.確かに
certainty [sə́ːrtnti]			cert	ainty	certain＋ty [＝state 状態→名]	n.確実(性)
certify [sə́ːrtəfai]			cert	ify	～fy [＝make…にする→動]．「確かにする」	v.確かめる，証明する
certificate n.[sərtífəkit] v.[sərtífəkeit]			cert	ificate	～fic [＝make…にする→動]＋ate [→名，動]	n.証明書；v.証明する
certification [sərtəfikéiʃən]			cert	ification	～fic [＝make…にする→動]＋ation [→名]	n.証明
certitude [sə́ːrtət(j)uːd]			cert	itude	～itude [→名]	n.確実(性)
ascertain [æsərtéin]		as	cert	ain	as＜ad [＝to…へ]＋certain	v.確かめる，つきとめる
uncertain [ʌnsə́ːrtn]		un	cert	ain	un [＝not]＋certain	a.はっきりしない，当てにならない
uncertainty [ʌnsə́ːrtnti]		un	cert	ainty	un [＝not]＋certain＋ty [→名]	n.不確実

chart, card, cart [＝a leaf of paper 紙]

card [kɑːrd]			card		＜L. charta「パピルス紙」→「1枚の紙」	n.トランプ，名刺，はがき

cartel [kɑːrtél]	cart	el		～el→指小辞．<It.*carta* [＝card トランプ]	n.カルテル，企業連合，捕虜交換条約書
cartoon [kɑːrtúːn]	cart	oon		<F. *carton* [＝card カード]．～oon [＝large 大きな→拡大辞．大きな紙に描いたことから	n.風刺画，(時事)漫画
chart [tʃɑːrt]	chart			<L. *charta*「パピルス紙」	n.海図，図表
charter [tʃɑ́ːrtər]	chart	er		<L. *charta*「パピルス紙」．「小さな紙」	n.免許状，憲章
discard [diskɑ́ːrd]	dis	card		dis [＝off, away 離れて]～．「カードを離す」	v.放棄する，捨てる

chas [＝chase 追う，hunt 狩りをする，seek 求める]

chase [tʃeis]		chas	e	<L. *captāre* [＝seize 捕まえる]	v.追いかける，追跡する
chaser [tʃéisər]		chas	er	～er [＝person 人→名]	n.追っ手，追撃機
purchase [pə́ːrtʃəs]	pur	chas	e	pur [＝for…を求めて]～．「追い求める，狩る」	v.買う，得る
purchaser [pə́ːrtʃəsər]	pur	chas	er	pur [＝for…を求めて]～er [＝person 人→名]	n.買い手，購入者

c(h)ast [＝chaste 純潔な，pure 純粋な]

caste [kæst]		cast	e	「純粋なもの」→「血統」	n.カースト
castigate [kǽstigeit]		cast	igate	～igate<L. *agere* [＝make…にする→動]．「純粋な，汚れのないものにする」	v.せっかんする，酷評する
chaste [tʃeist]		chast	e	「欠点のない」が原義．「純粋な」	a.貞節な，純潔な
chasten [tʃéisn]		chast	en	～en [＝make…にする→動]．「純粋な，汚れのないものにする」	v.こらしめる，和らげる
chastise [tʃæstáiz]		chast	ise	～ise [＝make…にする→動]．「純粋な，汚れのないものにする」	v.こらしめる (＝punish)

chem [＝錬金術]

chemical [kémikəl]		chem	ical	～ical [→形]	a.化学の，化学的な
chemist [kémist]		chem	ist	～ist [＝person 人→名]	n.化学者，薬剤師
chemistry [kémistri]		chem	istry	～ry [＝science 技術→名]	n.化学
alchemy [ǽlkəmi]	al	chem	y	<アラビア語 *al* [＝the. 定冠詞]＋y [→名]．原義は「金属を変質させること」	n.錬金術
alchemist [ǽlkimist]	al	chem	ist	<アラビア語 *al* [＝the. 定冠詞]～ist [＝person 人→名]	n.錬金術師

chron [＝time 時間]

chronic [krɑ́nik]		chron	ic	～ic [→形]．「時間の」	a.慢性の，常習の
chronicle [krɑ́nikl]		chron	icle	～icle [→指小辞]	n.年代記，記録
chronicler [krɑ́niklər]		chron	icler	～icle [→指小辞]＋er [＝person 人→名]	n.年代記作者
anachronism [ənǽkrənizəm]	ana	chron	ism	ana [＝backward さかのぼって]～ism [→名]．「誤った時間言及」	n.時代錯誤，時代遅れ
anachronistic [ənækrənístik]	ana	chron	istic	ana [＝backward さかのぼって]～istic [→形]	a.時代錯誤の

cid², ce, sciss, cis

単語	分解			語源説明	意味
diachronic [daiəkránik]	dia	chron	ic	dia [=through 通して] ~ic [→形].「時間を通して」	a.《言語学》通時的な
synchronic [siŋkránik]	syn	chron	ic	syn [=together 共に] ~ic [→形]	a.《言語学》共時的な

cid², ce, sciss, cis [=cut 切る, kill 殺す]

単語	分解			語源説明	意味
cement [simént]		ce	ment	<OF. ciment「石の削りくず」	n., v.セメント(で接合する)
scissors [sízəz]		sciss	ors	<L. caedere「切る」.「切るもの」	n.(pl.)はさみ
concise [kənsáis]	con	cis	e	con [=強意] ~.「分けられた」	a.簡潔な, 簡明な
decide [disáid]	de	cid	e	de [=off, away 離れて] ~.「切断する」	v.決定する, 解決する
decision [disíʒən]	de	cis	ion	de [=off, away 離れて] ~ion [→名]	n.決定, 決心, 判決
decisive [disáisiv]	de	cis	ive	de [=off, away 離れて] ~ive [→形]	a.決定的な
decisively [disáisivli]	de	cis	ively	de [=off, away 離れて] ~ive [→形]+ly [→副]	ad.決定的に
fratricide [frǽtrəsaid]	fratri	cid	e	fratri [=brother 兄弟] ~	n.兄弟(姉妹)殺し
insecticide [inséktisaid]	insecti	cid	e	insect「昆虫」~	n.殺虫剤
genocide [dʒénəsaid]	geno	cid	e	geno [=race 種族] ~	n.(人種, 国民などの)大量虐殺
homicide [hɔ́misaid]	homi	cid	e	homi<homo [=man 人] ~	n.殺人
matricide [méitrisaid]	matri	cid	e	matri [=mother 母親] ~	n.母殺し
patricide [pǽtrisaid]	patri	cid	e	patri [=father 父親] ~	n.父殺し
precise [prisáis]	pre	cis	e	pre [=before 前に] ~.「前を切る」→「切り離された」	a.精密な, 明確な
precisely [prisáisli]	pre	cis	ely	pre [=before 前に] ~ly [→副]	ad.正確に
precision [prisíʒən]	pre	cis	ion	pre [=before 前に] ~ion [→名]	n.正確
suicide [súːisaid]	sui	cid	e	<L. sui [=self 自分自身] ~.「自らを殺すこと」	n.自殺

circ, circul, circum, search [=circle 円, ring 輪]

単語	分解		語源説明	意味
circle [sə́ːrkl]	circ	le	~le [→指小辞].「小さな輪」	n.円, 社会; v.まわる
circuit [sə́ːrkit]	circ	uit	~it [=go 行く].「丸くまわった」	n.巡回,《電気》回路
circuitous [sərkjúitəs]	circ	uitous	~it [=go 行く]+ous [=full of …で満ちた→形]	a.まわり道の, 遠回しの
circulate [sə́ːrkjuleit]	circul	ate	~ate [=make…にする→動].「巡回する」	v.循環する, 流通する
circulation [səːrkjuléiʃən]	circul	ation	~at<ate [=make…にする→動]+ion [→名]	n.循環, 流通
circulator [sə́ːrkjuleitər]	circul	ator	~at<ate [=make…にする→動] or [=person 人→名]	n.流布者, 伝達者
circulatory [sə́ːrkjuleitəri]	circul	atory	~at<ate [=make…にする→動]+ory [→形]	a.循環上の

circus [sə́ːrkəs]	circ	us	<L. circus「輪」	n.サーカス
circumference [səːrkʌ́mfərəns]	circum	ference	~fer [=go 行く]+ence [→名]「丸く引くもの」	n.周囲, 円周
circumferential [sərkʌmfərénʃəl]	circum	ferential	~fer [=go 行く]+ence [→名]+ial [→形]	a.周囲の, えん曲な
circumscribe [sə́ːrkəmskraib]	circum	scribe	~scribe [=write 書く→動]. 「周囲に線を引く」	v.…の周囲をかこむ
circumstance [sə́ːrkəmstæns]	circum	stance	~stance [=stand 立つ→名].「周りに立っているもの」→「付随する」	n.境遇, 環境
circumstantial [səːrkəmstǽnʃəl]	circum	stantial	~al [→形]	a.偶然の, 詳細な
encircle [insə́ːrkl]	en circ	le	en [=in 中に] ~le [→指小辞]	v.かこむ, 取り巻く
search [səːrtʃ]	search		<L. circare [=go around ひとまわりする]	v.捜す, 捜し求める
research [risə́ːrtʃ]	re search		re [=again 再び] ~.「捜し求める」	n.,v.研究(する), 調査(する)
researcher [risə́ːrtʃər]	re search	er	re [=again 再び] ~er [=person 人→名]	n.研究者, 調査者

cist, chest [=chest ひつ, box 箱]

chest [tʃest]	chest			n.胸, 箱
cistern [sístərn]	cist	ern	~ern [→名]	n.水だめ, 水槽

cit¹, civ [=citizen 市民]

citadel [sítədl]	cit	adel	古代フランス語 citadella [=city 都市]	n.城, とりで
city [síti]	cit	y	<OF. cite [=都市の人]	n.都市, 市
citizen [sítizn]	cit	izen	<ME. citisein [=city 都市]	n.市民, 公民, 住民
citizenship [sítiznʃip]	cit	izenship	~ship [=state 状態→名]	n.市民権, 公民権
civic [sívik]	civ	ic	~ic [→形]	a.市民の
civil [sívil]	civ	il	~il [→形]	a.市民(として)の, 公衆の
civility [sivíliti]	civ	ility	~+ity [→名]	n.ていねいさ, 礼儀
civilian [sivíljən]	civ	ilian	~+ian [=person 人→名, 形]	n.,a.一般国民(の), 文民(の)
civilize [sívəlaiz]	civ	ilize	~+ize [=make…にする→動]	v.開化(教化)する
civilization [sivəlizéiʃən]	civ	ilization	~+iz [=make…にする→動]+ation [→名]	n.開化, 教化, 文明
civilized [sívəlaizd]	civ	ilized	~ed [→形]	a.文明化した
incivility [insivíləti]	in civ	ility	in [=not] ~ility [→名]	n.無礼, 無作法
uncivilized [ʌnsívəlaizd]	un civ	ilized	un [=not] ~il [→形]+ize [=make…にする→動]+d [→形]	a.未開の, 野蛮な

cit² [=call 呼ぶ, rouse 奮い起こす, summon 呼び出す]

cite [sait]	cit	e	原義は「呼んで注意を促す」	v.引用する

citation [saitéiʃən]		cit	ation	〜ation [→名]	n.引用(文), 列挙
excite [iksáit]	ex	cit	e	ex [=out of 外に] 〜.「呼び出す」	v.興奮させる
exciting [iksáitiŋ]	ex	cit	ing	ex [=out of 外に] 〜ing [→形]	a.刺激的な, はらはらする
excitement [iksáitmənt]	ex	cit	ement	ex [=out of 外に] 〜ment [→名]	n.刺激, 興奮
incite [insáit]	in	cit	e	in [=in 中に] 〜. put in motion 動かす	v.刺激する, 扇動する
recite [risáit]	re	cit	e	re [=again 再び] 〜.「呼び出す, 引用する」	v.暗唱する, 物語る
recitation [resitéiʃən]	re	cit	ation	re [=again 再び] 〜ation [→名]	n.暗唱, 朗唱
recital [risáitəl]	re	cit	al	re [=again 再び] 〜al [→名]	n.暗唱, リサイタル
solicit [səlísit]	soli	cit		soli [=whole 全部] 〜. wholly moved 全体的に動揺する	v.懇願する, しつこくせがむ
solicitous [səlísitəs]	soli	cit	ous	soli [=whole 全部] 〜ous [=full of…で満ちた→形]	a.気遣う, 熱心な
solicitude [səlísitjuːd]	soli	cit	ude	soli [=whole 全部] 〜tude [=state 状態→名]	n.懸念, 心配のたね
solicitor [səlísitər]	soli	cit	or	soli [=whole 全部] 〜or [=person 人→名]	n.(英)弁護士

claim, clam [=cry out, shout 大声で叫ぶ]

claim [kleim]		claim			v.,n.要求(する), 主張(する)
claimable [kléiməbl]		claim	able	〜able [=…できる→形]	a.要求できる, 主張できる
claimant [kléimənt]		claim	ant	〜ant [=person 人→名]	n.請求者, 申請者
claimer [kléimər]		claim	er	〜er [=person 人→名]	n.=claimant
clamor [klǽmər]		clam	or	〜or [→名].「叫んでいる状態」	n.騒ぎ, 大きな叫び声
clamorous [klǽmərəs]		clam	orous	〜or [→名]+ous [=full of…で満ちた→形]	a.うるさい, やかましい
acclaim [əkléim]	ac	claim		ac＜ad [=to…へ] 〜	v.かっさいする, 歓呼する
acclamation [ækləméiʃən]	ac	clam	ation	ac＜ad [=to…へ] 〜ation [→名]	n.かっさい, 歓呼
declaim [dikléim]	de	claim		de [=強意] 〜	v.朗読する, 暗誦する
declamation [dekləméiʃən]	de	clam	ation	de [=強意] 〜ation [→名]	n.朗読, 雄弁
declamatory [diklǽmətɔːri]	de	clam	atory	de [=強意] 〜ory [→形]	a.詩吟の, 熱弁的
disclaim [diskléim]	dis	claim		dis [=apart 離れて] 〜	v.(権利などを)放棄する, 棄権する
disclaimer [diskléimər]	dis	claim	er	dis [=apart 離れて] 〜er [=person 人→名]	n.放棄, 否認者
exclaim [ikskléim]	ex	claim		ex [=out of 外に] 〜.「外に呼ぶ」	v.叫ぶ, 絶叫する
exclamation [ekskləméiʃən]	ex	clam	ation	ex [=out of 外に] 〜ation [→名]	n.絶叫, 感嘆(詞)

exclamatory [əksklæmətɔ:ri]	ex	clam	atory	ex [=out of 外に] 〜ory [→形]	a.絶叫的, 感嘆の
irreclaimable [irikléiməbl]	irre	claim	able	ir<in [=not]+re [=back もとへ] 〜able [=…できる→形]	a.回復できない, 教化できない
proclaim [prəkléim]	pro	claim		pro [=before 前に] 〜.「前に向かって叫ぶ」	v.宣言する, 公布する, 声明する
proclamation [prɑkləméiʃən]	pro	clam	ation	pro [=before 前に] 〜ation [→名]	n.声明, 公布, 声明書
proclamatory [prɑklæmətɔ:ri]	pro	clam	atory	pro [=before 前に] 〜ory [→形]	a.宣言的, 公布の
reclaim [rikléim]	re	claim		re [=back もとへ] 〜.「呼び戻す」	v.開墾する, 埋め立てる, 教化する
reclamation [rekləméiʃən]	re	clam	ation	re [=back もとへ] 〜ation [→名]	n.回復, 教化, 開墾

clar, clean, clear [=bright 明るい, clear はっきりした]

clarify [klærifai]		clar	ify	〜ify [=make…にする→動]	v.きれいにする, 明らかにする
clarification [klærifikéiʃən]		clar	ification	〜fic [=make…にする→動] ation [→名]	n.清めること, 浄化
clarity [klæriti]		clar	ity	〜ity [=state 状態→名]	n.明りょう, 明朗
clean [kli:n]		clean		<OE. clæne「清潔な」	a.きれいな, 健全な, 新しい
cleaner [klí:nər]		clean	er	〜er [=person 人, tool 道具→名]	n.きれいにする人, クリーナー
cleanse [klenz]		clean	se	<ME. clensen 清める	v.清潔にする, 純潔にする
cleanser [klénzər]		clean	ser	〜er [=person 人, tool 道具→名]	n.清める人, クレンザー
clear [kliər]		clear		<L. clārus「澄んだ」	a.澄んだ, 明るい, 明白な
clearly [klíərli]		clear	ly	〜ly [→副]	ad.明らかに, はっきり
clearance [klíərəns]		clear	ance	〜ance [→名]	n.取りかたづけ
declare [dikléər]	de	clar	e	de [=apart 離れて〜.「明らかに述べる」	v.宣言する, 申告する
declaration [dekləréiʃən]	de	clar	ation	de [=apart 離れて] 〜ation [→名]	n.宣言, 告白, 申告
declarative [diklærətiv]	de	clar	ative	de [=apart 離れて] 〜ive [→形]	a.=declaratory
declaratory [diklærətɔ:ri]	de	clar	atory	de [=apart 離れて] 〜ory [→形]	a.宣言の, 申告の

clim, clin [=bend 曲げる, slope 坂]

climate [kláimit]		clim	ate	<GK. klima [=slope 坂, 地域]	n.気候, 風土, 環境, 風潮
climatic [klaimætik]		clim	atic	〜ic [→形]	a.気候上の, 風土的な

climatically [klaimǽtikəli]	clim	atically	~ical [→形]+ly [→副]	*ad.*気候上，風土的に
climax [kláimæks]	clim	ax	<GK. *klimax* [=ladder はしご]	*n.*クライマックス，絶頂
clime [klaim]	clim	e	climate「気候」の異形	*n.*《詩》地方，国，風土
decline [dikláin]	de clin	e	de [=downward 下に] ~.「下方に傾斜する」	*v.*断わる，傾く
incline [inkláin]	in clin	e	in [=in…の方へ] ~.「…の方へ曲げる」	*v.*気にさせる，傾ける，曲げる
inclination [inklinéiʃən]	in clin	ation	in [=in…の方へ] ~ation [→名]	*n.*傾向，好み，傾き
disincline [disinkláin]	disin clin	e	dis [=not]+in [=in…の方へ] ~	*v.*気乗りうすになる
disinclination [disinklinéiʃən]	disin clin	ation	dis [=not]+in [=in…の方へ] ~ation [→名]	*n.*いや気
recline [rikláin]	re clin	e	re [=back 後ろへ] ~.「後ろへ傾く」	*v.*もたれる，横たわる

clud, claus, cloist, clos, clus [=shut 閉じる]

clause [klɔːz]	claus	e	<L. *claudere*「閉じる」.「閉じられたもの」	*n.*《文法》節，《条約，法律》個条
cloister [klɔ́istər]	cloist	er	~er [=instrument 手段→名]	*n.*回廊，修道院
close *v.*[klouz] *a.*[klous]	clos	e	<L. *claudere*「閉じる」	*v.*閉じる，終える；*a.*接近した，親しい
closely [klóusli]	clos	ely	~ly [→副]	*ad.*接近して，きちんと
closeness [klóusnis]	clos	eness	~ness [→名]	*n.*近似，接近，正確
closed [klouzd]	clos	ed	~ed [→形]	*a.*閉鎖の
closet [klázit]	clos	et	~et [=small 小さい→指小辞]	*n.*私室，物置
closure [klóuʒər]	clos	ure	~ure [=action 行為→名]	*n.*閉鎖，閉店，終止
conclude [kənklúːd]	con clud	e	con [=together 共に] ~.「共に閉じる」	*v.*決定する，終える
conclusion [kənklúːʒən]	con clus	ion	con [=together 共に] ~ion [→名]	*n.*結末，結論，決定
conclusive [kənklúːsiv]	con clus	ive	con [=together 共に] ~ive [→形]	*a.*確かな，決定的
disclose [disklóuz]	dis clos	e	dis [=not] ~.「おおいを取る」	*v.*現す，あばく，暴露する
disclosure [disklóuʒər]	dis clos	ure	dis [=not] ~ure [=action 行為→名]	*n.*暴露，打ち明け話，発表
enclose [inklóuz]	en clos	e	en [=make…にする→動] ~.「閉じ込める」	*v.*取り巻く，包む
enclosure [inklóuʒər]	en clos	ure	en [=make] ~ure [=action 行為→名]	*n.*包囲，囲い込む
exclude [iksklúːd]	ex clud	e	ex [=out of 外に] ~.「締め出す」	*v.*除外する，排除する
exclusion [iksklúːʒən]	ex clus	ion	ex [=out of 外に] ~ion [→名]	*n.*除外，排斥
exclusive [iksklúːsiv]	ex clus	ive	ex [=out of 外に] ~ive [→形]	*a.*除外的，独占的

include [inklú:d]	in	clud	e	in [=in 中へ] ～．「閉じ込める」	v.含む，勘定に入れる
inclusion [inklú:ʒən]	in	clus	ion	in [=in 中へ] ～ion [→名]	n.包含，含有，算入
inclusive [inklú:siv]	in	clus	ive	in [=in 中へ] ～ive [→形]	a.…を含めて，算入して
occlude [əklú:d]	oc	clud	e	oc＜ob [=over 上に] ～．「上を閉じる」	v.…をさえぎる，閉塞する
preclude [priklú:d]	pre	clud	e	pre [=before 前で] ～．「前で閉じる」	v.除外する，妨げる
preclusion [priklú:ʒən]	pre	clus	ion	pre [=before 前で] ～ion [→名]	n.排除，防止
reclusive [riklú:siv]	re	clus	ive	re [=back 後ろに，away 離れて] ～ive [→形]	a.ひっこんだ，さびしい
seclude [siklú:d]	se	clud	e	se [=apart 離れて] ～．「離して閉じ込める」	v.ひっこめる，引き離す
secluded [siklú:did]	se	clud	ed	se [=apart 離れて] ～ed [→形]	a.隔離した，隠退した
seclusion [siklú:ʒən]	se	clus	ion	se [=apart 離れて] ～ion [→名]	n.隔絶，隠退

cohol [=アイシャドーに用いられたアンチモンの粉．瞼(まぶた)にこれを塗ったが，ヨーロッパの言語に入って意味が変わった]

alcohol [ǽlkəhɔ:l]	al	cohol		＜アラビア語 al [=the．定冠詞] ～	n.アルコール
alcoholic [ælkəhɔ́:lik]	al	cohol	ic	＜アラビア語 al [=the．定冠詞] ～ic [→形]	a.アルコール(性)の
alcoholism [ǽlkəhɔ:lizəm]	al	cohol	ism	＜アラビア語 al [=the] ～ism [=condition, state 状態→名]	n.アルコール中毒

col², cult [=cultivate 耕す]

colony [káləni]		col	ony	＜L. colonia．ドイツ語 Köln ケルン．香水のオーデコロン eau de Cologne「ケルンの水」の Cologne もラテン語と同語源「植民地」の意	n.植民(地)，集団，群落
colonial [kəlóuniəl]		col	onial	～ial [→形]	a.植民の，植民地(風)の
colonize [kálənaiz]		col	onize	～ize [=make…にする→動]	v.植民地を開く，開拓者となる
colonization [kɑlənizéiʃən]		col	onization	～ize [=make…にする→動]+ation [→名]	n.植民地化，移植
cult [kʌlt]		cult			n.崇拝，礼賛，祭式，流行
cultivate [kʌ́ltiveit]		cult	ivate	～ate [=make…にする→動]．「耕された状態にする」	v.耕作する，教化する
cultivation [kʌltivéiʃən]		cult	ivation	～ate [=make…にする→動]+ion [→名]	n.耕作，賛成，修養
cultivator [kʌltivéitər]		cult	ivator	～ate [=make…にする→動]+or [=person 人, tool 道具→名]	n.耕作者，賛成者，耕作機
culture [kʌ́ltʃər]		cult	ure	～ure [→名]．「耕作された土地」	n.栽培，培養，文化

cultural [kʌ́ltʃərəl]		cult	ural	～ure [→名]+al [→形]	a.教養の，文化の
cultured [kʌ́ltʃərd]		cult	ured	～ure [→名]+ed [→形]	a.教養のある，培養された
agriculture [ǽgrikʌ̀ltʃər]	agri	cult	ure	agri [=field 畑] ～ure [=action 行為→名].「畑を耕作すること」	n.農業，農学

cor¹, cord, cour¹ [=heart 心臓，心]

core [kɔ́:r]		cor	e		n.心(⌒),核心
cordial [kɔ́:rdʒəl]		cord	ial	～ial [→形]	a.心からの，心を引き立てる
cordially [kɔ́:rdʒəli]		cord	ially	～ial [→形]+ly [→副]	ad.心から，丁重に
courage [kə́:ridʒ]		cour	age	～age [→名]	n.勇気，度胸
courageous [kəréidʒəs]		cour	ageous	～age [→名]+ous [=full of …で満ちた→形]	a.勇ましい
accord [əkɔ́:rd]	ac	cord		ac＜ad [=to…へ] ～.「心をひとつにする」	n.,v.一致(する),調停(する)
accordance [əkɔ́:rdəns]	ac	cord	ance	ac＜ad [=to…へ] ～ance [→名]	n.一致，調和
according [əkɔ́:rdiŋ]	ac	cord	ing	ac＜ad [=to…へ] ～ing [→形]	a.…によって，したがって
accordingly [əkɔ́:rdiŋli]	ac	cord	ingly	ac＜ad [=to…へ] ～ing [→形]+ly [→副]	ad.それゆえ，したがって
accordion [əkɔ́:rdiən]	ac	cord	ion	ac＜ad [=to…へ] ～ion [→名]	n.アコーディオン
concord [kánkɔ:rd]	con	cord		con [=together 共に] ～.「心を共にする」	n.一致，和合，協約
concordance [kənkɔ́:rdəns]	con	cord	ance	con [=together 共に] ～ance [→名]	n.一致，和合，用語索引
concordant [kənkɔ́:rdənt]	con	cord	ant	con [=together 共に] ～ant [→形]	a.調和した，一致した
discord [dísko:rd]	dis	cord		dis [=離れて] ～.「心を別にする」	n.不和，不一致；v.一致しない
discordance [diskɔ́:rdəns]	dis	cord	ance	dis [=離れて] ～ance [→名]	n.不調和，不一致
discordant [diskɔ́:rdənt]	dis	cord	ant	dis [=離れて] ～ant [→形]	a.調和しない
discourage [diskə́:ridʒ]	dis	cour	age	dis [=離れて] ～age [→名].「勇気を失わせる」	v.落胆させる，失望させる
discouragement [diskə́:ridʒmənt]	dis	cour	agement	dis [=離れて] ～age [→名]+ment [→名]	n.落胆，気落ちさせること
discouraging [diskə́:ridʒiŋ]	dis	cour	aging	dis [=離れて] ～ing [→形]	a.がっかりさせる，元気をくじく
encourage [inkə́:ridʒ]	en	cour	age	en [=make…にする→動] ～	v.勇気づける，促進する
encouragement [inkə́:ridʒmənt]	en	cour	agement	en [=make…にする→動] ～age [→名]+ment [→名]	n.激励，助成，刺激

見出し語	接頭辞	語幹	接尾辞	語源説明	意味
encouraging [inkə́:ridʒiŋ]	en	cour	aging	en [=make…にする→動] ～ing [→形]	a.奨励する，元気づける
record [rékə:rd]	re	cord		re [=again再び] ～. call to mind again.「心にかえる」	n.記録，録音，レコード；v.記録する

coron, coro, crown [=crown 王冠]

corolla [kərúlə]	coro	lla	～la [=small 小さい→指小辞]	n.花冠
corona [kəróunə]	coron	a		n.花冠，コロナ
coronation [kɔ:rənéiʃən]	coron	ation	～ation [→名]	n.戴冠式，即位(式)
coronet [kɔ́:rənit]	coron	et	～et [=small 小さい→指小辞]	n.小冠
crown [kraun]	crown		もとはラテン語 crona「花輪」	n.王冠，花冠

corp, corpor [=body 体]

corporal [kɔ́:rpərəl]		corpor	al	～al [→形]	a.肉体の，胴体の，個人の
corporate [kɔ́:rpərit]		corpor	ate	～ate [→形]	a.団結した，団体の，法人組織の
corporation [kɔ:rpəréiʃən]		corpor	ation	～ation [→名]	n.社団法人，協会，団体
corps [kɔ:r]		corp	s	<L. corpus [=body 体], <F. corps d'armée「陸軍部隊」の後半部省略	n.軍団，団体，隊
corpse [kɔ:rps]		corp	se		n.死体
corpulence [kɔ́:rpjuləns]		corp	ulence	～ulence [→名]	n.肥満，肥大
corpulent [kɔ́:rpjulənt]		corp	ulent	～ulent [=full of…で満ちた→形]	a.肥満(肥大)している
incorporate [inkɔ́:rpəreit]	in	corpor	ate	in [=into 中へ] ～ate [=make…にする→動]	v.合体する，結社する，編入する
incorporeal [inkɔ:rpɔ́:riəl]	in	corpor	eal	in [=into 中へ] ～al [→形]	a.無形の，霊的の
incorporation [inkɔ:rpəréiʃən]	in	corpor	ation	in [=into 中へ] ～ation [→名]	n.合体，結合，法人，会社

cost, coast [=rib 肋骨，side 側，脇]

coast [koust]		coast		<L. coasta「肋骨，側」→「海洋の側」	n.海岸，海辺
coastal [kóustəl]		coast	al	～al [→形]	a.近海の，沿岸の
coaster [kóustər]		coast	er	～er [=person 人→名]	n.沿岸航行者，沿岸貿易船
accost [əkɔ́:st]	ac	cost		ac<ad [=to…へ] ～. 人に挨拶するときには肋骨(側)に近づいたことから	v.(人に)話しかける，挨拶する

count [=reckon 数える]

count [kaunt]	count		computeと二重語	v.数える，見積もる，勘定に入れる
countable [káuntəbl]	count	able	～able [=possible…できる→形]	a.数えられる

counter [káuntər]	count	er	〜er [＝person 人, tool 道具→名]	n.計算者, 計算器, カウンター
countless [káuntlis]	count	less	〜less [＝…のない→形]	a.数えられない, 無数の
account [əkáunt]	ac	count	ac＜ad [＝to…へ] 〜. 「数えること」	v.計算する, …と思う, 説明する
accountable [əkáuntəbl]	ac	count	able	ac＜ad [＝to…へ] 〜able [＝possible…できる→形]	a.責任のある, 説明できる
accountant [əkáuntənt]	ac	count	ant	ac＜ad [＝to…へ] 〜ant [＝person 人→名]	n.会計係, 計理士
discount [dískaunt]	dis	count	dis [＝apart 離れて] 〜. 「勘定を引く」	n., v.割引(する), しんしゃく(する)
recount [rikáunt]	re	count	re [＝again 再び] 〜. 「再び数える」	v.物語る, 数えなおす
uncountable [ʌnkáuntəbl]	un	count	able	un [＝not] 〜able [＝possible…できる→形]	a.数えられない, 無数の

court [＝enclosed place 囲まれた場所]

court [kɔːrt]	court		＜L.cohors「宮廷」	n.裁判所, 法廷, 中庭, 宮廷
courteous [kə́ːrtjəs]	court	eous	〜ous [＝full of…で満ちた→形]	a.礼儀正しい, ていねいな
courtesy [kə́ːrtisi]	court	esy	〜esy [＝state 状態→名]. 「宮廷にふさわしいこと」	n.礼儀, 好意, 優遇
courtier [kɔ́ːrtiər]	court	ier	〜ier [＝person 人→名]	n.廷臣, きげんをとる人
courtyard [kɔ́ːrtjɑːrd]	court	yard	〜yard 庭	n.庭, 中庭
discourteous [diskə́ːrtjəs]	dis	court	eous	dis [＝not] 〜ous [＝full of…で満ちた→形]	n.無礼な

cover, cur¹, ker [＝cover 覆う]

cover [kʌ́vər]	cover		＜F. couvrir [＝cover 覆う]	v.カバーする, 隠す, まかなう; n.カバー
coverlet [kʌ́vərlit]	cover	let	〜let [＝small 小さい→指小辞]	n.掛けぶとん
covert [kʌ́vərt]	cover	t	〜t [→過去分詞]	a.秘密の, 保護されている
curfew [kə́ːrfjuː]	cur	few	〜few [＜MF. feu＝fire 火. 中世, 火を消して寝る時を知らせた合図]	n.晩鐘, 夕暮, 外出禁止の合図, 門限
kerchief [kə́ːrtʃif]	ker	chief	＜OF. cuevre「覆い」＋chef「頭」	n.(婦人の)ずきん, えり巻, ハンカチ
discover [diskʌ́vər]	dis	cover	dis [＝apart 離れて] 〜. 「覆いをはずす」	v.発見する, 見出す
discovery [diskʌ́vəri]	dis	cover	y	dis [＝apart 離れて] 〜y [→名]	n.発見, 発見物, (劇などの)展開
recover [rikʌ́vər]	re	cover	re [＝back もとへ] 〜	v.回復する
recovery [rikʌ́vəri]	re	cover	y	re [＝back もとへ] 〜y [→名]	n.取り戻し, 回復, 回収
uncover [ʌnkʌ́vər]	un	cover	un [＝反対に] 〜	v.…の覆いを取る, 暴露する

cracy, crat [=rule 統治，支配]

aristocracy [ærɪstɑ́krəsi]	aristo	cracy	aristo [=best 最善の] ~	n.貴族政治(政体)，貴族社会
aristocrat [ærɪstəkræt]	aristo	crat	aristo [=best 最善の] ~crat [=supporter 支持者→名]	n.貴族(の一員)
aristocratic [ærɪstəkrǽtɪk]	aristo	crat	ic	aristo [=best 最善の] ~ic [→形]	a.貴族の，貴族政治(主義)の
autocracy [ɔːtɑ́krəsi]	auto	cracy	auto [=self 自分自身] ~.「自分で支配するもの」	n.独裁政治
bureaucracy [bjuːrɑ́krəsi]	bureau	cracy	bureau [=desk 机] ~	n.官僚政治，中央集権
democracy [dɪmɑ́krəsi]	demo	cracy	demo [=people 人々] ~.「民衆の政治」	n.民主政体，民主主義
democrat [déməkræt]	demo	crat	demo [=people 人々] ~ [=supporter 支持者→名]	n.民主主義者，民主党員
democratic [deməkrǽtɪk]	demo	crat	ic	demo [=people 人々] ~ic [→形]	a.民主主義の，民衆的な
democratize [dɪmɑ́krətaɪz]	demo	crat	ize	demo [=people 人々] ~ize [=make…にする→動]	v.民主的にする
plutocracy [pluːtɑ́krəsi]	pluto	cracy	pluto [=wealth 富] ~	n.財閥政治，金権主義

cred, creed, grant [=believe 信じる]

credit [krédɪt]		cred	it	~it [→過去分詞語尾].「信じられること」→「信用できること」	v.,n.信用(する)，名誉(となる)
creditable [krédɪtəbl]		cred	itable	~able [=possible…できる→形]	a.名誉となる，信用できる
creditor [krédɪtər]		cred	itor	~or [=person 人→名]	n.債権者，貸し方
credulous [krédʒʊləs]		cred	ulous	~ous [=full of…で満ちた→形]	a.信じやすい
creed [kriːd]		creed		<L. Credo.「私は信じる」より	n.信条，主義
grant [grænt]		grant		<OF. craanter「約束する」<L. crēdere「信じる」	n.,v.許可(する)，承諾(する)，授与(する)
accredit [əkrédɪt]	ac	cred	it	ac<ad [=to…へ] ~it [過去分詞語尾→動]	v.…に帰する，信ずる
discredit [dɪskrédɪt]	dis	cred	it	dis [=not] ~it [過去分詞語尾→動，名]	n.不信用，疑惑；v.疑う
discreditable [dɪskrédɪtəbl]	dis	cred	itable	dis [=not] ~able [=possible…できる→形]	a.不面目な，恥ずべき
incredible [ɪnkrédəbl]	in	cred	ible	in [=not] ~ible [=able…できる→形]	a.信用できない，法外な
incredulous [ɪnkrédʒʊləs]	in	cred	ulous	in [=not] ~ous [=full of…で満ちた→形]	a.疑い深い，容易に信じない

cross, creek, crook, crouch, cruc, cruis, crus [=bend 曲げる, cross 十字]

creek [kri:k]	creek			<ME. *creke, crike*「曲がり, 湾曲部」	n.入江, クリーク
crook [kruk]	crook			<ME. *crōk*「かぎ, 曲がり」	v.曲げる, 曲がる; n.鉤
crooked [krúkid]	crook	ed		～ed [→形]	a.曲がった, 不正な
cross [krɑs]	cross			<L. *crux* 十字架	n.十字架, 十字形; v.横切る, 交差する
crossing [krɑ́siŋ]	cross	ing		～ing [→名]	n.横断, 交差点
crossroad [krɑ́sroud]	cross	road		～road 道路	n.十字路
crouch [krautʃ]	crouch			<OF. *crochir*「曲がっている」<*croc*「かぎ」. 原義は「腰を曲げること」	v.うずくまる
crucial [krú:ʃəl]	cruc	ial		～ial [→形].「十字架の」→「きびしい」	a.決定的な, きびしい
crucify [krú:sifai]	cruc	ify		～fy [=fix 固定する→動]. fix to a cross「十字架にかける」	v.はりつけにする, 虐待する
cruize [kru:z]	cruis	e		原義は「交叉する」	n.,v.巡航(する)
cruizer [krú:zər]	cruis	er		～er [=tool 道具→名]	n.巡洋艦
crusade [kru:séid]	crus	ade		～ade [=group 団体→名]. 原義は「十字架の印のついたもの」	n.十字軍, 改革運動
across [əkrɔ́:s]	a	cross		a [=on 上に] ～. on cross の短縮形	ad.横切って; prep.…の向こう側に
excruciate [ikskrú:ʃieit]	ex	cruc	iate	ex [=out of 外に] ～ate [=make…にする→動]	v.苦しめる, 責める
excruciating [ikskrú:ʃieitiŋ]	ex	cruc	iating	ex [=out of 外に] ～ate [=make…にする→動]+ing [→形]	a.非常に苦しい

cub, cumb [=lean 傾く, lie 横たわる]

accumbent [əkʌ́mbənt]	ac	cumb	ent	ac<ad [=to…へ] ～ent [→形]	a.よりかかった
encumbrance [inkʌ́mbrəns]	en	cumb	rance	en [=in 中に] ～ance [→名].「中に横たえること」	n.邪魔物, よけいなもの
incubate [ínkjubeit]	in	cub	ate	in [=on 上に] ～ate [=make…にする→動]. sit on eggs 卵の上に座ってふ化させる	v.(卵)を抱く, 熟考する
incubator [ínkjubeitər]	in	cub	ator	in [=on 上に] ～ate [=make…にする→動]+or [=instrument 器具→名]	n.ふ卵器, 保育器
procumbent [proukʌ́mbənt]	pro	cumb	ent	pro [=forward 前に] ～ent [→形].「前に横たわる」	a.地に伏した, 地を這う
recumbent [rikʌ́mbənt]	re	cumb	ent	re [=back 後ろに] ～ent [→形].「後ろに横たわる」	a.横になった, 不活発な
succumb [səkʌ́m]	suc	cumb		suc<sub [=under 下に] ～.「下にひれ伏す」	v.屈服する, 負ける

cumul [=gather 集める, heap up 積み上げる]

cumulate [kjú:mjuleit]		cumul	ate	～ate [=make…にする→動]	v.積み重ねる [重なる]
cumulative [kjú:mjulətiv]		cumul	ative	～ate [=make…にする→動]+ive [→形]	a.累積する
accumulate [əkjú:mjuleit]	ac	cumul	ate	ac＜ad [=to…へ] ～ate [=make…にする→動]	v.蓄積する, 積み重ねる
accumulation [əkju:mjuléiʃən]	ac	cumul	ation	ac＜ad [=to…へ] ～ate [=make…にする→動]+ion [→名]	n.蓄積
accumulative [əkjú:mjulətiv]	ac	cumul	ative	ac＜ad [=to…へ] ～ate [=make…にする→動]+ive [→形]	a.累積の

cupid, covet, cupis [=desire 欲しがる]

covet [kʌ́vit]		covet			v.(他人の物を)むやみに欲しがる
covetous [kʌ́vitəs]		covet	ous	～ous [=full of…で満ちた→形]	a.むやみに欲しがる
Cupid [kjú:pid]		Cupid		＜L. cupere「あこがれる」	n.《ローマ神話》キューピッド(Venusの子で愛の神)
cupidity [kju(:)píditi]		cupid	ity	～ity [=state 状態→名]	n.貪欲
concupiscence [kənkjú:pisəns]	con	cupis	ence	con [=強意] ～ence [→名]	n.色欲, 欲望

cur², cours, curs¹, cor² [=run 走る]

course [kɔ:rs]		cours	e		n.進路, 経過, 課程
currency [kʌ́rənsi]		cur	rency	～cy [→名]	n.流通, 通貨
current [kʌ́rənt]		cur	rent	～ent [→形, 名].「走っている」→「現今の」	a.現在の, 流通する; n.水流, 海流, 気流, 電流, 傾向
currently [kʌ́rəntli]		cur	rently	～ent [→形]+ly [→副]	ad.現在, 一般に
concourse [kánkɔ:rs]	con	cours	e	con [=together 共に] ～.「走って人の集まる所」	n.合流, 集合, コンコース, 大通り
concur [kənkə́:r]	con	cur		con [=together 共に] ～.「共に走る」→「合う」	v.一緒に起こる, 同意する, 一致する
concurrence [kənkə́rəns]	con	cur	rence	con [=together 共に] ～ence [→名]	n.同時発生
concurrent [kənkə́rənt]	con	cur	rent	con [=together 共に] ～ent [→形]	a.同時の, 一致する
discourse [diskɔ́:rs]	dis	cours	e	dis [=apart 離れて] ～.「走りまわること」	n.講演
excursion [ikskə́:rʃən]	ex	curs	ion	ex [=out of 外に] ～ion [→名].「外に走って出かけること」	n.遠足
excursive [ekskə́:rsiv]	ex	curs	ive	ex [=out of 外に] ～ive [→形]	a.散漫な

incur [inkə́:r]	in	cur		in [=into 中に] ～.「中に走り込む」	v.(身に)招く
incursion [inkə́:rʃən]	in	curs	ion	in [=into 中に] ～ion [→名]	n.襲来
incursive [inkə́:rsiv]	in	curs	ive	in [=into 中に] ～ive [→形]	a.襲撃する
intercourse [íntə(:)rkɔ:rs]	inter	cours	e	inter [=between 間に] ～.「間を走ること」	n.交際, 通商, 性交
occur [əkə́:r]	oc	cur		oc<ob [=to…へ] ～.「…へ向かって走る」→「出会う, 起こる」	v.生じる, 起こる, 心に浮かぶ
occurrence [əkʌ́rəns]	oc	cur	rence	oc<ob [=to…へ] ～ence [→名]	n.起こること, 出来事
recur [rikə́:r]	re	cur		re [=back 後ろへ] ～.「後ろへ走る」→「戻る」	v.立ち直る, 再発する, 循環する
recurrence [rikʌ́rəns]	re	cur	rence	re [=back 後ろへ] ～ence [→名]	n.再現, 再発, 循環
recurrent [rikʌ́rənt]	re	cur	rent	re [=back 後ろへ] ～ent [→形]	a.再発する
succor [sʌ́kər]	suc	cor		suc<sub [=under 下に] ～.「その人のもとに走ること」	v.,n.救助(する)
recourse [rikɔ́:rs]	re	cours	e	re [=back もとへ] ～.「走り戻ること」	n.頼ること, 頼みとされる人(物)

cur³, car³, cour² [=care 注意する, 気をくばる]

care [keər]	car	e		<OE. cearian「心配する」	n.,v.心配(する), 世話(をする)
careful [kéərfəl]	car	eful		～ful [=full of…で満ちた→形]	a.注意深い, 用心深い
carefully [kéərfəli]	car	efully		～ful [=full of…で満ちた→形]+ly [→副]	ad.注意深く, 慎重に
careless [kéərlis]	car	eless		～less [=free from…のない→形]	a.不注意の, むとんちゃくの
carelessly [kéərlisli]	car	elessly		～less [=free from…のない→形]+ly [→副]	ad.不注意に
curate [kjúrit]	cur	ate		～ate [→名]	n.牧師補
cure [kjuər]	cur	e		原義は「注意する」	v.治療する, 直す
curious [kjúəriəs]	cur	ious		～ous [=full of…で満ちた→形]	a.物を知りたがる, 好奇心の強い
curiousity [kjuəriásiti]	cur	iosity		～os<ous [=full of…で満ちた→形]+ity [=state 状態→名]	n.好奇心, 物珍しさ
accuracy [ǽkjurəsi]	ac	cur	acy	ac<ad [=to…へ] ～cy [→名]	n.正確
accurate [ǽkjurit]	ac	cur	ate	ac<ad [=to…へ] ～ate [→形].「注意深く作られた」	a.正確な
accurately [ǽkjuritli]	ac	cur	ately	ac<ad [=to…へ] ～ate [→形]+ly [→副]	ad.正確に
procure [prəkjúər]	pro	cur	e	pro [=for…のために] ～.「管理する, 世話する」	v.得る, 獲得する
procuration [prɑkjuəréiʃən]	pro	cur	ation	pro [=for…のために] ～ation [→名]	n.獲得

secure [sikjúər]		se	cur	e	se [=apart 離れて] ~.「心配を離れて」	*a.*安全な，確実な；*v.*安全にする，確保する
security [sikjúərəti]		se	cur	ity	se [=apart 離れて] ~ity [=state 状態→名]	*n.*安全，安心，確実
insecure [insikjúər]		inse	cur	e	in [=not] +se [=apart 離れて] ~	*a.*安全でない，不安な
scour [skáuər]		s	cour		s<ex [=out of 外に] ~.「世話する，注意する」が原義	*v.*かけ歩く，ごしごし磨く，洗い去る

curs² [=damn のろう]

curse [kəːrs]			curs	e		*v.*のろう，災いする；*n.*のろい，天罰
cursed [kə́ːrsid]			curs	ed	~ed [→形]	*a.*のろわれた
accursed [əkə́ːrsid]		ac	curs	ed	ac<ad [=to…へ] ~ed [→形]	*a.*のろわれた

curv, curb, kerb [=bend 曲げる]

curb [kəːrb]			curb		<F. *courber*「曲げる」	*n.*くつわ鎖，拘束；*v.*抑制する
curve [kəːrv]			curv	e	<L. *curvus*「曲がった」	*n.*曲線，屈曲；*v.*曲がる
kerbstone [kə́ːrbstoun]			kerb	stone	~stone 石．kerb は curb「ふち石」の異形	*n.*(歩道の)縁石
incurve [ínkəːrv]		in	curv	e	in [=in 中に] ~	*n.*湾曲，《野球》インカーブ

cuss, quash [=strike 打つ, shake ゆさぶる]

quash [kwɔʃ]			quash		<L. *quatere* [=shake 振る，ゆさぶる]	*v.*鎮圧する
concuss [kənkʌ́s]		con	cuss		con [=completely まったく] ~.「強くゆさぶる」	*v.*揺り動かす，動揺させる
concussion [kənkʌ́ʃən]		con	cuss	ion	con [=completely まったく] ~ion [→名]	*n.*震動，打撃，衝撃
discuss [diskʌ́s]		dis	cuss		dis [=apart 離れて] ~.「たたいてばらばらにする」	*v.*討論する
discussion [diskʌ́ʃən]		dis	cuss	ion	dis [=apart 離れて] ~ion [→名]	*n.*討論[議]
percuss [pəːrkʌ́s]		per	cuss		per [=completely 完全に] ~.「十分にたたく」	*v.*たたく，打診する
percussion [pəːrkʌ́ʃən]		per	cuss	ion	per [=completely 完全に] ~ion [→名]	*n.*衝撃，衝突，打楽器
repercussion [riːpəːrkʌ́ʃən]		reper	cuss	ion	re [=back もとへ]+per [=completely 完全に] ~ion [→名]	*n.*はね返り，反撃，反射

custom, costum [=慣らす]

custom [kʌ́stəm]			custom		<L. [=自分自身のもの]→「癖，習慣」	*n.*習慣，慣例，得意
customary [kʌ́stəməri]			custom	ary	~ary [→形]	*a.*通例の
customer [kʌ́stəmər]			custom	er	~er [=person 人→名]	*n.*お客，得意先
costume [kɑ́stjuːm]			costum	e	原義は「自分のものとした服装」	*n.*服装，衣装
accustom [əkʌ́stəm]		ac	custom		ac<ad [=to…へ] ~	*v.*慣らす，習慣をつける

accustomed [əkʌ́stəmd]	ac|custom|ed	ac＜ad [=to…へ] ～ed [→形]			*a.*慣れた，例の

cut [=pointed 先のとがった, sharp 鋭い]

cute [kju:t]	|cut|e	acute「とがった，鋭い」の頭音消失		*a.*かわいい，利口な
acute [əkjú:t]	a|cut|e	＜L. *acuere* [=sharpen 鋭くする] の過去分詞形		*a.*鋭い，とがった
acutely [əkjú:tli]	a|cut|ely	～ly [→副]		*ad.*鋭く，激しく
acuity [əkjú(:)iti]	a|cuit|y	～y [→名]		*n.*鋭さ，激しさ

cycl, cyl, cyclo [=circle 環, wheel 輪]

cycle [sáikl]	|cycl|e	もとは GK. *kyklos*「円」		*n.*周期，循環期
cycling [sáikliŋ]	|cycl|ing	～ing [→名]		*n.*サイクリング
cyclist [sáiklist]	|cycl|ist	～ist [=person 人→名]		*n.*自転車乗り
cylinder [sílindər]	|cyl|inder	＜GK.=roll ころがる, roller ローラー		*n.*円柱，円筒，シリンダー
bicycle [báisikl]	bi|cycl|e	bi [=two 2] ～		*n.*自転車
encyclopedia [ensaikləpí:diə]	en|cyclo|pedia	＜GK. *enkyklos*「円の，一般的な」+ *pedia* [=education 教育]．ギリシャ語で「完全な，すべてにわたる教育」，「百科知識」		*n.*百科事典

D

dam(n), dem(n) [=harm 害を与える, loss 喪失]

damn [dæm]	damn		<L. *damnāre*「害を与える」	v.地獄におとす
damned [dæmd]	damn	ed	~ed [→形]	a.のろうべき
damnatory [dǽmnətɔːri]	damn	atory	~atory [→形]	a.のろいの, 非難の
damage [dǽmidʒ]	dam	age	~age [→名]	n.損害
damageable [dǽmidʒəbl]	dam	ageable	~age [→名]+able [=…できる→形]	a.損害を受けやすい
condemn [kəndém]	con	demn	con [=completely 完全に] ~.「完全に非難する」	v.非難する, 申し渡す
condemned [kəndémd]	con	demn	ed	con [=completely 完全に] ~ed [→形]	a.死刑囚の, のろわれた
indemnify [indémnifai]	in	demn	ify	in [=not] ~fy [=make…にする→動]	v.保護する, 賠償する
indemnity [indémniti]	in	demn	ity	in [=not] ~ity [→名]	n.補償, 損害賠償

dat, don, dos, dow, dot, dit¹, t¹, der [=give 与える, grant 贈与する, concede 譲る]

date [deit]	dat	e	<L. [=(things) given 与えられたもの]. 古ローマで手紙の日付の前に Data Romae「ローマで与えられた」と書かれたものが, 日付の指示となった.	n.日付, 年月日, 会合の相手; v.日付をつける
dated [déitid]	dat	ed	~ed [→形]	a.日付のある
donate [dóuneit]	don	ate	~ate [=make…にする→動]	v.贈与する, 寄付する
donation [dounéiʃən]	don	ation	~ate [=make…にする→動]+ion [→名]	n.寄付, 寄贈
data [déitə]	dat	a	<L. *data* [=things given 与えられたもの]	n.データ
dose [dous]	dos	e	<GK. *dosis*「与えられるもの」「与えること, 贈物」	n.(薬の)一服
dower [dáuər]	dow	er	<L. *dotāre*=endow「嫁資を与える」	n.生まれつきの素質
anecdote [ǽnikdout]	anec	dot	e	an [=not]+ec<ex [=out of 外に] ~.「発表されていないこと」→「面白い出来事」	n.逸話
anecdotal [ænikdóutəl]	anec	dot	al	an [=not]+ec<ex [=out of 外に] ~al [→形]	a.逸話の
condone [kəndóun]	con	don	e	con [=強意] ~.「すっかり与える」	v.容赦する, 償う
condonation [kɑndounéiʃən]	con	don	ation	con [=強意] ~ate [=make…にする→動]+ion [→名]	n.容赦
edit [édit]	e	dit		e<ex [=out of 外に] ~.「外に与えられた」→「発行された」	v.編集する, 刊行する
editor [éditər]	e	dit	or	e<ex [=out of 外に] ~or [=person 人→名]	n.編集者, 主筆
editorial [editɔ́ːriəl]	e	dit	orial	e<ex [=out of 外に] ~ial [→名]	n.社説
edition [idíʃən]	e	dit	ion	e<ex [=out of 外に] ~ion [→名]	n.版

endow [indáu]	en	dow	<OF. *en* [=on 上に]+*douer*「嫁資を与える」	v.付与する，授ける，寄付する
pardon [pá:rdn]	par	don	par<per [=quite 十分に]〜．「十分に与える」→「十分与えて許す」	v.許す，容赦する；n.容赦
pardonable [pá:rdənəbl]	par don	able	par<per [=quite 十分に]〜able [=…できる→形]	a.許しうる，無理もない
unpardonable [ʌnpá:rdənəbl]	unpar don	able	un [=not]+par<per [=quite 十分に]〜able [=…できる→形]	a.許すことのできない
rent [rent]	ren	t	<L. *reddita* [=things given back 返品]	n.地代，家賃；v.賃借りする
render [réndər]	ren	der	<L. *re(d)* [=back もとへ]+*dare* [=give 与える]．「元の場所へ与える」→「返す，支払う」	v.報いる，差し出す，訳す
rendering [réndəriŋ]	ren der	ing	<L. *re(d)* [=back もとへ]+*dare* [=give 与える]〜ing [→名]	n.翻訳，表現
surrender [səréndər]	surren	der	sur [=upon 上に]〜．give up「すべてを与えてしまう」	v.引き渡す，降伏(する)；n.降伏

deb, du¹, deavor [=owe …に負う]

debt [det]	deb	t	〜t [→過去分詞]．原義は「負っている」	n.借金，恩義
debtor [détər]	deb	tor	〜or [=person 人→名]	n.債務者，借主
due [dju:]	du	e	<L. *dēbēre*「負っている」	a.正当な，支払うべき
duly [djú:li]	du	ly	〜ly [→副]	ad.まさに，十分に
duty [djú:ti]	du	ty	〜ty [→名]．what is due「するはずのもの」	n.義務，本分，税
dutiful [djú:tifəl]	du	tiful	〜ful [=full of…で満ちた→形]	a.本分を守る
duteous [djú:tiəs]	du	teous	〜ous [=full of…で満ちた→形]	a.本分を守る，従順な
endeavor [indévər]	en	deavor	en<in [=to…へ]+devoir [=duty 義務]．do one's duty「義務をはたす」	n.,v.努力(する)
indebted [indétid]	in deb	ted	in [=in 中に]〜ed [→形]	a.負債がある，負うところがある

dec¹ [=become 似合う]

decent [dí:sənt]	dec	ent	〜ent [→形]．「適した」	a.上品な，適正な
decency [dí:snsi]	dec	ency	〜cy [→名]	n.上品，適当
decorate [dékəreit]	dec	orate	〜ate [=make…にする→動]．「名誉あらしめる」	v.飾る
decoration [dekəréiʃən]	dec	oration	〜ate [=make…にする→動]+ion [→名]	n.装飾
decorum [dikɔ́:rəm]	dec	orum	<L. *decorus* [=becoming 似合う]	n.行儀，礼節
indecent [indí:sənt]	in dec	ent	in [=not]〜ent [→形]	a.下品な

dec², decim, dim [=ten 10]

decade [dékeid]	dec	ade	〜ade [=group 集合体→名]	n.10年間
decimal [désiməl]	decim	al	〜al [→形，名]	a.,n.十進法(の)，小数(の)
dime [daim]	dim	e	<L. *decima*「10分の1」	n.10セント銀貨，10セント

dem(o) [=people 人々]

demagogue [déməgɑg]	dem	agogue	〜agogue [=leader 指導者]．「民衆の指導者」	n.デマゴーグ，扇動者，扇動政治家
democracy [dimákrəsi]	demo	cracy	〜cracy [=rule 政治→名]．「民衆の政治」	n.民主政体，民主主義
democrat [déməkræt]	demo	crat	〜crat [=supporter 支持者→名]	n.民主主義者
democratic [deməkrǽtik]	demo	cratic	〜crat [=supporter 支持者→名]+ic [→形]	a.民主主義の，民主的な
democratize [dimákrətaiz]	demo	cratize	〜crat [=supporter 支持者→名]+ize [=make…にする→動]	v.民主化する
antidemocratic [æntidemákrətik]	anti demo	cratic	anti [=against 反対の] 〜ic [→形]	a.反民主的な
epidemic [epidémik]	epi dem	ic	epi [=among 間に] 〜ic [→形, 名], among people.「人々の間に蔓延する病気」	n.,a.伝染病(の)
epidemically [epidémikli]	epi dem	ically	epi [=among 間に] 〜cal [→形]+ly [→副]	ad.流行して

dent, dan¹ [=tooth 歯]

dandelion [dǽndilaiən]	dan	delion	中世フランス語より．dent de lion 「ライオンの歯」．葉がライオンの歯に似ていることから	n.タンポポ
dental [déntl]	dent	al	〜al [→形]	a.歯の，歯科の
dentist [déntist]	dent	ist	〜ist [=person 人→名]	n.歯科医
indent [indént]	in dent		in [=in 中に] 〜.「歯のようなジグザグを作る」	v.くぼみを作る；n.くぼみ，へこみ

di, day, dai, dawn, dia, dis, diurn [=day 日]

day [dei]	day		原義はサンスクリット語 dáh-「燃える」に関係あり	n.日，勝利，時代
daily [déili]	dai	ly	〜ly [→形]	a.毎日の，日常の
daybreak [déibreik]	day	break	〜break「始まり」	n.夜明け
daylight [déilait]	day	light	〜light「光」	n.昼間，日光
daisy [déizi]	dai	sy	=day's eye「昼の眼」．形が太陽に似ているところから	n.ヒナギク
daytime [déitaim]	day	time	〜time「時間」	n.昼間
dawn [dɔ:n]	dawn		dawning「夜が明けること」からの逆形成	n.夜明け，端緒
dial [dáiəl]	dia	l	日時計の指針から．「1日を示す盤」	n.日時計，指針面，ダイヤル
diary [dáiəri]	dia	ry	「食物，給料などの毎日の割当」から転じて，その記録	n.日記
diet [dáiət]	di	et	<L. [=1日の旅程，1日の食事，1日の仕事]	n.常食，食事，[D-]国会
dismal [dízməl]	dis	mal	〜mal [=evil 悪い，不吉な]．evil day「不吉な日」	a.陰気な，陰うつな

単語	接頭辞	語根	接尾辞	語源説明	意味
diurnal [daiə́ːrnəl]		diurn	al	<L. *diurnus*「1日の」+al [→形]	*a.*昼間の, 日中の
meridian [mərídiən]	meri	di	an	meri [=middle 真中の] ～an [→形, 名].「日の真中の」	*n.*子午線; *a.*正午の, 絶頂の
ante meridiem [ǽnti mərídiəm]	ante meri	di	em	ante [=before 前に]+meri [=middle 真中の] ～. 略: a.m.	*n.*午前
post meridiem [póust mərídiəm]	post meri	di	em	post [=after 後に]+meri [=middle 真中の] ～. 略: p.m.	*n.*午後

dict, dic, dit², dex [=declare 宣言する, say 言う, speak 話す, point out (指し)示す]

単語	接頭辞	語根	接尾辞	語源説明	意味
dictate [diktéit]		dict	ate	～ate [=make…にする→動].「繰返して言われた」	*v.*書取らせる, 口述する, 命ずる
dictation [diktéiʃən]		dict	ation	～ate [=make…にする→動]+ion [→名]	*n.*書取り, 命令
dictator [diktéitər]		dict	ator	～or [=person 人→名].「命令する人」	*n.*独裁者, 口述者
diction [díkʃən]		dict	ion	～ion [→名].「言い方」	*n.*語法, 言い回し
dictionary [díkʃəneri]		dict	ionary	～ion [→名]+ary [=…に関するもの→名].「単語の本」	*n.*辞書, 辞典
abdicate [ǽbdikeit]	ab	dic	ate	ab [=away 離れて] ～ate [=make…にする→動].「手放すと言う」→「放棄する」	*v.*王位を捨てる, 棄権する
abdication [æbdikéiʃən]	ab	dic	ation	ab [=away 離れて] ～ate [=make…にする→動]+ion [→名]	*n.*退位, 棄権
addict [ədíkt]	ad	dict		ad [=to…へ] ～.「指定する」→「捧げる」→「ゆだねる」	*v.*ふけらせる, ゆだねる
benediction [benidíkʃən]	bene	dict	ion	bene [=well よく] ～ion [→名].「祝福の言葉」	*n.*祝福の祈禱, 天恩
condition [kəndíʃən]	con	dit	ion	con [=together 共に] ～ion [→名].「共に言う」→「一致」→「条件」	*n.*条件, 状態, 身分
conditional [kəndíʃənəl]	con	dit	ional	con [=together 共に] ～ion [→名]+al [→形]	*a.*条件づきの
contradict [kɑntrədíkt]	contra	dict		contra [=contrary 反対に] ～.「反して話す」	*v.*反ばくする, 否認する, 矛盾する
contradiction [kɑntrədíkʃən]	contra	dict	ion	contra [=contrary 反対に] ～ion [→名]	*n.*反ばく, 否認, 矛盾
contradictory [kɑntrədíktəri]	contra	dict	ory	contra [=contrary 反対に] ～ory [→形]	*a.*矛盾する
dedicate [dédikeit]	de	dic	ate	de [=away 離れて] ～ate [=make…にする→動].「宣言させられた」→「献身的な」	*v.*捧げる, 献身する
dedication [dedikéiʃən]	de	dic	ation	de [=away 離れて] ～ate [=make…にする→動]+ion [→名]	*n.*奉納, 献身
edict [íːdikt]	e	dict		e<ex [=out of 外に] ～.「外に向かって言われたもの」	*n.*布告
indicate [índikeit]	in	dic	ate	in [=to…へ] ～ate [=make…にする→動]. point out「指示物で示す」	*v.*指示する, 表す, 暗示する

indication [ìndikéiʃən]	in	dic	ation	in [=to…へ] ~ate [=make…にする→動]+ion [→名]	n.指示，徴候，示度
indicator [índikeitər]	in	dic	ator	in [=to…へ] ~ate [=make…にする→動]+or [=person 人, tool 道具→名]	n.指示者，表示器，標識
indict [indáit]	in	dict		in [=to…へ] ~	v.起訴する
indictment [indáitmənt]	in	dict	ment	in [=to…へ] ~ment [→名]	n.起訴，告発
interdict [íntərdikt]	inter	dict		inter [=between 間に] ~.「間に割り込んで言う」→「禁じられる」	v.禁止する，止める
index [índeks]	in	dex		in [=on 上に] ~.「上に示す」→「指示するもの」	n.索引，目盛，指針
indite [indáit]	in	dit	e	in [=on 上に] ~	v.(詩文などを)作る，書く
jurisdiction [dʒuərisdíkʃən]	juris	dict	ion	juris [=justice 司法] ~ion [→名].「正義を言う」	n.司法(権)，司法機関，管轄(区)
malediction [mælidíkʃən]	male	dict	ion	male [=ill 悪く] ~ion [→名].「悪く言う」	n.呪い，悪口
predicate n.[prédikit] v.[prédikeit]	pre	dic	ate	pre [=before 前もって] ~ate [=make…にする→動].「前もって宣言された」	n.述部，述語；v.断定する
predict [pridíkt]	pre	dict		pre [=before 前もって] ~.「前もって言う」	v.予言する，予報する
prediction [pridíkʃən]	pre	dict	ion	pre [=before 前もって] ~ion [→名]	n.予言，予報
valediction [vælidíkʃən]	vale	dict	ion	vale [=farewell さよなら] ~ion [→名].「よかれと言う」	n.告別，別れの言葉
verdict [və́:rdikt]	ver	dict		ver [=truth 真実] ~.「真実を言う」	n.評決，答申，判断，意見
vindicate [víndikeit]	vin	dic	ate	<L.=vis [=force 迫力]+dicere [=say 言う] ~ate [=make…にする→動]	v.弁護する，主張する

dign, dain [=worthy 価値のある]

dainty [déinti]		dain	ty	~ty [→形，名].「価値のあること，威厳」	a.上品な，おいしい；n.おいしい物
dignify [dígnifai]		dign	ify	~fy [=make…にする→動]	v.威厳をつける，尊くする
dignified [dígnifaid]		dign	ified	~fi<fy [=make…にする→動]+ed [→形]	a.威厳のある，高貴な
dignitary [dígnəteri]		dign	itary	~ary [→名]	n.高位の人
dignity [dígniti]		dign	ity	~ty [→名].「価値のあるもの」	n.威厳，尊厳，荘重
condign [kəndáin]	con	dign		con [=wholly 全く] ~	a.(処罰などが)適当な，当然の
disdain [disdéin]	dis	dain		dis [=not] ~.「価値なきものとする」	v.軽蔑する
disdainful [disdéinfəl]	dis	dain	ful	dis [=not] ~ful [=full of…で満ちた→形]	a.尊大な，軽蔑的な

indignation [indignéiʃən]	in	dign	ation	in [=not] ~ation [→名]	n.憤り, 義憤
indignant [indígnənt]	in	dign	ant	in [=not] ~ant [→形].「価値がないと思っている」	a.おこった, 憤慨した
indignity [indígniti]	in	dign	ity	in [=not] ~ty [→名]	n.軽蔑, 無礼

div, dei, dieu [=god 神]

divine [diváin]		div	ine	~ine [→形].「神の性質をもった」	a.神の, 神聖な
divinity [divínəti]		div	inity	~ity [→名]	n.神性, 神学, 神
deify [díːfai]		dei	fy	~fy [=make…にする→動]	v.神に祭る, 神様扱いする
deity [díːiti]		dei	ty	~ty [→名].「神たること」	n.神, 神性
adieu [ədjúː]	a	dieu		a [=to…へ] ~. <F.=to God.「汝を神に託す」	int.さようなら, ごきげんよう

divid, divis [=separate 分ける]

divide [diváid]		divid	e	<L. di [=離れて]+videre [=分かれる]	v.分ける, 割る
dividend [dívidend]		divid	end	<L. [=things to be divided 分けられるもの]	n.被除数, 配当金
division [divíʒən]		divis	ion	~ion [→名]	n.分割, 分裂, 割算, 局
divisible [divízəbl]		divis	ible	~ible [=able…できる→形]	a.分けられる, 割り切れる
individual [indivídjuəl]	in	divid	ual	in [=not] ~al [→形, 名].「分けることのできない」	n., a.個人(の), 個体(の)
individually [indivídjuəli]	in	divid	ually	in [=not] ~al [→形]+ly [→副]	ad.個人として, 個別的に
individuality [individjuǽliti]	in	divid	uality	in [=not] ~al [→形]+ity [→名]	n.個性, 人格
individualism [indivídjuəlizm]	in	divid	ualism	in [=not] ~al [→形]+ism [→名]	n.個人主義
individualistic [individjuəlístik]	in	divid	ualistic	in [=not] ~al [→形]+ist [=person 人→名]+ic [→形]	a.個人主義の

doc [=teach 教える]

doctor [dáktər]		doc	tor	~tor [=agent 人→名]	n.博士, 医者
doctrine [dáktrin]		doc	trine	~ine [=things もの→名].「教える人のもの」	n.教養, 主義, 学説
document [dákjumənt]		doc	ument	~ment [→名].「教える手段」	n.書類
documentary [dakjuméntəri]		doc	umentary	~ment [→名]+ary [→形, 名]	n., a.文書(の), 記録映画(の)
docile [dásəl]		doc	ile	~ile [=able…できる→形].「教えやすい」	a.すなおな, 従順な
indoctrinate [indáktrineit]	in	doc	trinate	in [=into 中へ] ~ate [=make…にする→動]	v.教え込む, 教える

dol [=grieve 深く悲しむ, feel pain 痛みを感じる]

doleful [dóulfəl]		dol	eful	~ful [=full of…で満ちた→形]	a.悲しげな, 悲しい

dolor [dóulər]	dol	or	~or [→名]	n.悲しみ, 嘆き
condole [kəndóul]	con dol	e	con [=together 共に] ~. 「一緒に嘆く」	v.くやみを述べる
indolence [índələns]	in dol	ence	in [=not] ~ence [→名].「痛み・悲しみのないこと」	n.怠惰, ものぐさ
indolent [índələnt]	in dol	ent	in [=not] ~ent [→形]	a.怠惰な, 無性な

dom [=house 家]

dome [doum]	dom	e	もとは, 教会ラテン語 domus「神の家」	n.(半球状の)円屋根
domestic [dəméstik]	dom	estic	~ic [→形]	a.家庭の, 内地の
domesticate [dəméstikeit]	dom	esticate	~ic [→形]+ate [=make…にする→動]	v.飼い慣らす (tame), 教化する
domestication [dəmestikéiʃən]	dom	estication	~ic [→形]+ate [=make…にする→動]+ion [→名]	n.飼い慣らし, 教化
domicile [dáməsail]	dom	icile	<L. domicil「住む所」	n.住所, 家

dom(in), dan², daunt, domi [=lord いばりちらす, rule 支配する, tame 従わせる]

danger [déindʒər]	dan	ger	「主人の権力」が原義	n.危険, 障害
dangerous [déindʒərəs]	dan	gerous	~ous [=full of…で満ちた→形]	a.危険な, あぶない
dangerously [déindʒərəsli]	dan	gerously	~ous [=full of…で満ちた→形]+ly [→副]	ad.あぶなく
daunt [dɔ:nt]	daunt		<L. domāre [=tame 従わせる]	v.おどかす, ひるます
dauntless [dɔ́:ntlis]	daunt	less	~less [=without…のない→形]	a.不屈の, 豪胆な
domain [dəméin]	dom	ain	~ain [→名]. <L. [=master 主人, lord 君主]	n.領土, 分野
dominance [dáminəns]	domin	ance	~ance [→名]	n.優勢, 支配
dominate [dámineit]	domin	ate	~ate [=make…にする→動].「主人であること」	v.統治する, そびえる
domination [daminéiʃən]	domin	ation	~ate [=make…にする→動]+ion [→名]	n.統治, 管轄
domineer [daminíər]	domin	eer	~eer [→動]	v.権力を振りまわす, いばりちらす
domineering [daminíəriŋ]	domin	eering	~eer [→動]+ing [→形]	a.権力をふるう, 横暴な
dominion [dəmínjən]	domin	ion	~ion [→名]	n.主権, 統治権, 領土
endanger [indéindʒər]	en dan	ger	en [=make…にする→動] ~	v.…を危うくする
indomitable [indámitəbl]	in domi	table	in [=not] ~able [=possible…できる→形]	a.屈服しない, 不屈の
predominate [pridámineit]	pre domin	ate	pre [=before 前に] ~ate [=make…にする→動].「前もって征服する」	v.優勢である, 圧倒する

predomination	[pridɑmənéiʃən]	pre	domin	ation	pre [=before 前に] ～ate [=make…にする→動]+ion [→名]	n.卓越, 支配
predominant	[pridɑ́minənt]	pre	domin	ant	pre [=before 前に] ～ant [→形]	a.優勢な

dorm [=sleep 眠る]

dorm	[dɔːrm]		dorm			n.《口語》=dormitory 寄宿舎
dormant	[dɔ́ːrmənt]		dorm	ant	～ant [→形]	a.眠っている, 冬眠の
dormancy	[dɔ́ːrmənsi]		dorm	ancy	～ancy [→名]	n.睡眠, 冬眠, 潜伏
dormitory	[dɔ́ːrmətɔːri]		dorm	itory	～ory [=place 場所→名].「眠る場所」	n.寄宿舎, 寮
dormouse	[dɔ́ːrmaus]		dorm	ouse	～mouse ネズミ	n.《動物》ヤマネの類

dox, dog [=opinion 意見]

dogma	[dɔ́ːgmə]		dog	ma	<GK. dogma [=opinion 意見]	n.教義, 信条, 独断説
dogmatic	[dɔːgmǽtik]		dog	matic	～ic [→形]	a.教理上の, 独断的な
orthodox	[ɔ́ːrθədɑks]	ortho	dox		ortho [=correct 正しい, standard 標準の] ～.「正しい意見」	a.正説の, 伝統的な
paradox	[pǽrədɑks]	para	dox		para [=contrary 反対の] ～.「相反する意見」	n.逆説, 矛盾した言説

du², dou, do [=two 2]

double	[dʌ́bl]		dou	ble	～ble<ple [=fold 倍, 重].「二重の」	a., n. 2 倍(の), 倍(の)
doublet	[dʌ́blit]		dou	blet	～let [=small 小さい→指小辞]	n.からだに密着した上着, 対のもの
doubt	[daut]		dou	bt	<L. dubitare [=of two minds 二心の]	n.疑い, 疑惑; v.疑う
doubtful	[dáutfəl]		dou	btful	～ful [=full of…で満ちた→形]	a.疑わしい
doubtless	[dáutlis]		dou	btless	～less [=without…のない→形]	a.疑いもなく, たぶん
dozen	[dʌ́zn]		do	zen	～zen [=ten].「2+10」	n. 1 ダース, 12 個
dual	[djúːəl]		du	al	～al [→形]	a. 2 の, 二重の, 2 体の
dubious	[djúːbjəs]		du	bious	<L. dubius [=doubtful 疑わしい]	a.疑わしい, 決定しがたい
duet	[djuːét]		du	et	～et [→指小辞].<It.=two 2	n.二重唱, 二重奏
duplicate	[djúːpləkit]		du	plicate	～plicate<L. plicāre [=fold 折る].「二重にされた」	n., a.二重(の), 写し(の)
redouble	[ri(ː)dʌ́bl]	re	dou	ble	re [=again 再び] ～ble<ple [=fold 倍, 重]	v. 2 倍にする, 強める, 増す

duc, duct, du³ [=lead 導く]

conduce	[kəndjúːs]	con	duc	e	con [=together 共に] ～.「一緒に導く」	v.(結果を)もたらす

単語	接頭辞	語根	接尾辞	語源	意味
conduct *n.*[kάndʌkt] *v.*[kəndʌ́kt]	con	duct		con [=together 共に] ～.「共に導く」→「指導する」	*n.*指揮, 処理, 行状; *v.*指揮する, ふるまう
conductor [kəndʌ́ktər]	con	duct	or	con [=together 共に] ～or [=person 人→名]	*n.*指導者, 案内者, 指揮者, (米)車掌, 導体
deduce [didjú:s]	de	duc	e	de [=down 下に] ～.「下へ導く」→「導き出す」	*v.*推論する
deduct [didʌ́kt]	de	duct		de [=down 下に] ～.「下に導く」→「減じる」	*v.*控除する
deduction [didʌ́kʃən]	de	duct	ion	de [=down 下に] ～ion [→名]	*n.*控除(額), 演繹
deductive [didʌ́ktiv]	de	duct	ive	de [=down 下に] ～ive [→形]	*a.*推論的, 演繹的
educate [édju(:)keit]	e	duc	ate	e<ex [=out of 外に] ～ate [=make…にする→動].「外へ持ち出す」→「能力を導き出す」	*v.*教育する
education [edju(:)kéiʃən]	e	duc	ation	e<ex [=out of 外に] ～ate [=make…にする→動]+ion [→名]	*n.*教育
educe [i(:)djú:s]	e	duc	e	e<ex [=out of 外に] ～	*v.*引き出す, 推論する
eduction [i(:)dʌ́kʃən]	e	duct	ion	e<ex [=out of 外に] ～ion [→名]	*n.*引き出すこと, 抽出(物), 推論
induce [indjú:s]	in	duc	e	in [=in 中に] ～.「導き入れる」	*v.*…する気にさせる, 引き起こす, 帰納する
induct [indʌ́kt]	in	duct		in [=in 中に] ～	*v.*就任させる, 導く
induction [indʌ́kʃən]	in	duct	ion	in [=in 中に] ～ion [→名]	*n.*誘導, 帰納(法)
inductive [indidʌ́ktiv]	in	duct	ive	in [=in 中に] ～ive [→形]	*a.*誘導の, 序の, 帰納の
introduce [intrədjú:s]	intro	duc	e	intro [=into 中に] ～.「中に導く」	*v.*紹介する, 導入する
introduction [intrədʌ́kʃən]	intro	duct	ion	intro [=into 中に] ～ion [→名]	*n.*導入, 紹介, 序論
produce [prədjú:s]	pro	duc	e	pro [=forward 前方に] ～.「前方に導く」→「導き出す」	*v.*生み出す, 製作する, 提出する
producer [prədjú:sər]	pro	duc	er	pro [=forward 前方に] ～er [=person 人→名]	*n.*生産者, プロデューサー
product [prάdʌkt]	pro	duct		pro [=forward 前方に] ～.「導き出されたもの」→「産物」	*n.*生産物, 成果
production [prədʌ́kʃən]	pro	duct	ion	pro [=forward 前方に] ～ion [→名]	*n.*生産, 上演, 作品
productive [prədʌ́ktiv]	pro	duct	ive	pro [=forward 前方に] ～ive [→形]	*a.*産出する
reduce [ridjú:s]	re	duc	e	re [=back もとに] ～.「あとへ戻す」→「もとに返す」	*v.*帰する, 減じる, 還元する
reduction [ridʌ́kʃən]	re	duct	ion	re [=back もとに] ～ion [→名]	*n.*縮小, 割引, 還元
seduce [sidjú:s]	se	duc	e	se [=apart 離れて] ～.「離れた所へ導く」	*v.*誘惑する, そそのかす
seducer [sidjú:sər]	se	duc	er	se [=apart 離れて] ～er [=person 人→名]	*n.*誘惑者, 女たらし

単語	分解	語源説明	意味
seduction [sidʌ́kʃən]	se|duct|ion	se [=apart 離れて] ~ion [→名]	n.誘惑, 魅力
subdue [səbdjúː]	sub|du|e	sub [=under 下に] ~.「下に導く」	v.鎮圧する, 征服する, 弱める

dur [=last 継続する]

単語	分解	語源説明	意味
durable [djúərəbl]	dur|able	~able [=possible …できる→形]	a.長持ちする
durability [djùərəbíliti]	dur|ability	~ity [→名]	n.持続力
durance [djúərəns]	dur|ance	~ance [→名]	n.《詩》監禁
duration [djuəréiʃən]	dur|ation	~tion [→名]	n.期間, 持続, 耐久
during [djúəriŋ]	dur|ing	元来は廃語 dure [=last 継続する] の現在分詞	prep.…の間に(は), …中
endure [indjúər]	en|dur|e	en [=in 中に] ~.「中に継続する」	v.我慢する, 持続する
endurable [indjúərəbl]	en|dur|able	en [=in 中に] ~able [=possible …できる→形]	a.耐えられる
endurance [indjúərəns]	en|dur|ance	en [=in 中に] ~ance [→名]	n.忍耐力
enduring [indjúəriŋ]	en|dur|ing	en [=in 中に] ~ing [→形]	a.永続的な
indurate v.[índjuəreit] a.[índjuərit]	in|dur|ate	in [=in 中に] ~ate [=make …にする→動, 形]	v.硬化する; a.硬化した
obdurate [ábdjuərit]	ob|dur|ate	ob [=against 反して] ~ate [→形]	a.がんこな, 強情な

E

eem, ample, empl, m, (e)mpt [=buy 買う, take 取る]

example [igzǽ(:)mpl]	ex	ample	ex [=out of 外に] ~.「取り出されたもの」	n.例, 見本
sample [sǽ(:)mpl]	s	ample	s<ex [=out of 外に] ~	n.見本, 標本
exemplify [igzémplifai]	ex	empl	ify	ex [=out of 外に] ~fy [=make…にする→動]	v.保証する, 範示する
exempt [igzémpt]	ex	empt	<L. exemere「取り出す」の過去分詞. ex [=out of 外に] ~	v.免除する
exemption [igzémpʃən]	ex	empt	ion	ex [=out of 外に] ~ion [→名]	n.免除, 免疫
peremptory [pərémptəri]	per	empt	ory	per [=completely 完全に] ~ory [→形]	a.うむを言わせぬ, 断固たる
premium [prí:miəm]	pre	m	ium	pre [=before 前に] ~ium [→名].「前に買う」	n.プレミアム, 賞(金), 保険料
prompt [prámpt]	pro	mpt	pro [=before 前に] ~	a.敏速な, 即時の
redeem [ridí:m]	red	eem	red<re [=back もとに] ~	v.買い戻す, 回復する
redemption [ridémpʃən]	red	empt	ion	red<re [=back もとに] ~ion [→名]	n.買い戻し, 身うけ

ego [=self 自己]

ego [í:gou]	ego			n.自我,《口語》うぬぼれ
egoism [í:gouizəm]	ego	ism	~ism [=state 状態→名]	n.利己主義, 我欲
egoist [í:gouist]	ego	ist	~ist [=person 人→名]	n.利己主義者, 自分勝手な人
egoistic [i:gouístik]	ego	istic	~ic [→形]	a.利己的な, 自分本位の
egotism [í:gətizəm]	ego	tism	~ism [=state 状態→名]	n.自己中心癖, うぬぼれ
egotist [í:gətist]	ego	tist	~ist [=person 人→名]	n.利己主義者

equ, equi, iqu [=equal 等しい]

equal [í:kwəl]	equ	al	~al [→形]	a.等しい, 匹敵する, 平静な
equality [i(:)kwɔ́liti]	equ	ality	~ity [→名]	n.平等, 平均
equalize [í:kwəlaiz]	equ	alize	~ize [=make…にする→動]	v.等しくする, 同点にする
equally [í:kwəli]	equ	ally	~ly [→副]	ad.等しく, 平等に
equate [i(:)kwéit]	equ	ate	~ate [=make…にする→動]	v.等しくする
equation [i:kwéiʃən]	equ	ation	~at<ate [=make…にする→動]+ion [→名]	n.方程式
equator [i(:)kwéitər]	equ	ator	~at<ate [=make…にする→動]+or [=agent…するもの→名].「地球を等分するもの」	n.赤道
equilibrium [i:kwilíbriəm]	equi	librium	~libr [=balance はかり]	n.平衡, つりあい
equinoctial [i:kwənǽkʃəl]	equi	noctial	~noc<nox [=night 夜]+ial [→形]	a.春[秋]分の, 昼夜平分の

語	分解	説明	意味
equinox [íːkwənɑks]	equi | nox	~nox [=night 夜].「夜昼の長さを等しくする」	n.昼夜平分時，春[秋]分
equipoise [íːkwəpɔiz]	equi | poise	~poise [=weight 重さ]	n.均衡，つりあい
equivalent [ikwívələnt]	equi | valent	~val [=value 価値]+ent [→形，名]	a.等しい；n.相当物，相当語
equivocal [ikwívəkəl]	equi | vocal	~voc [=voice 声]+al [→形].「等しい声の」→「まぎらわしい声の」→「あいまいな」	a.あいまいな，不確かな
equivocate [ikwívəkeit]	equi | vocate	~voc [=voice 声]+ate [=make…にする→動]	v.言葉をにごす，ごまかす
adequacy [ǽdikwəsi]	ad | equ | acy	ad [=to…へ] ~cy [→名]	n.適切，十分
adequate [ǽdikwit]	ad | equ | ate	ad [=to…へ] ~ate [→形].「等しくする」	a.十分な，適当な
inadequate [inǽdikwit]	inad | equ | ate	in [=not]+ad [=to…へ] ~ate [→形]	a.不十分な
inequality [ini(ː)kwɔ́liti]	in | equ | ality	in [=not] ~al [→形]+ity [→名]	n.不平等，不同
iniquity [iníkwiti]	in | iqu | ity	in [=not] ~ity [→名]	n.不正，邪悪，不公平

erg, urg [=work 働く，drive 駆り立てる]

urge [əːrdʒ]	urg | e	<L. urgēre 押す，迫る	v.せき立てる，励ます，促す
urgency [ə́ːrdʒənsi]	urg | ency	~ency [→名]	n.緊急
urgent [ə́ːrdʒənt]	urg | ent	~ent [→形]	a.切迫した，緊急の
energy [énərdʒi]	en | erg | y	en [=in 中に] ~y [→名].「仕事の中に活動していること」	n.精力，勢い，エネルギー
energetic [enərdʒétik]	en | erg | etic	en [=in 中に] ~tic [→形]	a.精力的な

err [=wander さまよう，fall into error 誤る]

語	分解	説明	意味
err [əːr]	err	<L. [=さまよう，道に迷う]	v.誤る，間違いをする
errant [érənt]	err | ant	~ant [→形]	a.武者修行の，間違った
erratic [irǽtik]	err | atic	~tic [→形]	a.散漫な，移り気な
erring [ə́ːriŋ]	err | ing	~ing [→形]	a.誤っている，身を誤る
error [érər]	err | or	~or [→名]	n.誤り，間違い
erroneous [eróuniəs]	err | oneous	~ous [=full of…で満ちた→形]	a.誤っている
aberrant [æbérənt]	ab | err | ant	ab [=off, away 離れて] ~ant [→形].「歩きまわって離れる」	a.正道をはずれた

ess, ent¹, sence, sent¹, est [=exist 存在する]

語	分解	説明	意味
essence [ésns]	ess | ence	~ence [→名]	n.本質，精，エキス
essential [isénʃəl]	ess | ential	~ent [→形]+al [→形]	a.本質的な，必須の

essentially [isénʃəli]	ess	entially	～ent [→形]+al [→形]+ly [→副]	ad.実質上, 本質的に
entity [éntiti]	ent	ity	～ity [→名]	n.実在, 実体
absence [ǽbsns]	ab	sence	ab [=away 離れて] ～. 「離れてあること」	n.不在, 欠席, 欠乏, 放心
absent [ǽbsnt]	ab	sent	ab [=away 離れて] ～	a.不在の, 欠席の, 欠けて
absent-minded [ǽbsnt-máindid]	ab	sent minded	ab [=away 離れて] ～mind [=心]+ed [→形]	a.ぼんやりした, うわの空の
inessential [inisénʃəl]	in ess	ential	in [=not] ～ent [→形]+al [→形]	a.重要でない, なくてもよい
interest [íntərist]	inter	est	inter [=between 間に] ～. 「間にある」→「興味, 関心, 利害が生じる」	n.興味, 関心, 利益
interested [íntəristid]	inter est	ed	inter [=between 間に] ～ed [→形]	a.興味をもった, 利己的な
interesting [íntəristiŋ]	inter est	ing	inter [=between 間に] ～ing [→形].「利害関係がある」	a.興味のある, おもしろい
disinterest [disíntərist]	disinter	est	dis [=not]+inter [=between 間に] ～	n.利害関係のないこと, 無関心
disinterested [disíntəristid]	disinter est	ed	dis [=not]+inter [=between 間に] ～ed [→形]	a.私心のない, 公平な
present a.n.[préznt] v.[prizént]	pre	sent	pre [=before 前に] ～. 「前にある(ようにする)」	a.出席の, 現在の; n.プレゼント; v.贈呈する
presence [prézns]	pre	sence	pre [=before 前に] ～	n.存在, 実在, 面前, 対面
presentation [prizentéiʃən]	pre sent	ation	pre [=before 前に] ～ation [→名]	n.贈呈, 紹介, 表示, 上演
presently [prézntli]	pre sent	ly	pre [=before 前に] ～ly [→副]	ad.ほどなく, 現在, 目下
unessential [ʌnisénʃəl]	un ess	ential	un [=not] ～ent [→形]+al [→形]	a.本質的でない, 重要でない

estim, aim, esteem [=esteem, value 評価する]

aim [eim]	aim		<L. adaestimāre (ad [=to… へ]+aestimāre「見積もる」. 「(ものを)目標として見積もる」	v.ねらう, …するつもりだ; n.目的, 的(まと)
aimless [éimlis]	aim	less	～less [=without…なしで→形]	a.目的のない
esteem [istí:m]	esteem		「値段を決める, 見積もる」	v.,n.尊重する, 思う, 尊敬
estimable [éstiməbl]	estim	able	～able [=possible…できる→形]	a.尊敬すべき
estimate [éstimeit]	estim	ate	～ate [=make…にする→動]	v.見積もる, 評価する; n.見積もり, 評価
estimation [estiméiʃən]	estim	ation	～at<ate [=make…にする→動]+ion [→名]	n.見積もり, 評価, 尊敬

overestimate [òuvəréstimeit]	over	estim	ate	over [=too much 過大に] ~ate [=make…する→動]	v.買いかぶる
underestimate [ʌ̀ndəréstimeit]	under	estim	ate	under [=low 低く] ~ate [=make…する→動]	v.安く見積もる, 見くびる

exter, extern, extr, str [=outer 外(部)の]

exterior [ikstíəriər]	exter	ior	~ior [→形. 比較級を示す語尾]	a.外(部)の, 外界の, 無関係の
external [ekstə́ːrnəl]	extern	al	~al [→形]	a.外(部)の, 外面(的)の
extra [ékstrə]	extr	a	<L. extrā「…の外に」	a.余分の, 特別の; n.余分のもの, 号外
extraneous [ekstréiniəs]	extr	aneous	~ous [=full of…で満ちた→形]	a.外来の, 異質の, 無関係の
extreme [ekstríːm]	extr	eme	~eme [→形. 最上級を示す語尾]	a.極端な, 過激な; n.極端, 最後の手段
extremely [ekstríːmli]	extr	emely	~ly [→副]	ad.極端に
extremity [ekstréməti]	extr	imity	~ity [→名]	n.極端, 窮境
strange [stréindʒ]	str	ange	str<extra. <L.extraneous [=foreign 外部の].「外の, 外側の」	a.妙な, 変な, 未知の, 初めての
stranger [stréindʒər]	str	anger	~er [=person 人→名]	n.見知らぬ人, 他国人, 門外漢

F

fab, fa, fat [=speak 話す]

fable [feibl]	fa	ble	<L. *fabula* [=story 物語]	*n.*寓話，たとえ話
fabulous [fǽbjuləs]	fa	bulous	~ous [=full of…で満ちた→形]	*a.*伝説的な，途方もない
fate [feit]	fat	e	<L. *fatum* [= what is spoken 話されること]．古代人は神の言葉を運命と考えた	*n.*宿命，破壊，死
fatal [féitl]	fat	al	~al [→形]．「神に語られた」	*a.*命に関わる，宿命的な
fatalism [féitəlizəm]	fat	alism	~al [→形]+ism [→名]	*n.*運命論，宿命論
fatalistic [feitəlístik]	fat	alistic	~al [→形]+ist [→名]+ic [→形]	*a.*宿命的な
affable [ǽfəbl]	af	fa	ble	af<ad [=to…へ] ~ble [=possible…できる→形]．easy to speak to「話しやすい」	*a.*人好きのする，愛想のよい
confab [kánfæb]	con	fab	con [=together 共に] ~.「共に話す」	*n.,v.*談笑(する)

fac¹, fic¹ [=face 顔, appearance 見かけ]

face [feis]	fac	e		*n.*顔，表面；*v.*…に面する，直面する
facial [féiʃəl]	fac	ial	~al [→形]	*a.*顔の，顔に用いる
facade [fəsá:d]	fac	ade	<F. [=front of a building 建物の正面]	*n.*(建物の)正面，外見
facet [fǽsit]	fac	et	~et [=small 小さい→指小辞]	*n.*(宝石などの)小面，(物事の)面
deface [diféis]	de	fac	e	de<dis [=apart 離れて] ~	*v.*…の外観を醜くする，ぬぐい去る
efface [iféis]	e	fac	e	ef<ex [=out of 外に] ~	*v.*消す，抹殺する
superficial [sju:pərfíʃəl]	super	fic	ial	super [=over 上に] ~al [→形]．「顔の表面」	*a.*表面的な，浅薄な
superficially [sju:pərfíʃəli]	super	fic	ally	super [=over 上に] ~al [→形]+ly [→副]	*ad.*外面的に，皮相に
superficiality [sju:pərfiʃiǽləti]	super	fic	iality	super [=over 上に] ~al [→形]+ity [→名]	*n.*浅薄，皮相

fac², fact, fash, feat, fect, feit¹, fic² [=do する, make 作る, put 置く]

facile [fǽsil]	fac	ile	~ile [=easy 容易な→形]	*a.*容易な，手軽な，軽妙な
facility [fəsíliti]	fac	ility	~ile [=easy 容易な→形]+ity [→名]	*n.*容易さ；設備，施設
faciliate [fəsíliteit]	fac	ilitate	~ile [=easy 容易な→形]+ate [=make…にする→動]	*v.*便宜を与える，促進する
fact [fækt]	fact		<L. *factum*「なされたこと，行為」	*n.*事実，真相
faction [fǽkʃən]	fact	ion	~ion [→名]	*n.*徒党，派閥，紛争

fac², fact, fash, feat, fect, feit¹, fic²

factor [fǽktər]	fact	or		～or [=agent 作 因→名].「なすもの」	n.要素, 要因
factory [fǽktəri]	fact	ory		～ory [=place 場所→名]	n.工場
faculty [fǽkəlti]	fac	ulty		～ty [=state 状態→名].「なしうる分野」	n.才能, 技術, 職員
fashion [fǽʃən]	fash	ion		<L. factio [=what is made 形作られたもの].「行為, 振る舞い」	n.流行, 型; v.形造る
fashionable [fǽʃənəbl]	fash	ionable		～able [=possible …できる→形]	a.流行の
feat [fi:t]	feat				n.功業, 見事な手並み
feature [fí:tʃər]	feat	ure		～ure [=result 結果→名].「作られたもの」	n.容貌, 特徴, 特集
affect [əfékt]	af	fect		af<ad [=to …へ] ～.「繰り返しする」	v.影響する, …を装う, …ぶる
affectation [æfektéiʃən]	af	fect	ation	af<ad [=to …へ] ～ate [=make…にする→動]+ion [→名]	n.きどった態度
affected [əféktid]	af	fect	ed	af<ad [=to …へ] ～ed [→形]	a.きどった
affection [əfékʃən]	af	fect	ion	af<ad [=to …へ] ～ion [→名].「心を向けること」	n.愛情, 情愛, 病気
affectionate [əfékʃənit]	af	fect	ionate	af<ad [=to …へ] ～ion [→名]+ate [→形]	a.やさしい, 慈愛の深い
benefaction [benifǽkʃən]	bene	fact	ion	bene [=well よい] ～ion [→名].「よい行為」	n.恩恵, 慈善行為
benefactor [bénifæktər]	bene	fact	or	bene [=well よい] ～or [=person 人→名]	n.恩人
confection [kənfékʃən]	con	fect	ion	con [=together 共に] ～ion [→名]	n.糖菓, (果物の)砂糖漬け
confectionery [kənfékʃəneri]	con	fect	ionery	con [=together 共に] ～ery [=place 場所→名]	n.(集合的に)菓子類(キャンディ・ケーキなど), 菓子店, ケーキ店
counterfeit [káuntərfit]	counter	feit		counter [=against 反対に] ～	a.偽造の; n.偽物; v.模する
defeat [difí:t]	de	feat		de [=away 離れて] ～	n.敗北, 挫折; v.負かす
defect [difékt]	de	fect		de [=away 離れて] ～.「離れてなす」→「欠けている」	n.欠点, 短所
defective [diféktiv]	de	fect	ive	de [=away 離れて] ～ive [→形]	a.欠点のある, 不完全な
deficit [défisit]	de	fic	it	<L. déficit「欠けている」	n.欠損, 赤字
deficiency [difíʃənsi]	de	fic	iency	de [=away 離れて] ～ency [→名]	n.不足, 欠乏, 欠損
deficient [difíʃənt]	de	fic	ient	de [=away 離れて] ～ent [→形].「欠けている」	a.足りない, 不完全な
difficult [dífikəlt]	dif	fic	ult	dif<dis [=not] ～. difficulty からの逆成	a.困難な, 気むずかしい

fac², fact, fash, feat, fect, feit¹, fic²

difficulty [dífikəlti]	dif	fic	ulty	dif＜dis [＝not] ~ty [→名]. 「することが容易でない」	n.困難, 不和, 難局
effect [ifékt]	ef	fect		ef＜ex [＝out of 外に] ~. 「作り出されたもの」	n.結果, 影響, 効果; v.生じる, 果たす
effective [iféktiv]	ef	fect	ive	ef＜ex [＝out of 外に] ~ive [→形]	a.効果的, 有効な
effectively [iféktivli]	ef	fect	ively	ef＜ex [＝out of 外に] ~ly [→副]	ad.有効に
effectual [iféktʃuəl]	ef	fect	ual	ef＜ex [＝out of 外に] ~al [→形]	a.有効な, 適切な
efficacious [efikéiʃəs]	ef	fic	acious	ef＜ex [＝out of 外に] ~ous [＝full of…で満ちた→形]	a.効能のある, 利く
efficient [ifíʃənt]	ef	fic	ient	ef＜ex [＝out of 外に] ~ent [→形]	a.効力のある, 能率的な
imperfect [impə́ːrfikt]	imper	fect		im [＝not]＋per [＝completely 完全に] ~	a.不完全な
infect [infékt]	in	fect		in [＝in 中に] ~. 「中に置く」→「汚染する」	v.伝染させる, 感化する
infection [infékʃən]	in	fect	ion	in [＝in 中に] ~ion [→名]	n.伝染, 悪影響, 感化
infectious [infékʃəs]	in	fect	ious	in [＝in 中] ~ous [＝full of…で満ちた→形]	a.伝染性の
magnificent [mægnífisənt]	magni	fic	ent	magni [＝great 偉大な] ~ent [→形]. 「偉大なことをしている」	a.壮麗な, 壮大な
magnificence [mægnífisəns]	magni	fic	ence	magni [＝great 偉大な] ~ence [→名]	n.壮麗, 壮大
malefactor [mǽlifæktər]	male	fact	or	male [＝bad 悪い] ~or [＝person 人→名]. 「悪い行為をする人」	n. 悪人, 犯人
manufacture [mænjufǽktʃər]	manu	fact	ure	manu [＝hand 手] ~ure [＝result 結果→名]. 「手で作られた」	n.製造, 製品; v.製造する
manufacturer [mænjufǽktʃərər]	manu	fact	urer	manu [＝hand 手] ~er [＝person 人→名]	n.製造業者, メーカー
office [ɔ́fis]	of	fic	e	of＜ob [＝towards…へ] ~. 「仕事をすること」→「任務, 奉仕」	n.事務所, 職務, 好意
official [əfíʃəl]	of	fic	ial	of＜ob [＝towards…へ] ~al [→形]	a.公の, 公式の; n.役人, 職員
perfect [pə́ːrfikt]	per	fect		per [＝completely 完全に] ~. 「完全に作られた」	a.完全な, まったくの
perfection [pərfékʃən]	per	fect	ion	per [＝completely 完全に] ~ion [→名]	n.完全, 完成
perfectly [pə́ːrfiktli]	per	fect	ly	per [＝completely 完全に] ~ly [→副]	ad.まったく, 完全に

fal(l), fail, faul

proficient [prəfíʃənt]	pro	fic	ient	pro [=foward 前に] ~ent [→形].「前になすこと」→「前進している」	a.熟達した；n.達人
proficiency [prəfíʃənsi]	pro	fic	iency	pro [=forward 前に] ~cy [→名]	n.熟達, 堪能
putrefaction [pjuːtrifǽkʃən]	putre	fact	ion	putre [=rotten 腐った] ~ion [→名]	n.腐敗(作用)
putrefactive [pjuːtrifǽktiv]	putre	fact	ive	putre [=rotten 腐った] ~ive [→形]	a.腐敗しやすい
suffice [səfáis]	suf	fic	e	suf<sub [=under 下に] ~.「下に十分積み不足なくすること」	v.…に満足させる, 十分である
sufficency [səfíʃənsi]	suf	fic	ency	suf<sub [=under 下に] ~cy [→名]	n.十分, たくさん
sufficient [səfíʃənt]	suf	fic	ient	suf<sub [=under 下に] ~ent [→形]	a.十分な, 足りる

fal(l), fail, faul [=deceive あざむく, err 誤る, fail 失敗する, …できない]

fail [feil]		fail		<俗ラテン語 fallire「あざむく」	v.失敗する, 不足する, 役に立たない
failure [féiljər]		fail	ure	~ure [→名]	n.失敗, 欠乏, 衰弱
fallacy [fǽləsi]		fall	acy	~acy [→名]	n.誤謬, 虚偽
fallacious [fəléiʃəs]		fall	acious	~ous [=full of…で満ちた→形]	a.不合理な, 偽りの
false [fɔːls]		fal	se	<L. falsus [=deceptive あざむく].「あざむかれた」	a.偽りの, 偽の
falsehood [fɔ́ːlshud]		fal	sehood	~hood [=state 状態→名]	n.嘘, 虚偽
falseness [fɔ́ːlsnis]		fal	seness	~ness [=state 状態→名]	n.虚偽, 不信, 不実
falsify [fɔ́ːlsifai]		fal	sify	~ify [=make…にする→動]	v.偽る, 偽造する
fault [fɔːlt]		faul	t	<OF. faute「欺かれた」~t [過去分詞語尾].	n.欠点, 過失, 罪
faulty [fɔ́ːlti]		faul	ty	~y [→形]	a.過失のある, 欠点の多い
faultless [fɔ́ːltlis]		faul	tless	~less [=without…のない→形]	a.申し分のない
default [difɔ́ːlt]	de	faul	t	de<dis [=apart 離れて] ~	n.不履行, 怠慢, 欠場
infallible [infǽləbl]	in	fall	ible	in [=not] ~ible [=able…できる→形]	a.決して誤りのない, 確実な
unfailing [ʌnféiliŋ]	un	fail	ing	un [=not] ~ing [→形]	a.尽きない, 絶えない, 確かな

fam, fan(t) [=speak 話す]

fame [feim]		fam	e	<OF.<L. fāma「評判」	n.名声, 世評
famous [féiməs]		fam	ous	~ous [=full of…で満ちた→形]	a.有名な, 名高い
famously [féiməsli]		fam	ously	~ous [=full of…で満ちた→形]+ly [→副]	ad.有名に, うまく
defame [diféim]	de	fam	e	de [=away 離れて] ~.「名声から離す」	v.そしる, 中傷する
defamation [defəméiʃən]	de	fam	ation	de [=away 離れて] ~ate [=make…にする→動]+ion [→名]	n.名誉棄損, 中傷

feal, faith, feder, fid, fi, fy

farfamed [fáːrféimd]	far	fam	ed	far [=遠く] ~ed [→形]	a.広く名の知れ渡った
infamy [ínfəmi]	in	fam	y	in [=not] ~y [→名]	n.悪評, 不名誉, 非行
infancy [ínfənsi]	in	fan	cy	in [=not] ~cy [=state 状態→名]	n.幼少, 幼児, 初期
infant [ínfənt]	in	fant		in [=not] ~. 「話すことのできないもの」→「幼児」	n.幼児, 児童
infantry [ínfəntri]	in	fant	ry	in [=not] ~ry [→名]. 「若者, 歩兵」	n.《集合的》歩兵, 歩兵隊

far [=far 遠くに]

far [fɑːr]	far			a.,ad.遠く(に), はるかな遠方の(に)
farther [fɑ́ːrðər]	far	ther	~ther [→比較級]	a.,ad.もっと遠い(く), もっと先の(に)
farthest [fɑ́ːrðist]	far	thest	~est [→最上級]	a.,ad.最も遠くの(に)

fare [=go 行く]

fare [feər]	fare		<OE. faran「行く」	n.料金, 食物; v.暮らす, やって行く
farewell [feərwél]	fare	well	昔, 去る人に対して用いた。答える人はGood-byを使った。「達者で行きなさい」	int.さようなら; n.別れ; a.別れの
thoroughfare [θə́ːroufeər]	thorough	fare	thorough [=through 貫いて] ~. 「ずっと行く」	n.公道, 従来, 通行
welfare [wélfeər]	wel	fare	wel [=well よい] ~. 「よくやっていく」	n.幸福, 繁栄
welfare state [wélfeər steit]	wel	fare state	wel [=well よく] ~+state 国家	n.福祉国家
welfare work [wélfeər wəːrk]	wel	fare work	wel [=well よく] ~+work 事業	n.福祉事業

feal, faith, feder, fid, fi, fy [=trust 信用, faith 信仰]

faith [feiθ]	faith		ME. feith「信仰, 信頼」	n.信用, 信念, 信仰
faithful [féiθfəl]	faith	ful	~ful [=full of…で満ちた→形]	a.忠実な, 信仰の堅い
faithfully [féiθfəli]	faith	fully	~ful [=full of…で満ちた→形]+ly [→副]	ad.忠実に, 誠実に
faithless [féiθlis]	faith	less	~less [=without…のない→形]	a.信義のない
federal [fédərəl]	feder	al	<L. foedus「誓約, 連盟」+al [→形]	a.連邦の, [F-] (南北戦争当時の)北部連邦同盟の
federate v.[fédəreit] a.[fédərit]	feder	ate	~ate [=make…にする→動・形]	v.連合する; a.連合の, 同盟の
federation [fedəréiʃən]	feder	ation	~ate [=make…にする→動]+ion [→名]	n.連合, 連盟, 連邦
federalism [fédərəlizəm]	feder	alism	~al [→形]+ism [=doctrine 主義→名]	n.連邦主義[制度]
fealty [fíːəlti]	feal	ty	~ty [→名]	n.忠実, 忠節, 信義
fidelity [fidéliti]	fid	elity	~ity [→名]	n.忠実, 貞節, 真実

fe(a)st

見出し語	分解1	分解2	分解3	語源説明	意味
affiance [əfáiəns]	af	fi	ance	af＜ad [＝to …へ] ～ance [→名]	n.信用，信頼，誓約
bona fide [bóunə fáidi]	bona	fid	e	bona [＝good 良い] ～	ad.,a.真実に(の)，誠実に(の)
confederacy [kənfédərəsi]	con	feder	acy	con [＝together 共に] ～cy [→名]	n.連盟，共謀
confederate v.[kənfédəreit] a.[kənfédərit]	con	feder	ate	con [＝together 共に] ～ate [＝make…にする→動]	v.連合する；a.同盟している
confederation [kənfedəréiʃən]	con	feder	ation	con [＝together 共に] ～ate [＝make…にする→動]+ion [→名]	n.連合，同盟
confide [kənfáid]	con	fid	e	con [＝together 共に] ～. 「共に信じる」	v.打ち明ける，信用する
confidant [kánfidænt]	con	fid	ant	con [＝together 共に] ～ant [＝person 人→名]	n.腹心の友
confidence [kánfidəns]	con	fid	ence	con [＝together 共に] ～ence [→名]	n.信任，自信
confidential [kɑnfidénʃəl]	con	fid	ential	con [＝together 共に] ～al [→形]	a.信任の厚い，頼みになる，内々の
defy [difái]	de	fy		de [＝apart 離れて] ～. 「信じなくなる」	v.挑む，拒む，反対する
defiance [difáiəns]	de	fi	ance	de [＝apart 離れて] ～ance [→名]	n.挑戦，反抗
defiant [difáiənt]	de	fi	ant	de [＝apart 離れて] ～ant [→形]	a.挑戦的な，反抗的な
diffidence [dífidəns]	dif	fid	ence	dif＜dis [＝apart 離れて] ～ence [→名]	n.自信のないこと，遠慮がちなこと
diffident [dífidənt]	dif	fid	ent	dif＜dis [＝apart 離れた] ～ent [→形]	a.自信のない，遠慮がちな
hi-fi [háifái]	hi-	fi		＝high fidelity「高感度」	n.ハイファイ
infidel [ínfidl]	in	fid	el	in [＝not]+fidēlis [＝faith 信仰心]「信仰心のない」	n.不信心者
infidelity [infidéliti]	in	fid	elity	in [＝not] ～ity [→名]	n.不信心，無信仰，背信
perfidy [pə́ːrfidi]	per	fid	y	per [＝away 離れた] ～y [→名]「信から離れる」	n.不信，不実，裏切り
perfidious [pərfídiəs]	per	fid	ious	per [＝away 離れた] ～ous [＝full of …で満ちた→形]	a.不信の，不実の

fe(a)st [＝feast 祝祭，祝宴]

feast [fi:st]	feast			n.ごちそう，祝宴；v.ごちそうする
festival [féstəvəl]	fest	ival	＜L. fēstivālis (diēs)「神聖な(日)」	n.祝祭，祝日
festive [féstiv]	fest	ive	～ive [→形]	a.祝いの，祝祭の，陽気な
festivity [festíviti]	fest	ivity	～ive [→形]+ty [→名]	n.歓楽，陽気，祭礼

feit², fair [=act 行なう, do なす, make 作る]

affair [əféər]	af	fair	af<ad [=to …へ] ~. 「出来事」	n.仕事, 用事, 事件
counterfeit [káuntərfit]	counter	feit	counter<contra [=against 相対して] ~. 「本物に相対して作られた」	a.模造の, 偽物の; n.偽物
forfeit [fɔ́:rfit]	for	feit	for [=away 離れて] ~.<OF. forfait [=do out of doors 戸外で行なう]	v.喪失する; n.罰金, 科料
forfeiture [fɔ́:rfitʃuər]	for	feit	ure	~ure [→名]	n.喪失, 没収

femin, femal [=female 女性]

female [fí:meil]	femal	e	<L. femina 「女」+lla [=small 小さい→指小辞]. 「若い女」	n.女性, 雌; a.女性の, 雌の
feminine [féminin]	femin	ine	~ine [→形]	a.女性の, 女性的な
feminist [féminist]	femin	ist	~ist [=person 人→名]	n.女権主張者

fend, fenc, fens, fest [=strike 打つ]

fend [fend]	fend		defend の語頭音脱落形	v.防ぐ, 守る, 世話をする, 備える
fender [féndər]	fend	er	~er [=thing 物→名]	n.当て物, フェンダー, ストーブ囲い
fence [fens]	fenc	e	defense の語頭音脱落形	n.柵, 剣術; v.剣術をする, 防御する
fenceless [fénslis]	fenc	eless	~less [=without…のない→形]	a.囲い(垣)のない
fencer [fénsər]	fenc	er	~er [=person 人→名]	n.フェンシングの剣士, 柵作り
fencing [fénsiŋ]	fenc	ing	~ing [→名]	n.フェンシング, 剣術
defend [difénd]	de	fend	de [=away 離れて] ~. 「打って切り離す」→「(敵から) 守る」	v.防ぎ守る, 保護する
defender [diféndər]	de	fend	er	de [=away 離れて] ~er [=person 人→名]	n.防御者, 擁護者, 弁護者
defendant [diféndənt]	de	fend	ant	de [=away 離れて] ~ant [→形・名]	n.被告; a.防御の
defense [diféns]	de	fens	e	de [=away 離れて] ~	n.防備, 弁護
defenseless [difénslis]	de	fens	eless	de [=away 離れて] ~less [=without…のない→形]	a.無防備の
defensive [difénsiv]	de	fens	ive	de [=away 離れて] ~ive [→形]	a.防御の
manifest [mǽnifest]	mani	fest	mani [=hand 手] ~. 「手で打たれる」→「はっきりした」→「明白な」	v.明示する, 出現する; a.明白な
manifestation [mæ̀nifestéiʃən]	mani	fest	ation	mani [=hand 手] ~ation [→名]	n.表明, 発表, 現れ
offend [əfénd]	of	fend	of<ob [=against …に対して] ~. 「…に対して打つ」→「感情を害する」	v.怒らせる, 犯す, 背く

単語	分解			語源説明	意味
offender [əféndər]	of	fend	er	of<ob [=against…に対して] ~or [=person 人→名]	n.犯罪者, 無礼者
offense [əféns]	of	fens	e	of<ob [=against…に対して] ~	n.罪, 犯罪, 無礼, 立腹, 攻撃
offensive [əfénsiv]	of	fens	ive	of<ob [=against…に対して] ~ive [→形]	a.不快な, いやな, 攻撃的
inoffensive [inəfénsiv]	inof	fens	ive	in [=not]+of<ob [=against…に対して] ~ive [→形]	a.害にならない, 悪気のない

fer [=bear 産む, bring 持ってくる, carry 運ぶ, yield 生じる]

単語	分解			語源説明	意味
ferry [féri]		fer	ry	~ry [=place 場所→名]. <OE. ferian「運ぶ」	n.渡し場, 渡し船; v.船で渡す, 船で運ぶ
fertile [fə́ːrtail]		fer	tile	~ile [→形]. 「産む, 実を結ぶ」→「多産な」→「肥えた」	a.肥沃な, 実りの多い
fertility [fəːrtíliti]		fer	tility	~ile [→形]+ity [→名]	n.肥沃, 多産, 豊富
fertilize [fə́ːrtilaiz]		fer	tilize	~ile [→形]+ize [=make…にする→動]	v.肥やす, 豊かにする, 受精させる
fertilizer [fəːrtiláizər]		fer	tilizer	~ile [→形]+ize [=make…にする→動]+er [=thing もの→名]	n.肥料
fertilization [fəːrtəlizéiʃən]		fer	tilization	~ile [=able…できる→形]+ize [=make…にする→動]+ation [→名]	n.肥やすこと, 受精
circumference [sərkʌ́mfərəns]	circum	fer	ence	circum [=around 周りに] ~ence [→名]. 「回りに運ぶ」→「丸く引くもの」→「円周」	n.円周, 周囲, 境界線
circumferential [sərkʌmfərénʃəl]	circum	fer	ential	circum [=around 周りに] ~ial [→形]	a.周囲の, えん曲な
confer [kənfə́ːr]	con	fer		con [=together 共に] ~. 「共に運ぶ」→「比較する」	v.与える, 授ける, 相談する, 協議する
conference [kánfərəns]	con	fer	ence	con [=together 共に] ~ence [→名]	n.協議会, 会場, 相談
conferment [kənfə́ːrmənt]	con	fer	ment	con [=together 共に] ~ment [→名]	n.授与, 相談, 協議
coniferous [kouní fərəs]	coni	fer	ous	coni [=cone 球果] ~ous [=full of…で満ちた→形]. 「球果を生じる」	a.マツ類の
crossfertilize [krɔːsfə́ːrtilaiz]	cross	fer	tilize	cross [=交わる] ~ize [=make…させる→動]	v.他花受精させる, 交雑させる
defer¹ [difə́ːr]	de	fer		de [=off, away 離れて] ~. 「離れて運ぶ」→「遅らせる」	v.延ばす, 延期する
defer² [difə́ːr]	de	fer		de [=down 下に] ~. 「下に持って行く」	v.従う
deference [défərəns]	de	fer	ence	de [=down 下に] ~ence [→名]	n.敬服, 服従
deferential [defərénʃəl]	de	fer	ential	de [=down 下に] ~ial [→形]	a.敬意のこもった

differ [dífər]	dif	fer		dif<dis [=off, away 離れて] ~. 「離れて運ぶ」→「相違する」	v.違う
difference [dífərəns]	dif	fer	ence	dif<dis [=off, away 離れて] ~ence [→名]	n.差異, 不和
different [dífərənt]	dif	fer	ent	dif<dis [=off, away 離れて] ~ent [→形]	a.違った
differentia [dìfərénʃiə]	dif	fer	entia	dif<dis [=off, away 離れて] ~ia [→名]	n.相違点
differential [dìfərénʃəl]	dif	fer	ential	dif<dis [=off, away 離れて] ~ial [→形]	a.特異の, 差別的, 《数》微分の
differentiate [dìfərénʃieit]	dif	fer	entiate	dif<dis [=off, away 離れて] ~ate [=make…にする →動]	v.差別する, 分化させる, 《数》微分する
differentiation [dìfərènʃiéiʃən]	dif	fer	entiation	dif<dis [=off, away 離れて] ~ation [→名]	n.差別(待遇), 分化
indifference [indífərəns]	indif	fer	ence	in [=not]+dif<dis [=off, away 離れて] ~ence [→名]	n.無関心, 冷淡
indifferent [indífərənt]	indif	fer	ent	in [=not]+dif<dis [=off, away 離れて] ~ent [→形]	a.無関心な, 冷淡な
infer [infə́:r]	in	fer		in [=in 中に] ~. 「持ち込む」→「導入する」	v.推論する
inference [ínfərəns]	in	fer	ence	in [=in 中に] ~ence [→名]	n.推論
inferential [ìnfərénʃəl]	in	fer	ential	in [=in 中に] ~ial [→形]	a.推理(論)の, 推断した
interfere [ìntərfíər]	inter	fer	e	inter [=between 間に] ~. 「間に入る」→「干渉する」	v.妨げる, 干渉する, 口出しする
interference [ìntəfíərəns]	inter	fer	ence	inter [=between 間に] ~ence [→名]	n.干渉, 口出し, 妨害, 故障
offer [ɔ́:fər]	of	fer		of<ob [=to…へ] ~. 「そばへ持ってくる」	v.提供する, 提議する；n.申し込み, 提案
prefer [prifə́:r]	pre	fer		pre [=before 前に]+offer「差し出す」. 「前に運ぶ」→「より好む」	v.より…の方を好む, よいと思う
preference [préfərəns]	pre	fer	ence	pre [=before 前に] ~ence [→名]	n.好み, 選択, 優先(権)
preferential [prèfərénʃəl]	pre	fer	ential	pre [=before 前に] ~ial [→形]	a.優先の, 優先権のある
preferment [prifə́:rmənt]	pre	fer	ment	pre [=before 前に] ~ment [→名]	n.優先, 昇進, 抜てき
proffer [práfər]	prof	fer		pro [=before 前に]+offer「差し出す」.「前に差し出す」	v.申し出る；n.申し出
refer [rifə́:r]	re	fer		re [=back もとに] ~. 「後ろへ運ぶ」→「運び戻す」	v.…に言及する, 参照する
reference [réfərəns]	re	fer	ence	re [=back もとに] ~ence [→名]	n.参考, 照会, 証明, 参照文
suffer [sʌ́fər]	suf	fer		suf<sub [=under 下に] ~. 「その下で耐える」	v.こうむる, (病気に)かかる, 苦しむ

sufferance [sʌ́fərəns]	suf|fer|ance	suf<sub [=under 下に] ～ance [→名]		n.黙許, 黙過
sufferer [sʌ́fərər]	suf|fer|er	suf<sub [=under 下に] ～er [=person 人→名]		n.苦しむ人, 被害者, (病気の)人
suffering [sʌ́fəriŋ]	suf|fer|ing	suf<sub [=under 下に] ～ing [→名]		n.苦しみ, 苦痛, 苦悩
insufferable [insʌ́fərəbl]	insuf|fer|able	in [=not]+suf<sub [=under 下に] ～able [=possible…できる→形]		a.我慢のならない, 鼻持ちならない
insufferably [insʌ́fərəbli]	insuf|fer|ably	in [=not]+suf<sub [=under 下に] ～able [=possible…できる→形]+ly [→副]		ad.耐えられないほど
transfer v.[trænsfə́ːr] n.[trǽnsfəːr]	trans|fer	trans [=over, across 向こうに] ～.「向こうへ運ぶ」		v.移す, 運ぶ, 写す; n.移転, 移送
transferable [trænsfə́ːrəbl]	trans|fer|able	trans [=over, across 向こうに] ～able [=possible…できる→形]		a.移せる, 譲渡できる, 転写できる
transference [trǽnsfərəns]	trans|fer|ence	trans [=over, across 向こうに] ～ence [→名]		n.移送, 移動, 転任, 譲渡, 転写

ferv, febr, fever [=boil 湧く, heat 熱]

febrile [fíːbril]	febr|ile	～ile [=related to…に関する→形]	a.熱病の, 熱から起こる
fervent [fə́ːrvənt]	ferv|ent	～ent [→形]	a.熱い, 熱心な, 激しい
fever [fíːvər]	fever	<L. febris [=fever 熱]	n.熱, 発熱, 興奮
feverish [fíːvəriʃ]	fever|ish	～ish [=somewhat いくぶん→形]	a.熱のある, 熱病の, 熱狂の
fervor [fə́ːrvər]	ferv|or	～or [→名]	n.白熱, 熱情

fess, fac³ [=confess 告白する]

confess [kənfés]	con|fess	con [=fully 十分に] ～.「十分に言う」	v.白状する, 自認する, 告白する
confession [kənféʃən]	con|fess|ion	con [=fully 十分に] ～ion [→名]	n.自白, 懺悔, 信仰告白
preface [préfis]	pre|fac|e	pre [=before 前に] ～.「前もって話す」	n.序文
profess [prəfés]	pro|fess	pro [=before 前に] ～.「はっきり述べる」	v.公言する, 告白する
profession [prəféʃən]	pro|fess|ion	pro [=before 前に] ～ion [→名]	n.(知的な)職業, 公言, 告白
professional [prəféʃənəl]	pro|fess|ional	pro [=before 前に] ～ion [→名]+al [→形・名]	a.専門の, 職業の; n.専門家
professor [prəfésər]	pro|fess|or	pro [=before 前に] ～or [=person 人→名]	n.教授

fict, faint, feig, fig [=form 形を作り上げる, make 作る]

faint [feint]	faint	<OF. feindre「見せかける」	a.かすかな, 弱い; v.気絶する; n.気絶
faintly [féintli]	faint|ly	～ly [→副]	ad.弱々しく, かすかに

単語	接頭	語根	接尾	語源・語義	意味
feign [fein]		feig	n	<OF. *feindre*「見せかける」	v.…のふりをする，偽る
fiction [fíkʃən]		fict	ion	～ion [→名].「作り上げること」	n.小説，作り話，虚構
fictional [fíkʃənəl]		fict	ional	～ion [→名]+al [→形]	a.小説的，想像的の
ficititious [fíktiʃəs]		fict	itious	～ous [=full of…で満ちた→形]	a.架空の，虚構の，偽の
figure [fígjər]		fig	ure	～ure [→名].「形作られたもの」	n.姿，風さい，形状，人物，数
figurative [fígjurətiv]		fig	urative	～ure [→名]+ate [=make…にする→動]+ive [→形]	a.比喩的な，表象的な
figuration [figjuréiʃən]		fig	uration	～ure [→名]+ate [=make…にする→動]+ion [→名]	n.成形，形状，装飾
figurine [fígjuri:n]		fig	urine	～ure [→名]+ine [=small→指小辞]	n.小立像
disfigure [disfígjər]	dis	fig	ure	dis [=away 離れて]+figure.「形を悪くする」	v.…の美観を損じる
disfigurement [disfígjərmənt]	dis	fig	urement	dis [=away 離れて]+figure+ment [→名]	n.形を損じること，不具
prefigure [pri:fígjər]	pre	fig	ure	pre [=before 前に]+figure	v.予示する，…を予想する
transfigure [trænsfígjər]	trans	fig	ure	trans [=across 向こうに]+figure.=to a changed state「変化した状態に」	v.変容させる，理想化する
transfiguration [trænsfigjuréiʃən]	trans	fig	uration	trans [=across 向こうに]+figure+ation [→名]	n.変容，変形，変貌

fil [=thread 糸]

単語	接頭	語根	接尾	語源・語義	意味
filament [fíləmənt]		fil	ament	<L. *filum* [=thread 糸]	n.繊維，フィラメント
file [fail]		fil	e	「書類を糸で通す」	n.紙ばさみ，縦列；v.書をとじ込む，提出する
profile [próufail]	pro	fil	e	pro [=before 前に]～. draw in outline「輪郭を描く」	n.横顔，プロフィール，輪郭

fili [=child 子供]

単語	接頭	語根	接尾	語源・語義	意味
filial [fíljəl]		fili	al	～al [→形]	a.子の，子としてふさわしい
affiliate [əfílieit]	af	fili	ate	af<ad [=to…へ] ～ate [=make…にする→動].「息子にする」	v.合併する，会員にする
affiliation [əfíliéiʃən]	af	fili	ation	af<ad [=to…へ] ～ation [→名]	n.加入，加盟，提携

fin [=end 最後, finish 終わる, limit 限界]

final [fáinəl]		fin	al	～al [→形・名].「終わりの」	a.最後の，決定的な；n.最後のもの，決勝戦
finale [finá:li]		fin	ale	<It.<L. *fīnis*「終わり」	n.フィナーレ，終幕，終末
finally [fáinəli]		fin	ally	～al [→形]+ly [→副]	ad.最後に，決定的に
finance [fáinæns]		fin	ance	～ance [→名]<OF. *finance*「終わり，支払い」	n.財政(学)，収入，財源

単語	分解	語源・解説	意味
financier [fainænsiər]	fin　ancier	~ance [→名] +er [=person 人→名]	n.財政家，財務官，資本家
financial [fainǽnʃəl]	fin　ancial	~ance [→名] +al [→形]	a.財政の，財界の
fine [fain]	fin　e	n.「罰金」←「清算」←「終わり」 <L. finis. a.「完成された」← 「極限の」←「終わり」<L. finis	a.立派な，晴れた，微細な；n.罰金
finely [fáinli]	fin　ely	~ly [→副]	ad.立派に，見事に
finish [fíniʃ]	fin　ish	~ish [=make…にする→動]	v.終える，完了する，完成する
finished [fíniʃt]	fin　ished	~ish [=make…にする→動]+ed [→形]	a.仕上がった，完成した，見事な
finishing [fíniʃiŋ]	fin　ishing	~ish [=make…にする→動]+ing [→名・形]	n.最後の仕上げ；a.仕上げのための
finite [fáinait]	fin　ite	~ite [→形]	a.限りある，有限の
affinity [əfíniti]	af　fin　ity	af<ad [=to…へ] ~ity [→名]	n.密接な関係，類似，親族関係，親近性
confine [kənfáin]	con　fin　e	con [=together 共に] ~.「閉じこめる」	v.閉じこめる，限る；n.境界
confinement [kənfáinmənt]	con　fin　ement	con [=together 共に] ~ment [→名]	n.監禁，引きこもり，出産
define [difáin]	de　fin　e	de [=down 下に] ~. set bounds to…を制限する	v.定義をくだす，説明する
definitive [difínitiv]	de　fin　itive	de [=down 下に] ~ive [→形]	a.決定的な，最終的な
definite [définit]	de　fin　ite	de [=down 下に] ~ite [→形]	a.一定の，明確な，確実な
definition [definíʃən]	de　fin　ition	de [=down 下に] ~tion [→名]	n.定義，限定，明確
infinite [ínfinit]	in　fin　ite	in [=not] ~ite [→形]. 「限定されてない」	a.無限の，無数の；n.無限のもの
infinitely [ínfinitli]	in　fin　itely	in [=not] ~ite [→形]+ly [→副]	ad.無限に，非常に
infinity [infíniti]	in　fin　ity	in [=not] ~ity [→名]	n.無限，無辺，無限の数(量)
infinitive [infínitiv]	in　fin　itive	in [=not] ~ite [→形]+ive [→名]	n.不定詞
refine [rifáin]	re　fin　e	re [=again 再び] ~.「再度仕上げる」	v.精製する，洗練する
refined [rifáind]	re　fin　ed	re [=again 再び] ~ed [→形]	a.精製した，上品な
refinement [rifáinmənt]	re　fin　ement	re [=again 再び] ~ment [→名]	n.精製，精細，改善
refinery [rifáinəri]	re　fin　ery	re [=again 再び] ~ery [=place 場所→名]	n.精製所，精練所

fire [=火]

単語	分解	語源・解説	意味
fire [fáiər]	fire		n.火，火事，炉火，砲火
fire engine [fáiər éndʒin]	fire engine	~engine「エンジン」	n.消防車
fireman [fáiərmən]	fire man	~man「人」	n.消防士
fireplace [fáiərpleis]	fire place	~place「場所」	n.暖炉
fireproof [fáiərpru:f]	fire proof	~proof「…に耐える」	a.耐火性の，不燃性の
fireside [fáiərsaid]	fire side	~side「側」	n.炉辺，炉ばた

単語	分解		語源説明	意味
fiery [fáiəri]	fier	y	～y [→形]	a.火の，火のような，激しい
afire [əfáiər]	a	fire	a [=on 上に] ～	a.,ad.燃えて

firm [=firm 堅固な]

単語	分解		語源説明	意味
firm [fə:rm]		firm		a.堅固な，安定した；v.固める(まる)
firmament [fə́:rməmənt]	firm	ament	<L. firmāmentum「支柱，土台，天蓋」	n.大空
affirm [əfə́:rm]	af	firm	af<ad [=to …へ] ～.「確固なものとする」	v.確信する，肯定する
affirmative [əfə́:rmətiv]	af	firm	ative	af<ad [=to …へ] ～ate [=make…にする→動]+ive [→形，名]	a.肯定的；n.肯定
confirm [kənfə́:rm]	con	firm	con [=fully 完全に] ～.「完全に堅固なものとする」	v.強める，確定する，批准する，確認する
confirmation [kɔnfərméiʃən]	con	firm	ation	con [=fully 完全に] ～ate [=make…にする→動]+ion [→名]	n.確定，批准
confirmed [kənfə́:rmd]	con	firm	ed	con [=fully 完全に] ～ed [→形]	a.堅められた，慢性的な
infirm [infə́:rm]	in	firm	in [=not] ～.「強固でない」	a.病弱の，優柔不断の
infirmary [infə́:rməri]	in	firm	ary	in [=not] ～ary [=place 場所→名].「弱い人達の集まる所」	n.病院，貧民収容所
infirmity [infə́:rmiti]	in	firm	ity	in [=not] ～ity [=state 状態→名]	n.虚弱，病的，弱点

fit [=make 作る]

単語	分解		語源説明	意味
fit [fit]		fit	<ME. fitte「配列する，調整する」	a.…に適した，ふさわしい；v.似合う；n.発作
fitness [fítnis]		fit	ness	～ness [→名]	n.適合，適切，健康
fitting [fítiŋ]		fit	ting	～ing [→形]	a.適した
benifit [bénifit]	bene	fit	bene [=well よい] ～.「よい行ない」	n.利益，恩恵；v.…に利益を与える
profit [práfit]	pro	fit	pro [=forward 前に] ～.「…のために作る」	n.利益；v.利益を得る
profitable [práfitəbl]	pro	fit	able	pro [=forward 前に] ～able [=possible…できる→形]	a.有利な
profitless [práfitlis]	pro	fit	less	pro [=forward 前に] ～less [=without…のない→形]	a.利益のない
profiteer [prɑfitíər]	pro	fit	eer	pro [=forward 前に] ～eer [=person 人→名，動]	n.不当利得者；v.暴利をむさぼる

fix [=fix 固定する]

単語	分解		語源説明	意味
fix [fiks]		fix		v.固定させる，取り付ける，きめる
fixture [fíkstʃər]		fix	ture	～ure [=state 状態→名]	n.作りつけ備品，設備
fixed [fikst]		fix	ed	～ed [→形]	a.固定した，すえつけの，確固とした

単語	分解	語源説明	意味
affix v.[əfíks] n.[ǽfiks]	af|fix	af<ad [=to…へ] ~	v.…を添付する，貼る，押す；n.《文法》接辞
prefix [príːfiks]	pre|fix	pre [=before 前に] ~.「前に固定する」	n.《文法》接頭辞
suffix [sʌ́fiks]	suf|fix	suf<sub [=under 下に] ~.「下に固定されたもの」	n.《文法》接尾辞
transfix [trænsfíks]	trans|fix	trans [=across 向こうに] ~	v.…を突き通す，突き刺す，釘付けにする

flam, flagr [=fire 火]

単語	分解	語源説明	意味
flagrant [fléigrənt]	flagr|ant	~ant [→形].「燃えている」→「明白な」	a.華々しい，極悪の
flame [fleim]	flam|e	<OF.flambe「炎」	n.炎，燃えるような色彩，情熱；v.燃え立つ
flaming [fléimiŋ]	flam|ing	~ing [→形]	a.燃えている，炎熱の
flamboyant [flæmbɔ́iənt]	flam|boyant	<F.flamboyer [=blaze 燃える] ~ant [→形]	a.けばけばしい，派手な
flamboyance [flæmbɔ́iəns]	flam|boyance	~ance [→名]	n.けばけばしさ，華麗
aflame [əfléim]	a|flam|e	a [=on 上に] ~	ad.,a.燃えて，炎々と，赤面して
conflagration [kɑnfləgréiʃən]	con|flagr|ation	con [=強意] ~tion [→名]	n.大火事，大火
inflame [infléim]	in|flam|e	in [=into 中へ] ~. put into flame「炎に入れる」	v.怒らせる，たきつける，興奮する
inflammatory [inflǽmətəri]	in|flam|matory	in [=into 中へ] ~ory [→形]	a.熱狂させる，炎症性の
inflammation [infləméiʃən]	in|flam|mation	in [=into 中へ] ~ion [→名]	n.着火，発火，燃焼，炎症

flat [=blow 吹く]

単語	分解	語源説明	意味
flatuent [flǽtjulənt]	flat|uent	~ent [→形]	a.ガスで腹が張った，空虚な
deflate [di(ː)fléit]	de|flat|e	de [=down 下に] ~.「空気を吹き去って抜く」	v.空気[ガス]を抜く，通貨を収縮させる
deflation [difléiʃən]	de|flat|ion	de [=down 下に] ~ion [→名]	n.ガスを抜くこと，デフレ
inflate [infléit]	in|flat|e	in [=into 中へ] ~. blow into「吹き込む」	v.膨らませる，(通貨を)膨張させる
inflation [infléiʃən]	in|flat|ion	in [=into 中へ] ~ion [→名]	n.膨張，インフレ
reflation [rifléiʃən]	re|flat|ion	re [=again 再び] ~ion [→名]	n.通貨再膨張，統制インフレ

flect, flex [=bend 折り曲げる]

単語	分解	語源説明	意味
flex [fleks]	flex		v.曲げる
flexible [fléksəbl]	flex|ible	~ible [=possible…できる→形]	a.曲げやすい，柔順な
flection [flékʃən]	flect|ion	~ion [→名]	n.屈曲(部)，語尾変化
circumflex [sə́ːrkəmfleks]	circum|flex	circum [=around 周りに] ~.「周りに曲がる」	n.曲折音符；a.曲折的；v.曲げる

deflect [diflékt]	de	flect	de [=off, away 離れた] 〜.「曲がってそれる」	v.そらす, かたよる
genuflection [dʒénju(:)flǝkʃǝn]	genu	flect ion	genu [=knee 膝] 〜ion [→名]	n.膝を曲げること
inflect [inflékt]	in	flect	in [=into 中へ] 〜.「内へ曲げる」	v.曲げる, 屈折させる, 変える
inflection [inflékʃǝn]	in	flect ion	in [=into 中へ] 〜ion [→名]	n.屈曲, 変調, 語形変化
reflect [riflékt]	re	flect	re [=back もとへ] 〜.「曲げ返す」	v.反射する, 反響する, 思案する
reflection [riflékʃǝn]	re	flect ion	re [=back もとに] 〜ion [→名]	n.反射, 反映, 熟考
reflective [rifléktiv]	re	flect ive	re [=back もとに] 〜ive [→形]	a.反射する, 反省的

flict [=strike 打つ]

afflict [ǝflíkt]	af	flict	af<ad [=to…へ] 〜.「地面にたたきつける」	v.苦しめる, 悩ます
afflictive [ǝflíktiv]	af	flict ive	af<ad [=to…へ] 〜ive [→形]	a.苦しみを与える, つらい
affliction [ǝflíkʃǝn]	af	flict ion	af<ad [=to…へ] 〜ion [→名]	n.苦悩, うきめ, 不幸
conflict n.[kánflikt] v.[kǝnflíkt]	con	flict	con [=together 共に] 〜.「互いにぶつかる」	n.闘争, 争い, 衝突; v.争う
conflicting [kǝnflíktiŋ]	con	flict ing	con [=together 共に] 〜ing [→形]	a.争い合う, 相いれない
inflict [inflíkt]	in	flict	in [=on 上に] 〜.「打ちつける」	v.加える, 科する, 負わす
infliction [inflíkʃǝn]	in	flict ion	in [=on 上に] 〜ion [→名]	n.加えること, 処罰

flor, flour, flower [=flower 花]

flora [flɔ́:rǝ]		flor a	<L. flōs「花」	n.植物(群), 植物区系
floral [flɔ́:rǝl]		flor al	〜al [→形]	a.花の, 植物の
florescence [flɔ:résns]		flor escence	〜escence [→名]	n.開花, 花期
florid [flɔ́:rid]		flor id	〜id [→形]	a.赤みのさした, 血色のよい
florist [flɔ́:rist]		flor ist	〜ist [=person 人→名]	n.花作り, 花屋
flour [fláuǝr]		flour	flowerと同語。18世紀より現行の綴り。「(小麦の)花」→「食物の最良の部分」	n.小麦粉, 粉
flourish [flə́:riʃ]		flour ish	〜ish [→動]. <L. flōrēre [=blossom 花が咲く→栄える]	n.見せびらかし; v.栄える, 振りまわす, 飾る
flourishing [flə́:riʃiŋ]		flour ishing	〜ing [→形]	a.栄える, 繁茂する
flower [fláuǝr]		flower	<L. flōs「花」	n.花, 粋, 開花, 青春
flowery [fláuǝri]		flower y	〜y [→形]	a.花のような, 華やかな
effloresce [eflɔ:rés]	ef	flor esce	ef<ex [=out of 外へ] 〜+esce [=begin to…始める→動]	v.花が咲く, 栄える

efflorescence [eflɔːrésns]	ef	flor	escence	ef＜ex [＝out of 外へ] ～escence [状態→名]	n.開花(期), 隆盛期
inflorescence [inflɔːrésns]	in	flor	escence	in [＝into 中へ] ～escence [＝state 状態→名]	n.開花
inflorescent [inflɔːrésnt]	in	flor	escent	in [＝into 中へ] ～escent [＝beginning to… 始めの→形]	a.開花している

flu, flood, flow, fluc, flux [＝flow 流れる, float 漂う]

flood [flʌd]		flood		＜OE. flōd「洪水」.「流れる行為」	n.洪水, 大水, 氾濫, 殺到
floodlight [flʌ́dlait]		flood	light	～light 光	n.フラッドライト, 投光器
floodtide [flʌ́dtaid]		flood	tide	～tide 潮	n.上げ潮, 満潮
flow [flou]		flow		＜OE. flōwan「流れる」	v.流れる, 氾濫する, 出血する
flowing [flóuiŋ]		flow	ing	～ing [→形]	a.流れる, 流暢な
fluctuate [flʌ́ktjueit]		fluc	tuate	～ate [＝make …にする→動].「波を立てて流れる」	v.波動する, 動揺する
fluctuation [flʌktjuéiʃən]		fluc	tuation	～ion [→名]	n.波動, 動揺, 変動
flu [fluː]		flu		influenza の短縮形	n.インフルエンザ
fluent [flúənt]		flu	ent	～ent [→形].「流れるような」	a.流暢な, 能弁な, なだらかな
fluency [flúənsi]		flu	ency	～ency [→名]	n.流暢, なだらか
fluid [flúːid]		flu	id	～id [＝belonging to …に属した→形・名]	a.流動性の, 変わりやすい；n.流動(状態), 変わりやすいこと
fluidity [fluíditi]		flu	idity	～ity [→名]	n.流動性 [状態], 変わりやすいこと
flux [flʌks]		flux		＜L. fluxus「流れ」	n.流れ, 流動
fluvial [flúːvjəl]		flu	vial	＜L. fluvius＝river 川＋al [→形]	a.河川の, 河川に生じる
affluence [ǽfluəns]	af	flu	ence	af＜ad [＝to …へ] ～ence [→名]	n.豊富, 富裕, 流れ込み
affluent [ǽfluənt]	af	flu	ent	af＜ad [＝to …へ] ～ent [→形]	a.富裕な, 豊富な
afflux [ǽflʌks]	af	flux		af＜ad [＝to …へ] ～	n.流れ込み, 殺到
circumfluence [sərkʌ́mfluəns]	circum	flu	ence	circum [＝around 周りに] ～ence [→名]	n.環流
circumfluent [sərkʌ́mfluənt]	circum	flu	ent	circum [＝around 周りに] ～ent [→形].「周りを流れる」	a.環流性の, 周囲の
circumfluous [sərkʌ́mfluəs]	circum	flu	ous	circum [＝around 周りに] ～ous [＝having the quality of →形]	a.環流性の, 周囲の
confluence [kɑnflúːəns]	con	flu	ence	con [＝together 共に] ～ence [→名]	n.合流(点), 人の流れ

単語	分解			語源説明	意味
confluent [kənflúːənt]	con	flu	ent	con [=together 共に] ~ent [→形, 名].「共に流れる」	a.合流する, 落ち合う；n.支流
effluence [éfluəns]	ef	flu	ence	ef<ex [=out of 外に] ~ence [→名]	n.発生, 放出, 流出, 流れ
enffluent [éfluənt]	ef	flu	ent	ef<ex [=out of 外に] ~ent [→形].「外に流れる」	a.流出[放出]する；n.流出
effluvium [eflúːvjəm]	ef	flu	vium	ef<ex [=out of 外に] ~ium [→名]	n.発散, 蒸気, 臭気
efflux [éflʌks]	ef	flux		ef<ex [=out of 外に] ~	n.流出
influence [ínfluəns]	in	flu	ence	in [=into 中へ] ~ence [→名].「中に流れ込むこと」	n.影響, 感化
influential [influénʃəl]	in	flu	ential	in [=into 中へ] ~al [→形]	a.影響を及ぼす, 有力な
influenza [influénzə]	in	flu	enza	<It. influenza (=influence). 18世紀から特に流行病の発生に用いられた	n.インフルエンザ
influx [ínflʌks]	in	flux		in [=into 中へ] ~	n.流入, 到来, 殺到
refluence [réfluəns]	re	flu	ence	re [=back もとへ] ~ence [→名]	n.退流, 逆流
refluent [réfluənt]	re	flu	ent	re [=back もとへ] ~ent [→形].「逆に流れる」	a.退流[逆流]する
reflux [riːflʌks]	re	flux		re [=back もとへ] ~	n.退流, 退潮
superfluity [suːpərflúːəti]	super	flu	ity	super [=above 越えて] ~ity [→名]	n.余分, 過多, 余計な物
superfluous [supə́rfluəs]	super	flu	ous	super [=above 越えて] ~ous [=full of …で満ちた→形]	a.余分な, 余計な

foc, fue [=fireplace 暖炉, hearth 炉辺]

単語	分解			語源説明	意味
focus [fóukəs]		foc	us	L. focus「炉」.「炉は火の燃える中心点であることから」→「焦点」	n.焦点；v.焦点に合わせる, 集中させる
focal [fóukəl]		foc	al	~al [→形]	a.焦点の
fuel [fjúːəl]		fue	l	もとは L. focus「炉」の変化形	n.燃料, 薪炭
refuel [riːfjúːəl]	re	fue	l	re [=again 再び] ~	v.燃料を補給する

forc, fort [=strong 強い]

単語	分解			語源説明	意味
force [fɔːrs]		forc	e	<L. fortis「強い」	n.力, 暴力, 兵力；v.強いる, 押しつける
forcible [fɔ́ːrsibl]		forc	ible	~ible [=able …できる→形]	a.強制的, 有力な
forcibly [fɔ́ːrsibli]		forc	ibly	~ly [→副]	ad.力づくで, 強制的に, 力強く
forcing [fɔ́ːrsiŋ]		forc	ing	~ing [→名]	n.強制, 暴行, 奪取, 促成栽培
forceful [fɔ́ːrsfəl]		forc	eful	~ful [=full of …で満ちた→形]	a.力強い, 激しい
fort [fɔːrt]		fort		<L. fortis「強い」	n.砦, 城塞
fortify [fɔ́ːrtifai]		fort	ify	~ify [=make …にする→動]	v.…の防備を固める, 強化する

forest, foreign

単語	分解			語源・説明	意味
fortification [fɔːrtifikéiʃən]		fort	ification	～fic [=make…にする→動]+ation [→名]	n.防御工事, 砦
fortissimo [fɔːrtísimou]		fort	issimo	イタリア語 forte [=strong 強い] の最上級	ad.《音楽》きわめて強く
fortitude [fɔ́ːrtitjuːd]		fort	itude	～itude [→名]	n.剛勇, 不屈の精神
fortress [fɔ́ːrtris]		fort	ress	<F. forteress [=strong place] 強い場所	n.要塞[都市]
comfort [kʌ́mfərt]	com	fort		com [=together 共に] ～.「心を強くする」→「元気づける」	v.慰める；n.慰め
comfortable [kʌ́mfərtəbl]	com	fort	able	com [=together 共に] ～ able [=possible…できる→形]	a.気持ちのよい
comfortably [kʌ́mfərtəbli]	com	fort	ably	com [=together 共に] ～ able [=possible…できる→形]+ly [→副]	ad.気持ちよく, 気楽に
effort [éfərt]	ef	fort		ef<ex [=out of 外に] ～.「力を外に出すこと」	n.努力, 労作
effortless [éfərtlis]	ef	fort	less	ef<ex [=out of 外に] ～ less [=without…のない→形]	a.努力しない, 楽な
enforce [infɔ́ːrs]	en	forc	e	en [=make…にする→動] ～.「…の中に力を加える」	v.実施する, 強いる, 押しつける
enforcement [infɔ́ːrsmənt]	en	forc	ement	en [=make…にする→動] ～ment [→名]	n.施行, 執行, 強制
reinforce [riːinfɔ́ːrs]	rein	forc	e	re [=again 再び] ～	v.強化する, 補強する
uncomfortable [ʌnkʌ́mfərtəbl]	uncom	fort	able	un [=not]+com [=together 共に]～able [=possible…できる→形]	a.心地よくない, 不安な

forest, foreign [=外側の森, 外の]

foreign [fɔ́ːrin]		foreign		<OF. forain [=out of doors 戸外の]	a.外国の, 対外の, 在外の
foreigner [fɔ́ːrinər]		foreign	er	～er [=person 人→名]	n.外国人, 舶来品, 外国船
forest [fɔ́ːrist]		forest		<OF. forest=out of doors.「戸外にある場所」	n.森林, 森, 林立するもの；v.植林する
forestry [fɔ́ːristri]		forest	ry	～ry [=場所, 業, 学問→名]	n.林学, 林業, 森林地
forestation [fɔːristéiʃən]		forest	ation	～ation [→名]	n.造林, 植林
afforest [əfɔ́ːrist]	af	forest		af<ad [=to…へ] ～	v.森林にする, 植林する
afforestation [əfɔːristéiʃən]	af	forest	ation	af<ad [=to…へ] ～ation [→名]	n.造林, 植林
deforest [diːfɔ́ːrist]	de	forest		de [=off, away 離れて] ～	v.樹林を切り払う

form [=form 形体]

form [fɔːrm]		form		<L. forma「形」	n.形, 形態, 形式, 書式；v.形作る, 形成する

formal [fɔ́ːrməl]		form	al	～al [→形]	a.形式的な，儀礼的，形の，正式の
formality [fɔːrmǽliti]		form	ality	～al [→形]+ity [→名]	n.形式にこだわること，正式，儀礼
formalize [fɔ́ːrməlaiz]		form	alize	～al [→形]+ize [=make…にする→動]	v.正式にする，形式的にする
formally [fɔ́ːrməli]		form	ally	～al [→形]+ly [→副]	ad.正式に，公式に，形式的に
formation [fɔːrméiʃən]		form	ation	～ate [=make…にする→動]+ion [→名]	n.構成，編成，成立，隊形
formative [fɔ́ːrmətiv]		form	ative	～ate [=make…にする→動]+ive [→形]	a.形成する，形成[発達]の
formula [fɔ́ːrmjulə]		form	ula	～ula [=small 小さい→指小辞]	n.決まった言い方，信条，方式，公式
formulary [fɔ́ːrmjuləri]		form	ulary	～ula [=small 小さい→指小辞]+ary [→名]	n.式文集，決まり文句，公式，式
formulate [fɔ́ːrmjuleit]		form	ulate	～ula [=small 小さい→指小辞]+ate [=make…にする→動]	v.公式化する，成文化する
formulation [fɔːrmjuléiʃən]		form	ulation	～ula [=small 小さい→指小辞]+ation [→名]	n.公式化，系統的記述
conform [kənfɔ́ːrm]	con	form		con [=together 共に] ～.「同じように形作る」	v.従わせる，順応させる
conformable [kənfɔ́ːrməbl]	con	form	able	con [=together 共に] ～ able [=possible…できる→形]	a.…に準拠した，適合した，従順な
conformation [kɑnfɔːrméiʃən]	con	form	ation	con [=together 共に] ～ ation [→名]	n.形態，順応，一致
conformity [kənfɔ́ːrmiti]	con	form	ity	con [=together 共に] ～ ity [→名]	n.相似，適合，一致，準拠
deform [difɔ́ːrm]	de	form		de [=off, away 離れて] ～.「(美しい) 形を奪う」	v.不格好にする，醜くする
deformation [difɔːrméiʃən]	de	form	ation	de [=off, away 離れて] ～ation [→名]	n.形のくずれ，改悪，醜さ
deformed [difɔ́ːrmd]	de	form	ed	de [=off, away 離れて] ～ed [→形]	a.不具の，醜い
deformity [difɔ́ːrmiti]	de	form	ity	de [=off, away 離れて] ～ity [→名]	n.不格好，奇形，いやらしさ
inform [infɔ́ːrm]	in	form		in [=in 中へ] ～.「(話を)形に作る」	v.知らせる，通知する，(人の心に)満たす
information [infərméiʃən]	in	form	ation	in [=in 中へ] ～ation [→名]	n.通知，情報，知識，告発
informal [infɔ́ːrməl]	in	form	al	in [=not] ～al [→形]	a.非公式の，略式の，打ち解けた
perform [pərfɔ́ːrm]	per	form		per [=competely 完全に] ～.「完全に形成する」	v.行なう，果たす，実行する，演ずる
performance [pərfɔ́ːrməns]	per	form	ance	per [=completely 完全に] ～ance [→名]	n.実行，成就，仕事，公演
performer [pərfɔ́ːrmər]	per	form	er	per [=completely 完全に] ～er [=person 人→名]	n.実行者，名人，選手，役者

platform [plǽtfɔːrm]	plat	form		<F.=flat form 平らな形	n.プラットホーム，壇
reform [rifɔ́ːrm]	re	form		re [=again 再び] ～.「再び形作る」	v.改正する，修正する；n.改正，改革
reformation [refərméiʃən]	re	form	ation	re [=again 再び] ～ation [→名]	n.改善，改革，矯正，[the R-]宗教改革
reformative [rifɔ́ːrmətiv]	re	form	ative	re [=again 再び] ～ive [→形]	a.改革[改善]の，教化する
reformer [rifɔ́ːrmər]	re	form	er	re [=again 再び] ～er [=person 人→名]	n.改革家
transform [trænsfɔ́ːrm]	trans	form		trans [=over, across 向こうへ] ～.「形を移す」	v.変化させる，変える
transformation [trænsfərméiʃən]	trans	form	ation	trans [=over, across 向こうへ] ～ation [→名]	n.変形，変質
transformer [trænsfɔ́ːrmər]	trans	form	er	trans [=over, across 向こうへ] ～er [=person 人→名]	n.変化させる人[物]，トランス
uniform [júːnifɔːrm]	uni	form		uni [=one 1] ～.「ひとつの形」	a.同形の，均一の；n.ユニフォーム，制服
uniformly [júːnifɔːrmli]	uni	form	ly	uni [=one 1] ～al [→形]+ly [→副]	ad.一様に均等に，一律に
uniformed [júːnifɔːrmd]	uni	form	ed	uni [=one 1] ～ed [→形]	a.制服を着た
uniformity [juːnifɔ́ːrmiti]	uni	form	ity	uni [=one 1] ～ity [→名]	n.一様，同様，均一，画一

fortun [＝chance 機会, luck 運]

fortune [fɔ́ːrtʃən]		fortun	e	<L. fors「運，偶然」の変化形	n.富，運勢，好運
fortunate [fɔ́ːrtʃənit]		fortun	ate	～ate [→形]	a.幸運な，幸せな
misfortune [misfɔ́ːrtʃən]	mis	fortun	e	mis [=bad 悪い] ～	n.不幸，不運，災難
unfortunate [ʌnfɔ́ːrtʃənit]	un	fortun	ate	un [=not] ～ate [→形]	a.不幸な，不適当な
unfortunately [ʌnfɔ́ːrtʃənitli]	un	fortun	ately	un [=not] ～ate [→形]+ly [→副]	ad.不幸[不運]にも，あいにく

fract, fra, frag [＝break こわす]

fraction [frǽkʃən]		fract	ion	～ion [→名].「割られたもの」	n.《数》分数；破片，部分
fractional [frǽkʃənəl]		fract	ional	～al [→形]	a.《数》分数の；断片の
fracture [frǽktʃər]		fract	ure	～ure [=result 結果→名].「割れたもの」	v.破砕する，折る；n.破砕，骨折，割れ目
fragile [frǽdʒail]		frag	ile	～ile [=easy 容易な→形].「割れやすい」	a.壊れやすい，もろい，かよわい
fragility [frədʒíliti]		frag	ility	～ity [→名]	n.壊れやすさ，もろさ
fragment [frǽgmənt]		frag	ment	～ment [→名].「割られたもの」	n.破片，断片

fragmentary [frǽgməntəri]	frag	mentary	~ary [→形]	a.破片の，断片的な
frail [freil]	fra	il	fragileと二重語	a.もろい，かよわい，はかない
frailty [fréilti]	fra	ility	~ity [→名]	n.もろさ，弱さ，弱点，短所
refract [rifrǽkt]	re	fract	re [=back もとに] ~	v.屈折させる
refraction [rifrǽkʃən]	re	fract ion	re [=back もとに] ~ion [→名]	n.屈折(作用)
refractory [rifrǽktəri]	re	fract ory	re [=back もとに] ~ory [→形]	a.強情な，頑固な
suffrage [sʌ́fridʒ]	suf	frag e	suf<sub [=under 下に] ~. 昔投票の際に陶器の破片を用いたことから	n.投票，賛意，選挙権

fratern [=brother 兄弟]

fraternal [frətə́ːrnəl]	fratern	al	~al [→形]	a.兄弟の，友愛の
fraternity [frətə́ːrniti]	fratern	ity	~ity [→名]	n.兄弟の間柄，友愛会

fresh [=new 新しい]

fresh [freʃ]		fresh	<OE. fersc「塩気のない」. cf. fresh water「真水」	a.新しい，新鮮な，新規の，生き生きした
freshen [fréʃən]		fresh en	~en [=make…にする→動]	v.新たにする，塩出しする，勢いづける
freshly [fréʃli]		fresh ly	~ly [→副]	ad.新たに，最近に，生き生きと
freshman [fréʃmən]		fresh man	~man 人	n.新入生，1年生
freshness [fréʃnis]		fresh ness	~ness [→名]	n.新しさ，新鮮さ
afresh [əfréʃ]	a	fresh	a [=of. 古英語前置詞 of の縮小形] ~	ad.新たに
refresh [rifréʃ]	re	fresh	re [=again 再び] ~.「再び新鮮にする」	v.活気づける，新たにする
refreshment [rifréʃmənt]	re	fresh ment	re [=again 再び] ~ment [→名]	n.元気回復，茶菓子
refreshing [rifréʃiŋ]	re	fresh ing	re [=again 再び] ~ing [→形]	a.すがすがしい，さわやかな
refresher [rifréʃər]	re	fresh er	re [=again 再び] ~er [→名]	n.元気づけの酒(杯)，講習

friger, frigid [=cold 寒い]

frigid [frídʒid]		frigid	<L. frīgēre「凍る」	a.寒さが厳しい，冷淡な
frigidity [fridʒíditi]		frigid ity	~ity [→名]	n.寒冷，冷淡
refrigerate [rifrídʒəreit]	re	friger ate	re [=again 再び] ~ate [=make…させる→動]	v.冷却させる，冷凍する
refrigerator [rifrídʒəreitər]	re	friger ator	re [=again 再び] ~ate [=make…させる→動]+or [=thing 物→名]	n.冷蔵庫

fright, fraid [=fear 恐れ]

fright [frait]		fright		<OE. fyrhto「恐怖」	n.恐怖, 醜悪な人[物]
frighten [fraitn]		fright	en	～en [=make…にする→動]	v.びっくりさせる
frightful [fráitfəl]		fright	ful	～ful [=full of…で満ちた→形]	a.驚くべき, 恐るべき
afraid [əfréid]	a	fraid		旧形の affray [=startle びっくりさせる] の過去分詞	a.恐れて, 怖がって, 心配して
affright [əfráit]	af	fright		af<ad [=強意] ～	v.恐れさせる

front [=forehead 額]

front [frʌnt]		front		13世紀.「額, 顔」	n.前部, 前方, 面, 正面
frontage [frʌ́ntidʒ]		front	age	～age [→名]	n.正面, 前面, 間口
frontal [frʌ́ntəl]		front	al	～al [→形]	a.正面の, 額の
frontier [frʌ́ntiər]		front	ier	～ier [=thing 物→名]. 14世紀「前方部分」, 15世紀「国境」	n.辺境, 西部辺境
frontier spirit [frʌ́ntiər spírit]		front	ier spirit	～ier spirit「精神」	n.開拓者気風
affront [əfrʌ́nt]	af	front		af<ad [=to…へ] ～.「額をたたく」	v.(面と向かって)侮辱する, 敢然として立ち向かう
confront [kənfrʌ́nt]	con	front		con [=together 共に] ～.「額をつき合わせる」	v.直面する, 立ち向かう, 向かい合う
confrontation [kənfrʌntéiʃən]	con	front	ation	con [=together 共に] ～tion [→名]	n.直面, 対決

fug [=flee 逃げる]

fugitive [fjúːdʒitiv]		fug	itive	L. fugere [=run away 逃げる]+ive [→名・形]	n.逃亡者, 脱走者; a.逃げる, 亡命の
refuge [réfjuːdʒ]	re	fug	e	re [=back 後ろへ] ～.「後ろへ逃げる」	n.避難, 逃避, 逃げ場, 隠れ家
refugee [refjudʒíː]	re	fug	ee	re [=back 後ろへ] ～ee [=person 人→名]	n.避難者, 亡命者
subterfuge [sʌ́btərfjuːdʒ]	subter	fug	e	subter [=under 下に] ～	n.逃げ口上, 口実

fum [=smoke 煙]

fume [fjuːm]		fum	e	<L. fūmus「煙, 蒸気」	n.煙霧, 毒気, 香気, 興奮, 怒気
fumy [fjúːmi]		fum	y	～y [→形]	a.煙霧の多い
fumigate [fjúːmigeit]		fum	igate	～ate [=make…させる→動]	v.いぶす, くすぶらせる, におわせる
fumigation [fjuːmigéiʃən]		fum	igation	～ate [=make…にする→動]+ion [→名]	n.燻蒸(くんじょう)する, 香をたくこと
perfume [pə́ːrfjuːm]	per	fum	e	per [=completely 完全に] ～.「たっぷり香りをかぐ」	n.芳香, 香り
perfumery [pərfjúːməri]	per	fum	ery	per [=completely 完全に] ～ery [=集合体, …類→名]	n.香料, 香水類

fund¹, found¹ [=base 基礎, bottom 底]

found [faund]		found		<L. *fundāre*「基礎を築く」	v. …の基礎を置く，創立する
foundation [faundéiʃən]		found	ation	~ation [→名]	n. 建設，創設，財団，根拠
founder [fáundər]		found	er	~er [=person 人→名]	n. 創立者
fund [fʌnd]		fund			n. 資金，基金，財源
fundamental [fʌndəméntl]		fund	amental	~ment [→名]+al [→形]	a. 基本の，根本的，重要な
fundamentally [fʌndəméntəli]		fund	amentally	~ment [→名]+al [→形]+ly [→副]	ad. 根本的に，まったく
profound [prəfáund]	pro	found		pro [=forward 前に] ~. 「底へ深く」	a. 深遠な，腰の低い
profoundly [prəfáundli]	pro	found	ly	pro [=forward 前に] ~ly [→副]	ad. 深く，大いに
profundity [prəfʌ́nditi]	pro	fund	ity	pro [=forward 前に] ~ity [→名]	n. 深いこと，深遠

fus, fut, found², fund² [=pour 注ぐ, melt 溶かす]

fuse [fju:z]		fus	e	<L. *fundere*「注ぐ，溶かす」	v. 溶かす，融合させる
fusible [fjú:zəbl]		fus	ible	~ible [=able …できる→形]	a. 溶けやすい，可溶性の
fusion [fjú:ʒən]		fus	ion	~ion [→名]	n. 溶解，融解，連合
fusion bomb [fjú:ʒən bɑm]		fus	ion bomb	~bomb「爆弾」	n. 水素爆弾
futile [fjú:tail]		fut	ile	<L. *fundere* [=melt 溶かす]. ~ile [=easy 容易な→形]. 「溶けやすい」→「役に立たない」	a. 役に立たない，むなしい
futility [fju:tíliti]		fut	ility	~ile [=easy 容易な→形]+ity [→名]	n. 無用，無益，空虚
circumfuse [sə:rkəmfjú:z]	circum	fus	e	circum [=around 周りに] ~. 「周りに注ぐ」	v. (光，液体などを)周囲に注ぐ
circumfusion [sə:rkəmfjú:ʒən]	circum	fus	ion	circum [=around 周りに] ~ion [→名]	n. 周囲に注ぐこと
confound [kənfáund]	con	found		con [=together 共に] ~. 「共に注ぐ」	v. 混同する，混乱させる，困惑させる
confuse [kənfjú:z]	con	fus	e	con [=together 共に] ~. 「共に注ぐ」	v. 混乱させる，混同する
confusion [kənfjú:ʒən]	con	fus	ion	con [=together 共に] ~ion [→名]	n. 混乱，乱雑，困惑
diffuse [difjú:z]	dif	fus	e	dif<dis [=apart 離れて] ~. 「あちこちに離して注ぐ」	v. 発散(散布)する，広める
diffusion [difjú:ʒən]	dif	fus	ion	dif<dis [=apart 離れて] ~ion [→名]	n. 散布，普及，拡散

単語	接頭辞	語根	接尾辞	語源	意味
diffusive [difjú:siv]	dif	fus	ive	dif＜dis [=apart 離れて] ～ive [→形]	a.散布した，普及力のある，散漫な
effuse [ifjú:z]	ef	fus	e	ef＜ex [=out of 外に] ～. 「注ぎ出す」	v.放出する
effusion [ifjú:ʒən]	ef	fus	ion	ef＜ex [=out of 外に] ～ion [→名]	n.放出，発露
infuse [infjú:z]	in	fus	e	in [=into 中に] ～. 「中に注ぐ」	v.注ぐ，注入する
infusible [infjú:zəbl]	in	fus	ible	in [=into 中に] ～ible [=able…できる→形]	a.注入できる，溶解しない
infusion [infjú:ʒən]	in	fus	ion	in [=into 中に] ～ion [→名]	n.注入，注入物
profuse [prəfjú:s]	pro	fus	e	pro [=forward 前に] ～. 「前に注ぐ」→「注ぎ出す」	a.豊富な，大まかな，気前のよい
profusion [prəfjú:ʒən]	pro	fus	ion	pro [=forward 前に] ～ion [→名]	n.豊富，大まか
refund [rifʌ́nd]	re	fund		re [=back もとに] ～	v.返済する，払い戻す
refuse [rifjú:z]	re	fus	e	re [=back もとに] ～. 「注ぎ返す」	v.拒絶する，辞退する
refusal [rifjú:zəl]	re	fus	al	re [=back もとに] ～al [→名]	a.拒絶，辞退
refuser [rifjú:zər]	re	fus	er	re [=back もとに] ～er [=person 人→名]	n.拒絶者，辞退者
suffuse [səfjú:z]	suf	fus	e	suf＜sub [=under 下に] ～. 「下に注ぐ」	v.(色・光などが)さす，満ちる
suffusion [səfjú:ʒən]	suf	fus	ion	suf＜sub [=under 下に] ～ion [→名]	n.紅潮，覆うもの
transfuse [trænsfjú:z]	trans	fus	e	trans [=over, across 向こうに] ～	v.注ぎ移す，輸血する，吹き込む
transfusion [trænsfjú:ʒən]	trans	fus	ion	trans [=over, across 向こうに] ～ion [→名]	n.注入，輸血

G

gain [=opposite 反対に,向かい側に]

gainsay [géinsei]	gain	say	<ME. *gain*「対して」+*sayen*「言う」	v.反ばくする, 否定する
again [əgén]	a	gain	<OE. *ongegn*. (*on*「…に」+*gegn*「まっすぐ」,「向かい合っている」	ad.再び, さらにそれだけ
against [əgénst]	a	gain	st	<ME. *agen* [=again 再び]+*es* [属格語尾]. tは無意味の付加字.「反対している」	prep.…に逆らって, …にもたれて

gage, wage [=pledge 誓約する]

gage [geidʒ]		gage	<OF. *gage*「誓い」	n.挑戦のしるし, 質ぐさ
wage [weidʒ]		wage	gageの二重語	n.賃金, 給料; v.遂行する, 行なう
engage [ingéidʒ]	en	gage	en [=in 中に]~.「担保に入れて」	v.婚約させる, 従事する, 約束する
engaged [ingéidʒd]	en	gage	d	en [=in 中に]~d [→形]	a.予約した, 婚約中の
engagement [ingéidʒmənt]	en	gage	ment	en [=in 中に]~ment [→名]	n.約束, 契約
mortgage [mɔ́ːrgidʒ]	mort	gage	mort [=dead 死んだ]~. 貧しい相続人が借金したい時,父親が死んだら遺産を支払うと誓約したことから	n.抵当, 担保

gen, gent, gin, gn¹, ge, genit [=produce 生み出す, race 種族, kin 親族]

gender [dʒéndər]	gen	der	<F. *genre*<L. *genus* [=race 種族]	n.《文法》性
genderless [dʒéndərlis]	gen	derless	~less [=without …のない→形]	a.《文法》性のない, 無性の
general [dʒénərəl]	gen	eral	~al [→形].「種全体に関係する」	a.一般の, 全般的な
generally [dʒénərəli]	gen	erally	~al [→形]+ly [→副]	ad.一般に, 広く
generality [dʒenərǽliti]	gen	erality	~al [→形]+ity [=state 状態→名]	n.一般性, 概略
generalize [dʒénərəlaiz]	gen	eralize	~al [→形]+ize [=make …にする→動]	v.概括する, 法則化する
generate [dʒénəreit]	gen	erate	~ate [=make …にする→動]	v.生む, 起こす, 発生させる
generation [dʒenəréiʃən]	gen	eration	~at<ate [=make …にする→動]+ion [→名]	n.世代, 一世代, 子孫
generator [dʒénəreitər]	gen	erator	~at<ate [=make …にする→動]+or [=thing もの→名]	n.発電機, 発生機

gen, gent, gin, gn¹, ge, genit

generosity [dʒenərɔ́siti]		gen / erosity	~os<ous [=full of…で満ちた→形]+ity [=state 状態→名]	n.寛大, 寛容
generous [dʒénərəs]		gen / erous	~ous [=full of…で満ちた→形].「崇高な生まれの」→「寛大な」	a.気前のよい, 高潔な
genesis [dʒénisis]		gen / esis	<GK.=birth 誕生, origin 起源	n.《聖書》創世記; 起源, 発生
genial [dʒíːniəl]		gen / ial	~al [→形].「守護神 (genus)の」→「祭の」→「楽しい」	a.親切な, 愛想のよい
genius [dʒíːniəs]		gen / ius	~ius [=person 人→名]	n.天才(資質), 特殊な才能
gentile [dʒéntail]		gent / ile	<L. gentilis [=foreign 異質の].「ユダヤ人から見た異邦人」	n.異邦人, 異教徒; a.異教の
gentility [dʒentíliti]		gent / ility	~ity [=state 状態→名]	n.生まれのよいこと, 上流階級
gentle [dʒéntl]		gent / le	gentileと姉妹語.「同じ種族の, よい家庭の」	a.温和な, 親切な
gentleman [dʒéntlmən]		gent / leman	~man 男	n.紳士, 立派な人
gentry [dʒéntri]		gent / ry	~ry [=集団→名]	n.紳士階級, 上流階級
genuine [dʒénjuin]		gen / uine	<L. genuinus [=inborn 生まれながらの, native 生まれたままの]	a.本物の, 心からの
genus [dʒíːnəs]		gen / us	<L. genus [=birth 出生]	n.種類, 部類, 類
gin [dʒin]		gin	<F. engin (=engine)の頭音消失形	n.機械(仕掛け)
benign [bináin]	beni	gn	beni [=good よい]+genus [=birth 出生]	a.恵み深い, 優しい, 温和な
congenial [kəndʒíːniəl]	con	gen / ial	con [=with 共に]~al [→形].「同じ気持ちの」	a.同性質の, 気性の合った
congenital [kəndʒénitl]	con	genit / al	con [=with 共に]~al [→形]	a.(病気などが)先天的の
degenerate [didʒénəreit]	de	gen / erate	de [=down 下に]~ate [=make…にする→動].「種が低くなる」	v.堕落する, 退化する
degeneration [didʒenəréiʃən]	de	gen / eration	de [=down 下に]~at<ate [=make…にする→動]+ion [→名]	n.堕落, 退歩, 退化
engine [éndʒin]	en	gin / e	<L. ingenium「生来の才能」.「独創的な工夫」→「発明」	n.エンジン
engineer [endʒiníər]	en	gin / eer	engine+eer [=person 人→名]	n.エンジニア
engineering [endʒiníəriŋ]	en	gin / eering	~ing [→名]	n.工学, 土木工事
engender [indʒéndər]	en	gen / der	en [=in 中に]~.「中に生む」	v.(事態, 感情などを)生じる
eugenics [juːdʒéniks]	eu	gen / ics	eu [=well よい]~ics [=study 学問→名]	n.優生学

ingenious [indʒíːnjəs]	in	gen	ious	in [=in 中に] ~ous [=full of…に満ちた→形].「生まれついたままの」	a.利口な,器用な,独創的
ingenuity [indʒinjúiti]	in	gen	uity	in [=in 中に] ~ity [=state 状態→名]	n.発明の才,工夫,精巧
hydrogen [háidrədʒən]	hydro	gen		hydro [=water 水] ~. 18世紀から	n.水素
nitrogen [náitrədʒən]	nitro	gen		nitro 「硝石」~	n.窒素
oxygen [ɑ́ksidʒən]	oxy	gen		oxy [=acid 酸] ~. フランスの化学者ラボアジエ (Lavoiser) による造語	n.酸素
pregnant [prégnənt]	pre	gn	ant	pre [=before 前に] ~ant [→形].「誕生以前の」	a.妊娠した;含蓄のある,意味深長な
regenerate [ridʒénəreit]	re	gen	erate	re [=again 再び] ~ate [=make…にする→動].「再び生む」	v.更生させる,再生する
regeneration [ridʒenəréiʃən]	re	gen	eration	re [=again 再び] ~ate [=make…にする→動]+ion [→名]	n.再建,復興,改革

geo [=earth 地球,土地]

geography [dʒiɔ́grəfi]	geo	graphy	~graphy [=writing 書きもの].「地理を書いたもの」	n.地理学,地理,地形
geographer [dʒiɔ́grəfər]	geo	grapher	~graph [=write 書く]+er [=person 人→名]	n.地理学者
geology [dʒiɔ́lədʒi]	geo	logy	~logy [=study 学問].「土地の学問」	n.地質学,地質
geologist [dʒiɔ́lədʒist]	geo	logist	~logy [=study 学問]+ist [=person 人→名]	n.地質学者
geometry [dʒiɔ́mitri]	geo	metry	~metry [=measure 測る].「地面を測定すること」→「幾何学」	n.幾何学
geometric [dʒiəmétrik]	geo	metric	~metr [=measure 測る→動]+ic [→形]	a.幾何学の
geophysics [dʒiːoufíziks]	geo	physics	~physics 「物理学」	n.地球物理学
geopolitics [dʒiːoupɑ́litiks]	geo	politics	~politics 「政治学」	n.地政学

ger, gest, jest, gist [=carry 運ぶ]

gerund [dʒérənd]		ger	und	<L. gerundium<gerere [=do 行なう, bear 生む]	n.動名詞
gesticulate [dʒestíkjuleit]		gest	iculate	「身を運ぶこと」	v.身ぶりする,手まねする
gesture [dʒéstʃər]		gest	ure	~ure [→名].「なされたること」	n.ジェスチャー
jest [dʒest]		jest		<L. gesta 「手柄話」	n.冗談,戯れ
belligerent [bilídʒərənt]	belli	ger	ent	belli [=war 戦争] ~ent [→形].「戦争を行なう」	a.交戦中の,好戦的
belligerence [bilídʒərəns]	belli	ger	ence	belli [=war 戦争] ~ence [→名]	n.好戦的なこと

見出し語	分解1	分解2	分解3	語源・解説	意味
congested [kəndʒéstid]	con	gest	ed	con [=together 共に] ~ed [→形]. 「共に運ぶ」→「共に詰める」	a.密集した，混雑した
congestion [kəndʒéstʃən]	con	gest	ion	con [=together 共に] ~ion [→名]	n.密集，過剰，雑踏
digest [didʒést/daidʒést]	di	gest		di [=off, away 離れて] ~. 「離して運ばれた」→「消化された」	v.消化する，会得する，同化する
digestion [didʒéstʃən/daidʒéstʃən]	di	gest	ion	di [=off, away 離れて] ~ion [→名]	n.消化(力)
digestive [didʒéstiv/daidʒéstiv]	di	gest	ive	di [=off, away 離れて] ~ive [→形]	a.消化を助ける
exaggerate [igzǽdʒəreit]	exag	ger	ate	ex [=out of 外に]+agger [積み上げる] (<ag [=ad…へ]+ger [運ぶ])+ate [=make…にする→動]. 「程度を越えたところに積み上げる」	v.誇張する，過大視する
exaggeration [igzædʒəréiʃən]	exag	ger	ation	ex [=out of 外に] ag [=ad…へ] ~ate [=make…にする→動]+ion [→名]	n.誇張
register [rédʒistər]	re	gist	er	re [=back もとへ]+gerere [=carry 運ぶ]	n.,v.記録(する)，登録(する)
registration [redʒistréiʃən]	re	gist	ration	re [=back もとへ] ~ion [→名]	n.記載，登録，記名
suggest [sədʒést]	sug	gest		sug [=down 下に] ~. 「下へ運ばれる」	v.暗示する，示唆する
suggestion [sədʒéstʃən]	sug	gest	ion	sug [=down 下に] ~ion [→名]	n.暗示，示唆
suggestive [sədʒéstiv]	sug	gest	ive	sug [=down 下に] ~ive [→形]	a.暗示的，示唆に富む

germ [=sprout 芽]

germ [dʒəːrm]	germ		もとはラテン語 germen 「芽」	n.幼芽，細菌，兆し，起源
germinate [dʒə́ːrmineit]	germ	inate	germ<L. germen [=sprout 芽] ~ate [make…にする]	v.芽を出す，発芽させる
germination [dʒəːrminéiʃən]	germ	ination	~ion [→名]	n.発芽，発生
germicide [dʒə́ːrmisaid]	germ	icide	~cide [=kill 殺す]	a.殺菌の；n.殺菌剤

glar, glass, glaz [=glass ガラス]

glare [gleər]	glar	e	<ME. glaren 「輝く」	v.ピカピカ光る；n.閃光，睨みつけ
glaring [gléəriŋ]	glar	ing	~ing [→形]	a.まぶしい，目立つ
glass [glæːs]	glass			n.ガラス，コップ
glassful [glǽːsfəl]	glass	ful	~ful [=full of…で満ちた→形]	a.,n.コップ1杯の(量)
glassy [glǽsi]	glass	y	~y [→形]	a.ガラス状[質]の，どんよりした

語	発音	接頭辞	語根	接尾辞	語源	意味
glaze	[gleiz]		glaz	e	＜ME. *glasen*＜*glas* ガラス＋*en* [→動] glass の動詞形. cf.grass「草」→ graze「草を食べる」	*v.*ガラスをはめる, 滑らかにする；*n.*つやつやした表面
glazier	[gléiziər]		glaz	ier	～er [＝person 人→名]	*n.*ガラス工, ガラス屋

gnos, can, cunn, couth, know, gn², gnor [＝know 知る]

語	発音	接頭辞	語根	接尾辞	語源	意味
can	[kæn]		can		＜OE. *cunnan*「知る」	*v.*できる, …してよい, ありうる
cunning	[kʌ́niŋ]		cunn	ing	～ing [→形]. 13世紀の英語では「知識のある」	*a.*狡猾な, ずるい, 巧妙な
uncouth	[ʌnkúːθ]	un	couth		un [＝not]＋couth [＝known].「知られていない」	*a.*無骨な, 未知の, 荒れ果てた
know	[nou]		know		＜OE. *cnāwan*「知る」	*v.*知る, 知っている, 知り合いである
knowledge	[nálidʒ]		know	ledge	～ledge＜OE. *lāc*「行為, 遊び」	*n.*知識, 認識, 理解, 学問
acknowledge	[əknálidʒ]	ac	know	ledge	ac＜ad [＝to…へ]＋knowledge. ME. *aknowen*「認識する」と *knowlechen*「知っている」の混成	*v.*認める, 承認する, 感謝する
acknowledgement	[əknálidʒmənt]	ac	know	ledg(e)ment	ac＜ad [＝to…へ]＋knowledge＋ment [→名]	*n.*承認, 受け取り通知(証明), 領収書, 感謝
agnostic	[ægnástik]	a	gnos	tic	a [＝without…のない]＋ic [→名, 形]. T.H.Huxleyの造語	*a.*不可知論(者)の；*n.*不可知論者
cognition	[kɑgníʃən]	co	gn	ition	co [＝together 共に]～ition [→名]	*n.*認識
cognizable	[kágnizəbl]	co	gn	izable	co [＝together 共に]～ize [＝make…にする→動]＋able […できる→形]	*a.*認識できる
cognizance	[kágnizəns]	co	gn	izance	co [＝together 共に]～ance [→名]	*n.*認識, 知覚
ignore	[ignɔ́ːr]	i	gnor	e	i＜in [＝not]～. 17世紀「知らない」	*v.*無視する
ignorance	[ígnərəns]	i	gnor	ance	i＜in [＝not]～ance [→名]	*n.*無学無知, 不案内
ignorant	[ígnərənt]	i	gnor	ant	i＜in [＝not]～ant [→形]	*a.*無学の, 無知の
incognito	[inkágnitou]	inco	gn	ito	i＜in [＝not]＋cognito [＝known 知られた].「知られずに」	*ad.*お忍びで
recognize	[rékəgnaiz]	reco	gn	ize	re [＝again 再び]～ize [＝make…にする→動].「再び知る」	*v.*認める, 見分けがつく
recognition	[rekəgníʃən]	reco	gn	ition	re [＝again 再び]～ition [→名]	*n.*認知, 承認, 感謝

grad, gree[1] [=step 一歩, degree 等級]

grade [greid]	grad	e	「一歩一歩（歩む）」	n.,v.等級（をつける），採点（する）
gradual [grǽdʒuəl]	grad	ual	～al [→形]	a.漸次の，徐々の
graduate n.[grǽdʒuət] v.[grǽdʒeit]	grad	uate	～ate [=make…させる→動]. L.gradu-ārī「学位をとる」の過去分詞から	n.卒業生；v.卒業させる（する），等級をつける
graduation [grædʒuéiʃən]	grad	uation	～ate [=make…させる→動]+ion [→名]	n.卒業（式）
degrade [digréid]	de	grad	e	de [=down下に] ～.「段階を下げる」	v.地位を下げる
degradation [dègrədéiʃən]	de	grad	ation	de [=down下に] ～ate [=make…にする→動]+ion [→名]	n.左遷，免職，堕落，退化
degree [digríː]	de	gree	de [=down] ～.「一歩」	n.程度，等級，階級，身分
ingredient [ingríːdiənt]	in	gred	ient	in [=in, into中に] ～ent [=agent作用物→名]	n.成分，要素，原料
retrograde [rétrougreid]	retro	grad	e	retro [=backward後ろへ] ～.「後ろへ進む」	v.逆行する，後退する，退歩する；a.後退の，退歩の

gram, glam, graph [=something written 書かれたもの，write 書く]

glamor [glǽmər]	glam	or	grammar の異形	n.魔法[術]，魔力，魅力
glamorous [glǽmərəs]	glam	orous	～ous [=full of…で満ちた→形]	a.魅力的な
grammar [grǽmər]	gram	mar	<GK. [=文字を知ること，書くための技術]	n.文法
grammatical [grəmǽtikəl]	gram	matical	～al [→形]	a.文法（上）の
gramophone [grǽməfoun]	gram	ophone	～phone [=sound 音]. 「音声を記したもの」	n.蓄音機
graph [grǽf]	graph			n.,v.グラフ（で示す），図示（する）
graphic [grǽfik]	graph	ic	～ic [→形]	a.図画の，図表の，図解の
autograph [ɔ́ːtəgrǽf]	auto	graph	「自分自身の手で書いたもの」	n.直筆，サイン
biographer [baiágrəfər]	bio	graph	er	bio [=life生命] ～+er [=person人→名]	n.伝記作家
autobiographer [ɔ̀ːtoubaiágrəfər]	autobio	graph	er	auto [=self自身]+bio [=life人生] ～ [=write書く]+er [=person人→名]	n.自叙伝作家
autobiography [ɔ̀ːtoubaiágrəfi]	autobio	graph	y	auto [=self自己]+bio [=life人生] ～y [→名]. 「自分の生涯の記述」	n.自叙伝

biography [baiágrəfi]	bio	graph	y	bio [=life 人生] ~y [→名].「生涯を記述したもの」	n.伝記(文字)
biographical [baiəgrǽfikəl]	bio	graph	ical	bio [=life 人生] ~cal [→形]	a.伝記(体) の
diagram [dáiəgræm]	dia	gram		dia [=through わたって] ~.「線で書いたもの」	n.図式[表], (列車の)ダイヤ
paragraph [pǽrəgræf]	para	graph		para [=beside 側に] ~.「余白に書かれたもの」	n., v.段落(に分ける)
phonograph [fóunəgræf]	phono	graph		phono [=sound 音] ~.「音声を記したもの」	n.蓄音機
photograph [fóutəgræf]	photo	graph		photo [=light 光] ~.「光りで書いたもの」	n., v.写真(をとる)
program(me) [próugræm]	pro	gram		pro [=before 前に] ~.「前もって書くもの」	n.プログラム, 計画, 予定表
stenographer [stənágrəfər]	steno	graph	er	steno [=narrow 狭い] ~er [=person 人→名]	n.速記者
telegram [téligræm]	tele	gram		tele [=faraway 遠い] ~.「遠くから書き送る」	n.電報
telegraph [téligræf]	tele	graph		tele [=faraway 遠い] ~.	n.電信機

grap, grab, grasp, grip [=hold つかむ]

grab [græb]	grab		MDu. grabben「ひっつかむ」からの借用か	v.つかむ; n.ひっつかみ, 略奪
grapple [grǽpl]	grap	ple	~le [=反復].<OF. grape「鉤(かぎ)」	v.つかむ, つかみ合いをする; n.つかみ合い
grasp [grǽsp]	grasp		低地ドイツ語起源.原義は「手探りする」	v.つかむ, 握る;意味をつかむ; n.つかみ, 理解力
grip [grip]	grip		<OE. gripa「一握り」	v.つかむ, 握る; n.つかみ
gripe [graip]	grip	e	<OE. gripe「握ること」	v.腹痛で苦しむ
grope [group]	grop	e	<OE. gropian「つかむ」	v.手探りする

grat, grac, gree² [=pleasing 楽しい, grateful ありがたい]

grace [greis]	grac	e	<OF. grace「楽しい, 心地よい」	n.しとやかさ, 品のよさ, 恩恵; v.品位をそえる
graceful [gréisfəl]	grac	eful	~ful [=full of…で満ちた→形]	a.優美[優雅]な, 上品な
gracious [gréiʃəs]	grac	ious	~ous [=full of…で満ちた→形]	a.ていねいな, 愛想のよい
grateful [gréitfəl]	grat	eful	~ful [=full of…で満ちた→形].「喜びに満ちた」	a.ありがたく思う (=thankful)
gratify [grǽtifai]	grat	ify	~fy [=make…にする→動].「喜ばせる」	v.満足させる, 満たす
gratifying [grǽtifaiŋ]	grat	ifying	~fy [=make…にする→動]+ing [→形]	a.満足を与える, 心地よい
gratification [grǽtifikéiʃən]	grat	ification	~fic [=make…にする→動]+ation [→名]	n.満足(させること)

gratis [gréitis]	grat	is	~is [=奪格]．「恩恵をもって」→「無料で」	ad.無料で
gratitude [grǽtitjuːd]	grat	itude	~tude [→名]	n.感謝(の念)，謝意
gratuity [grətjúːiti]	grat	uity	~ty [→名]	n.心づけ，チップ
agree [əgríː]	a	gree	a＜ad [=to…へ] ~＜L.=pleasing.「相手を喜ばす」	v.同意する，同意である，一致する
agreeable [əgríːəbl]	a	gree	able	a＜ad [=to…へ] ~able [=できる→形]	a.愉快な，感じのよい，一致する
agreement [əgríːmənt]	a	gree	ment	a＜ad [=to…へ] ~ment [→名]	n.協定，契約，一致，調和
congratulate [kəngrǽtjuleit]	con	grat	ulate	con [=together 共に]+ate [=make…にする→動].「共に喜ぶ」→「祝う」	v.祝う
congratulation [kəngrætjuléiʃən]	con	grat	ulation	con [=together 共に] ~ion [→名]	n.祝い，祝賀，祝辞
disagree [disəgríː]	disa	gree		dis [=not] ~	v.一致しない，意見が合わない
disagreeable [disəgríːəbl]	disa	gree	able	dis [=not] ~able [=できる→形]	a.不愉快な，気にくわない
disagreement [disəgríːmənt]	disa	gree	ment	dis [=not] ~ment [→名]	n.不一致，意見の相違
disgrace [disgréis]	dis	grac	e	dis [=not] ~	n.不名誉，不真面目
disgraceful [disgréisfəl]	dis	grac	eful	dis [=not] ~ful [=full of…で満ちた→形]	a.恥ずべき，不真面目な
ingrate [íngreit]	in	grat	e	in [=not] ~	n.恩知らず
ingratiate [ingréiʃieit]	in	grat	iate	in [=in, into 中に] ~ate [=make…にする→動]	v.気に入るようにする
ingratitude [ingrǽtitjuːd]	in	grat	itude	in [=not] ~tude [=nature 性質, state 状態→名]	n.忘恩，恩知らず

grav¹, griev, grief [=heavy 重い，important 重要な]

grave [greiv]	grav	e	＜L. gravis「重い」	a.重大な，まじめな，沈んだ
gravitation [græviteiʃən]	grav	itation	~ate [=make…にする→動]+ion [→名]	n.引力，重力，下降
gravity [grǽviti]	grav	ity	~ity [=state, condition 状態→名]	n.まじめさ，重大さ，重力，重量
grieve [griːv]	griev	e	＜OF. grever「重くする，(心を)重くする」	v.悲しませる，悩ます；悲しむ
grievance [gríːvəns]	griev	ance	~ance [→名]	n.苦情，不平，苦情のたね
grievous [gríːvəs]	griev	ous	~ous [=full of…で満ちた→形]	a.嘆かわしい，耐えがたい，ひどい
grief [griːf]	grief		grieveの名詞形	n.深い悲しみ，苦悩

aggravate [ǽgrəveit]	ag|grav|ate	ag＜ad［＝to…へ］〜ate［＝make…にする→動］		v.悪化させる；怒らせる
aggrieve [əgríːv]	ag|griev|e	ag＜ad［＝to…へ］〜		v.悩ます，しいたげる

grav², grub［＝dig 掘る，carve 刻む］

grave [greiv]	grav|e	原義は「掘られたもの」	n.墓穴，墓
graveyard [gréivjɑːrd]	grav|eyard	〜yard［＝garden 庭］	n.墓所
grub [grʌb]	grub	＜ME. grubbe(n)「掘る」	v.掘る；n.幼虫，ウジムシ
engrave [ingréiv]	en|grav|e	en［＝into 中へ］〜	v.彫り込む
engraving [ingréiviŋ]	en|grav|ing	en［＝into 中へ］〜ing［→名］	n.彫刻，彫り物，版画

greg［＝flock 群がる，gather 集める］

gregarious [grigéəriəs]	greg|arious	〜ous［＝full of…で満ちた→形］．「群をなしている」	a.群居する
aggregate [ǽgrigeit]	ag|greg|ate	ag＜ad［＝to…へ］〜ate［＝make…にする→動］．「群に加える」	v.集める，達する
aggregation [ægrigéiʃən]	ag|greg|ation	ag＜ad［＝to…へ］〜ate［＝make…にする→動］＋ion［→名］	n.集合，集団，集合体(物)
congregate [káŋgrigeit]	con|greg|ate	con［＝together 共に］〜ate［＝make…にする→動］	v.集める，集合する
congregation [kɑŋgrigéiʃən]	con|greg|ation	con［＝together 共に］〜ate［＝make…にする→動］＋ion［→名］	n.集まり，集会
egregious [igríːdʒəs]	e|greg|ious	e＜ex［＝out of 外に］〜ous［＝full of…で満ちた→形］．「群からはみ出るほどの」	a.とてつもない；並みはずれの
segregate [ségrigeit]	se|greg|ate	se［＝apart 離れて］〜ate［＝make…にする→動］	v.分離する，隔離する，人種的差別をする
segregation [segrigéiʃən]	se|greg|ation	se［＝apart 離れて］〜ate［＝make…にする→動］＋ion［→名］	n.分離，隔離，人種的差別待遇

gress［＝step 歩を進める，walk 歩く］

aggression [əgréʃən]	ag|gress|ion	ag＜ad［＝to…へ］〜ion［→名］．「…に向かって行くこと」	n.攻撃，侵略，侵犯
aggressive [əgrésiv]	ag|gress|ive	ag＜ad［＝to…へ］〜ive［→形］	a.侵略的な，進取的な
aggressor [əgrésər]	ag|gress|or	ag＜ad［＝to…へ］〜or［＝person 人→名］	n.攻撃者，侵略者；侵略国
congress [káŋgres]	con|gress	con［＝together 共に］〜．「共に行く」→「集まる」	n.会議，大会，[C-]（米）議会，国会
congressional [kəŋgréʃənəl]	con|gress|ional	con［＝together 共に］〜ion［→名］＋al［→形］	a.会議の；[C-]（米）議会の，国会の
congressman [káŋgrəsmən]	con|gress|man	congress＋man 男	n.国会議員，下院議員
digress [daigrés]	di|gress	di＜dis［＝apart 離れて］〜．「離れて行く」	v.(脇道に)それる

egress [íːgres]	e	gress	e＜ex［＝out of 外に］～.「外へ行く」	n.外へ出ること，出口，はけ口
ingress [íngres]	in	gress	in［＝in, into 中に］～.「中へ行く」	n.はいること，進入，入口，入場権
progress [prágres]	pro	gress	pro［＝forward 前へ］～.「前へ行く」	n.前進，向上，発達；v.前進する，進歩する
progression [prəgréʃən]	pro	gress	ion	pro［＝forward 前へ］～ion［→名］	n.前進，連続，整列
progressive [prəgrésiv]	pro	gress	ive	pro［＝forward 前へ］～ive［→形］	a.前進する，進歩する，進行形の
regress n.[ríːgres] v.[rigrés]	re	gress	re［＝backward 後ろへ］～.「後ろへ行く」	n.復帰，逆行，退歩；v.逆行する，退歩する，復帰する
regression [rigréʃən]	re	gress	ion	re［＝backward 後ろへ］～ion［→名］	n.復帰，逆行，退歩
regressive [rigrésiv]	re	gress	ive	re［＝backward 後ろへ］～ive［→形］	a.後退の，逆行の
transgress [trænsgrés]	trans	gress	trans［＝over, across 越えて］～.「限度を越えて行く」	v.違反する，(制限)を越える
transgression [trənsgréʃən]	trans	gress	ion	trans［＝over, across 越えて］～ion［→名］	n.違反，犯罪，罪

H

habit, hibit [=have 持つ, hold 保つ]

habit [hǽbit]	habit		<L. *habitus*「持つようになったもの」→「習慣」	n.習慣, 婦人乗馬服, 習性, 体質
habitation [hæbitéiʃən]	habit	ation	~ate [=make…にする→動]+ion [→名]	n.住所, 住宅, 居住
habitual [həbítʃuəl]	habit	ual	~al [→形]	a.習慣的な, 常習の, 平素の, 例の
habituation [həbitʃuéiʃən]	habit	uation	~ate [=make…にする→動]+ion [→名]	n.慣らすこと, 慣れること, 習熟
cohabit [kouhǽbit]	co	habit	co<com [=together 共に] ~.「共に住む」	v.同棲する
exhibit [igzíbit]	ex	hibit	ex [=out of 外に] ~.「外に持たれる」→「展示する」	v.示す, 陳列する, 出品する; n.公示, 展示(物)
exhibition [eksibíʃən]	ex	hibit	ion	ex [=out of 外に] ~ion [→名]	n.展示, 提示, 博覧会, 展示品, 学芸会
inhabit [inhǽbit]	in	habit	in [=in 中に] ~.「中に保つ」	v.住む, 宿る
inhabitant [inhǽbitənt]	in	habit	ant	~ant [=person 人→名]	n.居住者, 住人
inhibit [inhíbit]	in	hibit	in [=in 中に] ~.「中に保つ」→「抑える」	v.禁じる, 妨げる, 抑制する
inhibition [inhibíʃən]	in	hibit	ion	in [=in 中に] ~ion [→名]	n.禁止, 禁制
prohibit [prəhíbit]	pro	hibit	pro [=before 前に] ~.「(人の)前に保つ」→「禁じる」	v.禁じる
prohibition [prouhibíʃən]	pro	hibit	ion	pro [=before 前に] ~ion [→名]	n.禁止, 禁制, 禁令, (法律による)禁酒

hal[1] [=breath 息]

exhale [ekshéil]	ex	hal	e	ex [=out of 外に] ~.「息を外へ吐き出す」	v.吐き出す, 発散する, 蒸発する
exhalation [eksháléiʃən]	ex	hal	ation	ex [=out of 外に] ~ate [=make…にする→動]+ion [→名]	n.吐き出すこと, 蒸発, 呼気
inhale [inhéil]	in	hal	e	in [=into 中に] ~.「息を吸い込む」	v.吸い込む, 吸入する
inhalation [inhəléiʃən]	in	hal	ation	in [=into 中に] ~ate [=make…にする→動]+ion [→名]	n.吸入(剤)

hal[2], **hail, heal, hol, whol** [=whole 完全な, healthy 健康な]

hail [heil]	hail		<ON. *heil* [=health 健康]. アイスランド語 *heill*「幸福」	v.あいさつする, 大声で呼びかける; *int.*ようこそ!ごきげんよう!万歳!
hale [heil]	hal	e	「無傷の, 元気な」	a.健康な, 壮健な
heal [hi:l]	heal		<OE. *hal*=whole「完全な」	v.なおす(なおる), 和解する(させる)

単語	分解		語源説明	意味
healable [hí:ləbl]	heal	able	～able [=possible…できる→形]	a.いやすことのできる
healall [hí:lɔ:l]	heal	all	～all すべて	n.万能薬
health [helθ]	heal	th	～th [=condition 状態→名].「全体であること」→「完全であること」	n.健康(状態)
healthful [hélθfəl]	heal	thful	～th [=condition 状態→名]+ful [=full of…で満ちた→形]	a.健康的な
healthy [hélθi]	heal	thy	～th [=condition 状態→名]+y [→形]	a.健康状態にある
holiday [hálədei]	hol	iday	～day「日」	n.休日, 休業日, 祭日, 聖日
holy [hóuli]	hol	y	<OE. halig「全体の」.「傷ついていない」が原義	a.神の, 聖なる, 清浄な, 神聖な
whole [houl]	whol	e	<OE. hal「全体の」. hale「強健な」と同語源	a.全体の, すべての, 完全な
wholesale [hóulseil]	whol	esale	～sale「販売」	a.卸売の, 大規模の; n.卸売
wholesome [hóulsəm]	whol	esome	～some [=fitting…に適する→形]	a.衛生的な, 健康によい
unhealthy [ʌnhélθi]	un	heal	thy	un [=not] ～y [→形]	a.不健康な, 病身な, 有害な, 不健全な
unholy [ʌnhóuli]	un	hol	y	un [=not] ～y [→形]	a.神聖でない, 不浄な, 不信心な
unwholesome [ʌnhóulsəm]	un	whol	esome	un [=not] ～some [=fitting…に適する→形]	a.健康によくない, 腐敗した, 不健全な

hand [=hand 手]

単語	分解		語源説明	意味
hand [hænd]	hand		hand	n.手, 筆跡; v.手渡しする
handbook [hǽndbuk]	hand	book	～book「本」	n.便覧
handful [hǽndfəl]	hand	ful	～ful [=full of…で満ちた→形]	n.一握り, 少量
handicap [hǽndikæp]	hand	icap	=hand i'(=in) cap「賭け金を帽子の中に入れた昔のくじ引き遊び」の名から	n.ハンディキャップ, 不利益, 障害
handicraft [hǽndikræft]	hand	icraft	～craft「細工」	n.手細工, 手芸, 手職
handkerchief [hǽŋkərtʃif]	hand	kerchief	～kerchief「スカーフ」	n.ハンカチ
handle [hǽndl]	hand	le	～le [=道具→名; 反復→動]	n.柄, 取っ手, 引き手; v.手で処理する
handling [hǽndliŋ]	hand	ling	～le [=反復→動]+ing [→名]	n.取り扱い, 運用, 手ぎわ
handmade [hǽndmeid]	hand	made	～made「作られた」	a.手製の, 手細工の
handrail [hǽndreil]	hand	rail	～rail「横木」	n.手すり, らんかん
handshake [hǽndʃeik]	hand	shake	～shake「振ること」	n.握手

handsome [hǽnsəm]		hand	some	~some [=fitting…に適する→形], easy to handle「手ごろな」	a.美しい, 見事な, かなりの
handsomely [hǽnsəmli]		hand	somely	~some [=fitting…に適する]+ly [→副]	ad.立派に, 見事に, 気前よく
handwriting [hǽndraitiŋ]		hand	writing	~writing「書くこと」	n.手跡, 筆跡, 書いた物
handy [hǽndi]		hand	y	~y [→形]	a.手近な, 便利な, 器用な
lefthand [léfthǽnd]	left	hand		left「左」~	a.左(手側)の, 左巻きの
lefthanded [léfthǽndid]	left	hand	ed	left「左」~ed [→形]	a.左利きの, 不器用な, 疑わしい
righthand [ráithǽnd]	right	hand		right「右」~	a.右の, 右手の, 片腕となる
righthanded [ráithǽndid]	right	hand	ed	right「右」~ed [→形]	a.右利きの, 右手用の, 右回りの

hap [=chance 偶然, 幸運]

hap [hǽp]		hap			v.偶然起こる
haphazard [hǽphǽzərd]		hap	hazard	~hazard [<OF.=dice さいころ]	n.偶然(のこと); a.偶然の
hapless [hǽplis]		hap	less	~less [=without…のない→形]	a.不運な
happen [hǽpən]		hap	pen	~en [=make…にする→動]	v.偶然起こる, たまたま…になる, 生じる
happening [hǽpəniŋ]		hap	pening	~en [=make…にする→動]+ing [→名]	n.出来事
happy [hǽpi]		hap	py	~y [→形]	a.幸福な, 楽しい, 幸運な, 適切な
happily [hǽpili]		hap	pily	~i<y [→形]+ly [→副]	ad.幸福に, うまく, 適切に
happiness [hǽpinis]		hap	piness	~i<y [→形]+ness [=state 状態→名]	n.幸福, 幸運, 巧妙, 適切
perhaps [pərhǽps]	per	hap	s	per [=by…によって] ~s [→副], 「偶然に」	ad.たぶん, おそらく; n.偶然のこと, 仮定
unhappy [ʌnhǽpi]	un	hap	py	un [=not] ~y [→形]	a.不幸な, 不運な, おりの悪い, 不適切な
unhappily [ʌnhǽpili]	un	hap	pily	un [=not] ~i<y [→形]+ly [→副]	ad.不幸に, 不運に, あいにく, へたに

hard [=strong 強い, hard 固い]

hard [hɑːrd]		hard		<OE. heard 原義は「強い」	a.,ad.固い(く), むずかしい(く), きびしい(く), 熱心に
harden [hɑ́ːrdn]		hard	en	~en [=make…にする→動]	v.固くする(なる)
hardly [hɑ́ːrdli]		hard	ly	~ly [→副]. 「きびしく」→「苦労して」→「やっと」のように意味変化して, 否定形になった	ad.ほとんど…ない, やっと, 骨折って

hardness [háːrdnis]	hard	ness	～ness [＝state 状態→名]	n.無情，堅固，峻厳
hardship [háːrdʃip]	hard	ship	～ship [＝state 状態→名]	n.辛苦，苦境
hardware [háːrdwéər]	hard	ware	～ware 商品	n.金物類
hardworking [háːrdwəːrkiŋ]	hard	working	～working 働く	a.熱心な，よく働く
hardy [háːrdi]	hard	y	～y [→形]	a.大胆な，丈夫な，剛健な

head [＝head 頭]

head [hed]		head		n.頭，首位，項目
headache [hédeik]		head	ache	～ache「痛み」	n.頭痛
heading [hédiŋ]		head	ing	～ing [→名]	n.表題，見出し，方向
headland [hédlænd]		head	land	～land「土地」	n.岬，突端
headlight [hédlait]		head	light	～light「光り」	n.ヘッドライト
headline [hédlain]		head	line	～line「線」	n.表題
headlong [hédlɔŋ]		head	long	～long「長い」	ad.まっさかさまに，むてっぽうに；a.大急ぎの，向こう見ずな
headman [hédmən]		head	man	～man「男」	n.酋長
headmaster [hédmæstər]		head	master	～master「主人」	n.校長
headoffice [hédɔfis]		head	office	～office「事務所」	n.本部，本店，本局
headquarters [hédkwɔːrtərz]		head	quarters	～quarters「宿所」	n.司令部，本部
headway [hédwei]		head	way	～way「道」	n.前進，進行，進歩，船脚
ahead [əhéd]	a	head		a＜ad [＝to…へ] ～	ad.前方に，先んじて
behead [bihéd]	be	head		be [＝make…にする→動] ～	v.首を切る，打ち首にする

her¹, heir [＝heir 相続人]

hereditary [hiréditeri]		her	editary	～ary [→形]「引き継がれた」	a.世襲の，遺伝の
heredity [hiréditi]		her	edity	～ity [＝state 状態→名]	n.遺伝
heritage [héritidʒ]		her	itage	～age [→名]「引き継がれたもの」	n.世襲(財産)，継承物
heir [eər]		heir			n.相続人，後継人
heirloom [éərluːm]		heir	loom	～loom「はた，織機」	n.先祖伝来の物，家宝
inherit [inhérit]	in	her	it	in [＝in 中に]＋L. herit [＝make (one) heir 相続人にする]	v.相続する，受け継ぐ
inheritance [inhéritəns]	in	her	itance	in [＝in 中に] ～ance [→名]	n.相続，遺産，遺伝
disinherit [disinhérit]	disin	her	it	dis [＝not]＋in [＝in 中に] ～	v.相続権を奪う，勘当する
disinheritance [disinhéritəns]	disin	her	itance	dis [＝not]＋in [＝in 中に] ～ance [→名]	n.廃嫡，勘当

her², hes [=stick 付着する]

hesitate [héziteit]	hes	itate	~ate [=make…にする→動]. <L. haesitāre「くっついて動かない」	v.ためらう，口ごもる，しりごみする
hesitant [hézitənt]	hes	itant	~ant [→形]	a.ためらう，にえきらない
adhere [ədhíər]	ad	her	e	ad [=to…に] ~	v.固着する，粘着する，固定する
adherent [ədhíərənt]	ad	her	ent	ad [=to…に] ~ent [→形]	a.粘着性の；n.固守者，味方
adhesive [ədhí:siv]	ad	hes	ive	ad [=to…に] ~ive [→形]	a.粘着性の
cohere [kouhíər]	co	her	e	co [=together 共に] ~.「共に粘りつく」→「結合する」	v.密着する，結合する
coherence [kouhíərəns]	co	her	ence	co [=together 共に] ~ence [→名]	n.密着(性)，首尾一貫性
coherent [kouhíərənt]	co	her	ent	co [=together 共に] ~ent [→形]	a.密着する，論理的な
cohesion [couhí:ʒən]	co	hes	ion	co [=together 共に] ~ion [→名]	n.粘着，結合
cohesive [kouhí:siv]	co	hes	ive	co [=together 共に] ~ive [→形]	a.粘着性(結合力)のある
inhere [inhíər]	in	her	e	in [=in 中に] ~.「中にくっつく」→「固有のものとしてある」	v.本来備わっている
inherence [inhíərəns]	in	her	ence	in [=in 中に] ~ence [→名]	n.固有，内在，生得

hon [=honor 名誉]

honest [ánist]	hon	est	<OF.(h)oneste 名誉.「名誉の」	a.正直な，誠実な
honestly [ánistli]	hon	estly	honest+ly [→副]	a.正直に
honesty [ánisti]	hon	esty	~est [→形]+y [=condition 状態→名]	n.正直
honor [ánər]	hon	or	~or [=nature 性質→名]	n.尊敬，名誉，高位；v.尊敬する，名誉を与える
honorable [ánərəbl]	hon	orable	~or [=nature 性質→名]+able [=worthy…の価値がある→形]	a.尊敬すべき，立派な，高貴な
honorably [ánərəbli]	hon	orably	~or [=nature 性質→名]+able [=worthy…の価値がある→形]+ly [→副]	ad.立派に，正当に，正しく
honorary [ánərəri]	hon	orary	or [=nature 性質→名]+ary [→形]	a.名誉の，名誉職の
honorific [anərífik]	hon	orific	~or [=nature 性質→名]+fic [=make 作る→形]	a.尊敬の，敬称の
dishonest [disánist]	dis	hon	est	dis [=not] ~est [→形]	a.不正直な，不正の，不誠実な
dishonor [disánər]	dis	hon	or	dis [=not] ~or [=nature 性質→名]	n.不名誉，侮辱
dishonorable [disánərəbl]	dis	hon	orable	dis [=not] ~or [=nature 性質→名]+able [=worthy…の価値がある→形]	a.不名誉な，恥ずべき，卑しい

hor [=fear 恐怖]

horrible [hárəbl]	hor	rible	~ible [=able…の性質をもった→形]	a.恐ろしい，ひどい
horrid [hárid]	hor	rid	~id [→形]	a.恐ろしい，いやな

単語	分解1	分解2	語源解説	意味
horrify [hɔ́rifai]	hor	rify	~ify [=make…にする→動]	v.恐怖させる, ぞっとさせる
horror [hɔ́rər]	hor	ror	~or [=state 状態→名].「さか立っている」	n.恐怖, 恐ろしいこと
abhor [əbhɔ́:r]	ab hor		ab [=apart 離れて] ~.「毛を逆立てて怒る」	v.恐れ嫌う, 嫌悪する
abhorrence [əbhɔ́:rəns]	ab hor	rence	ab [=apart 離れて] ~ence [→名]	n.嫌悪, 大嫌いなもの
abhorrent [əbhɔ́:rənt]	ab hor	rent	ab [=apart 離れて] ~ent [→形]	a.大嫌いな, 忌まわしい

host¹ [=enemy 敵], host², hospit, hot [=guest 客]

hospitable [háspitəbl]	hospit	able	~able [=possible…できる→形]	a.もてなしのよい, 好意を持って受け入れる
hospital [háspitəl]	hospit	al	~al [→名]. 本来は旅行者のための「宿泊所」.「病院」は 16 世紀から	n.病院
hospitality [haspitǽliti]	hospit	ality	~al [→名]+ity [=state 状態→名]	n.親切なもてなし, 歓待
host [houst]	host		13 世紀から.「旅館の主人」	n.主人, 主, 大勢, 多数
hostage [hástidʒ]	host	age	~age [→ state 状態→名]	n.人質
hostel [hástel]	host	el	~el [=small 小さい→指小辞. 17 世紀から, hotel と同語源	n.旅館, 宿舎
hostess [hóustis]	host	ess	~ess [=female 女性→名]	n.女主人, 女主
hostile [hástəl]	host	ile	~ile [=belonging to…に関する→形].＜L. hostis [敵]	a.敵意のある, 敵対する
hostility [hastíliti]	host	ility	~ile [=belonging to…に関する→形]+ity [=state 状態→名]	n.敵意, 敵対行為, 戦争行為
hotel [houtél]	hot	el	~el [=small 小さい→指小辞].「客をもてなす所」	n.旅館, ホテル

hous, hus [=house 家]

単語	分解1	分解2	語源解説	意味
house [haus]	hous	e		n.家; v.家をあてがう, 収容する
household [háushould]	hous	ehold	~hold「保つ」. 原義は「家の中にいる者」	n.家族, 世帯; a.家族の, 家内の, 家事の
housekeeper [háuski:pər]	hous	ekeeper	~keeper「守る人」	n.主婦, 家政婦
housewife [háuswaif/házif]	hous	ewife	~wife「妻」	n.主婦, 針箱
housing [háuziŋ]	hous	ing	~ing [→名]	n.住宅計画, 住宅
husband [házbənd]	hus	band	~band [=holder 持っている人].「家を治める人」→「主人」	n.夫
husbandary [házbəndri]	hus	bandary	~ary [→名]. 原義は「農地を耕すこと」	n.農業, 耕作
husk [hask]	hus	k	~k＜sk [=small 小さい→指小辞].「小さな家」→「さや」	n.(種子, 果実の)外皮, 殻, さや, (トウモロコシの)皮

hum¹, hom [=man 人]

homage [hámidʒ]		hom	age	～age [→名]. <OF. *homage*「人に仕えること」	n.尊敬, 主従の関係
homicide [hámisaid]		hom	icide	～cide [=cut 切る].「人を殺す」	n.殺人(罪)
human [hjúːmən]		hum	an	～an [→形, 名]	a.人間の, 人情に通じた; n.人間
humane [hjuːméin]		hum	ane	human の別形. 18世紀からこの意味に限定されるようになった	a.人情ある, 慈悲深い
humanism [hjúːmənizm]		hum	anism	～an [→形]+ism [=doctrine 教義, condition 状態→名]	n.人間性, 人道主義, 人文主義
humanist [hjúːmənist]		hum	anist	～an [→形]+ist [=person 人→名]	n.人間学者, 人道主義者
dehumanize [diːhjúːmənaiz]	de	hum	anize	de [=off, away 離れて] ～ize [=make…にする→動]	v.人間性を奪う
superhuman [sjuːpərhjúːmən]	super	hum	an	super [=above…の上に] ～	a.超人的な, 神わざの

hum², humil [=low 低い]

humble [hʌmbl]		hum	ble	<L. *humilis* [=地面近くの]→「低い」	a.いやしい, 卑下した; v.屈辱を加える
humiliate [hjuːmílieit]		humil	iate	～ate [=make…させる→動].「相手を地にはわす」	v.屈辱を加える
humility [hjuːmíliti]		humil	ity	～ity [=state 状態→名]	n.謙遜, 卑下
exhume [ekshjúːm]	ex	hum	e	ex [=out 外へ] ～.「地の外へ」	v.発掘する
inhume [inhjúːm]	in	hum	e	in [=into 中へ] ～.「地の中へ」	v.(死体を)埋める
posthumous [pástʃəməs]	post	hum	ous	post [=after 後に] ～ous [=full of…で満ちた→形].「埋葬後の」	a.死後の

I, J, K

ident, item [=same, similar 同じ]

identical [aidéntikəl]	ident	ical	~cal [→形]	a.同一の, 等しい
identify [aidéntifai]	ident	ify	~ify [=make…にする→動]	v.同一視する, 確認する
identity [aidéntiti]	ident	ity	~ity [=state 状態→名]	n.同一物[人]であること, 本体, 身元
item [áitem]	item		<L. item [=also…もまた]. 「同様に, …もまた」	n.個条, 項目, 種目

idio [=peculiar 特有の]

idiom [ídiəm]	idio	m	<GK. idioma 「独特な言葉づかい」	n.慣用語法, イディオム
idiomatic [idiəmætik]	idio	matic	~tic [→形]	a.慣用語法の, 慣用的な
idiot [ídiət]	idio	t	<L. idios [=peculiar 特有の]. 「私的な, 独特の」	n.白痴, ばか
idiotic [idiátik]	idio	tic	~tic [→形]	a.白痴の, 大ばかな

imag, imit [=copy, imitate 模倣する]

image [ímidʒ]	imag	e	<L. imago [=copy, imitation 模倣したもの]	n.像, 偶像, 象徴, 心像
imagine [imædʒin]	imag	ine	<L. imaginare 「同類を考える」	v.想像する, 思う
imaginable [imædʒinəbl]	imag	inable	~able [=possible…できる→形]	a.想像できる
imaginary [imædʒineri]	imag	inary	~ary [→形]	a.想像(上)の
imagination [imædʒinéiʃən]	imag	ination	~ate [=make…にする→動]+ion [→名]	n.想像(力), 空想
imaginative [imædʒinətiv]	imag	inative	~ive [→形]	a.想像(上)の, 想像的な
imitate [ímiteit]	imit	ate	~ate [=make…にする→動]. 「真似られた」	v.模倣する, 見習う
imitation [imitéiʃən]	imit	ation	~ate [=make…にする→動]+ion [→名]	n.模倣, 模造, にせ物

imper, emp(e)r, empir [=command 命令する, rule 支配する]

emperor [émpərər]	emper	or	~or [=person 人→名]. <L. imperāre 「命令する」<im- 「中に」+parāre 「用意する」. 「命令する人」	n.皇帝, 天皇
empire [émpaiər]	empir	e	<L. imperium 「支配するもの」	n.帝国
empress [émpris]	empr	ess	~ess [=female 女性→名]	n.皇后, 女帝
imperative [impérətiv]	imper	ative	~ive [→形]	a.命令的な, 避けられない
imperial [impíəriəl]	imper	ial	~al [→形]	a.帝国の, 荘厳な
imperialism [impíəriəlizm]	imper	ialism	~al [→形]+ism [=doctrine 教義→名]	n.帝政, 帝国主義
imperialist [impíəriəlist]	imper	ialist	~al [→形]+ist [=person 人→名]	n.帝国主義者, 侵略主義者
imperious [impíəriəs]	imper	ious	~ous [=full of…で満ちた→形]	a.横柄な, 緊急の, 重要な

int, ent² [=within 内側の]

entrails [éntreilz]	ent	rails	<L. *entralia* [=within 内側の]	n.内臓，はらわた，内部
interior [intíəriər]	int	erior	<L. *interus* [=within…の内側の]	a.内(部)の
internal [intə́ːrnl]	int	ernal	～al [→形]	a.内(部)の，国内の
intestine [intéstin]	int	estine	<L. *intestina* [=internal 内部の]	n.腸；a.内部の，国内の
intimacy [íntiməsi]	int	imacy	<L. *intimus* [=inmost 最も内側の]+cy [→名]	n.親密，親交
intimate [íntimit]	int	imate	<L. *intimus* [=inmost 最も内側の]+ate [→形]．「親しい友達の」	a.親密な，詳細な，個人的な

irrit [=anger 怒らせる]

irritate [íriteit]	irrit	ate	～ate [=make…させる→動]	v.いらいらさせる，おこらせる
irritating [íriteitiŋ]	irrit	ating	～ate [=make…させる→動]+ing [→形]	a.腹立たしい
irritation [iritéiʃən]	irrit	ation	～ate [=make…させる→動]+ion [→名]	n.いらだち，立腹
irritative [íriteitiv]	irrit	ative	～ate [=make…させる→動]+ive [→形]	a.刺激性の

is¹, insul, isol [=island 島]

insular [ínsjulər]	insul	ar	～ar [→形]	a.島の，島国根性の
insularity [insjulǽriti]	insul	arity	～ity [=state 状態→名]	n.島国性，島国根性
island [áilənd]	is	land	<OE. *īgland* [=ig「島」+land「土地」	n.島
islander [áiləndər]	is	lander	～er [=person 人→名]	n.島の住民
isle [ail]	is	le	～le [=small 小さい→指小辞]	n.島，小島
isolate [áisəleit]	isol	ate	～ate [=make…にする→動]．「島にさせられた」	v.孤立させる，分離する
isolation [aisəléiʃən]	isol	ation	～ion [→名]	n.隔離，孤立
isthmus [ísməs]	is	thmus	<Gk. *isthmos* [=neck 首]．「土地の首」	n.地峡
peninsula [piníns julə]	pen	insul	a	peni [=almost ほとんど]～．almost an island「ほとんど島である」	n.半島

it, is², ish, i [=go 行く]

issue [íʃuː]	is	sue	<L. *exitus*「外へ出されたもの」→「結果」	v.発行する，発布する，出る，発する；n.発行，出版，版，号，結果，問題
itinerary [aitínərəri]	it	inerary	<L. *itiner* [=旅行]+ary [→名]	n.旅程，旅行，案内書
ambition [æmbíʃən]	amb	it	ion	amb [=around あたりに]～ion [→名]	n.野心，大望
ambitious [æmbíʃəs]	amb	it	ious	amb [=around あたりに]～ous [=full of…で満ちた→形]	a.大望ある，野心的な
circuit [sə́ːrkit]	circu	it		circu [=round あたりに]～．「まわりを行く」	n.迂回，範囲，面積

jac, ject

circuitous [səːrkjúitəs]	circu	it	ous	circu [=round あたりに] ～ous [=full of …で満ちた→形]	a.まわり道の
coition [kouíʃən]	co	it	ion	co＜com [=together 共に] ～ion [→名]．「共に行く」	n.性交，交合
exit [éksit]	ex	it		ex [=out of 外に] ～．「外へ行く」	n.出口，死去
initial [iníʃəl]	in	it	ial	in [=into …の中に] ～al [→形，名]．「入って行く」→「始めの」	a.最初の；n.頭文字
initiate [iníʃieit]	in	it	iate	in [=into …の中に] ～ate [=make …にする→動]	v.始める，手ほどきする；n.新入者
initiative [iníʃiətiv]	in	it	iative	in [=into …の中に] ～ate [=make …にする→動]＋ive [→形，名]	a.はじめの；n.発端，率先
perish [périʃ]	per	ish		per [=completely 完全に] ～．ish＜L.īre [=go 行く]．「完全に行く」→「無に到る」	v.死ぬ，滅びる，枯れる
perishable [périʃəbl]	per	ish	able	per [=completely 完全に] ～able [=possible …できる→形]	a.腐敗しやすい，死ぬ運命の
transient [trǽnʃiənt]	trans	i	ent	trans [=over, across 越えて] ～ent [→形]	a.一時的の，はかない，臨時の
transit [trǽnsit/trǽnzit]	trans	it		trans [=over, across 越えて] ～．「越えて行く」	n.通過，運送
transition [trænzíʃən]	trans	it	ion	trans [=over, across 越えて] ～ion [→名]	n.移り変わり，推移，過渡期
visit [vízit]	vis	it		vis [=see 見る] ～．「見に行く」	v.訪問する
visitor [vízitər]	vis	it	or	vis [=see 見る] ～or [=person 人→名]	n.訪問者

jac, ject [=throw 投げる]

abject [ǽbdʒekt]	ab	ject		ab [=off, away 離れて] ～．「投げ捨てられた」	a.みじめな，おちぶれた
adjacent [ədʒéisənt]	ad	jac	ent	ad [=to …へ] ～ent [→形]．「そばに横たわる」	a.近隣の，隣接した
adjectival [ædʒiktáivəl]	ad	ject	ival	ad [=to …へ] ～al [→形]	a.形容詞の[的]
adjective [ǽdʒiktiv]	ad	ject	ive	ad [=to …へ] ～ive [→形，名]．「付加された語」	a.形容詞の，付属の；n.形容詞
conjecture [kəndʒéktʃər]	con	ject	ure	con [=together 共に] ～+ure [→名]．「共に投げること」→「投げ集める」	n.,v.推量(する)
dejected [didʒéktid]	de	ject	ed	de [=down 下へ] ～ed [→形]．「気落ちさせられた」	a.落胆した，しょげた
ejaculate [idʒǽkjuleit]	e	jac	ulate	e＜ex [=out of 外に] ～late [=carry 運ぶ→動]．「投げ出す」	v.不意に叫ぶ，噴出する
eject [idʒékt]	e	ject		e＜ex [=out of 外に] ～．「外に投げる」→「追放する」	v.追い出す，追放する
ejection [idʒékʃən]	e	ject	ion	e＜ex [=out of 外に] ～ion [→名]	n.放出，噴出，排出
inject [indʒékt]	in	ject		in [=into …の中に] ～．「中に投げる」	v.注射[注入]する
injection [indʒékʃən]	in	ject	ion	in [=into …の中に] ～ion [→名]	n.注入，注射

interject [intərdʒékt]	inter	ject	inter [=between 間に] ~.「間に投げる」	v.不意にさしはさむ，ついでに言う
interjection [intərdʒékʃən]	inter	ject ion	inter [=between 間に] ~ion [→名]	n.不意の発声；《文法》間投詞
object n.[ábdʒikt] v.[əbdʒékt]	ob	ject	ob [=before 前へ] ~.「前へ投げる」	n.物体，対象，目標，目的語；v.に反対する
objection [əbdʒékʃən]	ob	ject ion	ob [=before 前へ] ~ion [→名]	n.反対，異議，不服
objective [əbdʒéktiv]	ob	ject ive	ob [=before 前へ] ~ive [→形，名]	n.目標，目的；a.客観的な
objectivism [əbdʒéktivizm]	ob	ject ivism	ob [=before 前へ] ~ive [→形]+ism [=doctrine 主義→名]	n.客観主義
project n.[prádʒikt] v.[prədʒékt]	pro	ject	pro [=forward 前に] ~.「前方に投げる」	n.計画，事業，研究課題；v.計画する，映写する，発射する
projection [prədʒékʃən]	pro	ject ion	pro [=forward 前に] ~ion [→名]	n.投射，突出(部)
reject [ridʒékt]	re	ject	re [=back もとへ] ~.「投げ返す」	v.拒絶する，拒否する
rejection [ridʒékʃən]	re	ject ion	re [=back もとへ] ~ion [→名]	n.排除，否決
subject n.[sÁbdʒikt] v.[səbdʒékt]	sub	ject	sub [=under 下に] ~.「…の下に投げる」	n.主題，問題，テーマ，主語；v.服従させる
subjection [səbjékʃən]	sub	ject ion	sub [=under 下に] ~ion [→名]	n.征服，服従
subjective [səbdʒéktiv]	sub	ject ive	sub [=under 下に] ~ive [→形]	a.主観の，主語の
subjectivism [səbdʒéktivizm]	sub	ject ivism	sub [=under 下に] ~ive [→形]+ism [=主義→名]	n.主観論，主観主義

joc, jeo, jewel, jok, jug¹ [=joy 喜び]

jeopardy [dʒépərdi]	jeo	pardy	<ME. juparti<OF. jeu parti [=even game「勝ち目が五分五分のゲーム」→「危険にさらされること」]	n.危険
jewel [dʒúːəl]	jewel		<OF. joel「冗談，たわむれ，ゲーム」. 原義は「喜びをもたらすもの」	n.宝石，貴重な人[物]
jewelry [dʒúəlri]	jewel	ry	~ry [=collection 集合物→名]	n.《集合的》宝石類
jocund [dʒákənd]	joc	und	<L. jucundus [=pleasant 陽気な]	a.陽気な，楽しげな
joke [dʒouk]	jok	e	<L. jocus「冗談」	n.冗談，おどけ
joker [dʒóukər]	jok	er	~er [=person 人→名]	n.おどけもの，(トランプの)ジョーカー
juggle [dʒÁgl]	jug	gle	~le [=small 小さい→指小辞].「小さなたわむれ」	v.手品を使う，だます
juggler [dʒÁglər]	jug	gler	~er [=person 人→名]	n.手品師，ペテン師

join, joint, junct, jug² [=join 結ぶ]

join [dʒɔin]	join		<L. jungere「結合する」	v.接合(結合)する，加わる，合流する
joint [dʒɔint]	joint		<L. junctum「接合されたところ」	n.接合，継ぎ目

junction [dʒʌ́ŋkʃən]	junct	ion		~ion [→名].「接合されること」	n.接合, 連絡, 連絡駅, 交差点
juncture [dʒʌ́ŋktʃər]	junct	ure		~ure [→名]	n.接続, 連結, 場合, 危険
adjoin [ədʒɔ́in]	ad	join		ad [=to…へ] ~	v.…に隣接する
adjoining [ədʒɔ́iniŋ]	ad	join	ing	ad [=to…へ] ~ing [→形]	a.隣の, 付近の
conjoin [kəndʒɔ́in]	con	join		con<com [=together 共に] ~.「共に結ぶ」→「結合した」	v.結合する, 連合する
conjugate [kándʒugeit]	con	jug	ate	con<com [=together 共に] ~ate [=make…にする→動].	v.接合する;《文法》活用[変化]させる
conjugation [kɑndʒugéiʃən]	con	jug	ation	con<com [=together 共に] ~ate [=make→動]+ion [→名]	n.活用変化, 結合, 連結
conjunction [kəndʒʌ́ŋkʃən]	con	junct	ion	con<com [=together 共に] ~ion [→名]	n.結合, 合同;《文法》接続詞
conjuncture [kəndʒʌ́ŋktʃər]	con	junct	ure	con<com [=together 共に] ~ure [→名]	n.結合, 局面, 出会い
disjoin [disdʒɔ́in]	dis	join		dis [=not] ~	v.分離させる
disjoint [disdʒɔ́int]	dis	joint		dis [=not] ~	v.関節をはずす, 解体する
disjunctive [disdʒʌ́ŋktiv]	dis	junct	ive	dis [=not] ~ive [→形]	a.分離性の, 離接的
enjoin [indʒɔ́in]	en	join		en [=in…の中に] ~.「しばる」→「おしつける」→「命令する」	v.申しつける, 命令する

journ [=day 日]

journal [dʒə́:rnəl]		journ	al	<OF. jurnal<L. diēs [=日]+al [→形]. daily「毎日の」	n.日誌, 新聞, 雑誌
journalism [dʒə́:rnəlizm]		journ	alism	~ism [=act 行動→名]	n.ジャーナリズム
journalist [dʒə́:rnəlist]		journ	alist	~ist [=person 人→名]	n.ジャーナリスト
journey [dʒə́:rni]		journ	ey	<OF. jornee「1日の仕事・旅程」<L. diurnus「1日の」. 13世紀「1日の旅行」の意味	n.旅行
journeywork [dʒə́:rniwə:rk]		journ	eywork	~work 仕事. この journey の原義は「1日の仕事」	n.手間仕事
adjourn [ədʒə́:rn]	ad	journ		ad [=to…へ] ~.「他日へ延ばす」	v.延期する, 休会とする
sojourn [sóudʒə:rn]	so	journ		so<sub [=under 下に] ~.「日を過ごす」	n.,v.逗留(する), 滞在(する)

joy, joic [=pleasure 喜び]

joy [dʒɔ́i]		joy		<L. gaudium「喜ぶこと」	n.喜び, うれしさ (=delight)
joyful [dʒɔ́ifəl]		joy	ful	~ful [=full of…に満ちた→形]	a.喜ばしい, うれしい
joyous [dʒɔ́iəs]		joy	ous	~ous [=full of…に満ちた→形]	a.喜ばしい, うれしい
enjoy [indʒɔ́i]	en	joy		en [=make…にする] ~.「楽しませる」	v.楽しむ, 享受する

単語	接頭	語幹	接尾	解説	意味
enjoyable [indʒɔ́iəbl]	en	joy	able	en [=make…にする] ~able [=possible…できる→形]	a.おもしろい、楽しい
enjoyment [indʒɔ́imənt]	en	joy	ment	en [=make…にする] ~ment [→名]	n.享有、享楽、楽しみ
rejoice [ridʒɔ́is]	re	joic	e	re [=again 再び] ~	v.喜ばせる、うれしがる
rejoicing [ridʒɔ́isiŋ]	re	joic	ing	re [=again 再び] ~ing [→名]	n.喜び、歓呼、歓楽

judge, judic [=judge 裁判官]

単語	接頭	語幹	接尾	解説	意味
judge [dʒʌdʒ]		judge		<L. judicis <jus「法」+dicus「言う」	v.裁判する、判断する
judgement [dʒʌ́dʒmənt]		judge	ment	~ment [→名]	n.裁判、判決、審判
judicial [dʒudíʃəl]		judic	al	~al [→形]	a.司法の、裁判の、批判的な
adjudge [ədʒʌ́dʒ]	ad	judge		ad [=to…へ] ~	v.判決する、宣告する、裁く
adjudication [ədʒu:dikéiʃən]	ad	judic	ation	ad [=to…へ] ~ion [→名]	n.判決、裁決
injudicious [indʒudíʃəs]	in	judic	ious	in [=not] ~ous [=full of…に満ちた→形]	a.無分別な、無思慮な
prejudice [prédʒudis]	pre	judic	e	pre [=before 前もって] ~. 「前もってなされた判断」	n.偏見、ひがみ、侵害
prejudicial [predʒudíʃəl]	pre	judic	ial	pre [=before 前もって] ~al [→形]	a.侵害となる、偏見を抱かせる
unprejudiced [ʌnprédʒudist]	unpre	judic	ed	un [=not]+pre [=before 前もって] ~ed [→形]	a.偏見のない、公平な

jun, juven, young, you [=young 若い]

単語	接頭	語幹	接尾	解説	意味
junior [dʒú:niər]		jun	ior	~ior [=比較級語尾→形]	a.年少の、後進の
juvenile [dʒú:vinail]		juven	ile	~ile [=pertaining to…に適した→形]. 「若者向きの」	a.少年[少女]の、若い、子供らしい
young [jʌŋ]		young		ドイツ語 jung [=young 若い] と同系語	a.年の若い、幼い、年下の
youth [ju:θ]		you	th	~th [=state 状態→名]: young+th	n.青年時代、青春期、若者
youthful [jú:θfəl]		you	thful	~ful [=full of…に満ちた→形]	a.若い、元気な

jur, juris, just [=law 法, right 正しい, swear 誓う]

単語	接頭	語幹	接尾	解説	意味
jurisdiction [dʒuərisdíkʃən]		juris	diction	~dict [=say 言う]+ion [→名]	n.司法権、支配権
juror [dʒúərər]		jur	or	~or [=person 人→名]	n.陪審員、宣誓者
jury [dʒúəri]		jur	y	~y [→名]	n.陪審
just [dʒʌst]		just		<F. juste <L. justus「法律」	a.正しい、公正な、正当な
justice [dʒʌ́stis]		just	ice	~ce [→名]	n.正義、公正、公平、司法
justify [dʒʌ́stifai]		just	ify	~fy [=make…にする→動]	v.正しいとする、正当化する

単語	接頭辞	語根	接尾辞	語源説明	意味
justification [dʒʌstifikéiʃən]		just	ification	〜ation [→名]	n.正当化, 弁明
justly [dʒʌstli]		just	ly	〜ly [→副]	ad.正しく, 正当に, 公正に
adjure [ədʒúər]	ad	jur	e	ad [=to…へ] 〜.「…へ誓う」	v.命じる, 懇願する
adjust [ədʒʌ́st]	ad	just		ad [=to…へ] 〜.「正しくする」	v.調整する, 調停する, 適合させる
adjustment [ədʒʌ́stmənt]	ad	just	ment	ad [=to…へ] 〜ment [→名]	n.調整, 調節, 調停
conjure [kándʒər]	con	jur	e	con<com [=together 共に] 〜.「共に誓う」→「魔力を呼び出す」	v.魔法[手品]で…する
conjuration [kɑndʒəréiʃən]	con	jur	ation	con<com [=together 共に] 〜ation [→名]	n.呪文, 魔法, 祈願
injure [índʒər]	in	jur	e	in [=not] 〜.「正しくないことをする」	v.傷つける, けがさせる, 害する
injurious [indʒúəriəs]	in	jur	ious	in [=not] 〜ous [=full of…に満ちた→形]	a.有害な, 不法な, 不正な
injustice [indʒʌ́stis]	in	just	ice	in [=not] 〜ce [→名]	n.不法, 不正, 不公平

kin, kind², king [=kin 血縁]

単語	接頭辞	語根	接尾辞	語源説明	意味
kin [kin]		kin		<OE. *cynn*. 原義は「種族」	n.血縁, 親族
kinship [kínʃip]		kin	ship	〜ship [=state 状態→名]	n.親戚関係, 類似
kinsman [kínzmən]		kin	sman	kin+man 男	n.親戚の男
kind [kaind]		kind		<OE. *cynd*<*cynn* [=kin 血縁].「よい生まれの」	a.親切な, 優しい, 情け深い
kindly [káindli]		kind	ly	〜ly [→形, 副]	a.,ad.親切な(に), 優しく
kindness [káindnis]		kind	ness	〜ness [=state 状態→名]	n.親切, 優しさ
king [kiŋ]		kin	g	<OE. *cyning*<*cyn* [=kin 血縁]+ing「所属・子孫」	n.王, 国王, 大立て者
kingdom [kíŋdəm]		king	dom	〜dom [=domain 領地→名]	n.王国, 領域
akin [əkín]	a	kin		a [=of…の] 〜.「同族の」	a.血族で, 類似して

L

labor [＝work 働く]

単語	分解			語源説明	意味
labor [léibər]		labor		＜L. labor「仕事」	n.労働, 苦心, 努力, 仕事
laboratory [lǽbərətɔːri]		labor	atory	～ory [＝place 場所→名]	n.実験室, 研究室
laborer [léibərər]		labor	er	～er [＝person 人→名]	n.労働者, 人夫
laborious [ləbɔ́ːriəs]		labor	ious	～ous [＝full of…で満ちた→形]	a.骨の折れる, 困難な
collaborate [kəlǽbəreit]	col	labor	ate	col＜con [＝together 共に] ～ate [＝make…にする→動]	v.共同して働く, 共同研究する
elaborate [ilǽbərit]	e	labor	ate	e＜ex [＝out of 外に] ～ate [→形].「丹精に作られた」	a.入念の, 精巧な
elaborately [ilǽbəritli]	e	labor	ately	e＜ex [＝out of 外に] ～ate [→形]＋ly [→副]	ad.苦心して, 入念に

laps, lip(s) [＝slip すべる]

単語	分解			語源説明	意味
lapse [læps]		laps	e	＜L. lapus「誤り」. L.lābī「すべる」の過去分詞	n.過失, 失策, 墜落, (時の)経過
collapse [kəlǽps]	col	laps	e	col＜con [＝together 共に] ～.「すべり落ちる」	v.つぶれる, 暴落する
collapsible [kəlǽpsəbl]	col	laps	ible	col＜con [＝together 共に] ～ible [＝able…できる→形]	a.折りたためる
elapse [ilǽps]	e	laps	e	e＜ex [＝out of 外に] ～.「すべり去る」	v.(時が)経過する
eclipse [iklíps]	ec	lips	e	ec＜ex [＝out of 外に] ～.「光を落とす」→「光が現れない」	n.(太陽, 月の)食, (名声などの)薄らぎ
ecliptic [iklíptik]	ec	lip	tic	ec＜ex [＝out of 外へ] ～ic [→形]	n.黄道; a.食の, 黄道の
relapse [rilǽps]	re	laps	e	re [＝back もとへ] ～	n., v.逆戻り(する), 墜落(する)

lat¹ [＝broad, wide 広い]

単語	分解			語源説明	意味
latitude [lǽtitjuːd]		lat	itude	～tude [＝state 状態→名].「幅広いこと」	n.緯度, 自由範囲
dilate [dáileit]	di	lat	e	di＜dis [＝apart 離れて] ～.「遠くへ広げる」	v.広げる, 膨張する
dilatory [dílətɔːri]	di	lat	ory	di＜dis [＝apart 離れて] ～ory [→形]	a.のろい, 引き延ばしの

lat², lay [＝carry 運ぶ]

単語	分解			語源説明	意味
annihilate [ənáiəleit]	annihi	lat	e	an＜ad [＝to…へ]＋nihil [＝nothing 無] ～.「ゼロにする」	v.全滅させる, 廃止する
collate [kɑléit]	col	lat	e	col＜con [＝together 共に] ～.「突き合わせる」	v.対照する, 交合する
collateral [kəlǽtərəl]	col	lat	eral	col＜con [＝together 共に] ～al [→形]	a.相並んだ, 付帯的な
delay [diléi]	de	lay		de [＝apart 離れて] ～.「遠くへ運ぶ」	n., v.延期(する)

elate [iléit]	e	lat	e	e＜ex [＝out of 外へ] ～.「遠くに運ぶ」	v.元気をつける, 得意がらせる
elated [iléitid]	e	lat	ed	e＜ex [＝out of 外へ] ～ed [→形]	a.意気盛んな, 大得意の
elation [iléiʃən]	e	lat	ion	e＜ex [＝out of 外へ] ～ion [＝condition 状態→名]	n.意気揚々
legislate [lédʒisleit]	legis	lat	e	legis [＝law 法] ～.「法律に持っていく」	v.法律を制定する
legislation [ledʒisléiʃən]	legis	lat	ion	legis [＝law 法] ～ion [→名]	n.立法, 法律
legislative [lédʒislətiv]	legis	lat	ive	legis [＝law 法] ～ive [→形]	a.立法上の, 立法部の
legislature [lédʒisleitʃər]	legis	lat	ure	legis [＝law 法] ～ure [→名]	n.立法府
oblate [óbleit]	ob	lat	e	ob [＝toward…へ] ～.「ある方向に引っ張られた」	a.扁球(状)の
relate [riléit]	re	lat	e	re [＝back もとへ] ～.「運び戻す」	v.関係する, 詳しく語る
relation [riléiʃən]	re	lat	ion	re [＝back もとへ] ～ion [→名]	n.関係, 血族, 物語
superlative [sjuːpə́rlətiv]	super	lat	ive	super [＝beyond 越えて] ～ive [→形, 名].「限度を越えて運ばれた」	n.,a.最上級(の)
translate [trænsléit]	trans	lat	e	trans [＝over, across 越えて] ～.「他に移す」	v.移す, 翻訳する
translation [trænsléiʃən]	trans	lat	ion	trans [＝over, across 越えて] ～ion [→名]	n.翻訳, 移行

lav, laund, lug, lut[1] [＝wash 洗う]

laundry [lɔ́ːndri]	laund	ry		～ry [＝place 場所→名]	n.洗濯場, クリーニング屋
lava [láːvə]	lav	a		「溶けた岩の流れ」から. イタリア語 lava「洪水」	n.溶岩
lavatory [lǽvətɔːri]	lav	atory		～ory [＝place 場所→名]	n.洗面所, 化粧室
lavender [lǽvindər]	lav	ender		「水の青色に似ている」＜L. lavāre [＝wash 洗う] と連想された	n.ラベンダー(色), 藤色
lavish [lǽviʃ]	lav	ish		～ish [→形, 動].「雨のどしゃ降り」	a.物惜しみしない, 気前のいい；v.浪費する
deluge [déljuːdʒ]	de	lug	e	de [＝off, away 離れて] ～. wash away「洗い去る」	n.大洪水, 殺到
dilute [d(a)iljúːt]	di	lut	e	di＜dis [＝apart 離れて] ～.「洗い薄められた」	v.薄める, 弱める
dilution [d(a)iljúːʃən]	di	lut	ion	di＜dis [＝apart 離れて] ～ion [→名]	n.薄めること

lax, lang, leas, lack [＝loos ゆるんだ]

languish [lǽŋgwiʃ]	lang	uish	～ish [＝make…にする→動]	v.弱る, 衰える, しぼむ
lax [lǽks]	lax		＜L. laxus「ゆるんだ」	a.ゆるんだ, だらしのない

lease [liːs]		leas	e	「ゆるめる」→「土地を貸す」	n.借地[借家]契約, 賃借権
relax [rilǽks]	re	lax		re [=again 再び] ~	v.ゆるめる, 寛大にする, 和らぐ
relaxation [riːlækséiʃən]	re	lax	ation	re [=again 再び] ~ation [→名]	n.ゆるみ, 骨休み, 気晴らし
release [rilíːs]	re	leas	e	re [=again 再び] ~	v.放つ, 離す, 投下する
slack [slæk]	s	lack		<OE.slæc「ゆるんだ」	a.ゆるい, 元気のない, 不注意な
slacken [slǽkən]	s	lack	en	~en [=make…にする→動]	v.ゆるめる, 怠る

lect, leg¹, les, leag¹, lig¹ [=gather 集める, select 選ぶ, read 読む]

lecture [léktʃər]		lect	ure	~ure [→名]「読むこと」	n.講義, 小言
lecturer [léktʃərər]		lect	urer	~er [=person 人→名]	n.講演者, 講師
legend [lédʒənd]		leg	end	<L. legenda [=things to be read 読まれるべきもの]	n.伝説, 神話
legendary [lédʒəndèri]		leg	endary	~ary [→形]	a.伝説(上)の
legible [lédʒəbl]		leg	ible	~ible [=able…できる→形]	a.読みやすい
legion [líːdʒən]		leg	ion	~ion [→名]「徴収すること」→「多数の集まり」	n.軍隊, 多数
legionary [líːdʒənèri]		leg	ionary	~ion [→名]+ary [→形]	a.軍団の, 多数の
lesson [lésn]		les	son	<L. lectio [=reading 読むこと]	n.学課, 課, 授業, 教訓
analects [ǽnəlekts]	ana	lect	s	<GK.ana [=up 上に] ~. gather up 拾い集める	n.(pl.)語録
colleague [káliːg]	col	leag	ue	col<con [=together 共に].「自分と同時に選ばれし者」	n.同僚
collect [kəlékt]	col	lect		col<con [=together 共に] ~.「共に集める」	v.集める, 徴集する
collection [kəlékʃən]	col	lect	ion	col<con [=together 共に] ~ion [→名]	n.収集, 採集, 収集物
collector [kəléktər]	col	lect	or	col<con [=together 共に] ~or [=person 人→名]	n.収集家, 集金人
collective [kəléktiv]	col	lect	ive	col<con [=together 共に] ~ive [→形]	a.集合的な, 共同の
college [kálidʒ]	col	leg	e	<L. collegium「同僚の集まり」	n.単科大学, カレッジ
collegiate [kəlíːdʒiit]	col	leg	iate	col<con [=together 共に] ~ate [→形]	a.カレッジの, 大学生の
dialect [dáiəlekt]	dia	lect		dia [=through…の至る所で] ~.「ある範囲内で話されるもの」	n.方言, 国なまり
diligent [dílidʒənt]	di	lig	ent	di<dis [=apart 離れて] ~ent [→形].「選び分ける」	a.勤勉な
diligence [dílidʒəns]	di	lig	ence	di<dis [=apart 離れて] ~ence [→名]	n.勤勉
elect [ilékt]	e	lect		e<ex [=out of 外へ] ~.「選び出す」	v.選挙する, 選ぶ
election [elékʃən]	e	lect	ion	e<ex [=out of 外へ] ~ion [→名]	n.選挙, 選定

elective [iléktiv]	e	lect	ive	e＜ex [＝out of 外へ] ～ive [→形]	a.選挙の，選択の
elector [iléktər]	e	lect	or	e＜ex [＝out of 外へ] ～or [＝person 人→名]	n.選挙人，有権者
elegant [éləgənt]	e	leg	ant	e＜ex [＝out of 外へ] ～ant [→形]．「選び抜かれた」	a.上品な，気品の高い
elegance [éləgəns]	e	leg	ance	e＜ex [＝out of 外へ] ～ance [→名]	n.優雅，上品
eligible [élidʒəbl]	e	lig	ible	e＜ex [＝out of 外へ] ～ible [＝able…できる→形]．「選び出す」→「選ぶ資格のある」	a., n.適格の，適格者
intellect [íntəlekt]	intel	lect		intel＜inter [＝between 間に] ～．「選ぶ力のある」	n.知力，知性，理知
intellectual [intəléktʃuəl]	intel	lect	ual	intel＜inter [＝between 間に] ～al [→形]	a.知的な，知能的な
intelligence [intélidʒəns]	intel	lig	ence	intel＜inter [＝between 間に] ～ence [→名]	n.理解力，知能，報道，情報
intelligent [intélidʒənt]	intel	lig	ent	intel＜inter [＝between 間に] ～ent [→形]	a.理解力のある，理性的な
intelligentsia [inteligéntsiə]	intel	lig	entsia	intel＜inter [＝between 間に] ～ent [→形]＋ia [→名]	n.[通例 the ～]知識階級
intelligible [intélidʒəbl]	intel	lig	ible	intel＜inter [＝between 間に] ～ible [able…できる→形]	a.理解できる，知性的な
unintelligible [ʌnintélidʒəbl]	unintel	lig	ible	un [＝not]＋intel＜inter [＝between 間に] ～ible [＝able…できる→形]	a.理解できない，わかりにくい
neglect [niglékt]	neg	lect		neg [＝not] ～．「集めない」→「怠る」	v.怠る，無視する
neglectful [nigléktfəl]	neg	lect	ful	neg [＝not] ～＋ful [＝full of…で満たした→形]	a.怠惰な，不注意な
negligence [néglidʒəns]	neg	lig	ence	neg [＝not] ～ence [→名]	n.怠慢，だらしなさ
negligent [néglidʒənt]	neg	lig	ent	neg [＝not] ～ent [→形]	a.怠慢な，不注意な
recollect [rekəlékt]	recol	lect		re [＝again 再び] ～．「再び集める」	v.思い出す，再び集める
recollection [rekəlékʃən]	recol	lect	ion	re [＝again 再び] ～ion [→名]	n.回想，記憶力，思い出
sacrilege [sǽkrilidʒ]	sacri	leg	e	sacri [＝sacred 聖なる] ～．「聖なる所から集める」	n.冒瀆
sacrilegious [sækrilídʒəs]	sacri	leg	ious	sacri [＝sacred 聖なる] ～＋ous [＝full of…で満たした→形]	a.冒瀆の，罰当たりの
select [silékt]	se	lect		se [＝apart 離れて] ～．「選び分ける」	v.選ぶ，淘汰する；a.選り抜きの，一流の
selection [silékʃən]	se	lect	ion	se [＝apart 離れて] ～ion [→名]	n.選択，選抜，淘汰

leg² [＝send 送る]

delegate [déligeit]	de	leg	ate	de [＝off, away 離れて] ～ate [→名, 動]	n.代表，使節；v.派遣する

word				etymology	meaning
delegation [deligéiʃən]	de	leg	ation	de [=off, away 離れて] ~ion [→名]	n.代表使命，代表団
relegate [réligeit]	re	leg	ate	re [=away 離れて] ~ate [=make …にする→動]	v.しりぞける，追いやる，捨てる，移管する
relegation [religéiʃən]	re	leg	ation	re [=away 離れて] ~ion [→名]	n.左遷，帰属，追放，付託

leg³, legis, loy [=law 法律]

legacy [légəsi]		leg	acy	~cy [→名]．<L. *lēgāre* 遺言によって与える	n.遺産，受け継いだ物
legal [líːgəl]		leg	al	~al [→形]	a.法律上の，法廷の，適法の
legally [líːgəli]		leg	ally	~ly [→副]	ad.合法的に
legislate [lédʒisleit]		legis	late	~ate [→動]．「法律をもたらす」	v.法律を制定する
legitimate [lidʒítimit]		leg	itimate	~ate [→形]．「最も法律的な」	a.合法の，正統な
loyal [lɔ́iəl]		loy	al	~al [→形]．「法律の」→「忠実な」	a.忠義な，忠実な
loyalty [lɔ́iəlti]		loy	alty	~al [→形]+ty [=state 状態→名]	n.忠義，誠実
allege [əlédʒ]	al	leg	e	al<ex [=out of 外へ] ~．「法律で明らかにする」	v.断言する，強く主張する
allegiance [əlíːdʒəns]	al	leg	iance	al<ad [=to…へ] ~ance [→名]	n.忠義，忠節
illegal [ilíːgəl]	il	leg	al	il<in [=not] ~al [→形]	a.不法の，非合法的
illegitimate [ilidʒítimit]	il	leg	itimate	il<in [=not] ~ate [→形]	a.違法の，不条理な
illegitimacy [ilidʒítiməsi]	il	leg	itimacy	il<in [=not] ~cy [→名]	n.違法，非合法，不合理
privilege [prívilidʒ]	privi	leg	e	privi [=private 個人の] ~．「一個人のための法律」	n.特権，特典，権利
privileged [prívilidʒd]	privi	leg	ed	privi [=private 個人の] ~+ed [→形]	a.特権のある，特典のある

len, lent [=soft やわらかい, mild 温和な]

lenient [líːniənt]		len	ient	~ent [→形]．「やわらかい」	a.寛大な，情け深い
leniency [líːniənsi]		len	iency	~ency [→名]	n.寛大さ，あわれみ
relent [rilént]	re	lent		re [=again 再び] ~	v.やさしくなる，あわれみを感じる
relentless [riléntlis]	re	lent	less	re [=again 再び] ~less [=without …のない→形]	a.無情な，残酷な

lev¹, light¹, lung, lief, liev [=make light 軽くする, lift, raise 持ち上げる]

lever [lévər]		lev	er	~er [=instrument 道具→名]．「軽くするもの」	n.てこ
levitate [léviteit]		lev	iate	~ate [=make…にする→動]	v.空中に浮揚させる
levity [léviti]		lev	ity	~ity [=state 状態→名]	n.軽率，気まぐれ

levy [lévi]		lev	y	<F. levée<L. levare [=raise 持ち上げる].「軽くする」→「取り立てる」	n.,v.徴収(する), 召集(する)
light [lait]		light		<OE. lēoht「軽い」	a.軽い
lung [lʌŋ]		lung		<OE. lungen [=lungs]. 原義は「軽い(器官)」. 肺は軽いものと考えられていた	n.肺
alleviate [əlíːvieit]	al	lev	iate	al<ad [=to…へ] ~ate [=make…にする→動]	v.(心身の苦痛を)軽くする, 楽にする
alleviation [əliːviéiʃən]	al	lev	iation	al<ad [=to…へ] ~ion [→名]	n.軽減, 緩和
elevate [éliveit]	e	lev	ate	e<ex [=out of 外へ] ~.「持ち上げる」	v.上げる, 高める, 昇進させる
elevation [eliveiʃən]	e	lev	ation	e<ex [=out of 外へ] ~ion [→名]	n.高さ, 海抜, 向上, 気高さ
elevator [éliveitər]	e	lev	ator	e<ex [=out of 外へ] ~or [=instrument 道具→名]	n.エレベーター, 大穀物倉庫
relevant [réləvənt]	re	lev	ant	re [=again 再び] ~ant [→形].「再び上げる」	a.関連のある
relief [rilíːf]	re	lief		re [=again 再び] ~	n.軽減, 安心, 救助, 気晴らし, 浮き彫り
relieve [rilíːv]	re	liev	e	re [=again 再び] ~.「再び持ち上げる, 軽くする」	v.救い出す, 和らげる, 浮き上がらせる
relievo [rilíːvou]	re	liev	o	re [=again] ~.「際立つ」の意味から	n.浮き彫り細工(=relief)

li, ly¹ [=bind 結びつける]

liability [laiəbíliti]		li	ability	~able [=possible…できる→形]+ty [→名]	n.傾向のあること, 責任, 負債
liable [láiəbl]		li	able	~able [=possible…できる].「しばられている」	a.…しがちな, かかりやすい
liaison [liéizn]		li	aison	F.<L. ligāre [=bind 結ぶ]	n.連絡, 渉外
ally [əlái]	al		ly	al<ad [=to…へ] ~. bind together.「結びつける」	v.同盟する, 連合する
alliance [əláiəns]	al	li	ance	al<ad [=to…へ] ~ance [=state 状態→名]	n.同盟, 縁組, 関連性, 類似
allied [əláid]	al	li	ed	al<ad [=to…へ] ~ed [→形]	a.同盟した, 連合した, 同類の
rely [rilái]	re		ly	re [=back 後へ] ~.「しばりかえす」	v.頼みにする, 依頼する, 信頼する
reliability [rilaiəbílity]	re	li	ability	re [=back 後へ] ~able [=possible…できる]+ty [→名]	n.信頼性, 確実性
reliable [riláiəbl]	re	li	able	re [=back 後へ] ~able [=possible…できる→形]	a.頼みになる, 確実な
reliance [riláiəns]	re	li	ance	re [=back 後へ] ~ance [=state 状態→名]	n.頼み, 信頼
self-reliance [selfriláiəns]	self-re	li	ance	self [=自己]+re [=back 後へ] ~ance [=action 行為→名]	n.自己信頼, 独立独行

liber¹, liver [＝free 自由な]

liberal [líbərəl]	liber	al		～al [→形]	a.気前のよい，豊富な，自由な
liberalism [líbərəlizm]	liber	alism		～al [→形]+ism [＝doctrine 教義→名]	n.自由主義
liberate [líbəreit]	liber	ate		～ate [＝make…にする→動]	v.自由にする，解放する
liberty [líbəti]	liber	ty		～ty [＝state 状態→名]	n.自由，解放，放免
livery [lívəri]	liver	y		～y [→名]．＜OF. livree「配達する」＜L. līberāre「自由にする」．昔領主が家臣に与えて着せた	n.仕着せ，制服
deliver [dilívər]	de	liver		de [＝off, away 離れて] ～．「ある状態を解き自由にする」	v.配達する，伝える，解放する，引き渡す
deliverance [dilívərəns]	de	liver	ance	de [＝off, away 離れて] ～ance [→名]	n.救出，救助，解放
deliverer [dilívərər]	de	liver	er	de [＝off, away 離れて] ～er [＝person 人→名]	n.救助者，釈放者，配達人
delivery [dilívəri]	de	liver	y	de [＝off, away 離れて] ～y [→名]	n.配達，引き渡し，出産

libr¹, lev², lir, liber² [＝balance 天秤(てんびん)にかける，weigh はかりにかける]

level [lévl]	lev	el		＜L. lībra「天秤」．～el [→指小辞]．「小さな測定器」	n.水準，水平，レベル，同位，高さ，段階；a.水平の；v.水平にする
libra [láibrə]	libr	a		＜L. lībra「天秤」	n.(重さの)ポンド，ポンド(貨幣)
lira [líːrə]	lir	a		＜L. lībra「天秤」	n.リラ(イタリアの貨幣単位)
deliberate a.[dilíbərit] v.[dilíbəreit]	de	liber	ate	de [＝強意] ～ate [→動，形]	a.故意の，計画的な；v.熟考する
deliberately [dilíbəritli]	de	liber	ately	de [＝強意] ～ate [→形]+ly [→副]	ad.わざと，慎重に，ゆっくりと
deliberation [dilibəréiʃən]	de	liber	ation	de [＝強意] ～ate [→動]+ion [→名]	n.熟考，協議，慎重さ
equilibrium [iːkwilíbriəm]	equi	libr	ium	equi [＝equal 等しい] ～ium [→名]	n.平衡，(判断の)未決

libr² [＝book 本]

library [láibrəri]	libr	ary	～ary [＝place 場所→名]	n.図書館，文庫，蔵書
librarian [laibréəriən]	libr	arian	～ian [＝person 人→名]	n.図書館員，司書
libretto [librétou]	libr	etto	＜It. libro [＝book 本] の縮小形	n.歌詞(集)

lic¹, light², licit¹ [＝allure 誘う]

delicacy [délikəsi]	de	lic	acy	de [＝強意] ～cy [→名]．語源は不詳．意味は delicious の連想から	n.繊細，優美，西欧，微妙さ，珍味

単語	分解			語源説明	意味
delicate [délikit]	de	lic	ate	de [=強意] ～ate [→形]	a.繊細な, 優美な, 精巧な, 微妙な
delicious [dilíʃəs]	de	lic	ious	de [=強意] ～ous [=full of…で満ちた→形].「誘い出すほどの」	a.うまい, 快い
delight [diláit]	de	light		de [=off, away 離れて] ～. light<L. lacere「そそのかす」.「楽しさで誘い出す」. ME.では delite であったが, 誤って-gh-が入った	n.大喜び, 愉快, 楽しさ
delightful [diláitfəl]	de	light	ful	de [=off, away 離れて] ～ful [=full of…で満ちた→形]	a.非常に楽しい
elicit [ilísit]	e	licit		e<ex [=out of 外へ] ～	v.引き出す, 誘い出す

lic², leis, licit² [=permit 許す]

単語	分解			語源説明	意味
license [láisns]	lic	ense		～ense [→名].「許されること」	n.免許, 認可, 免許状, 気まま
licentious [laisénʃəs]	lic	entious		～ous [=full of 外へ→形]	a.気ままな, 放蕩な
leisure [líːʒər]	leis	ure		leis [=lic 許す]+ure [→名].「許されている」	n.ひま, レジャー
leisurely [líːʒərli]	leis	urely		～ly [→形]	a.ゆったりした, 気長な
illicit [ilísit]	il	licit		il<in [=not] ～	a.不法の, 不正な, 禁制の

lig², leag² [=bind 結びつける]

単語	分解			語源説明	意味
league [liːg]		leag	ue	<L. ligāre「結ぶ」	n.同盟, 連盟, リーグ
ligament [lígəmənt]		lig	ament	～ment [→名]	n.結びつけるもの, きずな
disoblige [disəbláidʒ]	disob	lig	e	dis [=not]+ob [=to…へ] ～	v.不親切にする, 怒らせる
disobliging [disəbláidʒiŋ]	disob	lig	ing	dis [=not]+ob [=to…へ] ～ing [→形]	a.不親切な, 無礼な
oblige [əbláidʒ]	ob	lig	e	ob [=to…へ] ～.「結びつける」	v.余儀なく…させる, 好意を示す
obligatory [əblígətɔːri]	ob	lig	atory	ob [=to…へ] ～ory [→形]	a.義務の, 必修の
obligation [abligéiʃən]	ob	lig	ation	ob [=to…へ] ～ation [→名]	n.義務, 責任, 契約, 恩義
religion [rilídʒən]	re	lig	ion	re [=again 再び] ～ion [→名].「再び結ぶこと」	n.宗教, 信仰, 修道
religious [rilídʒəs]	re	lig	ious	re [=again 再び] ～ous [=full of…で満ちた→形]	a.宗教の, 信心深い

lin, lign [=flax 亜麻, thread 糸, string ひも]

単語	分解			語源説明	意味
line [lain]		lin	e	<L. līnum「亜麻」	n.網, 線, 列, 行, 血統, 方向; v.裏をつける, 線を引く
lineage [líniidʒ]		lin	eage	～age [→名]	n.血統, 系統, 系図
lineal [líniəl]		lin	eal	～al [→形]	a.直系の, 正統の, 先祖からの

linen [línin]		lin	en	～en 亜麻製の．＜L.*linum*「亜麻」	*n.*亜麻布，リンネル
liner [láinər]		lin	er	～er [＝instrument 手段→名]	*n.*定期船，定期航空機
lining [láiniŋ]		lin	ing	～ing [→名]	*n.*裏(地)，裏打ち，内容
align [əláin]		a	lign	a＜ad [＝to…へ] ～．lign＜ME. *li(g)ne* [＝line]	*v.*一線にする，一列に並べる(並ぶ)，参加させる(する)
alignment [əláinmənt]		a	lign	ment	a＜ad [＝to…へ] ～ment [→名]	*n.*一線にすること，整列，提携，協力
delineate [dilínieit]		de	lin	eate	de [＝down 下へ] ～ate [＝make…にする→動]	*v.*輪郭を描く，記述する，描写する

linqu，lic³，lict [＝leave behind 残す]

delinquent [dilíŋkwənt]		de	linqu	ent	de [＝off, away 離れて] ～ent [→形，名]「義務を怠る」	*a.*怠惰な；*n.*非行少年[少女]
relic [rélik]		re	lic	re [＝back 後に] ～．「後に残す」	*n.*聖骨，神聖な遺物，遺物，遺品
relinquish [rilíŋkwiʃ]		re	linqu	ish	re [＝back 後に] ～ish [＝make…にする→動]	*v.*廃する，放棄する
derelict [dérilikt]		dere	lict	de [＝off, away 離れて] ～．「後に残された」	*a.*見捨てられた

liqu [＝liquid 液体]

liquid [líkwid]		liqu	id	＜L.*liquidus* [＝fluid 液状の]	*n.*液体，流動体
liquor [líkər]		liqu	or	～or [＝thing 物→名]「流動するもの」	*n.*アルコール飲料，液(体)

liter，letter [＝letter 手紙，文字]

letter [létər]		letter			*n.*文字，手紙，(*pl.*) 文学
letterhead [létərhed]		letter	head	～head 頭	*n.*便箋上部の印刷文句，その便箋
literal [lítərəl]		liter	al	～al [→形]	*a.*文字の，文字通りの，几帳面な
literally [lítərəli]		liter	ally	～al [→形]+ly [→副]	*ad.*文字通りに，正確に
literary [lítərəri]		liter	ary	～ary [→形]	*a.*文学の，文学に関する，文学に通じた
literate [lítərit]		liter	ate	～ate [→形，名]	*a.,n.*読み書きのできる(人)
literature [lítərətʃər]		liter	ature	～ure [→名]「文学にたけていること」	*n.*文学
illiterate [ilítərit]	il	liter	ate	il＜in [＝not] ～ate [→形，名]	*a.*文盲の，教養のない；*n.*文盲，無学者
obliterate [əblítəreit]	ob	liter	ate	ob [＝apart 離れて] ～ate [＝make…にする→動]「文字を消す」	*v.*(文字などを)消す，抹殺する，忘却する

loc¹，loco [＝place 場所]

local [lóukəl]		loc	al	～al [→形]	*a.*地方の，その土地の，局部的

locality [loukǽliti]	loc	ality	~al [→形]+ity [=state 状態→名]	n.場所, 位置, 地方
locate [loukéit]	loc	ate	~ate [=make…させる→動].「置かれた」	v.(位置を)定める, 出所を確かめる, 定住する
location [loukéiʃən]	loc	ation	~ion [→名]	n.位置
locomotion [loukəmóuʃən]	loco	motion	~motion.「場所から場所へと動くこと」	n.運動, 移動
locomotive [lóukəmoutiv]	loc	omotive	~motive.「場所から場所へ動く」	n.機関車
allocate [ǽləkeit]	al	loc	ate	al<ad [=to…へ] ~.「ある場所に置く」	v.割り当てる, 配分する, 配置する
allocation [æləkéiʃən]	al	loc	ation	al<ad [=to…へ] ~ion [→名]	n.割り当て, 配分, 配置, 定置
collocation [kɑləkéiʃən]	col	loc	ation	col<con [=together 共に] ~ion [→名].「共に置くこと」	n.並置, 配列, 配置, 連語
dislocate [dísləkeit]	dis	loc	ate	dis [=off, apart 離れて] ~ate [=make…させる→動].「離れて置く」	v.関節をはずす, 順序[位置]を乱す
dislocation [disləkéiʃən]	dis	loc	ation	dis [=apart 離れて] ~ion [→名]	n.脱臼, 狂い, 断層
relocate [riləkéit]	re	loc	ate	re [=again 再び] ~ate [=make…にする→動].「再び置く」	v.置き直す, 再配置する

log [=word ことば]

logic [lάdʒik]		log	ic	<GK. logikós「言葉の学問」	n.論理, 論理学
logical [lάdʒikəl]		log	ical	~al [→形]	a.論理的
analogy [ənǽlədʒi]	ana	log	y	ana [=according to…に応じて] ~y [→名].「語と語の対応」→「類似」	n.類似, 類推
anthology [ænθάlədʒi]	antho	log	y	antho<GK. anthos [=flower]. ~y [→名].「花の言葉」	n.名言集, 名句集, 名文集
anthropology [ænθrəpάlədʒi]	anthropo	log	y	anthropo [=human 人間の] ~y [→名].「人間の学問」	n.人類学
apology [əpάlədʒi]	apo	log	y	apo [=off, away 離れて] ~y [→名].「罪から逃れるための言葉」→「言い訳」	n.謝罪, 弁解
apologize [əpάlədʒaiz]	apo	log	ize	apo [=off, away 離れて] ~ize [=make…にする→動]	v.弁解する, わびる
biology [baiάlədʒi]	bio	log	y	bio [=life 生命] ~y [→名].「生命の学問」	n.生物学
catalog(ue) [kǽtəlɔːg]	cata	log	(ue)	cata [=completely 完全に] ~.「完全に述べること」	n.カタログ, 一覧; v.分類する
dialog(ue) [dáiəlɔːg]	dia	log	(ue)	dia [=between 間で] ~.「間で話す」→「対話」	n.対話, 対話体
etymology [etimάlədʒi]	etymo	log	y	etymo [=true 本当の] ~y [→名].「語の真の姿に関する学問」	n.語源, 語源学

geology [dʒiálədʒi]	geo	log	y	geo [＝earth 土地] ～y [→名]．「土地の学問」	n.地質学，地質
geologist [dʒiólədʒist]	geo	log	ist	geo [＝earth 土地] ～+ist [＝person 人→名]	n.地質学者
mythology [miθálədʒi]	mytho	log	y	＜GK.mythos「神話」～y [→名]	n.神話，神話集
neologism [ni:álədʒizm]	neo	log	ism	neo [＝new 新しい] ～ism [＝特性→名]	n.新語(義)，新語使用
philology [filálədʒi]	philo	log	y	philo [＝love 愛] ～y [→名]．「文芸・言語愛」	n.言語学，文献学
prolog(ue) [próulɔ:g]	pro	log	(ue)	pro [＝before 前に] ～．「前に話す」	n.序言，序曲
psychology [saikálədʒi]	psycho	log	y	psycho [＝soul 魂・心] ～y [→名]．「魂の学問」	n.心理学，心理，心理状態
psychologist [saikálədʒist]	psycho	log	ist	psycho [＝soul 魂・心] ～ist [＝person 人→名]	n.心理学者
zoology [zouálədʒi]	zoo	log	y	zoo＜GK.zōion「動物」～y [→名]	n.動物学
zoological [zouəládʒikəl]	zoo	log	ical	～cal [→形]	a.動物学の，動物に関する

long, leng, ling [＝long 長い]

length [leŋθ]	leng	th		～th [→名]．long の名詞形	n.長さ，縦，時間の長さ，距離
lengthen [leŋθn]	leng	then		～th [→名]+en [＝make…にする→動]	v.長くする(なる)，延ばす
linger [líŋgər]	ling	er		～er [→動]．＜ME. leng「長引く」の反復形	v.ぐずぐずする，あとまで残る
long [lɔŋ]	long				a.長い，長たらしい，背の高い
longevity [landʒéviti]	long	evity		～ev [＝age 年齢]+ity [＝state 状態→名]	n.長寿，長命，寿命
longing [lɔ́:ŋiŋ]	long	ing		～ing [→名]．＜OE. langian [＝長くなる，思いこがれる]	n.切望，熱望，あこがれ
longitude [lándʒitju:d]	long	itude		～tude [→名])	n.緯度
along [əlɔ́:ŋ]	a	long		a＜anti [＝against…に対して] ～．「始めから終わりまで長く」	prep.…に沿って；ad.沿って，一緒に，前(方)に
belong [bilɔ́:ŋ]	be	long		be [→動] ～．原義は「長くする」	v.属する，所有である，所属する
belongings [bilɔ́:ŋiŋz]	be	long	ings	be [→動] ～ing [→名]	n.所有物，財産，持ち物，家族
elongate [ilɔ́:ŋgeit]	e	long	ate	e＜ex [＝out of 外に] ～ate [＝make…にする→動]	v.長くする，延ばす
elongation [ilɔ:ŋgéiʃən]	e	long	ation	e＜ex [＝out of 外に] ～ion [→名]	n.伸長，延長(線)
prolong [prəlɔ́:ŋ]	pro	long		pro [＝forward 前へ] ～．「前方へ長くする」	v.延ばす，伸ばす
prolongation [proulɔŋgéiʃən]	pro	long	ation	pro [＝forward 前へ] ～ation [→名]	n.延長

loqu, loc² [=speak 話す]

locution [loukjúːʃən]	loc	ution	~tion [→名]	n.話し方, 語法, 言葉づかい, 語句
loquacious [loukwéiʃəs]	loqu	acious	~ous [=full of…で満ちた→形]	a.多弁な, おしゃべりな
loquacity [loukwǽsiti]	loqu	acity	~ity [=state 状態→名]	n.多弁, おしゃべり
allocution [æloukjúːʃən]	al loc	ution	al<ad [=to…へ] ~ion [→名]	n.訓示, 説示, 説教 (ローマ教皇の)
colloquial [kəlóukwiəl]	col loqu	ial	col<con [=together 共に] ~al [→形] 「話し合いの」	a.口語の, 俗語の
colloquialism [kəlóukwiəlizm]	col loqu	ialism	col<con [=together 共に] ~ism [→名]	n.口語(の語句), 話し言葉, 口語体, 談話体
elocution [eləkjúːʃən]	e loc	ution	e<ex [=out of 外へ] ~ion [→名]「言葉の出し方」	n.演説法
eloquence [éloukwəns]	e loqu	ence	e<ex [=out of 外へ] ~ence [→名]「はっきり話すこと」	n.雄弁, 能弁
eloquent [éləkwənt]	e loqu	ent	e<ex [=out of 外へ] ~ent [→形]	a.雄弁な

lud, lus [=play 遊ぶ, lead 導く]

ludicrous [lúːdikrəs]	lud	icrous	~ous [=full of…で満ちた→形]	a.笑うべき, ばかげた
allude [əlúːd]	al lud	e	al<ad [=to…へ] ~.「戯れて言う」→「それとなく言う」	v.暗に指して言う
allusion [əlúːʒən]	al lus	ion	al<ad [=to…へ] ~ion [→名]	n.暗示
allusive [əlúːsiv]	al lus	ive	al<ad [=to…へ] ~ive [→形]	a.暗示的
delude [dilúːd]	de lud	e	de [=off, away 離れて] ~.「戯れて真実から離す」	v.惑わす, 迷わす
delusion [dilúːʒən]	de lus	ion	de [=off, away 離れて] ~ion [→名]	n.惑わし, 惑い, 思い違い, 妄想
delusive [dilúːsiv]	de lus	ive	de [=off, away 離れて] ~ive [→形]	a.惑わせる
elude [ilúːd]	e lud	e	e<ex [=out of 外へ] ~.「だまして外へ出す」	v.巧みに逃れる, 回避する
elusion [ilúːʒən]	e lus	ion	e<ex [=out of 外へ] ~ion [→名]	n.逃避, 回避
illusion [ilúːʒən]	il lus	ion	il [=upon 上に] ~ion [→名].「…の上に戯れる」→「だまされる」	n.幻覚, 幻想, 勘違い
illusory [ilúːsəri]	il lus	ory	il [=upon 上に] ~ory [→形]	a.幻覚を起こす, 錯覚的な, 架空の
interlude [íntə(ː)rluːd]	inter lud	e	inter [=between 間に] ~.「間に演ずる」	n.間奏(曲), 中間の出来事
prelude [préljuːd]	pre lud	e	pre [=before 前に] ~.「前に演ずる」	n.序幕, 前奏曲
postlude [póustljuːd]	post lud	e	post [=after 後に] ~.「後で演ずる」	n.後奏曲, 終結部

lumin, luc, lust(e)r, lux [=light 光]

lucid [lúːsid]	luc	id	~id [→形].「光り輝いている」	a.透明な, 清澄な

lucidity [lu:sídɪti]	luc	idity	～id [→形]+ity [=condition 状態→名]	n.清澄, 明晰
Lucifer [lú:sifər]	Luc	ifer	～fer [=bring 持って来る].「光をもたらすもの」	n.明けの明星（金星）, 悪魔王
luminous [lú:minəs]	lumin	ous	～ous [=full of…で満ちた→形].「光りの」	a.光る, 輝く, 明るい
luster [lʌ́stər]	luster		<L. lūstrāre「明るく照らす」	n.光沢, 光, 輝き
lustrous [lʌ́strəs]	lustr	ous	～ous [=full of…で満ちた→形]	a.光沢のある, 輝く
lux [lʌks]	lux		<L.=light	n.ルクス
elucidate [ilú:sideit]	e luc	idate	e<ex [=out of 外に] ～ate [=make…にする].「外に輝かす」	a.明らかにする, 説明する
illuminate [iljú:mineit]	il lumin	ate	il [=upon 上に] ～ate [=make…にする→動].「～を照らす」	v.照らす, 明らかにする, 説明する
illumination [ilju:minéiʃən]	il lumin	ation	il [=upon 上に] ～ate [=make…にする→動]+ion [→名]	n.照明, イルミネーション, 啓発
illumine [iljú:min]	il lumin	e	il [=upon 上に] ～	v.照らす, 明るくする, 啓発する
illustrate [íləstreit]	il lustr	ate	il [=upon 上に] ～ate [=make…にする→動]. 原義は「光を当てて明らかにされた」	v.説明する, 図解する
illustration [iləstréiʃən]	il lustr	ation	il [=upon 上に] ～ion [→名]	n.説明, 例解, 挿し絵, 実例
illustrious [ilʌ́striəs]	il lustr	ious	il [=upon 上に] ～ous [=full of…で満ちた→形].「光り輝く」	a.有名な, 名高い, 光輝ある, 顕著な
pellucid [peljú:sid]	pel luc	id	pel<per [=through…を抜けて] ～id [→形].「通して明るい」	a.透明な, 明瞭な, 明晰な
translucent [trænzlú:sənt]	trans luc	ent	trans [=through…を抜けて] ～ent [→形].「通して輝く」	a.透明な

luna [=moon 月]

Luna [lú:nə]	Luna		<L. lūna「月」	n.月の女神, （擬人化された）月
lunacy [lú:nəsi]	luna	cy	～cy [→名]. 精神異常は月からの霊気の流入によると見なされたことから	n.精神異常, 狂気, 大ばか
lunar [lú:nər]	luna	r	～ar [→形]	a.月の, 月に似た, 青白い
lunatic [lú:nətik]	luna	tic	～ic [→形].「月に影響された」. 昔は月の満ち欠けが人を発狂させると考えられた	a.発狂した, 狂気じみた

lut², luv [=wash 洗う, 清める]

ablution [əblú:ʃən]	ab lut	ion	ab [=apart 離れて] ～ion [→名]	n.沐浴, 洗い清め
alluvial [əlú:viəl]	al luv	ial	～al [→形]	a.沖積の, 沖積期の
alluvium [əlú:viəm]	al luv	ium	～ium [→名]	n.沖積層, 沖積土
antediluvian [æntidilú:viən]	antedi luv	ian	ante [=before 前に] ～an [→形, 名]. <L. diluvium [=flood 洪水]	a.(Noah の)大洪水以前の, 大昔の; n.時代遅れの人
pollute [pəlú:t]	pol lut	e	pol-(pro-) [=to 前方へ] ～.「（泥や汚物を）もれなく洗う」	v.汚す, 不潔になる

pollution [pəlúːʃən]	pol|lut|ion	pol-(pro-) [=to 前方へ] ~ion [→名]		*n.*汚すこと，不潔，不浄，堕落

ly² [=loose 解く，ゆるめる]

analysis [ənǽləsis]	ana|ly|sis	＜GK. *analýein*「ばらばらにすること」．ana [=up 上に] ~sis [→名]	*n.*分解，分析，精神分析
analyze [ǽnəlaiz]	ana|ly|ze	ana [=up 上に] ~ze＜ize [=make…にする→動]．「ばらばらにする」	*v.*分解[分析]する
paralysis [pərǽlisis]	para|ly|sis	para [=beside そばに] ~sis [→名]	*n.*麻痺，中風，無力
paralyze [pǽrəlaiz]	para|ly|ze	para [=beside そばに] ~ze＜ize [=make…にする→動]．「片側を不能にする」	*v.*麻痺させる，無能力にする，無効にする

M

magn, maes, magi, maj, mast, max, may, mist [=greater より大きい]

maestro [máistrou]	maes	tro	<It.=master「師」	n.大音楽家, 大作曲家, 大家, 巨匠
magistrate [mǽdʒistreit]	magi	strate	master「師」の変形.「より大なる者」の意	n.長官, 知事, 市長, 治安判事
magnanimity [mæɡnənímiti]	magn	animity	~anim [=life 命]+ity [→名]	n.度量の大きいこと, 寛大さ, 雅量
magnanimous [mæɡnǽniməs]	magn	animous	~anim [=life 命]+ous [=full of…で満ちた→形]	a.度量の大きい, 寛大な
magnify [mǽɡnifai]	magn	ify	~fy [=make…にする→動]	v.拡大する, 誇張する
magnificence [mæɡnífisns]	magn	ificence	~fic [=make 作る→動]+ence [→名]	n.壮大, 荘厳, 立派さ
magnificent [mæɡnífisnt]	magn	ificent	~fic [=make 作る→動]+ent [→形].「偉大なことをなしている」	a.壮大な, 立派な, 素晴らしい
magnitude [mǽɡnitjuːd]	magn	itude	~itude [→名].「大いこと」	n.大きさ, 量, 規模, 重要さ
majestic [mədʒéstik]	maj	estic	~ic [→形]	a.威厳のある, 堂々とした
majesty [mǽdʒisti]	maj	esty	~ty [→名].「より大であること」	n.威厳, 主権
major [méidʒər]	maj	or	<L.=greater「より大きい」	a.大きい方の, 過半の, 年長の, 専攻の; n.陸軍少佐, 成年者, 専攻科目
majority [mədʒɔ́riti]	maj	ority	~ity [→名].「より大であること」	n.大多数, 過半数, 成年
master [mǽstər]	mast	er	<L. magister [=master 師]	n.主人, 長, 船長, 校長, 先生, 名人, 修士; v.支配する, 熟達する
masterly [mǽstərli]	mast	erly	~ly [→形, 副]	a.,ad.巧妙な(に), 名人の(ように)
masterpiece [mǽstərpiːs]	mast	erpiece	~piece「作品」	n.傑作, 名作
mastery [mǽstəri]	mast	ery	~y [→名]	n.支配, 征服, 熟達, 精通
maxim [mǽksim]	max	im	<L.=greatest (proposition)「最大の(提議)」	n.格言, 金言, 公理
maximum [mǽksiməm]	max	imum	<L.=greatest. L. magnus [=great 大きい]の最上級	n.最大限度, 最大数[量]
mayor [méiər]	may	or	<L.=greater「より大きな」. mayorのつづりは16世紀半より	n.市長
mister [místər]	mist	er	masterの弱形	n.…君, 様, 殿
mistress [místris]	mist	ress	~ess [=female 女性→名]	n.女主人, 主婦

man¹, main, mn [=dwell 住む, stay 滞在する]

単語	分解			語源説明	意味
manor [mǽnər]	man	or		<L. [=dwell 住む]. 13世紀から「領主の邸宅」	n.荘園, 領地
mansion [mǽnʃən]	man	sion		~ion [=place 場所→名]. dwelling place 住所	n.邸宅
permanence [pə́ːrmənəns]	per	man	ence	per [=through 通って] ~ence [→名]	n.永続, 不変, 耐久性
permanent [pə́ːrmənənt]	per	man	ent	per [=through 通って] ~ent [→形].「最後まで留まる」	a.永久の, 永続的な
remain [riméin]	re	main		re [=back 後に] ~.「後に留まる」	v.留まる, 残る, 依然として…である; n.(pl.) 残り物, 遺跡, 遺骸
remainder [riméindər]	re	main	der	re [=back 後に] ~er [→名]	n.残り, 残額
remnant [rémnənt]	re	mn	ant	re [=back 後に] ~ant [→名]	n.残り(物), はした, 残りくず

mand, mend¹ [=order 命じる, entrust 託する]

単語	分解			語源説明	意味
mandate [mǽndeit]		mand	ate	<L. mandāre [=order 命じる]. 原義は「手の中に与えること」	n.命令, 要求, 委任
command [kəmǽnd]	com	mand		com [=強意] ~. 原義は「手中に置く」	n.命令, 支配区; v.命令する, 自由にする, 支配する
commander [kəmǽndər]	com	mand	er	com [=強意] ~er [=person 人→名]	n.指揮官, 司令官
commandment [kəmǽndmənt]	com	mand	ment	com [=強意] ~ment [→名]	n.おきて, 戒律
commend [kəménd]	com	mend		command「命令(する)」の変形.「ある人に任せる」	v.委託する, 委任する, 賞賛する
commendable [kəméndəbl]	com	mend	able	com [=強意] ~able [=possible…できる→形]	a.ほめるに足りる, 感心な
commendation [kɑməndéiʃən]	com	mend	ation	com [=強意] ~ation [→名]	n.賞賛, 推薦
demand [dimǽnd]	de	mand		de [=off, away 離れて] ~.「手放すよう求める」	v.要求する, 請求する, 詰問する
recommend [rekəménd]	recom	mend		re [=again 再び]+com [=強意] ~	v.推薦する, 勧める, 託する
recommendation [rekəmendéiʃən]	recom	mend	ation	re [=again 再び]+com [=強意] ~ation [→名]	n.推薦, 推挙

manu, main, man² [=hand 手]

単語	分解		語源説明	意味
maintain [meintéin]	main	tain	~tain [=hold 保つ].「手で保つ」	v.保存する, 保つ

maintenance [méintinəns]	main	tenance	～ance [→名]	n.持続，維持
manage [mǽnidʒ]	man	age	＜It. maneggiare「手を下す」	v.経営する，処理する，扱う，どうにか…する
manager [mǽnidʒər]	man	ager	～er [＝person 人→名]	n.支配人，監督，経営者
management [mǽnidʒmənt]	man	agement	～ment [→名]	n.支配，経営，処理
maneuver [mənúːvər]	man	euver	＜L. manus「手」＋operārī「仕事する」→「手で仕事する」	n.演習，運動，策動
manicure [mǽnikjuər]	man	icure	～cure [＝care 手入れ]	n.マニキュア
manifest [mǽnifest]	man	ifest	～fest [＝strike 打つ]．「手で打たれた」→「明らかな」	v.示す；a.明白な
manipulate [mənípjuleit]	man	ipulate	＜F.～pule [→形]＋ate [＝make…にする→動]．「手でさばく」	v.上手に扱う，あやつる
manipulation [mənipjuléiʃən]	man	ipulation	～＜F. pule [→形]＋ate [＝make…させる→動]＋ion [→名]	n.あやつり，ごまかし
manner [mǽnər]	man	ner	～er [＝action 行為→名]．「手に関係のあるもの」	n.方法，態度，様式，作法，風俗
mannerism [mǽnərrizəm]	man	nerism	～er [＝action 行為→名]＋ism [＝特性→名]	n.マンネリズム，癖
manual [mǽnjuəl]	manu	al	～al [→形，名]．「手の」	a.手の，手工の；n.教本，便覧
manufacture [mǽnjufǽktʃər]	manu	facture	～fact [＝make 作る→動]＋ure [→名]．「手で作ること」	n.工場制手工業，生産，製作；v.製作(造)する
manufacturer [mǽnjufǽktʃərər]	manu	facturer	～fact [＝make 作る]＋ure [→名]＋er [＝person 人→名]	n.製造者，製作者，生産者
manure [mǽnjuər]	manu	re	maneuver「演習」と同語源．「手で仕事をする」から「耕作する」→「耕作するための肥料」と意味が変わった	n.肥料
manuscript [mǽnjuskript]	manu	script	～script「書かれた」．「手で書かれたもの」	n.原稿
emancipate [imǽnsipeit]	e man	cipate	e＜ex [＝out，away 外へ]～cipate [＝take 取る]	v.解放する，自由(の身)にさせる
emancipation [imǽnsipéiʃən]	e man	cipation	e＜ex [＝out，away 外へ]～cipate [＝take 取る]＋ion [→名]．「手でつかまれた状態から自由にすること」	n.解放，自由

mar¹, marsh, mer, mire, moor [＝sea 海]

marine [məríːn]	mar	ine	＜L. marīnus [＝of the sea 海の]．「海に属する」	a.海の，海上の，海産の
mariner [mǽrinər]	mar	iner	～er [＝person 人→名]	n.水夫，船員

maritime [mǽritaim]	mar	itime	<L.=of [near] the sea「海の(近くの)」, time<L. -timus 最上級の語尾	a.海の，海事の，海岸の
marsh [mɑːrʃ]	marsh		OE. mere「海」の派生語	n.沼地，湿地
marshy [mɑ́ːrʃi]	marsh	y	～y [→形]	a.沼地の多い，湿地の
mermaid [mə́ːrmeid]	mer	maid	～maid 娘	n.人魚
mire [maiər]	mire		<ME. myre, mire [=swampy ground ぬかるみ]	n.泥，ぬかるみ
moor [muər]	moor		<ON. mörr [=moorland 荒野；沼地], marr [=sea]	n.荒れ地，荒れ野
submarine [sʌ́bməriːn]	sub mar	ine	sub [=under 下に] ～.「海中の」	n.潜水艦

mater, matri, metro, mother [=mother 母]

mater [méitər]	mater			n.《英学生俗語》おふくろ
maternal [mətə́ːrnəl]	mater	nal	～al [→形]	a.母らしい，母方の
maternity [mətə́ːrniti]	mater	nity	～ity [=state 状態→名]	n.母であること，母性
matricide [méitrisaid]	matri	cide	～cide [=kill 殺す]	n.母殺し
matriarchy [méitriɑːki]	matri	archy	～arch [=chief 最高位の]+y [=state 状態→名]	n.女家長制
matrimony [mǽtriməni]	matri	mony	～mony [=state 状態→名].「母たること」	n.結婚，結婚生活
matrimonial [mætrimóuniəl]	matri	monial	～mony [→名]+al [→形].「母に属する」	a.結婚の，夫婦の
matrix [méitriks]	matri	x	～ix [→名].「子宮」	n.母体，基盤
matron [méitrən]	matr	on	<L. mātrōna [=mother 母]	n.婦人，家政婦，保母，寮母
metropolis [mitrɑ́pəlis]	metro	polis	<GK. mētēr [=mother]+polis [=city 市]	n.中心都市，首都；a.首都の
metropolitan [metrəpɑ́litən]	metro	politan	～polit [=city 市]+an [→形, 名]	a.首都の；n.首都の住人
mother [mʌ́ðər]	mother		ME. mōder「母」から mother への移行は 15 世紀	n.母，出所
motherly [mʌ́ðərli]	mother	ly	～ly [→形]	a.母の，母らしい

matur [=ripe 熟した]

mature [mətjúər]		matur e		a.成熟した，円熟した，(手形などの)満期の
maturity [mətjúəriti]		matur ity	～ity [=state 状態→名]	n.成熟，円熟，(手形などの)満期
immature [imətjúər]	im	matur e	im [=not] ～	a.未熟の，未成年の
premature [premətjúər]	pre	matur e	pre [=before 前に] ～	a.尚早の，早熟の

meas, mens [=measure はかる]

単語	分解		語源説明	意味
measure [méʒər]	meas	ure	~ure [→名, 動].「測定されること」	n.測定, 長さ, 大きさ, 量, 重さ; v.計る
measurable [méʒərəbl]	meas	urable	~ure [名, 動]+able [=possible…できる→形]	a.はかりうる, 適度の, ほどよい
measurement [méʒərmənt]	meas	urement	~ure [名, 動]+ment [→名]	n.測定, 寸法
commensurate [kəménʃərit]	com mens	urate	com [=together 共に] ~ure [→名, 動]+ate [→形]	a.同量の, 同大の
dimension [diménʃən]	di mens	ion	di<dis [=off, apart 離れて] ~ion [→名].「測量すること」	n.寸法, 次元
dimensional [diménʃənəl]	di mens	ional	di<dis [=off, apart 離れて] ~ion [→名]+al [→形]	a.寸法の, …次元の
immense [iméns]	im mens	e	im [=not] ~.「測れないほど大きい」	a.巨大な, 多大の
immensely [ménsli]	im mens	ely	im [=not] ~ly [→副]	ad.広大に, 莫大に, 非常に
immensity [ménsiti]	im mens	ity	im [=not] ~ity [=state 状態→名]	n.巨大, 広大, 無限

med [=heal 癒す]

単語	分解		語源説明	意味
medical [médikəl]	med	ical	~ical [→形]	a.医学の, 内科の
medicinal [medísinl]	med	icinal	~al [→形]	a.薬用の, 病気を治す
medicine [médsin]	med	icine	<L. medicina「医術」, 「治療技術」	n.医学, 医薬
remedy [rémidi]	re med	y	re [=again 再び] ~y [→名]. heal again 再び癒す	n.治療(法), 治療薬

mega(lo) [=great 大きい]

単語	分解		語源説明	意味
megaphone [mégəfoun]	mega	phone	~phone [=sound 音]	n.メガホン, 拡声器
megalomania [mègəlouméiniə]	megalo	mania	~mania [=madness 狂気]	n.誇大妄想狂

mem(or), memoir, memb(e)r [=remember 覚えている]

単語	分解		語源説明	意味
memo [mémou]	memo			n.=memorandum
memoir [mémwɑːr]	memoir		<F. memoire [=memory 記憶]	n.回顧録, 研究報告
memorandum [mèmərǽndəm]	memor	andum	<L. [=thing to be remembered 記憶されるべきこと]	n.覚え書き, メモ
memorable [mémərəbl]	memor	able	~able [=possible…できる→形]	a.記憶すべき, 忘れられない
memorize [méməraiz]	memor	ize	~ize [=make…にする→動]	v.…を暗記する
memorial [mimɔ́ːriəl]	memor	ial	~al [→形, 名]	n.記念物(碑, 像, 館); a.記念の
memorialize [mimɔ́ːriəlaiz]	memor	ialize	~al [→形, 名]+ize [=make…にする→動]	v.…を記念する, …へ請願書を出す

memory [mémərı]		memor	y			〜y [→名].「思い出すこと」	n.記憶, 思い出
commemorate [kəmémərèit]	com	memor	ate			com [=together 共に] 〜ate [=make…にする→動].「共に心に留める」→「記念する」	v.…を祝う, …の記念となる
commemoration [kəmèməréiʃən]	com	memor	ation			com [=together 共に] 〜ate [=make…にする→動]+ion [→名]	n.記念, 祝典
immemorial [ìməmɔ́ːriəl]	im	memor	ial			im [=not] 〜al [→形]	a.人の記憶を越えた, 太古の
remember [rimémbər]	re	member				<ME. remembre(n)「思い起こす, 想起する」. re [=again 再び] 〜	v.…を思い出す, …を覚えている
remembrance [rimémbrəns]	re	membr	ance			re [=again 再び] 〜ance [→名]	n.記憶, 思い出

mend² [=fault 欠点, 短所, mistake 誤り]

mend [mend]		mend				amend「修正する」の語頭母音消失	v.…を修繕する, …を改める, 改善する
amend [əménd]	a	mend				a<ex [=out of 離れて] 〜.「誤りをなくす」	v.修正する, 改正する
amendment [əméndmənt]	a	mend	ment			a<ex [=out of 離れて] 〜ment [→名]	n.修正, 改善, 修正案
emend [iménd]	e	mend				e<ex [=out of 離れて] 〜	v.校訂する

ment, mind, minis [=mind 心]

mental [méntl]		ment	al			〜al [→形]	a.精神の, 心の, 知力の
mentality [mentǽliti]		ment	ality			〜al [→形]+ity [=state 状態→名]	n.知性, 精神力
mentally [méntəli]		ment	ally			〜al [→形]+ly [→副]	ad.精神的に, 知的に
mention [ménʃən]		ment	ion			〜ion [→名].「心にふれること」	n.言及, 陳述; v.…に言及する
mind [maind]		mind					n.心, 精神, 知性, 意見; v.気をつける, 守る, 気にする
mindful [máindfəl]		mind	ful			〜ful [=full of…で満ちた→形]	a.…に気をつけて, …に注意して
mindless [máindlis]		mind	less			〜less [=without…のない→形]	a.知性のない, 思慮のない, 不注意な
comment [káment]	com	ment				com [=together 共に] 〜.「共に心がける」	n.注釈, 説明, 批評; v.注釈(解説)する
commentary [kámenteri]	com	ment	ary			com [=together 共に] 〜ary [→名]	n.注釈, 評釈(書), 解説(書)
commentate [kámenteit]	com	ment	ate			com [=together 共に] 〜ate [=make…にする→動]	v.解説する, 実況放送する

commentator [kámenteitər]	com|ment|ator		com [=together 共に] ～ate [=make…にする→動]+or [=person 人→名]	n.注釈者, ニュース解説者
demented [diméntid]	de|ment|ed		de [=off, away 離れて] ～ed [→形]	a.気の狂った
remind [rimáind]	re|mind		re [=again 再び] ～	v.思い出させる, 気づかせる
reminiscence [reminísns]	re|minis|cence		re [=again 再び] ～ence [→名]	n.思い出すこと, 記憶(力), 思い出
vehement [víːəmənt]	vehe|ment		<L. vehere [=carry away 持ち去る] ～. 「心を奪い去る」→「我を忘れた」	a.激しい, 熱情的な

merc(h), mark [=trade 商う]

market [máːrkit]		mark|et	～et<L. -tus [過去分詞語尾]. mark<L. merx 「商品」. 「商われる所」	n.市, 市場, 小売店, 売買
marketable [máːrkitəbl]		mark|etable	～able [=possible…できる→形]	a.市場向きの, すぐ売れる
mercantile [məːrkəntail]		merc|antile	～ile [=belonging to…に適する→形]	a.商業の, 商売の
mercenary [məːrsinəri]		merc|enary	<L. mercēs+ary [→形]. 「賃金に関係した」	a.金目当ての
merchandise [məːrtʃəndaiz]		merch|andise	～ise [=thing もの→名]	n.《集合的》商品
merchant [məːrtʃənt]		merch|ant	～ant [=person 人→名]. 「商いをするところの」	n.商人, 小売り商
merchantman [məːrtʃəntmən]		merch|antman	～man [=ship 船]	n.商船
merciful [məːrsifəl]		merc|iful	<L. mercēs [=reward 賃金] からこの意に転じた. ～ful [=full of…で満ちた→形]	a.慈悲深い, 寛大な
merciless [məːrsilis]		merc|iless	～less [=without…のない→形]	a.無慈悲な, 残酷な
mercy [məːrsi]		merc|y	<L. mercēs [=reward 賃金] からこの意に転じた	n.慈悲, あわれみ, 幸運
commerce [káməːrs]	com|merc|e		com [=together 共に] ～. 「商品を共に扱うこと」	n.商業, 貿易, 交渉, 交際
commercial [kəməːrʃəl]	com|merc|ial		com [=together 共に] ～al [→形]	a.商業の, 通商(上)の
commercialize [kəməːrʃəlaiz]	com|merc|ialize		com [=together 共に] ～al [→形]+ize [=make…にする→動]	v.商品化する, 商業化する

merg [=sink 沈む]

emerge [iməːrdʒ]		e|merg|e	e<ex [=out of 外へ] ～. 「外へひたす」→「水中から出る」	v.(…の中から)現れる

単語	分解	語源説明	意味
emergence [imə́ːrdʒəns]	e|merg|ence	e＜ex [=out of 外へ] ～ence [→名]	n.出現, 脱出
emergency [imə́ːrdʒənsi]	e|merg|ency	e＜ex [=out of 外へ] ～cy [→名]	n.非常事態, まさかの時
submerge [səbmə́ːrdʒ]	sub|merg|e	sub [=under 下に] ～.「水中に沈む」	v.水没させる, 見えなくさせる

merit [=deserve 値する]

単語	分解	語源説明	意味
merit [mérit]	merit	＜L. meritum「受けるに値する」	n.長所, 美点, 功績, 真価
meritorious [meritɔ́ːriəs]	merit|orious	～ous [=full of …で満ちた→形]	a.長所のある, 賞に値する
demerit [diːmérit]	de|merit	de [=not] ～	n.欠点

meter, metr [=measure はかる]

単語	分解	語源説明	意味
meter [míːtər]	meter	mete「測定する」+er [=instrument 道具]	n.メートル, 計量器, 韻律
barometer [bərámitər]	baro|meter	baro [=weight 重量] ～.「(空気の)重さを計る器」	n.気圧計, バロメーター
centimeter [sentimíːtər]	centi|meter	centi [=hundred 100] ～	n.センチメートル
diameter [daiǽmitər]	dia|meter	dia [=through 通して] ～	n.直系, 太さ
geometry [dʒiːámitri]	geo|metr|y	geo [=earth 土地] ～y [→名].「地面の測定」→「幾何学」	n.幾何学
geometric [dʒiəmétrik]	geo|metr|ic	geo [=earth 土地] ～+ic [形]	a.幾何学の
symmetry [símitri]	sym|metr|y	sym＜syn [=together 共に] ～y [→名].「同じ尺度」	n.対称, 釣合い, 調和
symmetrical [simétrikl]	sym|metr|ical	sym＜syn [=together 共に] ～y [→名]+cal [→形]	a.対称的な, 釣合いのとれた
thermometer [θərmámitər]	thermo|meter	thermo [=heat 熱] ～	n.温度計, 寒暖計

micro [=small 小さい]

単語	分解	語源説明	意味
microphone [máikrəfoun]	micro|phone	～phone [=sound 音]	n.マイクロホン
microscope [máikrəskoup]	micro|scope	～scope [=mirror 鏡]	n.顕微鏡

mid, mean, medi, meri [=middle 中間]

単語	分解	語源説明	意味
mean [miːn]	mean	＜ME. mene「中間の, 仲介する」	n.中間, 中庸; (-s)手段, 方法, 資力
meantime [míːntaim]	mean|time	～time 時間	n.その間の時間
mediate [míːdieit]	medi|ate	～ate [=make …にする→動].「中間に位する」	v.…の仲介をする, 調停する
mediation [miːdiéiʃən]	medi|ation	～ate [=make …にする→動]+ion [→名]	n.調停, 仲裁

単語	接頭辞	語根	接尾辞	語源	意味
medieval [medíːvəl]		medi	eval	~ev [=age 時代]+al [→形].「中間の時代」	a.中世の, 中世風の
mediocre [miːdióukər]		medi	ocre	~ocre<L. ocris [=peak 峰]. halfway up a hill.「中間の峰」	a.並みの, 平凡な, 二流の
Mediterranean [mèditəréiniən]		Medi	terranean	~terra [=land 土地]+an [→形].「土地の中間に位置する」	a.地中海の; n.[the M-]地中海
medium [míːdiəm]		medi	um	<L. medius [=middle 中央]	n.手段, 機関, 媒介物
meridian [mərídiən]		meri	dian	~di [=day 日]+an [→形].「日の真中の」	n.子午線, 絶頂; a.子午線の, 全盛の
mid [mid]		mid			a.中央の, 中間の
midday [míddei]		mid	day	~day 日	n.正午, 真昼
middle [mídl]		mid	dle	~le [→名, 形]	a.中央の, 中間の; n.中央, 中部
midnight [mídnait]		mid	night	~night 夜	n.真夜中
midst [midst]		mid	st	~s [=古い属格]+t [=添え字]	n.中央, 最中
midsummer [mídsÀmər]		mid	summer	~summer 夏	n.真夏, 夏至
midway [mídwei]		mid	way	~way 道	a.中途の, 中ほどの
amid [əmíd]	a	mid		a [=in 中に] ~	prep.…の中に[へ, の]
immediate [imíːdiit]	im	medi	ate	im [=not] ~ate [→形]	a.直接の, 即時の
immediately [imíːdiitli]	im	medi	ately	im [=not] ~ate [→形]+ly [→副]	ad.直ちに, さっそく
intermediate [ìntərmíːdiit]	inter	medi	ate	inter [=between 間に] ~	a.中間の, 介在する

migr [=wander さまよう]

単語	接頭辞	語根	接尾辞	語源	意味
migrate [máigreit]		migr	ate	~ate [=make…させる→動].「場所から場所へと移る」	v.移住する, 移動する
migration [maigréiʃən]		migr	ation	~ate [=make…させる→動]+ion [→名]	n.移住, 移動, 渡り
migratory [máigrətɔːri]		migr	atory	~ate [=make…させる→動]+ory [→形]	a.移住する, 漂浪する
emigrant [émigrənt]	e	migr	ant	e<ex [=out of 外に] ~ant [=person 人→名]	n.(他国への)移住民
emigrate [émigreit]	e	migr	ate	e<ex [=out of 外に] ~ate [=make…させる→動].「外へ移動する」	v.(他国に)移住する, 転居する
emigration [èmigréiʃən]	e	migr	ation	e<ex [=out of 外に] ~ate [=make…させる→動]+ion [→名]	n.(他国への)移住, 転居
immigrate [ímigreit]	im	migr	ate	im [=in, into 中へ] ~ate [=make…させる→動].「中へ移る」	v.移住する, 来住する

immigration [ìmigréiʃən]	im|migr|ation	im [=in, into 中へ] ~ate [make…させる→動]+ion [→名]	n.(他国からの)移住
immigrant [ímigrənt]	im|migr|ant	im [=in, into 中へ] ~ant [→名]	n.(外国からの)移民
transmigrate [trænzmaigreit]	trans|migr|ate	trans [=over, across 越えて] ~ate [=make…させる→動].「境界を越えて移る」	v.移住する, のり移る

mil(l) [=thousand 千]

mile [mail]	mil|e	<L. mīlia (passuum)「1,000の歩み」<mīlle「1,000」	n.マイル
mileage [máilidʒ]	mil|eage	~age [→名]	n.マイル数
millennium [miléniəm]	mill|ennium	~ium [→名]. <L. mīlie「1,000の」+annus「年」	n.千年の間, 黄金時代
millimeter [mílimi:tər]	mill|imeter	~meter メートル	n.ミリメートル(1メートルの千分の1)
million [míljən]	mill|ion	<It. milione<mille「1000」+増大辞-one.「大きな千」	n.百万, 多数; a.百万の
millionaire [miljənéər]	mill|ionaire	million+aire [=行為者→名]	n.百万長者

min [=project 出っぱる]

eminence [émənəns]	e|min|ence	e<ex [=out of 外へ] ~ence [=state→名]	n.高所, 丘, 著名
eminent [émənənt]	e|min|ent	e<ex [=out of 外へ] ~ent [→形].「外に突出する」	a.地位の高い, すぐれた
imminent [ímənənt]	im|min|ent	im<in [=upon 上に] ~ent [→形].「突き出ている」	a.切迫した, 緊急の
prominence [práminəns]	pro|min|ence	pro [=forward 前へ] ~ence [→名]	n.突起, 傑出
prominent [práminənt]	pro|min|ent	pro [=forward 前へ] ~ent [→形].「前へ突き出ている」	a.突破した, 目立つ
prominently [práminəntli]	pro|min|ently	pro [=forward 前へ] ~ent [→形]+ly [→副]	ad.突き出て, 卓越して

min(i) [=small 小さい, diminish 減少する]

mince [mins]	min|ce	<L. minutus [=small 小さい].「小さく切る」	v.切り刻む, 控えめに言う, 気取ってやる
miniature [míniətʃər]	mini|ature	~ure [→名]. もとは「鉛丹で描いたもの」. minor「より小さい」と混同されてこの意となる	n.縮小画, 縮図
minimize [mínimaiz]	mini|mize	~ize [=make…にする→動]	v.最小にする, 軽視する
minimum [mínimum]	mini|mum	<L. minimum [=least 最小の]	n.最小; a.最小限度の
minister [mínistər]	mini|ster	<L. minister「より小さな者」→「召使」	n.牧師, 大臣, 代理; v.奉仕する, 役立つ

ministry [mínistri]	mini	stry	~ry [=position 地位→名]	n.牧師の仕事，大臣の職，内閣，省
minor [máinər]	min	or	<L. minor [=less より少ない]	a.小さい方の，重要でない
minority [mainɔ́:riti]	min	ority	~ity [=state 状態→名]	n.少数，少数派
minute n.[mínit] a.[mainjú:t]	min	ute	<L. minuere [=make small 小さくする].「小さくされたもの」	n.分，瞬間；a.細かい
administer [ədmínistər]	ad mini	ster	ad [=to…に] ~.「…に仕える」	v.管理する，執行する，施す
administration [ədministréiʃən]	ad mini	stration	ad [=to…へ] ~ate [=make…にする→動]+ion [→名]	n.管理，経営，行政，政府
administrative [ədmínistreitiv]	ad mini	strative	ad [=to] ~ate [=make…にする→動]+ive [→形]	a.管理の，行政の
diminish [dimíniʃ]	di mini	sh	di<dis [=off, away 離れて] ~. make less「より少なくする」	v.減じる，小さくする
diminution [diminjú:ʃən]	di min	ution	di<dis [=off, away 離れて] ~ion [→名]	n.減少，縮小
diminutive [dimínjutiv]	di min	utive	di<dis [=off, away 離れて] ~ive [→形]	a.小さい，小型の

mir, mar² [=wonder 驚く]

marvel [má:rvəl]	mar	vel	<L. mīrārī [=wonder 驚くべきこと]	n.驚くべきもの[人]
marvelous [má:rvələs]	mar	velous	~ous [=full of…で満ちた→形]	a.不思議な，驚くべき
miracle [mírəkl]	mir	acle	<L. mīrāculum [=wonderful thing 素晴らしいこと] ~cle [→指小辞]	n.奇跡，素晴らしいこと
miraculous [mirǽkjuləs]	mir	aculous	~ous [=full of…で満ちた→形]	a.奇跡的な，驚くべき
mirage [mirá:ʒ]	mir	age	~age [→名]	n.蜃気楼，妄想
mirror [mírər]	mir	ror	~or [→名]	n.鏡，手本
admire [ədmáiər]	ad mir	e	ad [=at…を] ~.=wonder at…に感服する	v.感嘆する，賛美する
admirable [ǽdmərəbl]	ad mir	able	ad [=at…を] ~able [=possible…できる→形]	a.賞賛すべき，感心な
admiration [ædməréiʃən]	ad mir	ation	ad [=at…を] ~ion [→名]	n.感嘆，賛美
admirer [ədmáiərər]	ad mir	er	ad [=at…を] ~er [=person 人→名]	n.賛美者，崇拝者
admiring [ədmáiəriŋ]	ad mir	ing	~ing [→形]	a.感嘆する

mis(s), Mass, mess, mit(t) [=send 送る]

Mass [mæs]		Mass	<L. missa [=dismissal 解散]．ミサの終わりの言葉．L. ite, missa est「汝ら行け。解散なり」より	n.ミサ，ミサの曲

miss, Mass, mess, mit(t)

message [mésidʒ]	mess	age		~age [→名]	n.ことづて，伝言
messenger [mésindʒər]	mess	enger		~er [=person 人→名]	n.使者
missile [mísil]	miss	ile		<L. missus「送られた」	n.飛び道具，ミサイル
mission [míʃən]	miss	ion		~ion [→名]．「送られること」	n.派遣，使節，使命
missionary [míʃəneri]	miss	ionary		~ary [→形・名]．「布教の」	v.伝道(者)の；n.宣教師
admission [ədmíʃən]	ad	miss	ion	ad [=to…へ] ~ion [→名]	n.入場(許可)，入学(許可)
admit [ədmít]	ad	mit		ad [=to…へ]．「送り入れる」	v.入れる，承認する，認める
commission [kəmíʃən]	com	miss	ion	com [=together 共に] ~．「ある人に対して送ること」→「委任」	n.委任状，命令，委任；v.委任する
commissioner [kəmíʃənər]	com	miss	ioner	com [=together 共に] ~er [=person 人→名]	n.委員，理事，局長，コミッショナー
commit [kəmít]	com	mit		com [=together 共に]．「ある人に対して送る」→「ゆだねる」	v.犯す，委任する，投じる
commitment [kəmítmənt]	com	mit	ment	com [=together 共に] ~ment [=act 行為→名]	n.犯行，実行，委任，言質
committee [kəmíti]	com	mitt	ee	com [=together 共に] ~ee [=person 人→名]	n.委員会，《集合的》委員
compromise [kámprəmaiz]	compro	mis	e	com [=together 共に]+promise 約束する	n., v.妥協(する)
dismiss [dismís]	dis	miss		dis [=off, away 離れて] ~．「ばらばらに送る」	v.去らせる，解散させる，解雇する
dismissal [dismísəl]	dis	miss	al	dis [=off, away 離れて] ~al [→名]	n.免職，解雇，退去
emit [imít]	e	mit		e<ex [=out of 外に] ~．「送り出す」	v.出す，発する，放射する
intermit [intərmít]	inter	mit		inter [=between 間に] ~．「間を送る」→「離す」	v.とぎれる，中止する
omission [oumíʃən]	o	miss	ion	o<ob [=against 反対に] ~ion [→名]	n.省略，手ぬかり
omit [oumít]	o	mit		o<ob [=against 反対に] ~．let go．「行かせる」→「除く」	v.省略する，抜かす，忘れる
permission [pərmíʃən]	per	miss	ion	per [=through 通って] ~ion [→名]	n.許可，免許，許容
permit [pərmít]	per	mit		per [=through 通って] ~．send through「通って送る」→「通過を許す」	v.許す，許可する，…させておく
promise [prámis]	pro	mis	e	pro [=forward 前に] ~．「差し出されること」→「約束」	n.約束，契約，見込み
promising [prámisiŋ]	pro	mis	ing	pro [=forward 前に] ~ing [→形]	a.見込みのある，有望な
promissory [prámisɔːri]	pro	miss	ory	pro [=forward 前に] ~ory [→形]	a.約束する，約束の

単語	分解			語源説明	意味
remit [rimít]	re	mit		re [=back 後へ] ~.「送り返す」	v.送る,信託する,許す
remittance [rimítəns]	re	mitt	ance	re [=back 後へ] ~ance [→名]	n.送金(額)
submission [səbmíʃən]	sub	miss	ion	sub [=under 下に] ~ion [→名]	n.服従,従順
submit [səbmít]	sub	mit		sub [=under 下に] ~.「下に置く」	v.服従させる,任せる,屈服する
surmise [sə:rmáiz]	sur	mis	e	sur [=upon 上に] ~.「上に投げ(送)る」	v.推測する,憶測する; n.推量,憶測
transmission [trænsmíʃən]	trans	miss	ion	trans [=over, across 越えて] ~ion [→名]	n.送信,伝達,電送
transmissive [trænsmísiv]	trans	miss	ive	trans [=over, across 越えて] ~ive [→形]	a.送られる,伝える
transmit [trænsmít]	trans	mit		trans [=over, across 越えて] ~.「向こう側に送る」	v.送る,回送する,伝える

mob, mo, mot, mov, mut¹ [=move 動く]

単語	分解		語源説明	意味
mob [mɑb]	mob		<L. mōbile vulgus「移動する民衆」の短縮形	n.群衆,民衆
mobile [móubi:l]	mob	ile	~ile [=possible…できる→形]	a.動かしやすい,流動する
mobilize [móubilaiz]	mob	ilize	~il<ile [=possible…できる→形]+ize [=make…にする→動]	v.動員する,流通する
mobilization [moubilizéiʃən]	mob	ilization	~il<ile [=possible…できる→形]+ize [=make…にする→動]+ation [→名]	n.動員,運用,流通
moment [móumənt]	mo	ment	~ment [→名]. mo<L. movēre動かす.「動かす力,運動,瞬間」	n.瞬間,目下,重要さ
momentary [móumənteri]	mo	mentary	~ary [→形]	a.瞬間の,はかない
momentous [mouméntəs]	mo	mentous	~ous [=full of…で満ちた→形]	a.重大な,重要な
motor [móutər]	mot	or	~or [=thing 物→名].「動かされるもの」	n.原動力,モーター
motorcar [móutərka:r]	mot	orcar	~car 車	n.自動車
motorist [móutərist]	mot	orist	~ist [=person 人→名]	n.自動車乗り
motion [móuʃən]	mot	ion	~ion [→名]	n.運動,移動,動作,提案
motionless [móuʃənlis]	mot	ionless	~ion [→名]+less [=without…のない→形]	a.動かない,静止した
motive [móutiv]	mot	ive	~ive [→形,名].「動くのに役立つ」	a.運動の; n.動機,動因
motivation [moutivéiʃən]	mot	ivation	~ate [=make…にする]+ion [→名]	n.刺激,動機づけ

単語	接頭辞	語根	接尾辞	語源・解説	意味
move [muːv]		mov	e	<L. *movēre* 動かす	v.動かす，動く，移動する
movement [múːvmənt]		mov	ement	～ment [→名]	n.動き，運行，移動
movie [múːvi]		mov	ie	＝moving picture 動いている絵	n.[通例 pl.] 映画(館)
moving [múːviŋ]		mov	ing	～ing [→形]	a.動く，心をうつ
movable [múːvəbl]		mov	able	～able [＝possible…できる→形]	a.動かせる，移動のできる
mutiny [mjúːtini]		mut	iny	<MF. *mutiner*「動かす」	n.,v.反乱(を起こす)
automobile [ɔːtəməbíːl]	auto	mob	ile	auto [＝self 自己] ～ile [＝possible…できる→形]．「自力で動く乗り物」	n.自動車
commotion [kəmóuʃən]	com	mot	ion	com<con [＝together 共に] ～ion [→名]	n.動揺，騒動
demobilize [diːmóubilaiz]	de	mob	ilize	de [＝off, away 離れて] ～il<ile [＝possible…できる→形]＋ize [＝make…にする→動]	v.復員させる，解隊させる
demote [dimóut]	de	mot	e	de [＝down 下に] ～	v.地位を落とす，降職させる
demotion [dimóuʃən]	de	mot	ion	de [＝down 下に] ～ion [→名]	n.降職，降等
emotion [imóuʃən]	e	mot	ion	e<ex [＝out of 外に] ～	n.感激，感動
emotional [imóuʃənəl]	e	mot	ional	e<ex [＝out of 外に] ～al [→形]	a.感情的な，感情の
immobile [imoubíːl]	im	mob	ile	im<in [＝not] ～ile [＝possible…できる→形]	a.動かせない，変わらない
locomotion [loukəmóuʃən]	loco	mot	ion	loco [＝place 場所→名] ～ion [→名]．「場所から場所へ動くこと」	n.運動，移動
locomotive [lóukəmoutiv]	loco	mot	ive	loco [＝place 場所] ～ive [→形，名]	n.機関車；a.運動する
remote [rimóut]	re	mot	e	re [＝back もとへ] ～	a.遠く離れた
removability [rimuːvəbíliti]	re	mov	ability	re [＝again 再び] ～able [＝possible…できる]＋ity [→名]	n.移しうること，解任しうること
removable [rimúːvəbl]	re	mov	able	re [＝again 再び] ～able [＝possible…できる→形]	a.移動できる，除かれる
removal [rimúːvəl]	re	mov	al	re [＝again 再び] ～al [→名]	n.移動，移転，除去，解任
remove [rimúːv]	re	mov	e	re [＝again 再び] ～．「再び動く」→「移動する」	v.移す，持ち去る，引っ越す
removed [rimúːvd]	re	mov	ed	re [＝again 再び] ～ed [→形]	a.離れた，縁の遠い
unmoved [ʌnmúːvd]	un	mov	ed	un [＝not] ～ed [→形]	a.確固たる，冷静な

mod, mold [＝measure 測る，尺度]

単語	接頭辞	語根	接尾辞	語源・解説	意味
mode [moud]		mod	e	<L. *modus*「適度，方法，尺度」	n.様式，方式，様子，流行

modal [móudl]		mod	al	～al [→形]	a.形の, 様式の
model [mádl]		mod	el	～el [→指小辞]「小さな尺度」	n.模型, やり方, モデル
moderate [mádərit]		mod	erate	～ate [→形]「尺度で調節された」	a.穏健な, 適度の
moderately [mádəritli]		mod	erately	～ate [→形]+ly [→副]	ad.ほどよく, 適度に
moderation [madəréiʃən]		mod	eration	～ate [=make…にする→動]+ion [→名]	n.緩和, 節制
modern [mádərn]		mod	ern	～ern [→形]. <L. modernus [=just now]	a.現代の, 近代的な
modernize [mádərnaiz]		mod	ernize	modern「現代の」+ize [=make…にする→動]	v.現代化する, 近代化する
modest [mádist]		mod	est	<L. modestus「尺度に合った」	a.慎み深い, 控えめな, じみな
modesty [mádisti]		mod	esty	～y [=state, condition 状態→名]	n.慎み深い, 謙遜, 内気
modify [mádifai]		mod	ify	～fy [=make…にする→動]「尺度に合わせる」	v.修正する, 和らげる
modification [madifikéiʃən]		mod	ification	～fic [=make 作る]+ation [→名]	n.修正, 加減, 制限
modish [móudiʃ]		mod	ish	～ish [=rather…じみた→形]	a.流行の, ハイカラな
mold [mould]		mold		<L. modulus「規範」	n.型, ひな型
accommodate [əkámədeit]	accom	mod	ate	ac<ad [=to…へ]+com [=together 共に] ～ate [=make…にする→動]. =make fit「適したものとする」	v.適応させる, 調停する, 収容する
accommodation [əkamədéiʃən]	accom	mod	ation	ac<ad [=to…へ]+com [=together 共に] ～ate [=make…にする→動]+ion [→名]	n.適応, 和解, 用立て
commode [kəmóud]	com	mod	e	<F. commode「便利な」. com [=together 共に] ～	n.たんす, 洗面台
commodious [kəmóudiəs]	com	mod	ious	com [=together 共に] ～ous [=full of…で満ちた→名]. <L. commodus 適当なく com+modus 尺度.「同じ尺度[方法]の」	a.ゆったりした, 便利な
commodity [kəmáditi]	com	mod	ity	com [=together 共に] ～ity [=state 状態→名].「尺度が共通である状態」→「便利なもの」	n.日用品, 商品

mon, mun [=share 分かち合う, duty 義務, serving 奉仕]

common [kámən]	com	mon		com [=together 共に] ～.「共に役立ちうる」	a.共通の, 共有の, 公衆の, 普通の
commonly [kámənli]	com	mon	ly	com [=together 共に] ～ly [→副]	ad.一般に, 普通は

commonplace [kámənpleis]	com	mon	place	<L.=general topics「ありふれた話題」の直訳	a.平凡な，陳腐な
commonwealth [kámənwelθ]	com	mon	wealth	com [=together 共に] ~wealth [<ME.=happiness 幸せ]	n.国家，国民，共和国
commune [kámju:n]	com	mun	e	com [=together 共に] ~.「心が共通する」	v.話し合う，交わる；n.共感，コミューン
communicate [kəmjú:nikeit]	com	mun	icate	com [=together 共に] ~ate [=make…にする→動]	v.伝える，通じる
communication [kəmju:nikéiʃən]	com	mun	ication	com [=together 共に] ~ate [=make…にする→動]+ion [→名]	n.伝達，通信，連絡
communion [kəmjú:njən]	com	mun	ion	com [=together 共に] ~ion [→名]	n.共有，霊的な交わり，宗教団体
communiqué [kəmjú:nikei]	com	mun	iqué	com [=together 共に] ~iqué <F.=communicated「伝達された」もの	n.公報，コミュニケ
communism [kámjunizm]	com	mun	ism	com [=together 共に] ~ism [=belief 信念→名]「共に分かち合う主義」	n.共産主義
communist [kámjunist]	com	mun	ist	com [=together 共に] ~ist [=person 人→名]	n.共産主義者
community [kəmjú:niti]	com	mun	ity	com [=together 共に] ~ty [→名]「互いに奉仕し合う状態」	n.共同社会，群生，群落，共有

mon(it), monu [=warn 警告する]

money [máni]	mon	ey	<L. Juno Moneta「ローマの警告の女神」．この女神の神殿で貨幣が鋳造されたことから	n.お金
monitor [mánitər]	monit	or	~or [=person 人→名]	n.クラス委員，警告者
monitory [máníto:ri]	monit	ory	~ory [→形]	a.訓戒の
monument [mánjumənt]	monu	ment	~ment [→名]．「思い出させるもの」	n.記念建造物，遺跡
monumental [mənjuméntl]	monu	mental	~ment [→名]+al [→形]	a.記念建造物の，非常な
admonish [ədmániʃ]	ad mon	ish	ad [=to…へ] ~ish [=make…にする→動]	v.戒める，忠告する，警告する
admonition [ædməníʃən]	ad mon	ition	ad [=to…へ] ~ion [→名]	n.戒め，忠告
summon [sámən]	sum mon		sum<sub [=under 下に] ~.「思い出さす」	v.呼び寄せる，召集する，奮い起こす

monster, monstr, muster [=show 見せる，warn 警告する]

monster [mánstər]		monster		<OF. monstre「警告する」．奇怪な生き物は神の警告と考えられていた	n.怪物，巨大な動物[物]
monstrous [mánstrəs]		monstr	ous	~ous [=full of…で満ちた→形]	a.怪物のような，奇形の

単語	接頭辞	語根	接尾辞	語源説明	意味
muster [mÁstər]		muster		<OF. monstre [=warn 警告する]	n.,v. 召集(する)
demonstrate [démənstreit]	de	monstr	ate	de [=fully 完全に] ～ate [=make…にする→動]. 「十分に示す」	v. 論証する, 実物説明をする, 表す
demonstration [dèmənstréiʃən]	de	monstr	ation	de [=fully 完全に] ～ate [=make…にする→動]+ion [→名]	n. 論証, 証明, 表示
demonstrator [démənstreitər]	de	monstr	ator	de [=fully 完全に] ～ate [=make…にする→動]+or [=person 人→名]	n. 証明者, 指示者, 実演者
remonstrate [rimánstreit]	re	monstr	ate	re [=again 再び] ～ate [=make…にする→動]. 「再び示す」	v. 抗議する, 忠告する
remonstrance [rimánstrəns]	re	monstr	ance	re [=again 再び] ～ance [→名]	n. 抗議, 忠告

mors, mord [=bite 噛(か)む]

単語	接頭辞	語根	接尾辞	語源説明	意味
mordant [mɔ́ːrdənt]		mord	ant	～ant [→形]. 「噛むような」<OF.<L. mordēre 「噛む」	a. 刺すような, 辛らつな
morsel [mɔ́ːrsəl]		mors	el	～el [→指小辞]. 「噛まれたもの」	n. 一口, 一片, 小量
remorse [rimɔ́ːrs]	re	mors	e	re [=again 再び] ～. 「再び噛む」	n. 激しい後悔, 自責
remorseful [rimɔ́ːrsfəl]	re	mors	eful	re [=again 再び] ～ful [=full of…で満ちた→形]	a. ひどく後悔している

mort, murd [=death 死]

単語	接頭辞	語根	接尾辞	語源説明	意味
mortal [mɔ́ːrtl]		mort	al	～al [→形]	a. 死すべき, 人間の, 死の
mortality [mɔːrtǽliti]		mort	ality	～ity [→名]	n. 死すべき運命, 死亡率
mortgage [mɔ́ːrgidʒ]		mort	gage	～gage 「担保」. 「死の誓約」の意	n. 抵当, 抵当権
mortician [mɔːrtíʃən]		mort	ician	～ician [専門家→名]	n. 葬儀屋
mortify [mɔ́ːrtifai]		mort	ify	～fy [=make…させる→動]	v. 克服する, 残念に思わせる
mortification [mɔ̀ːrtifikéiʃən]		mort	ification	～ate [=make…させる→動]+ion [→名]	n. 禁欲, 屈辱, くやしさ
mortuary [mɔ́ːrtjuəri]		mort	uary	～ary [=place 場所→名]	n. 死体置場
murder [mə́ːrdər]		murd	er	<OE. morðor [=death 死] ～er [=person 人→名]	n. 殺人, 殺害
murderer [mə́ːrdərər]		murd	erer	～er [=person 人→名]	n. 人殺し, 殺害者
murderous [mə́ːrdərəs]		murd	erous	～ous [=full of…で満ちた→形]	a. 殺人の, 残虐な
immortal [imɔ́ːrtl]	im	mort	al	im [=not] ～al [→形]	a. 不死の, 不滅の
immortality [imɔːrtǽliti]	im	mort	ality	im [=not] ～ty [→名]	n. 不死, 不滅
immortalize [imɔ́ːrtəlaiz]	im	mort	alize	im [=not] ～ize [=make…にする→動]	v. 不滅にする, 不朽にする

mount(e) [=mountain 山, hill 丘]

mount [maunt]	mount		<OE. munt「山」	v.登る, 馬に乗る, 載せる
mountain [máuntin]	mount	ain	<L.=hill 丘, mountain 山.「山の地方」	n.山, 丘
mountaineer [mauntiníər]	mount	aineer	～eer [=person 人→名]	n.登山家; v.登山する
mountainous [máuntinəs]	mount	ainous	～ous [=full of…で満ちた→形]	a.山の多い, 山のような
mountebank [máuntibæŋk]	mounte	bank	～bank<It. banco [=bench ベンチ]. mount on the bench 壇上に立つ	n.大道売薬者, いかさま師
amount [əmáunt]	a	mount	a<ad [=to…へ] ～.「山へ, 上へ」	v.…に登る, …に等しい
dismount [dismáunt]	dis	mount	dis [=off, away 離れて] ～	v.降りる, 降ろす
paramount [pǽrəmaunt]	para	mount	<OF. paramont. par<L. per [=by よって]+amount [=to the mountain 山の上に].「上に登る」→「頂上にある」	a.最高の, 卓越した
surmount [sə:rmáunt]	sur	mount	sur [=above 越える] ～	v.打ち勝つ, 乗り越える

mus [=divert 慰める, ponder 思案する, loiter ぶらぶら歩く]

muse [mjú:z]	mus	e		v.静かに考える, つくづく眺める
amuse [əmjú:z]	a	mus	e	a<ad [=to…へ] ～.「ぼんやり考えさせる」	v.楽しませる, 慰める
amusement [əmjú:zmənt]	a	mus	ement	～ment [→名]	n.おかしさ, 笑い
amusing [əmjú:ziŋ]	a	mus	ing	a<ab [=to…へ] ～ing [→形]	a.おもしろい, おかしい

mut² [=change 変える, 換える]

mutual [mjú:tʃuəl]	mut	ual	～al [→形]. mut<L. mūtuus 相互の	a.相互の, 共通の, 共同の
mutually [mjú:tʃuəli]	mut	ually	～al [→形]+ly [→副]	ad.相互に
commutate [kámjuteit]	com	mut	ate	com [=with 共に] ～ate [→動]	v.整流する
commute [kəmjú:t]	com	mut	e	com [=with 共に] ～. 原義は「…と変える」	v.交換する, 変換する, 通勤[通学]する
permute [pərmjú:t]	per	mut	e	per [=completely 完全に] ～	v.入れ換える
transmute [trænsmjú:t]	trans	mut	e	trans [=across 向こう側に] ～	v.変形[変質]させる

N

nasc, nat, naiss [=to be born 生まれる]

natal [néitl]		nat	al	～al [→形]	a.出生の，誕生の
nation [néiʃən]		nat	ion	<L. nātio [=birth 誕生, race 人種].「生まれること」	n.国民，民族
national [næʃənəl]		nat	ional	～al [→形]	a.国民の，国家の，国立の
nationalism [næʃənəlizm]		nat	ionalism	～al [→形]+ism [=belief 信念→名]	n.愛国心，国家主義
nationality [næʃənæliti]		nat	ionality	～al [→形]+ity [→名]	n.国民性，国籍
native [néitiv]		nat	ive	～ive [→形，名].「生まれたままの」	a.出生の，自国の；n.土着の人，(ある土地の)生まれの人
natural [nætʃərəl]		nat	ural	～al [→形]	a.自然の，生まれながらの，率直な
nature [néitʃər]		nat	ure	<L. nātūra [=birth 誕生, character 性格]	n.自然，天性，性質
naturally [nætʃərəli]		nat	urally	～al [→形]+ly [→副]	ad.自然に，生まれつき，当然に
naturalize [nætʃərəlaiz]		nat	uralize	～al [→形]+ize [=make…させる→動]	v.帰化させる，移植させる
cognate [kágneit]	cog	nat	e	cog [=together 共に] ～.「共に生まれた」	a.同族の，同性質の，同種の
innate [íneit]	in	nat	e	in [=in 中に] ～.=inborn「生来の」	a.生得の，直観的な
international [intərnæʃənəl]	inter	nat	ional	inter [=between 間に] ～al [→形]	a.国際(上)の，万国の
renaissance [rənéisns]	re	naiss	ance	re [=again 再び] ～ance [→名].「再び生まれること」	n.新生，復活，[R-]ルネサンス
renascence [rinǽsns]	re	nasc	ence	re [=again 再び] ～ence [→名]	n.再生，新生，復活
renascent [rinǽsnt]	re	nasc	ent	re [=again 再び] ～ent [→形]	a.再生の，復活の
supernatural [sju:pərnǽtʃərəl]	super	nat	ural	super [=over, above 越えて] ～al [→形]	a.超自然の，不可思議な
unnatural [ʌnnǽtʃərəl]	un	nat	ural	un [=not] ～al [→形]	a.不自然な，普通でない

naus, naut, nois [=ship 船, sailor 水夫]

nausea [nɔ́:ziə]	naus	ea		n.船酔い，吐き気
nauseate [nɔ́:zieit]	naus	ate	～ate [=make…にする→動].「船酔いする」	v.吐き気を催す
nauseous [nɔ́:ʃəs]	naus	eous	～ous [=full of…で満ちた→形]	a.吐き気を起こさせる
nautical [nɔ́:tikəl]	naut	ical	～cal [→形]	a.船乗りの，航海の

noise [nɔiz]	nois	e	もとはラテン語 nausea「船酔い」	n.音，騒音
noisy [nɔ́izi]	nois	y	～y [→形]	a.うるさい，不快な
noisily [nɔ́izili]	nois	ily	～i＜y [→形]＋ly [→副]	ad.騒々しく
astronaut [ǽstrənɔ:t]	astro	naut	astro [＝star 星] ～.「星の水夫」	n.宇宙飛行士

nav [＝ship 船]

naval [néivəl]	nav	al	～al [→形]	a.海軍の，軍艦の
navigate [nǽvigeit]	nav	igate	＜L. nāvis [＝ship 船]＋gate [＝lead 導く].「船を推進させる」	v.航行する，操縦する
navigation [nævigéiʃən]	nav	igation	～gate [＝lead 導く]＋ion [→名]	n.航行，航海，航空
navigator [nǽvigeitər]	nav	igator	～gate [＝lead 導く]＋or [＝person 人→名]	n.航海者，操縦者（航空機の）
navy [néivi]	nav	y	＜L. nāvis [＝ship 船]	n.海軍，海軍力
circumnavigate [sə:rkəmnǽvigeit]	circum nav	igate	circum [＝round 周りを] ～gate [＝lead 導く]	v.一周する，周航する

nect, nex [＝bind, tie, fasten 結びつける]

annex [ənéks]	an	nex	an＜ad [＝to…へ] ～.＜L. annextāre＜an- […へ]＋nectere「結ぶ」	v.付加する，追加する，併合する
connect [kənékt]	con	nect	con [＝together 共に] ～.「共に結ぶ」	v.つなぐ，結合する，接続する
connection [kənékʃən]	con	nect ion	con [＝together 共に] ～ion [→名]	n.結合，関係，交渉，コネ
connective [kənéktiv]	con	nect ive	con [＝together 共に] ～ive [→形]	a.連結する，接続の

neg, ny, ni [＝deny 否定する]

negate [nigéit]	neg	ate	～ate [＝make…にする→動]	v.否定する，取り消す
negation [nigéiʃən]	neg	ation	～ate [＝make…にする→動]＋ion [→名]	n.否定，拒絶，反対(論)
negative [négətiv]	neg	ative	～ate [＝make…にする→動]＋ive [→形]	a.否定の，拒否的，反対の
neglect [niglékt]	neg	lect	～lect [＝pick up 拾い上げる]＝don't pick up 拾い上げない	v.怠る，軽視する
neglectful [nigléktfəl]	neg	lectful	～ful [＝full of…で満ちた→形]	a.怠惰な，不注意な
negligence [néglidʒəns]	neg	ligence	～lig [＝pick up 拾い上げる]＋ence [＝state 状態→名]	n.怠惰，不注意
negligent [néglidʒənt]	neg	ligent	～ent [→形]	a.おろそかにする，不注意な
negligible [néglidʒəbl]	neg	ligible	～ible [＝able…できる→形]	a.取るに足らぬ，つまらぬ
negotiate [nigóuʃieit]	neg	otiate	～oti [＝leasure ひま]＋ate [＝make…にする→動]	v.協議する，協定する

negotiation [nigouʃiéiʃən]		neg	otiation	~oti [=leasure ひま]+ate [=make…にする→動]+ion [→名]	n.交渉, 流通, 取引
abnegate [ǽbnəgeit]	ab	neg	ate	ab [=apart 離れて] ~ate [=make…にする→動].「否定して離れる」	v.放棄する, 捨てる
deny [dinái]	de	ny		de [=completely 完全に] ~.「完全に否定する」	v.否定する, 拒否する
denial [dináiəl]	de	ni	al	de [=completely 完全に] ~al [→名]	n.否定, 拒否
renegade [rénigeid]	re	neg	ade	re [=強意] ~.「反対して否定する」	n.裏切り者, 背教者

nobl, nobil [=noble 気高い]

nobility [noubíliti]		nobil	ity	~ity [=state 状態→名]	n.高貴な身分, 貴族, 気高さ
noble [nóubl]		nobl	e	＜L. gno [=know 知る]+bilis [=ble…に値する].「知るに値する」	a.気高い, 高貴の
nobleman [nóublmən]		nobl	eman	~man 人	n.貴族
ignoble [ignóubl]	ig	nobl	e	ig＜in [=not] ~	a.卑しい, 下劣な

noc, nox, nuis, noy [=harmful 害のある]

noxious [nákʃəs]		nox	ious	~ous [=full of…で満ちた→形].＜L. noxius 有害な＜nocēre 損害を与える	a.有害な, 有毒な
nuisance [njú:sns]		nuis	ance	~ance [→名]．＜OF. nuisance 傷＜L. nocēre 損害を与える.「害すること」	n.迷惑な行為, 有害なもの, 公害
annoy [ənɔ́i]	an	noy		an＜ad [=to…へ] ~.＜L. [=悪意で]	v.悩ます, 困らす
annoyance [ənɔ́iəns]	an	noy	ance	an＜ad [=to…へ] ~ance [→名]	n.厄介, 迷惑
innocent [ínəsnt]	in	noc	ent	in [=not] ~ent [→形].「傷つけることのない」	a.無罪の, 清浄な, 無害な
innocence [ínəsns]	in	noc	ence	in [=not] ~ence [→名]	n.無罪, 純潔, 無害, 単純
obnoxious [əbnákʃəs]	ob	nox	ious	ob [=to…に] ~.「危害 [損害] にさらされた」	a.不愉快な, いやな

nomin [=name 名]

nominal [náminəl]		nomin	al	~al [→形]	a.有名無実の
nominate [námineit]		nomin	ate	~ate [=make…にする→動]	v.指名する, 任命する
nomination [nəminéiʃən]		nomin	ation	~ate [=make…にする→動]+ion [→名]	n.指名(権), 任命(権)
nominative [náminətiv]		nomin	ative	~ate [=make…にする→動]+ive [→形]	a.《文法》主格の, 指名の
denominate [dinámineit]	de	nomin	ate	de[=down 下へ]~ ate[=make…にする→動]	v.名づける, 命名する
denomination [dinɑminéiʃən]	de	nomin	ation	de[=down 下へ]~ ate[=make…にする→動]+ion [→名]	n.名称, 命名, 種類, 種目

nomy, nom [=law 法則, 管理]

単語	構成			語源説明	意味
astronomy [əstránəmi]	astro	nomy		astro [=star 星] ~. 「星の法則を研究する学問」	n.天文学
autonomy [ɔːtánəmi]	auto	nomy		auto [=self 自己] ~. =self-government 自治	n.自治, 自治団体
economy [ikánəmi]	eco	nomy		eco [=house 家] ~. 「家の管理」	n.経済, 節約
economic [iːkənámik]	eco	nom	ic	eco [=house 家] ~ic [→形]	a.経済上の, 経済学の
economical [iːkənámikəl]	eco	nom	ical	eco [=house 家] ~cal [→形]	a.倹約な, 徳用の
economics [iːkənámiks]	eco	nom	ics	eco [=house 家] ~+ics [=study 学問]	n.経済学
economist [iːkánəmist]	eco	nom	ist	eco [=house 家] ~ist [=person 人→名]	n.経済学者, 経済家

norm [=rule 物差し, 規則]

norm [nɔːrm]		norm		<L. norma 「大工の物差し」	n.基準, 模範
normal [nɔ́ːrməl]		norm	al	~al [→形] 「物差し通りの」	a.普通の, 平常な, 正規の
normally [nɔ́ːrməli]		norm	ally	~al [→形]+ly [→副]	ad.順当に, 正規に
normalize [nɔ́ːrməlaiz]		norm	alize	~al [→形]+ize [=make…にする→動]	v.常態にする, 標準に合わせる
abnormal [æbnɔ́ːrməl]	ab	norm	al	ab [=off, away 離れた] ~al [→形]	a.異常な, 普通と変わった
abnormality [æbnɔːrmǽliti]	ab	norm	ality	ab [=off, away 離れた] ~al [→形]] ity [=state 状態→名]	n.異常, 奇形
abnormity [æbnɔ́ːrmiti]	ab	norm	ity	ab [=off, away 離れた] ~ity [=state 状態→名]	n.異常, 異形
enormity [inɔ́ːrmiti]	e	norm	ity	e<ex [=out of 外に] ~ity [=state 状態→名]	n.無法, 極悪, 凶行
enormous [inɔ́ːrməs]	e	norm	ous	e<ex [=out of 外に] ~ous [=full of …で満ちた→形] 「尺度 [規範] を外れた」	a.巨大な, 無法な
enormously [inɔ́ːrməsli]	e	norm	ously	e<ex [=out of 外に] ~ous [=full of …で満ちた→形]+ly [→副]	ad.非常に, 莫大に
subnormal [sʌbnɔ́ːrməl]	sub	norm	al	sub [=under 下に] ~al [→形]	a.正常以下の, 低能の

nos, nozz [=nose 鼻]

nose [nouz]	nos	e		n.鼻, 勘, 先, 口
nostril [nástril]	nos	tril	<OE. nosu [=nose 鼻]+thryrel [=hole 穴]	n.鼻孔
nosy [nóuzi]	nos	y	~y [→形]	a.鼻の大きい, おせっかいの
nozzle [názl]	nozz	le	~le [→指小辞]	n.(先の細くなった)筒口, ノズル

not [=mark しるしをつける]

note [nout]		not	e	<L. nota「印」	n.控え，ノート，調子，記号；v.書き留める
notable [nóutəbl]		not	able	~able [=possible…できる→形]	a.著しい，有名な
notably [nóutəbli]		not	ably	~able [=possible…できる→形]+ly [→副]	ad.著しく，特に
notebook [nóutbuk]		not	ebook	~book 本	n.手帳，ノート
noted [nóutid]		not	ed	~ed [→形]	a.著名な，有名な
notice [nóutis]		not	ice	~ice [→名・動]「知られること」	n.注意，通告；v.気づく，知らせる
noticeable [nóutisəbl]		not	iceable	~ice [→名]+able [=できる→形]	a.目につく，著しい
notify [nóutifai]		not	ify	~fy [=make…にする→動]	v.通知する，届け出る
notion [nóuʃən]		not	ion	~ion [→名]「知られたもの」→「考え」	n.観念，意見
notorious [noutɔ́:riəs]		not	orious	~ous [=full of…で満ちた→形]	a.(悪い意味で)評判の，有名な
annotate [ǽnouteit]	an	not	ate	an<ad [=to…へ] ~ate [=make…にする→動]	v.注釈する
annotation [ænoutéiʃən]	an	not	ation	an<ad [=to…へ] ~ate [=make…にする→動]+ion [→名]	n.注釈
denote [dinóut]	de	not	e	de [=down 下に] ~	v.示す，表す，意味する
denotation [di:noutéiʃən]	de	not	ation	de [=down 下に] ~ate [=make…にする→動]+ion [→名]	n.意味,名称,符号
unnoticed [ʌnnóutist]	un	not	iced	un [=not] ~ed [→形]	a.目立たない，気づかれない

noun, nounc, nunc, nown [=name 名前, report 報告する, declare 宣言する]

noun [naun]		noun			n.《文法》名詞
announce [ənáuns]	an	nounc	e	an<ad [=to…へ] ~.「ニュースを伝える」	v.告知する，発表する
announcement [ənáunsmənt]	an	nounc	ement	an<ad [=to…へ] ~ment [→名]	n.告知，発表，公表
announcer [ənáunsər]	an	nounc	er	an<ad [=to…へ] ~er [=person 人→名]	n.告知者，アナウンサー
annunciate [ənʌ́nʃieit]	an	nunc	iate	an<ad [=to…へ] ~ate [=make…させる→動]	v.告げ知らす
annunciation [ənʌnsiéiʃən]	an	nunc	iation	an<ad [=to…へ] ~ate [=make…させる→動]+ion [→名]	n.告知，受胎告知
denounce [dináuns]	de	nounc	e	de [=down 下に] ~.「悪いように宣言する」	v.告発する，非難する
enunciate [inʌ́nʃieit]	e	nunc	iate	e<ex [=completely まったく] ~ate [=make…させる→動]「完全に告げる」	v.公表する，宣言する，(明確に)発音する

単語	分解			語源説明	意味
pronoun [próunaun]	pro	noun		pro [=instead of…の代わりに] ~. 「名詞の代わりをする語」	n.代名詞
pronounce [prənáuns]	pro	nounc	e	pro [=forward 前へ] ~. 「言い表す」	v.発音する, 宣告する, 言明する
pronunciation [prənʌnsiéiʃən]	pro	nunc	iation	pro [=forward 前へ] ~ate [=make…させる→動]+ion [→名]	n.発音
renounce [rináuns]	re	nounc	e	re [=back もとへ] ~. 「後に戻せと言う」	v.放棄する, 否認する
renown [rináun]	re	nown		re [=again 再び] ~	n.名声, 声望
renowned [rináund]	re	nown	ed	re [=again 再び] ~ed [→形]	a.有名な (=famous)
renunciation [rinʌnsiéiʃən]	re	nunc	iation	re [=back もとへ] ~ate [=make…にする→動]+ion [→名]	n.放棄, 棄権, 断念

nour, nur, nurt, nutr [=feed 養う]

単語	分解		語源説明	意味
nourish [nʌ́riʃ]	nour	ish	~ish [=make…にする→動]	v.…を養う, (土地)を肥沃にする
nourishing [nʌ́riʃiŋ]	nour	ishing	~ish [=make…にする→動]+ing [→形]	a.滋養になる
nourishment [nʌ́riʃmənt]	nour	ishment	~ish [=make…にする→動]+ment [→名]	n.滋養物, 食物
nurse [nə:rs]	nur	se	<L. nutrīre [=nourish 養う, feed 食物を与える]. 「養うもの」	n.乳母, 保母, 看護婦
nursery [nə́:rsəri]	nur	sery	~ery [=place 場所→名]	n.育児室, 子供部屋, 苗床
nurture [nə́:rtʃər]	nurt	ure	~ure [→名]. 「養われること」	n.,v.養育(する)
nutriment [njú:trimənt]	nutr	iment	~ment [→名]	n.栄養物
nutrition [nju:tríʃən]	nutr	ition	~tion [→名]. 「養われること」	n.栄養物, 食物
nutritious [nju:tríʃəs]	nutr	itious	~ous [=full of…で満ちた→形]	a.栄養の, 滋養分のある

nov [=new 新しい]

単語	分解		語源説明	意味
novel [návəl]	nov	el	~el [=small 小さい→指小辞]. It. novella (storia)「新しい話」の短縮形	a.新奇の, 珍しな; n.小説
novelist [návəlist]	nov	elist	~ist [=person 人→名]	n.小説家
novelistic [navəlístik]	nov	elistic	~ist [person 人→名] ic [→形]	a.小説的な
novelty [návəlti]	nov	elty	~ty [=state 状態→名]	n.新奇の[目新しい]物[こと]
novice [návis]	nov	ice	<L. novus [=new 新しい]	n.新参者, 初心者
innovate [ínəveit]	in	nov	ate	in [=in 中に] ~ate [=make…にする→動]. 「新しくされた」	v.新しくする, 革新する
innovation [inəvéiʃən]	in	nov	ation	in [=in 中に] ~ate [=make…にする→動]+ion [→名]	n.刷新, 革新, 新機軸
renovate [rénouveit]	re	nov	ate	re [=again 再び] ~ate [=make…にする→動]	v.…を再び新しくする, 修繕する
renovation [rinouvéiʃən]	re	nov	ation	re [=again 再び] ~ate [=make…にする→動]+ion [→名]	n.革新, 刷新, 修繕

number, numer [=number 数]

number [nʌ́mbər]		number		n.数，番号，号，仲間
numberless [nʌ́mbərlis]		number	less	~less [=wanting 欠けている →形]	a.無数の，番号のない
numeral [njú:mərəl]		numer	al	~al [→形]	a.数の，数を表す
numerous [njú:mərəs]		numer	ous	~ous [=full of…で満ちた→形]	a.多数の，多人数の
enumerate [injú:məreit]	e	numer	ate	e<ex [=out of 外に] ~ate [=make…する→動]	v.数え上げる，列挙する
innumerable [inú:mərəbl]	in	numer	able	in [=not] ~able [=possible …できる→形]．「数えることができない」	a.数えきれぬ，無数の

O

od, hod [=way 道]

単語	分解			語源	意味
episode [épisoud]	epis	od	e	<G. *epi* [=out 外へ]+*eis* [=into 中へ]+*hodos* [=way 行く道]. 「追加して入ってくるもの」	*n.*エピソード
method [méθəd]	met	hod		met [=after 後に]〜.=after the way「後に続いて進む道」→「(きちんとした)方法」	*n.*方法, 順序
methodical [miθάdikəl]	met	hod	ical	met [=after 後に]〜cal [→形]	*a.*規則正しい, 整然たる
period [píəriəd]	peri	od		peri [=around まわりに]〜.「まわる道」→「回路, 周期」	*n.*期間, 終止符, 終わり
periodical [piəriάdikəl]	peri	od	ical	peri [=around まわりに]〜cal [→形]	*a.*定期的, 定期刊行の; *n.*定期刊行物

ody, ode, edy, edi, odi [=song 歌, ode 詩]

単語	分解			語源	意味
ode [oud]		ode		<F. *ode*「歌」	*n.*オード, 頌歌(しょうか)
comedy [kάmidi]	com	edy		<GK. *kōmos* [=revel 宴会]〜	*n.*喜劇
comedian [kəmí:diən]	com	edi	an	<GK. *kōmos* [=revel 宴会]〜an [=person 人→名]	*n.*喜劇俳優, こっけいな人
melody [mélədi]	mel	ody		<GK. *melos* [=tune 歌]〜.「歌を歌うこと」	*n.*快い音楽, 美しい調べ
melodious [milóudiəs]	mel	odi	ous	<GK. *melos* [=tune 歌]〜ous [=full of…で満ちた→形]	*a.*音楽的な, 調子のよい
tragedy [trǽdʒidi]	trag	edy		<GK. *tragos* [=goat 山羊]〜. 昔, 悲劇の俳優がヤギの皮を着て歌ったことから	*n.*悲劇, 悲劇的作品 (小説)

omen, omin [=前兆]

単語	分解			語源	意味
omen [óumən]		omen			*n.*前兆, きざし
ominous [άminəs]		omin	ous	〜ous [=full of…で満ちた→形]	*a.*不吉な, 前兆の
abominable [əbάminəbl]	ab	omin	able	ab [=apart 離れた]〜able [=possible…できる→形]	*a.*嫌悪すべき, 忌まわしい
abominate [əbάmineit]	ab	omin	ate	ab [=apart 離れた]〜ate [=make…する→動].「不吉なものとし避ける」	*v.*忌み嫌う, 大嫌いである

omni [=all すべて (の)]

単語	分解		語源	意味
omnibus [άmnibəs]	omni	bus	〜bus 乗り物	*n.*バス; *a.*一括の, 総括的
omnipotence [αmnípətəns]	omni	potence	〜pot [=powerful 強力な]+ence [→名]	*n.*全能, [the O-] 全能の神
omnipotent [αmnípətənt]	omni	potent	〜pot [=powerful 強力な]+ent [→形]	*a.*全能の
omnipresent [αmniprézənt]	omni	present	〜present 存在する	*a.*遍在する, 同時にどこにでもいる

omniscient [ɑmníʃənt]		omni	scient	~sci [=know 知っている]+ent [→形]	*a.*全知の，何でも知っている
omnivorous [ɑmnívərəs]		omni	vorous	~vor [=eat 食べる]+ous [=full of…で満ちた→形]	*a.*何でも食べる，雑食の

onym, onoma [=name 名]

onomatopoeia [ɑnəmætopí:ə]		onoma	topoeia	<L.<GK. *onoma* 名前+*poiein* 作る．「語を作ること」→「語形成」	*n.*擬声，擬声語
anonym [ǽnənim]		an	onym	an [=without…のない]~	*n.*仮名，変名，無名氏
antonym [ǽntənim]		ant	onym	ant [=opposite 反対の]~．「反対の名前」	*n.*反意語
pseudonym [sú:dənim]		pseud	onym	pseud [=false 偽りの]~．「偽りの名前」	*n.*匿名，仮名
synonym [sínənim]		syn	onym	syn [=same 同じ]~	*n.*同意語，類義語

oper [=work 働く，作用する]

opera [ɑ́pərə]		oper	a	<L. *opus* [=work 仕事]	*n.*歌劇，オペラ
operate [ɑ́pəreit]		oper	ate	~ate [=make…にする→動]	*v.*働く，作用する，手術を施す
operation [ɑpəréiʃən]		oper	ation	~ate [=make…にする→動]+ion [→名]	*n.*働き，作用，動作，効果
operator [ɑ́pəreitər]		oper	ator	~ate [=make…にする→動]+or [=person 人→名]	*n.*技手，運転者，仲買人
cooperate [kouɑ́pəreit]	co	oper	ate	co [=together 共に] ~ate [=make…にする→動]．「一緒に働く」	*v.*協力する，協同する
cooperation [kouɑpəréiʃən]	co	oper	ation	co [=together 共に] ~ate [=make…にする→動]+ion [→名]	*n.*協力，協同作業
cooperative [kouɑ́pərətiv]	co	oper	ative	co [=together 共に] ~ate [=make…にする→動]+ive [→形]	*a.*協力の，協同の

opt [=choose 選ぶ，wish 願う]

option [ɑ́pʃən]		opt	ion	~ion [→名]	*n.*選択(権)，取捨
optional [ɑ́pʃənəl]		opt	ional	~ion [→名]+al [→形]	*a.*随意の，任意の
adopt [ədɑ́pt]	ad	opt		ad [=to…へ] ~．「…を選ぶ」	*v.*採用する，選ぶ
adoption [ədɑ́pʃən]	ad	opt	ion	ad [=to…へ] ~ion [→名]	*n.*採用，養子縁組

or [=mouth 口，pray 祈る，speak 話す]

oral [ɔ́:rəl]		or	al	~al [→形]	*a.*口頭の，口述の，口の
oracle [ɔ́:rəkl]		or	acle	~cle [→指小辞]．「短い神の言葉」	*n.*神託，託宣
orator [ɔ́:rətər]		or	ator	~ate [=make…させる→動]+or [=person 人→名]	*n.*演説者，雄弁家
adore [ədɔ́:r]	ad	or	e	ad [=to…へ] ~．「…へ話しかける」	*v.*崇拝する，礼拝する，敬慕する

adorable [ədɔ́:rəbl]	ad	or	able	ad [=to…へ] ~able [=possible…できる→形]	a.崇拝すべき, 愛らしい
adoration [ӕdəréiʃən]	ad	or	ation	ad [=to…へ] ~ate [=make…させる→動]+ion [→名]	n.崇拝, 礼拝

orb [=circle 円, ring 輪]

orb [ɔ:rb]	orb			<L.*orbis*「円」	n.円球, 眼球, 輪, 天体; v.囲む, 丸くする
orbit [ɔ́:rbit]	orb	it		<L.*orbita*「わだち, 軌道」	n.軌道
orbital [ɔ́:rbitl]	orb	ital		~al [→形]	a.軌道の

ordin, ordain, orde, order [=order 命令]

ordain [ɔ:rdéin]		ordain		<L.*ōrdināre*「順序づける」	v.(神, 運命などが)定める, 規定する
ordeal [ɔ:rdí:əl]		orde	al	~al [→名]	n.きびしい試練, 苦しい体験
order [ɔ́:rdər]		order			n.順序, 道理, 命令; v.整える, 命令する, 注文する
orderly [ɔ́:rdərli]		order	ly	~ly [→形]	a.順序正しい, 規律正しい, 命令の
ordinal [ɔ́:rdinəl]		ordin	al	~al [→名, 形]	n.序数; a.順序の, 順序を示す
ordinance [ɔ́:rdinəns]		ordin	ance	~ance [→名]	n.法令, 布告
ordinary [ɔ́:rdəneri]		ordin	ary	~ary [→形].「順序の定まった」	a.普通の, 通常の, 平凡な
ordinarily [ɔ́:rdənerili]		ordin	arily	~ary [→形]+ly [→副]	ad.普通に, 並みに
coordinate n.,a.[kouɔ́:rdinit] v.[kouɔ́:rdineit]	co	ordin	ate	co [=together 共に] ~ate [=make…にする→動, →形, 名]	n.,a.等位(の), 同格(の); v.同格にする
disorder [disɔ́:rdər]	dis	order		dis [=not] ~.「秩序のないこと」	n.混乱, 乱雑, 暴動
extraordinary [ikstrɔ́:rdneri]	extra	ordin	ary	extra [=out of 外へ] ~ary [→形].「正常の外へ」	a.並外れた, 驚くべき
subordinate a.[səbɔ́:rdənit] v.[səbɔ́:rdineit]	sub	ordin	ate	sub [=under 下に] ~ate [=make…させる→動, 形].「下に命令する」→「従属させる」	a.下位の, 従属する; v.従属させる

ori [=rise 昇る, begin 始まる]

orient [ɔ́:riənt]		ori	ent	~ent [=現在分詞語尾].「太陽の昇るところ」→「東洋」	n.東, [the O-] 東洋, 極東
oriental [ɔ́:riəntl]		ori	ental	~al [→形]	a.[通例 O-]東洋の
origin [ɔ́:ridʒin]		ori	gin	<L.*orīgō* [=beginning 始まり]	n.起源, 源, 生まれ
original [ərídʒənl]		ori	ginal	~al [→形]	a.最初の, 本来の
originally [ərídʒənəli]		ori	ginally	~al [→形]+ly [→副]	ad.もとは, 初め
originality [əridʒinǽliti]		ori	ginality	~al [→形]+ity [=state 状態→名]	n.独創性, 創造力
originate [ərídʒineit]		ori	ginate	~ate [=make…させる→動]	v.…を(新しく)始める, …を考案する

originative [ərídʒinətiv]	ori	ginative	~ate [=make…させる→動]+ive [→形]	a.独創的な
aboriginal [æbərídʒənl]	ab ori	ginal	ab [=from…から] ~al [→形, 名]. 原義は「最初の住民(の)」	a.土着の, 自生の; n.原住民

orn, orna [=furnish 植え付ける, decorate 飾る]

ornament [ɔ́ːrnəmənt]	orna	ment	~ment [→名]	n.装飾, 飾り, 誇りとなる人
oranamental [ɔːrnəméntl]	orna	mental	~ment [→名]+al [→形]	a.装飾の
ornate [ɔːrnéit]	orn	ate	~ate [→形]	a.飾り立てた, はなやかな
adorn [ədɔ́ːrn]	ad	orn	ad [=to…へ] ~	v.…で飾る, …に美を添える
adornment [ədɔ́ːrnmənt]	ad orn	ment	ad [=to…へ] ~ment [→名]	n.装飾, 装飾品

ound, und [=overflow あふれ出る, surge 波となって打ち寄せる]

undulate [ʌ́ndʒəleit]	und	ulate	und<L. *unda* 波+ *ul* [=small→指小辞]+ate [=make…する→動]. 「小波にゆれる」	v.波動する, 起伏する
abound [əbáund]	ab	ound	ab [=apart 離れた] ~. 「波のように押し寄せる」	v.たくさんある(いる), …に富む, 充満する
abundance [əbʌ́ndəns]	ab und	ance	ab [=apart 離れた] ~ance [→名]	n.豊富, 多数, 富裕
abundant [əbʌ́ndənt]	ab und	ant	ab [=apart 離れた] ~ant [→形]	a.たくさんの, 豊富な
inundate [ínʌndeit]	in und	ate	in [=on 上に] ~ate [=make…にする→動]. 「波が上に来る」	v.氾濫する, あふれさせる
inundation [inʌndéiʃən]	in und	ation	in [=on 上に] ~ion [→名]	n.氾濫, 洪水
surround [səráund]	surr	ound	sur<super [=upon 上に] ~. 「あふれる」. 語義は round「円い」との混同による影響あり	v.取り巻く, 囲む
surrounding [səráundiŋ]	surr ound	ing	sur<super [=upon 上に] ~ing [→形, 名]	a.周囲の; n.(pl.) 環境

P

pac, pay, peac, peas [=peace 平和]

pacific [pəsífik]	pac	ific	~ic [→形]. The Pacific Ocean はポルトガルの航海者マゼランの命名. その海が暴風雨から比較的にまぬがれ穏やかだったことから	a.和解的な, 平和な; n.[the P-]太平洋
pacify [pǽsifai]	pac	ify	~fy [=make…させる→動]	v.なだめる, 静める
pay [pei]	pay		<L. pācāre [=pacify なだめる].「債務者をなだめる」に由来	v.支払う, 弁済する, 報いる
payment [péimənt]	pay	ment	~ment [→名]	n.支払, 弁償
peace [pi:s]	peac	e	<ME. pais<L. pāx「平和, 講和」	n.平和, 治安, 和解
peaceable [pí:səbl]	peac	eable	~able [=possible…できる→形]	a.平和を好む, おとなしい
peaceful [pí:sfəl]	peac	eful	~ful [=full of…で満ちた→形]	a.平和な, 平時の
appease [əpí:z]	ap peas	e	ap<ad [=to…へ] e(<L. pācis [=peace 平和].「平和の状態にもってくる」	v.静める, 和らげる, なだめる
appeasement [əpí:zmənt]	ap peas	ement	ap<ad [=to…へ] ~ment [→名]	n.静めること, 宥和
repay [ripéi]	re	pay	re [=back もとへ] ~	v.返す, 払い戻す, 報いる

pack, pact, pag [=fasten 結ぶ, fix 固定する]

pack [pæk]		pack	<オランダ語 pac「締め付けたもの, 束」	n.包み, 荷物; v.荷造りする, 詰める, 固める
package [pǽkidʒ]		pack age	~age [=集合→名]	n.包み, 小包
packet [pǽkit]		pack et	~et [=small 小さい→指小辞]	n.小包, 束
compact [kámpækt]	com	pact	com [=together 共に] ~	n.約束, 条約; a.ぎっしり詰まった
impact [ímpækt]	im	pact	im [=against 対して] ~	n.衝突, ショック
propaganda [prɑpəgǽndə]	pro	pag anda	<L.=信仰普及のための神聖委員会	n.宣伝
propagate [prápəgeit]	pro	pag ate	pro [=forward 前へ] ~ate [=make…にする→動].「木くぎで留めて広める」	v.広める, 伝播する, 繁殖させる

pain, pen(t), pin [=pain 痛み, punishment 罰]

pain [pein]		pain	<GK. poinē「刑罰」	n.痛み, 苦しみ, 苦労
painful [péinfəl]		pain ful	~ful [=full of…で満ちた→形]	a.痛い, 苦しい, 困難な
painfully [péinfəli]		pain fully	~ful [=full of…で満ちた→形]+ly [→副]	ad.痛んで, 苦しんで
painless [péinlis]		pain less	~less [=without…のない→形]	a.痛みのない, 無痛の

単語	分解			語源	意味
painstaking [péinzteikiŋ]	pain	staking		pain(s) 痛み+take 取る+ing [→形]	a.労を惜しまない，勤勉な
penal [píːnəl]	pen	al		～al [→形]	a.刑の，刑罰の，刑事上の
penalty [pénəlti]	pen	alty		～al [→形]+ty [=action 行為, state 状態→名]	n.刑罰，処罰，罰金
penance [pénəns]	pen	ance		～ance [→名]	n.ざんげ，悔い改め，罪の償い
penitence [pénitəns]	pen	itence		～ence [→名]	n.後悔，ざんげ
penitent [pénitənt]	pen	itent		～ent [→形，名]	a.罪を悔いる；n.ざんげする人
pine [pain]	pin	e		<L. pēna [=pain 苦痛]	v.やせ衰える，恋い慕う
repent [ripént]	re	pent		re [=again 再び] ～	v.後悔する，残念に思う
repentance [ripéntəns]	re	pent	ance	re [=again 再び] ～ance [→名]	n.後悔，悔い

pan¹ [=bread パン]

pantry [pæntri]		pan	try	～ry [=place 場所→名].「パンを置く場所」	n.食料品室，食器室
companion [kəmpǽniən]	com	pan	ion	com[=together 共に]～ion[=person 人→名]	n.仲間，友人，手引きの本
companionship [kəmpǽniənʃip]	com	pan	ionship	com[=together 共に]～ship[=state 状態→名]	n.仲間付き合い，交友関係
company [kʌ́mpəni]	com	pan	y	com[=together 共に]～y[=place 場所→名].「共にパンを食べる人々・場所」	n.交友，会社
accompany [əkʌ́mpəni]	accom	pan	y	ac<ad [=to…へ] ～y [=place 場所→名]	v.同伴する，添える，伴奏する
accompanist [əkʌ́mpənist]	accom	pan	ist	ac<ad [=to…へ] ～ist[=person 人→名]	n.同伴者
accompaniment [əkʌ́mpənimənt]	accom	pan	iment	ac<ad [=to…へ] ～ment [→名]	n.伴うもの，伴奏

pand, pat, pans [=spread out 広げる]

patent [pǽtənt]		pat	ent	<L. patēre [=widely open 広く開かれた].「公に通用する」	n.特許，特権；a.特許の，新案の
expand [ikspǽnd]	ex	pand		ex [=out of 外に] ～.「外に延びる」	v.ふくらませる，広げる，発展させる
expanse [ikspǽns]	ex	pans	e	ex [=out of 外に] ～	n.広々とした場所，広がり
expansion [ikspǽnʃən]	ex	pans	ion	ex [=out of 外に] ～ion [→名]	n.膨張，拡大，発展

par¹, pair¹, peer [=equal 等しい]

単語	分解		語源	意味
par [pɑːr]	par			n.同位，同等，平価，平均
pair [peər]	pair		<L. pāria<L. pār [=equal 等しい]	n.一対，一組，一足，夫婦

語	分解1	分解2	分解3	語源・意味	品詞・訳
peer [píər]		peer		<L. pār [=equal 等しい].「同等のもの」	n.貴族, 同輩, 仲間, 同等の人
peerless [píərlis]		peer	less	～less[=without…のない→形]	a.無比の, 無類の
apparel [əpǽrəl]	ap	par	el	ap<ad [=to…へ] ～el [→指小辞].<OF. apareil (衣服を)着せる<L. ap- [=ad]+pār [=equal] 体に等しい [ぴったりしたもの] を作る	n.衣服
compare [kəmpéər]	com	par	e	com [=together 共に] ～.「共に等しい状態に置く」	v.比較する, たとえる
comparable [kǽmpərəbl]	com	par	able	com [=together 共に] ～able [=possible…できる→形]	a.比較しうる, 匹敵する
comparison [kəmpǽrisn]	com	par	ison	com [=together 共に] ～son [→名]	n.比較, 対照, 類似
comparative [kəmpǽrətiv]	com	par	ative	com [=together 共に] ～ive [→形]	a.比較の, 比較による
comparatively [kəmpǽrətivli]	com	par	atively	com [=together 共に] ～at<ate [=make…にする→動]+ly [→副]	ad.比較的に, 多少とも, 比較上
compeer [kəmpíər]	com		peer	com [=together 共に] ～	n.対等の人, 仲間
disparity [dispǽriti]	dis	par	ity	dis [=not] ～ity [=state 状態→名]	n.不同, 不等, 相違
incomparable [inkǽmpərəbl]	incom	par	able	in [=not]+com [=together 共に] ～able [=possible…できる→形]	a.無類の, 比較できない

par², pair² [=prepare, arrange 準備する]

語	分解1	分解2	分解3	語源・意味	品詞・訳
parade [pəréid]		par	ade	<L. parāre [=prepare 準備する]	n.行列, 誇示, 見せびらかし, 閲兵
apparatus [æpəréitəs]	ap	par	atus	ap<ad [=to…へ] ～tus [→名]. things prepared 用意されたもの	n.器具, 器械, 仕掛け, 機構
prepare [pripéər]	pre	par	e	pre [=before 前に] ～.「前もって用意する」	v.準備する, 用意する, 調理する
preparation [prepəréi∫ən]	pre	par	ation	pre [=before 前に] ～ate [=make→動]+ion [→名]	n.準備, 予習, 調理
preparatory [pripǽrətɔ:ri]	pre	par	atory	pre [=before 前に] ～at<ate [=make…にする→動]+ory [→形]	a.準備の, 予備の
repair [ripéər]	re	pair		re [=again 再び] ～.「再び用意する」	v.繕う, 償う, 訂正する
repairable [ripéərəbl]	re	pair	able	re [=again 再び] ～able [=possible…できる→形]	a.修繕できる, 取り返しのきく
repairation [repəréi∫ən]	re	pair	ation	re [=again 再び] ～ate [=make→動]+ion [→名]	n.償い, 補償
separate v. [sépəreit] a. [sépərit]	se	par	ate	se [=apart 離れた] ～ate [→動, 形].「別に準備する」	v.分ける, 区別する; a.別々の
separately [sépəritli]	se	par	ately	se [=apart 離れた] ～ate [→形]+ly [→副]	ad.別々に, 別れて
separation [sepəréi∫ən]	se	par	ation	se [=apart 離れた] ～ate [=make…にする→動]+ion [→名]	n.分離, 隔離, 別居

par³, pear [=appear 現れる, produce 生み出す]

apparent [əpǽrənt]	ap	par	ent	ap<ad [=to…へ] ~ent [→形]	a.見える, 明白な, 外見の, うわべの
apparition [æpəríʃən]	ap	par	ition	ap<ad [=to…へ] ~ion [→名]	n.ばけもの, まぼろし
appear [əpíər]	ap	pear		ap<ad [=to…へ] ~	v.見える, 現れる, …と思われる
appearance [əpíərəns]	ap	pear	ance	ap<ad [=to…へ] ~ance [→名]	n.出現, 出場, 外観, 様子, 形勢
disappear [disəpíər]	disap	pear		dis [=not]+ap<ad [=to…へ] ~	v.見えなくなる, 消失する
disappearance [disəpíərəns]	disap	pear	ance	dis [=not]+ap<ad [=to…へ] ~ance [→名]	n.見えなくなること, 消失, 消滅
transparent [trænspərənt]	trans	par	ent	trans [=through 通って] ~ent [→形]	a.透明な, 平明な, 率直な
transparency [trænspərənsi]	trans	par	ency	trans [=through 通って] ~cy [→名]	n.透明, 簡明, スライド
transparence [trænspərəns]	trans	par	ence	trans [=through 通って] ~ence [→名]	n.透明(度)

parl [=speak 話す]

parlance [pá:rləns]	parl	ance	~ance [→名]	n.言い方, 語法, 口調
parley [pá:rli]	parl	ey	<F. parler [=speak 話す]	n.,v.話し合い(をする)
parliament [pá:rləmənt]	parl	iament	<OF. parlement<parler [=speak 話す]. 「話し合いをする所」	n.議会
parliamentary [pɑ:rləméntəri]	parl	iamentary	~ary [→形]	v.議会(制度)の, 議会で制定した
parlor [pá:rlər]	parl	or	~or [=place 場所→名]. 「話す場所」	n.居間, 客間

part, par⁴ [=divide 分ける]

parcel [pá:rsl]	par	cel	<ME.<OF. parcelle 小さな一部分. ~el [→指小辞]	n.包み, 小包, 一区画
part [pá:rt]	part			n.部分, 割合, 役割, 音部; v.分かれる, 別れる
partake [pɑ:rtéik]	part	ake	part 部分+take 取る. 「分け前を取る」	v.共にする, 気味がある, 分け持つ
partaker [pɑ:rtéikər]	part	aker	~er [=person 人→名]	n.関係者, 分担者
partial [pá:rʃəl]	part	ial	~al [→形]	a.一部分の, 部分的な, 不公平な
partially [pá:rʃəli]	part	ially	~al [→形]+ly [→副]	ad.部分的に, 不公平に
partiality [pɑ:rʃiǽliti]	part	iality	~al [→形]+ity [=state 状態→名]	n.えこひいき, 不公平

単語	分解			語源	意味
participate [pɑːrtísipeit]		part	icipate	~cip[=take取る]+ate[=make…にする→動].「一部分を取る」	v.関係する, 参加する
participation [pɑːrtisipéiʃən]		part	icipation	~cip[=take取る]+ate[=make…にする→動]+ion[→名]	n.関係, 参加, 加入
participle [páːrtisipl]		part	iciple	ciple[=take取る].「分ける, 参加する」	n.《文法》分詞
particle [páːrtikl]		part	icle	~cle[→指小辞].「細かい部分」	n.分子, 粒子
particular [pərtíkjulər]		part	icular	~cul[→指小辞]+ar[→形]	a.特殊の, 特別の, 独特の, 著しい, やかましい
particularly [pərtíkjulərli]		part	icularly	~cul[→指小辞]+ar[→形]+ly[→副]	ad.特別に, とりわけ, 詳細に
parting [páːrtiŋ]		part	ing	~ing[→名]	n.別れ, 告別, 分離, 分岐点, 分界
partisan [páːrtizən]		part	isan	<F. partisan「同志」	n.一味の者, 党人, パルチザン
partition [pɑːrtíʃən]		part	ition	~ion[→名]	n.分割, 仕切り
partly [páːrtli]		part	ly	~ly[→副]	ad.部分的に, ある程度まで
partner [páːrtnər]		part	ner	<ME. parcener[=co-heir共同相続人]のpartの類推による別形	n.社員, 仲間, 配偶者, 相手
partnership [páːrtnərʃip]		part	nership	~ship[=state状態→名]	n.共同, 協力, 組合, 商会
party [páːrti]		part	y	~y[→名]	n.パーティ, 仲間
portion [pɔ́ːrʃən]		port	ion	<L. portiō<pars部分+ion[→名].「部分, 割合」	n.部分, 分け前
apart [əpáːrt]	a	part		a<ad[=to…へ]~. to one side一方の側へ	ad.ばらばらに, 別々に
apartment [əpáːrtmənt]	a	part	ment	a<ad[=to…へ]~ment[→名]	n.アパート, 部屋
compartment [kəmpáːrtmənt]	com	part	ment	com[=together共に]~ment[→名]	n.仕切り, 区画, 個室
depart [dipáːrt]	de	part		de[=off, away離れた]~	v.出発する, 離れる, 死ぬ
department [dipáːrtmənt]	de	part	ment	de[=off, away離れた]~ment[→名]	n.部, 部門, 科
departure [dipáːrtʃər]	de	part	ure	de[=off, away離れた]~ure[=action行為, condition状態→名]	n.出発, 発車, 離反
impart [impáːrt]	im	part		im[=on…へ]~.「分けて与える」	v.分け与える, 伝える, 知らせる
impartial [impáːrʃəl]	im	part	ial	im[=on…へ]~al[→形]	a.公平な, 無私な
impartiality [impɑːrʃiǽliti]	im	part	iality	im[=on…へ]~al[→形]+ity[→名]	n.公平, 無私
proportion [prəpɔ́ːrʃən]	pro	port	ion	成句L. prō portiōne「均衡のとれた」に由来	n.割合, 均衡

pass¹ [=step 一歩, 足どり]

語	分解	語源・説明	意味
pass [pæs]	pass	<ME. *passe*「歩み」	v.過ぎる, 移る, 合格する, 通す
passable [pǽsəbl]	pass|able	～able [=possible…できる→形]	a.通行できる, かなりの, 普通の
passage [pǽsidʒ]	pass|age	<OF. *passage*[=step 一歩, 足どり]	n.通行, 推移, 通行賃, 通路
passenger [pǽsindʒər]	pass|enger	～er [=person 人→名]	n.乗客, 通行人
passer-by [pǽsərbai]	pass|er-by	cf. pass by 通り過ぎる	n.通行人
passing [pǽsiŋ]	pass|ing	～ing [→形]	a.通行する, 現在の, 一時の
passport [pǽspɔ:rt]	pass|port	pass+port[=港].「港の出入り許可証」	n.旅券, 手段
compass [kʌ́mpəs]	com|pass	com[=together 共に]～.「同じ歩み」→「コンパス」	n.羅針盤, まわり, 周囲
surpass [sərpǽs]	sur|pass	sur[=beyond 越えて]～.「上に通る」	v.…より勝る, 優れる
surpassing [sərpǽsiŋ]	sur|pass|ing	sur[=beyond 越えて]～ing [→形]	a.優れた, 秀でた
trespass [tréspəs]	tres|pass	tres[=over, across 越えて]～.「越えて通過する」	n.侵入, 罪; v.侵す, 侵害する

pass², path, pati [=suffering 苦しみ, sensitive 感じる]

語	分解	語源・説明	意味
passion [pǽʃən]	pass|ion	～ion [→名].「難を受けた」	n.熱情, 激怒, 情欲, 熱心さ
passionate [pǽʃənit]	pass|ionate	～ion [→名]+ate [→形]	a.多情な, 多感な, 熱烈な
passionately [pǽʃənitli]	pass|ionately	～ion[→名]+ate[→形]+ly [→副]	ad.かっとなって, 熱烈に
passive [pǽsiv]	pass|ive	～ive[→形].「難に服した」	a.受け身の, 無抵抗の
pathetic [pəθétik]	path|etic	～ic [→形]	a.あわれな, 悲しい, 感動させる
pathos [péiθɑs]	path|os	<Gr. *pathos* [=suffering 苦しみ].「苦しむこと」→「あわれみをもつこと」	n.ペーソス, 情念
patience [péiʃəns]	pati|ence	～ence [→名]	n.忍耐, 根気
patient [péiʃənt]	pati|ent	～ent [→形].「苦しむ」	a.耐えうる, 我慢する
patiently [péiʃəntli]	pati|ently	～ent [→形]+ly [→副]	ad.忍耐強く, 根気強く
antipathy [æntípəθi]	anti|path|y	anti [=against 反対に]～y [→名].「苦しみを共にしない」	n.反感, けぎらい
compassion [kəmpǽʃən]	com|pass|ion	com [=together 共に]～ion [→名].「苦しみを共にすること」	n.あわれみ, 同情
compassionate [kəmpǽʃənit]	com|pass|ionate	com [=together 共に]～ion [→名]+ate [→形]	a.慈悲深い, 同情のある

単語	分解			語源説明	意味
impassive [impǽsiv]	im	pass	ive	im [=not] 〜ive [→形]	a.感情のない, 平静な
impatience [impéiʃəns]	im	pati	ence	im [=not] 〜ence [→名]	n.短気, いらだたしさ
impatient [impéiʃənt]	im	pati	ent	im [=not] 〜ent [→形]	a.気短な, じれったい, 落ち着かない
sympathy [símpəθi]	sym	path	y	sym [=together 共に]〜y [→名].「共に苦しむこと」	n.同情, あわれみ, 同感
sympathetic [simpəθétik]	sym	path	etic	sym [=together 共に]〜tic [→形]	a.同情のある, 気に入った, 賛成の
sympathize [símpəθaiz]	sym	path	ize	sym [=together 共に]〜ize [=make…する→動]	v.同情する, 賛成する, 調和する

pater, pap, patr(i), patter, pope [=father 父]

単語	分解			語源説明	意味
papal [péipəl]	pap	al		〜al [→形]	a.ローマ教皇の, カトリック教会の
paternal [pətə́ːrnəl]	pater	nal		〜al [→形]	a.父の, 父らしい, 父方の, 世襲の
patriarch [péitriɑːrk]	patri	arch		〜arch [=chief 主たる→名].「主たる父」	n.家長, 大司教, 開祖, 創設者
patrimony [pǽtrimouni]	patri	mony		〜mony [=estate 財産→名]	n.家督, 伝統
patriot [péitriət]	patr	iot		〜iot [=person 人→名].「父祖の地の人」	n.愛国者
patriotic [peitriɑ́tik]	patr	iotic		〜iot [=person 人→名]+ic [→形]	a.愛国の
patriotism [péitriətizəm]	patr	iotism		〜iot [=person 人→名]+ism [=act 行為, condition 状態→名]	n.愛国心
patron [péitrən]	patr	on		<L. patrōnus [=father 父].「父のように保護する人」	n.保護者, パトロン, 後援者
patronage [péitrənidʒ]	patr	onage		patron+age [=action 行為→名]	n.保護, 賛助, 引き立て
pattern [pǽtərn]	patter	n		<OF. patrun [=father 父].「父のように真似されるべきもの」	n.模範, 手本, 型, 模型
pope [poup]	pope			もとはGK. pappas「父」	n.ローマ教皇, 法王的人物
expatriate [ekspǽtrieit]	ex	patri	ate	ex [=out of 外に]〜ate [=make…する→動].「父の元から追い出す」	v.国外に追い払う, 追放する
expatriation [ekspætriéiʃən]	ex	patri	iation	ex [=out of 外に]〜ate [=make…にする→動]+ion [→名]	n.追放
repatriate [riːpǽtrieit]	re	patri	ate	re [=back もとへ]〜ate [=make…にする→動].「父のもとへ戻る」	v.本国へ返還する, 本国へ帰る
repatriation [riːpætriéiʃən]	re	patri	ation	re [=back もとへ]〜ate [=make…にする→動]+ion [→名]	n.本国返還
unpatriotic [ʌnpeitriɑ́tik]	un	patr	iotic	un [=not] 〜iot [=person 人→名]+ic [→形]	a.愛国的でない

peal [=drive 追いやる]

単語	分解	語源説明	意味
peal [piːl]	peal	appealの語頭音脱落形	n.とどろき, 響き ; v.鳴り響く, 響く

appeal [əpíːl]		ap	peal	ap＜ad［＝to…へ］〜	v.訴える，感動させる，控訴する
appealing [əpíːliŋ]		ap	peal ing	ap＜ad［＝to…へ］〜ing［→形］	a.訴えるような，哀願的な
repeal [ripíːl]		re	peal	re［＝again再び］〜	v.無効にする，廃止する

pecu ［＝cattle 家畜, property 財産］

peculate [pékjuleit]		pecu	late	〜ate［＝make…する→動］	v.(公金・受託金を)使い込む，(委託品を)横領する
peculiar [pikjúːljər]		pecu	liar	〜iar［→形］．「個人財産の」→「自分自身の」→「独特の」．昔家畜が貨幣として売買に使用されたことから	a.独特の，固有の，妙な
peculiarity [pikjuːliǽliti]		pecu	liarity	〜ity［→名］	n.特徴，風変わり，癖
peculiarly [pikjúːljərli]		pecu	liarly	〜ly［→副］	ad.特別に，奇妙に，個人的に
impecunious [impikjúːniəs]	im	pecu	nious	im［＝not］〜ous［＝full of…で満ちた→形］	a.金を持たない，無一文の，貧乏な

ped, pion, peach ［＝step 一歩, foot 足］

pedal [pédl]		ped	al	〜al［→名・形］	n.,a.ペダル(の)
peddler [pédlər]		ped	dler	〜er［＝person 人→名］	n.行商人，受け売りする人
pedestal [pédistl]		ped	estal	〜stal［＝stall 台］	n.台，台座，根底
pedestrian [pidéstriən]		ped	estrian	〜ian［＝person 人→名，形］	n.歩行者；a.徒歩の，通俗な，平凡な
pedigree [pédigriː]		ped	igree	＜F.＝foot of a crane「ツルの足．系図の形」から．cf. gree＜L.grus［＝crane ツル］	n.系図，系統，家柄
pioneer [paiəníər]		pion	eer	＜L.＝foot soldier「歩兵」から	n.開拓者，草分け
expedient [ikspíːdiənt]	ex	ped	ient	ex［＝out of 外に］〜ent［→形，名］．「足を外に出す」→「足かせをとる」	a.都合のよい，得策な；n.手段
expedite [ékspidait]	ex	ped	ite	ex［＝out of 外に］〜ite［＝make…させる→動］．「足かせをはずす」	v.早める，促進させる，急送する
expedition [ekspedíʃən]	ex	ped	ition	ex［＝out of 外に］〜it［＝make…させる→動］+ion［→名］	n.遠征，探検隊，迅速
impeach [impíːtʃ]	im	peach		im［＝in 中に］+peach＜L. pedica［＝fetter 足かせ］	v.弾劾［糾弾］する，告発する，疑う，責める
impede [impíːd]	im	ped	e	im［＝in 中に］〜	v.妨げる，阻止する
impediment [impédimənt]	im	ped	iment	im［＝in 中に］〜ment［→名］	n.妨げ，障害
quadruped [kwádruped]	quadru	ped		quadru［＝four 4］〜．「4本の足」	n.四足獣

pel, puls [=drive 追いやる, push 押す]

語	分解			語源説明	意味
pulse [pʌls]		puls	e		n.脈拍, パルス, 拍子, 意向
pulsate [pʌ́lseit]		puls	ate	～ate [=make …にする→動]	v.(脈などが)打つ, 動悸する, ふるえる
compel [kəmpél]	com	pel		com [=強意] ～.「完全に押す」→「打ち勝つ」	v.強いる, 無理に迷わせる, 強要する
compulsion [kəmpʌ́lʃən]	com	puls	ion	com [=together 共に] ～ion [→名]	n.強制
compulsive [kəmpʌ́lsiv]	com	puls	ive	com [=together 共に] ～ive [→形]	a.強制的な, 無理じいの
compulsory [kəmpʌ́lsəri]	com	puls	ory	com [=together 共に] ～ory [→形]	a.強制的な, 必修の
dispel [dispél]	dis	pel		dis [=off, away 離れた] ～	v.散らす, 追い払う
expel [ikspél]	ex	pel		ex [=out of 外に] ～.「外に追う」→「追い出す」	v.追い出す, 追放する, 除名する
expulsion [ikspʌ́lʃən]	ex	puls	ion	ex [=out of 外に] ～ion [→名]	n.追放, 排除, 除名
impel [impél]	im	pel		im [=on 上に] ～. drive on「駆り立てる」	v.促す, 迫る, 推し進める
impulse [ímpʌls]	im	puls	e	im [=on 上に] ～.「上に駆り立てる」→「駆り立てられる」	n.衝動, 刺激, はずみ
propeller [prəpélər]	pro	pel	ler	pro [=forward 前へ] ～er [=thing もの, person 人→名].「前方に推進する」	n.プロペラ, 推進機[者]
repel [ripél]	re	pel		re [=back もとへ] ～.「後へ追う」→「追い返す」	v.追い払う, 反ばくする, いやがらせる
repulse [ripʌ́ls]	re	puls	e	re [=back もとへ] ～.「追い返される」	v.追い返す, 論ばくする, 拒絶する
repulsive [ripʌ́lsiv]	re	puls	ive	re [=back もとへ] ～ive [→形]	a.追い返す, はねつける

pend¹, pens¹ [=hang 掛ける]

pendant [péndənt]		pend	ant	～ant [=thing もの→名]	n.ペンダント
pending [péndiŋ]		pend	ing	～ing [→形]	a.未決定の, 係争中の
pendulous [péndʒuləs]		pend	ulous	～ous [=full of …で満ちた→形]	a.ぶら下がった, ゆらゆらする
pendulum [péndʒuləm]		pend	ulum	「垂れ下がっているもの」	n.振り子
append [əpénd]	ap	pend		ap＜ad [=to …へ] ～.「…へ付加する」	v.添える, 付加する
appendix [əpéndiks]	ap	pend	ix	ap＜ad [=to …へ] ～.＜L. appendix「ぶら下がったもの」	n.付加物, 付録
depend [dipénd]	de	pend		de [=down 下へ] ～.「下へかかる」	v.当てにする, …次第である

単語	分解			語源説明	意味
dependent [dipéndənt]	de	pend	ent	de [=down 下へ] ~ent [→形・名]	a.頼っている；n.召使,扶養されている人
dependance, -ence [dipéndəns]	de	pend	ance, -ence	de [=down 下へ] ~ance, ence [→名]	n.依頼, 依存
independence [indipéndəns]	inde	pend	ence	in [=not]+de [=down 下に] ~ence [→名]	n.独立, 自主
independent [indipéndənt]	inde	pend	ent	in [=not]+de [=down 下に] ~ent [→形]	a.独立の, 自治の
interdependence [intərdipéndəns]	interde	pend	ence	inter [=between 間に]+de [=down 下に] ~ence[→名]	n.相互依存
perpendicular [pəːrpəndíkjulər]	per	pend	icular	per [=completely 完全に] ~ar [→形].「完全につるす」	a.垂直の, 切り立った
suspend [səspénd]	sus	pend		sus [=under 下に] ~.「宙ぶらりんの状態にする」	v.つるす, 掛ける, 中止する
suspense [səspéns]	sus	pens	e	sus [=under 下に] ~	n.未決, 未定, 不安, 停止
suspensive [səspénsiv]	sus	pens	ive	sus [=under 下に] ~ive [→形]	a.未決定の, 不安な, 不確かな
suspension [səspénʃən]	sus	pens	ion	sus [=under 下に] ~ion [→名]	n.つるすこと, 未決定, 停職, 中止

pend², pens², pois [=weigh out 重さを計る, pay 支払う]

単語	分解			語源説明	意味
pension [pénʃən]		pens	ion	~ion[→名].「重さで金を支払う」	n.年金, 恩給, 奨励金
poise [pɔiz]		pois	e	<OF. pēnsāre [=計りくらべる]	n.釣合い, 均衡, 静止；v.釣り合わせる, 釣り合う
ponder [pándər]		pond	er	<L. ponderāre「重さを計る」<pondus「おもり」	n.熟慮する, 思案する
compensate [kámpənseit]	com	pens	ate	com [=together 共に] ~ate [=make…にする→動]	v.…に償う, 補う
compensation [kampənséiʃən]	com	pens	ation	com[=together 共に]~ate[=make…にする→動]+ion [→名]	n.償い, 埋め合わせ
counterpoise [káuntərpɔiz]	counter	pois	e	counter [=against 反対に] ~.「釣り合う重さ」	n.均衡；v.釣合いを保たせる
dispense [dispéns]	dis	pens	e	dis [=apart 離れた] ~.「秤にかけて分ける」	v.分配する, 施す, 手数を省く
dispensable [dispénsəbl]	dis	pens	able	dis [=apart 離れた] ~able [=possible…できる→形]	a.なくても済む
dispensary [dispénsəri]	dis	pens	ary	dis [=apart 離れた] ~ary [=place 場所→名].「薬を秤にかけて分け与える所」	n.薬局, 医局
dispensation [dispenséiʃən]	dis	pens	ation	dis [=apart 離れた] ~ate [=make…にする→動]+ion [→名]	n.分配, 処方, 天の配列
expend [ikspénd]	ex	pend		ex [=out of 外に] ~.「金を計算して出す」	v.費やす, 消費する

expendable [ikspéndəbl]	ex	pend	able	ex [=out of 外に] ~able [=possible…できる→形]	a.消費してよい
expenditure [ikspénditʃər]	ex	pend	iture	ex [=out of 外に] ~ure [→名]	n.消費, 支出, 経費
indispensable [indispénsəbl]	indis	pens	able	in[=not]+dis[=apart 離れた] ~able[=possible…できる→形]	a.欠くことのできない
prepense [pripéns]	pre	pens	e	pre [=before 前に]~.「前もって秤にかける」	a.あらかじめ謀った, 故意の
prepensity [prəpénsiti]	pre	pens	ity	pre[=before 前に]~ity[→名]	n.傾向, 性癖, 好意
recompense [rékəmpens]	recom	pens	e	re [=back もとへ]+com [=together 共に] ~	v.報いる, 償う
spend [spend]	s	pend		s＜ex [=out of 外に] ~.「外へ金を払う」	v.使う, 費やす, 過ごす

per(i) [=try 試みる, trial 試み]

experience [ekspíəriəns]	ex	peri	ence	ex [=fully 十分に] ~ence [→名].「十分なテストを試みる」	n.経験, 見聞；v.経験する
experienced [ekspíəriənst]	ex	peri	enced	ex [=fully 十分に] ~ed [→形]	a.経験のある
experiment [ekspérəmənt]	ex	peri	ment	ex [=fully 十分に] ~ment [→名]	n.実験；v.実験する
experimental [eksperəméntl]	ex	peri	mental	ex [=fully 十分に] ~al [→形]	a.実験的な
expert [ékspə:rt]	ex	per	t	＜L. expertus [=tried 試みられた].「試みた人, 試みられた人」	n.熟達者, 専門家
inexperienced [inikspíəriənst]	inex	peri	enced	~in [=not]+ex [=fully 十分に] ~ed [→形]	a.無経験の

person, parson [=a human being 人類]

parson [pá:rsn]		parson		＜L. persōna「(俳優の使用した) 仮面」→「要人」→「僧」. person とは姉妹語	n.(教区の)牧師
person [pə́:rsn]		person		＜L. persōna「(俳優の使用した) 仮面」→「役柄」→「人」	n.人, 身体
personage [pə́:rsənidʒ]		person	age	~age [→名]	n.名士, 偉い人
personal [pə́:rsnəl]		person	al	~al [→形]	a.個人の, 本人の
personality [pə:rsənǽliti]		person	ality	~al [→形]+ity [=state 状態→名]	n.人であること, 人格, 個性
personally [pə́:rsnəli]		person	ally	~al [→形]+ly [→副]	ad.親しく, 個人的に
personify [pə:rsǽnifai]		person	ify	~fy [=make…にする→動]	v.擬人化する, 人格化する
personnel [pə:rsənél]		person	nel	＜F. [=personal 個人の]	n.人員, 社員
impersonal [impə́:rsənəl]	im	person	al	im [=not] ~al [→形]	a.人格を持たない, 一般的な
impersonality [impə:rsənǽliti]	im	person	ality	im [=not] ~al [→形]+ity [=state 状態→名]	n.非人格性

pet, peat [=seek 探す，求める，strive 努力する]

見出し語	分解1	分解2	分解3	語源・説明	意味
petition [pitíʃən]		pet	ition	~ion [→名]	n.嘆願，祈願，請願；v.嘆願する，請願する
appetite [ǽpitait]	ap	pet	ite	ap<ad [=to…へ] ~. 「求めること」→「欲求」	n.欲望，食欲
centripetal [sentrípitl]	centri	pet	al	centri [=center 中心] ~al [→形]. 「中心を求める」	a.中心に向かう，求心の（cf. centrifugal 遠心の）
compete [kəmpíːt]	com	pet	e	com [=together 共に] ~. 「共に求める」→「求め合う」	v.競争する，匹敵する
competence [kǽmpitəns]	com	pet	ence	com [=together 共に] ~ence [→名]	n.能力，資産
competent [kǽmpitənt]	com	pet	ent	com [=together 共に] ~ent [→形]	a.有能の，任に耐える
competition [kɑmpitíʃən]	com	pet	ition	com [=together 共に] ~ion [→名]	n.競争
competitive [kəmpétitiv]	com	pet	itive	com [=together 共に] ~ive [→形]	a.競争の
competitor [kəmpétitər]	com	pet	itor	com [=together 共に] ~or [=person 人→名]	n.競争者[相手]
impetus [ímpitəs]	im	pet	us	im [=on 上に]+L.petus [=crush 押し進む]. 「激しく求める」	n.起動力，はずみ，刺激
impetuous [impétʃuəs]	im	pet	uous	im [=on 上に] ~ous [=full of…で満ちた→形]	a.猛烈な，熱烈な，性急な
repeat [ripíːt]	re	peat		re [=again 再び] ~. <ME.repete<L.repetere (re+petere 得ようと求める). 「再び求める」	v.繰り返す，暗唱する
repeated [ripíːtid]	re	peat	ed	re [=again 再び] ~ed [→形]	a.繰り返した，たびたびの
repeatedly [ripíːtidli]	re	peat	edly	re [=again 再び] ~ed [→形]+ly [→副]	ad.繰り返して
repetition [repitíʃən]	re	pet	ition	re [=again 再び] ~ion [→名]	n.繰り返し，反復

pha(n), fan, pan², phe¹ [=appear, show 現れる]

fancy [fǽnsi]	fan	cy	fantasy の短縮形	n.空想，幻想，思いつき；v.空想する，…と思う
fanciful [fǽnsifəl]	fan	ciful	~ful [=full of…で満ちた→形]	a.空想的な，風変わりな
fantasy [fǽntəsi]	fan	tasy	<GK.phantasia [=making visible 目に見えるようにすること]. 「姿を現す」→「出現」	n.空想，幻想
fantastic [fæntǽstik]	fan	tastic	~ic [→形]	a.空想的な，気まぐれな
pant [pænt]	pan	t	<L.phantasiāre 悪夢を見る. 「悪夢を見る」→「苦しく呼吸する」	v.あえぐ，熱望する，憧れる

phase [feiz]	pha	se	<GK. *phasis*「出現，外観」	n.形相，方面，形勢
phantom [fǽntəm]	phan	tom	<GK. *phainen* [＝show 見せる]	n.幻，錯覚
phenomenon [fináminan]	phe	nomnon	<GK.＝「現れること」	n.現象，事件
phenomenal [finámənl]	phe	nomenal	～al [→形]	a.自然現象の，驚くべき
emphasis [émfəsis]	em	pha	sis	em [＝in 中に] ～phasis [現れること] →「よく見える状態にすること」	n.強さ，強調，強勢
emphasize [émfəsaiz]	em	pha	size	em[＝in 中に]～ize[＝make appearance 現れること]．「はっきり現れること」	v.強調する，力説する
emphatic [imfǽtik]	em	pha	tic	em[＝in 中に]～ic[→形]	a.語気の強い，強調された
emphatically [imfǽtikəli]	em	pha	tically	em[＝in 中に]～ly[→副]	ad.強調して，まったく，断然

phil(o) [＝love 愛]

philharmonic [filha:*r*mánik]	phil	harmonic	～harmony 調和＋ic [→形]	a.音楽愛好の
philology [filálədʒi]	philo	logy	～log [＝word 言葉]＋y [→名]．「文芸・言語愛」	n.言語学
philosopher [filásəfə*r*]	philo	sopher	～soph [＝wisdom 知識]＋er [＝person 人→名]．「学問の愛好者」	n.哲学者，哲人
philosophy [filásəfi]	philo	sophy	～soph [＝wisdom 知識]＋y [→名]	n.哲学，原理
philosophic, -ical [filəsáfik, -ikəl]	philo	sophic, -ical	～ic, ical [→形]	a.哲学の，冷静な

phon, phem, phe² [＝sound 音, voice 声, speak 話す]

phone [foun]	phon	e		n.電話，音
phonetics [founétiks]	phon	etics	～ics [＝study 学問]．「音声の学問」	n.音声学
phonology [founálədʒi]	phon	ology	～logy[＝science 学問→名]	n.音声学
blaspheme [blæsfí:m]	blas	phem	e	blas [＝hurt 傷つける] ～．「傷つけることを言う」	v.中傷する，
earphone [íə*r*foun]	ear	phon	e	ear 耳＋phone 音	n.イヤホーン
euphony [jú:fəni]	eu	phon	y	eu [＝well よい] ～y [→名]	n.快い音
euphemism [jú:fəmizəm]	eu	phem	ism	eu [＝well よい] ～ism [→名]．phe<GK. *phanai* [＝say 言う]．「よい言い方」→「遠まわしな言い方」	n.婉(えん)曲語法，婉曲語句
gramophone [grǽməfoun]	gramo	phon	e	gramo [＝letter 文字] ～	n.蓄音機
microphone [máikrəfoun]	micro	phon	e	micro [＝small 小さい] ～．	n.マイクロホン
prophesy [práfəsai]	pro	phe	sy	pro [＝before 前に] ～y[→名]．phe<GK. *phanai* [＝say 言う]．「前もって言う」	v.予言する

単語	分解			語源説明	意味
prophet [práfit]	pro	phe	t	pro [=before 前に] ～et [=person 人→名]	n.予言者
prophetic [prəfétik]	pro	phe	tic	pro [=before 前に] ～ic [→形]	a.予言者の，予言的な
symphony [símfəni]	sym	phon	y	sym [=together 共に] ～y [→名]．「共に響く」	n.交響曲，シンフォニー
telephone [télifoun]	tele	phon	e	tele [=far 遠い] ～	n.電話
xylophone [zíləfoun]	xylo	phon	e	xylo [=wood 木] ～	n.木琴，シロホン

phys [=nature 自然]

単語	分解		語源説明	意味
physical [fízikəl]	phys	ical	～ical [→形]	a.自然の，物質の，身体の
physically [fízikəli]	phys	ically	～ical [→形]+ly [→副]	ad.物理的に，肉体的に
physician [fizíʃən]	phys	ician	～ian [=person 人→名]	n.内科医，医師
physics [fíziks]	phys	ics	～ics [=study 学問→名]．「自然に関する学問」	n.物理学
physiology [fiziálədʒi]	phys	iology	～logy [=science 学問→名]	n.生理学，生理機能

pict [=paint 描く]

単語	分解		語源説明	意味
picture [píktʃər]	pict	ure	～ure [→名]	n.絵；v.描く，描写する
picturesque [piktʃərésk]	pict	uresque	～esque [=…ふうの→形]	a.絵のような，美しい
depict [dipíkt]	de	pict	de [=down 下に] ～	v.描く，描写する

plac, plais [=please 喜ばせる，smooth 静める]

単語	分解		語源説明	意味
placate [plǽkeit]	plac	ate	～ate [=make…させる→動]	v.なだめる，慰める
placation [plækéiʃən]	plac	ation	～ate [=make…にする→動]+ion [→名]	n.慰め，なだめ
placid [plǽsid]	plac	id	～id [→形]．「静める」	a.穏やかな，静かな，落ち着いた
complacent [kəmpléisnt]	com	plac	ent	com [=fully 完全に] ～	a.自己満足した
complacence [kəmpléisns]	com	plac	ence	com [=fully 完全に] ～ence [=state 状態→名]	n.自己満足，安心
complaisant [kəmpléizənt]	com	plais	ant	com [=fully 完全に] ～ant [→形]	a.親切な，ていねいな
complaisance [kəmpléizəns]	com	plais	ance	com [=fully 完全に] ～ance [→名]	n.いんぎん，ていねい，愛想

plain, plan, plat [=flat 平らな]

単語	分解		語源説明	意味
plain [plein]	plain			a.平たい，明白な，率直な
plainly [pléinli]	plain	ly	～ly [→副]	ad.はっきりと，率直に
plan [plæn]	plan		「平らな」→「平面（図）」→「計画」	n.計画，方式，略図；v.計画する
plane [plein]	plan	e		n.平面，水平面，水準
plank [plæŋk]	plan	k		n.板，厚板
platform [plǽtfɔːrm]	plat	form	<F. plate「平らな」+forme「形」	n.プラットホーム，台

explain [ikspléin]	ex	plain		ex [=out of 外に]～.「完全に平らにする」→「明らかにする」	v.説明する, 明白にする
explanation [èksplənéiʃən]	ex	plan	ation	ex [=out of 外に]～ate [=make …にする→動]+ion [→名]	n.説明, 解釈, 弁解
explanatory [iksplǽnətɔ:ri]	ex	plan	atory	ex [=out of 外に]～ory [→形]	a.説明的な, 解釈上の

plaud, plaus, plod, plos [=strike 打つ, clap hands 拍手する]

plausible [plɔ́:zəbl]		plaus	ible	～ible [=possible…できる→形]	a.もっともらしい
applaud [əplɔ́:d]	ap	plaud		ap＜ad [=to…へ]～.「…に拍手する」	v.拍手喝采する, 声援する
applause [əplɔ́:z]	ap	plaus	e	ap＜ad [=to…へ]～	n.拍手喝采
explode [iksplóud]	ex	plod	e	ex [=out of 外に]～.「手を叩いて追い出す」	v.爆発する, 打破する
explosion [iksplóuʒən]	ex	plos	ion	ex [=out of 外に]～ion [→名]	n.爆発, 爆音
explosive [iksplóusiv]	ex	plos	ive	ex [=out of 外に]～ive [→形]	a.爆発性の, 破裂音の
implode [implóud]	im	plod	e	im [=in 中に]～	v.《音声》内破する
implosion [implóuʒən]	im	plos	ion	im [=in 中に]～ion [→名]	n.内破

plea(s), plead [=please 喜ばす]

plea [pli:]		plea			n.嘆願, 祈り, 弁解, 口実
plead [pli:d]		plead		「喜ぶようにする」→「嘆願する」	v.弁論する, 弁解する
please [pli:z]		pleas	e		v.喜ばす, 満足させる, 好む
pleasant [plézənt]		pleas	ant	～ant [→形]	a.愉快な, 楽しい, 快活な
pleasantly [plézəntli]		pleas	antly	～ant [→形]+ly [→副]	ad.愉快に, 楽しく
pleasing [plí:ziŋ]		pleas	ing	～ing [→形]	a.愉快な
pleasure [pléʒər]		pleas	ure	～ure [→名]	n.愉快, 楽しみ, 満足
displease [displí:z]	dis	pleas	e	dis [=not]～	v.不機嫌にする, 立腹する
displeasure [displéʒər]	dis	pleas	ure	dis [=not]～ure [→名]	n.不愉快, 不満, 立腹

ple(n), pl(i), ply¹, plet [=full いっぱいの, enough 十分な, fill 満たす]

plenary [plí:nəri]		plen	ary	～ary [→形]	a.完全な, 全員出席した
plenty [plénti]		plen	ty	～ty [→名].「十分であること」	n.たくさん, 豊富, 十分
plentiful [pléntifəl]		plen	tiful	～ful [=full of…で満ちた→形]	a.たくさんの, 豊富な
accomplish [əkámpliʃ]	accom	pl	ish	ac＜ad [=to…へ]+com [=together 共に]～ish [=make…にする→動]	v.成し遂げる, 完成する
accomplished [əkámpliʃt]	accom	pl	ished	ac＜ad [=to…へ]+com [=together 共に]～ish [=make…にする→動]+ed [→形]	a.成就した, 教養のある
accomplishment [əkámpliʃmənt]	accom	pl	ishment	ac＜ad [=to…へ]+com [=together 共に]～ish [=make…にする→動]+ment [→名]	n.仕上げ, 完成, 業績
complete [kəmplí:t]	com	ple	te	com [=together 共に]～.「完全に満たされた」	v.完了する, 完成する; a.完全な

単語	分解			語源説明	意味
completion [kəmplíːʃən]	com	ple	tion	com[=together 共に]~ion[→名]	n.完成，完了
completely [kəmplíːtli]	com	ple	tely	com[=together 共に]~ly[→副]	ad.完全に，まったく
complement [kάmplimənt]	com	ple	ment	com[=together 共に]~ment[→名].「完全にすること」	n.補足するもの，補語
complementary [kὰmpliméntəri]	com	ple	mentary	com[=together 共に]~ary[→形]	a.補足的な
compliment [kάmplimənt]	com	pli	ment	com[=together 共に]~ment[→名].「意を満たすこと」	n.敬意，賛辞，祝辞
complemental [kὰmpliméntl]	com	ple	mental	com[=together 共に]~ment[→名]+al[→形]	a.補充の，補欠の
comply [kəmplái]	com	ply		com[=together 共に]~	v.…に応じる，従う
deplete [diplíːt]	de	plet	e	de[=off, away 離れた]~.「空にする」	v.空にする，減らす
expletive [eksplíːtiv]	ex	plet	ive	ex[=out of 外に]~ive[→形，→名].「外に満たす」→「付け加える」	a.付加の；n.虚辞
implement [ímplimənt]	im	ple	ment	im[=in 中に]~ment[→名].「家の中を満たすこと」	n.道具，手段
incomplete [ìnkəmplíːt]	incom	ple	te	in[=not]+com[=together 共に]~	a.不完全な，不十分な
replenish [ripléniʃ]	re	plen	ish	re[=again 再び]~ish[=make…にする→動]	v.再び満たす，補充する
replete [riplíːt]	re	ple	te	re[=again 再び]~	a.充満した，十分に持っている
repletion [riplíːʃən]	re	ple	tion	re[=again 再び]~tion[→名]	n.充満，充実，過多
supply [səplái]	sup	ply		sup<sub[=under 下へ]~.「下に満たす」	v.供給する，…に配給する，補充する
supplement [sʌ́pləmənt]	sup	ple	ment	sup<sub[=under 下へ]~ment[→名]	n.増補，追加，付録

plex [=weave 編む]

単語	分解			語源説明	意味
complex [kəmpléks]	com	plex		com[=together 共に]~.「共に折りあわせたもの」	a.複合の，入り組んだ
complexion [kəmplékʃən]	com	plex	ion	com[=together 共に]~ion[→名]	n.顔色，外観
complexity [kəmpléksiti]	com	plex	ity	com[=together 共に]~ity[=state 状態→名]	n.複雑さ
perplex [pərpléks]	per	plex		per[=completely 完全に]~.「編み込まれた」	v.困らせる，当惑させる
perplexity [pərpléksiti]	per	plex	ity	per[=completely 完全に]~ity[=state 状態→名]	n.当然，困ったこと，混乱

pli(c), plait, pleat, ply², play, plo(y), ble², plicit, ploit, ple, p [＝fasten しばる，fold 折り曲げる]

plait [plæt/pleit]		plait		＜L. *plicāre*「曲げる，たたむ」	n.折り目，ひだ，組みひも；v.折り目をつける，編む，組む
pleat [pli:t]		pleat		plait の変形	v.ひだをつける
ply [plai]		ply		＜L. *plicāre*「曲げる，たたむ」	v.…に精を出す，営む，使う
apply [əplái]	ap	ply		ap＜ad [＝to…へ] ~.「…へしばる」	v.(物を)当てる，用いる，適用する
appliance [əpláiəns]	ap	pli	ance	ap＜ad [＝to…へ] ~ance [→名]	n.器具，装置，設備
applicable [æplikəbl]	ap	plic	able	ap＜ad [＝to…へ] ~able [＝possible…できる→形]	a.適用できる，適切な
application [əplikéiʃən]	ap	plic	ation	ap＜ad [＝to…へ] ~ate [＝make…にする→動]＋ion [→名]	n.適用，応用，申し込み
display [displéi]	dis	play		dis [＝apart 離れた] ~.「折り曲げられているものを開く」	v.広げる，発揮する，展示する；n.出陣，表示
complicate [kámplikeit]	com	plic	ate	com [＝together 共に] ~ate [＝make…にする→動，形].「共にたたまれた」→「折り重なった」	v.入り組ませる；a.入り組んだ
complicated [kámplikeitid]	com	plic	ated	com [＝together 共に] ~ed [→形]	a.複雑な
deploy [diplɔ́i]	de	ploy		de＜dis [＝apart 離れた] ~. ploy＜L. *plicāre* 曲げる，たたむ.「重なりをばらばらに離す」	v.展開する
diploma [diplóumə]	di	plo	ma	＜GK.＝paper folded double「二重に折られた手紙」	n.免状，卒業証書
diplomacy [diplóuməsi]	di	plo	macy	di [＝two 2] ~cy [→名]	n.外交，かけひき
diplomat [dípləmæt]	di	plo	mat	di [＝two 2] ~at [→名]	n.外交官
diplomatic [dipləmǽtik]	di	plo	matic	di [＝two 2] ~ic [→形]	a.外交の，外交上の
double [dʌ́bl]	dou	ble		＜F.*double*＜OF.*duble*＜L. *duplus*. dou＜L. *duo* [＝two 2]＋ble＜L. *plus* [＝fold 曲げる，たたむ].「二重の」	a.2倍の，二重の；v.2倍にする；n.倍
duplicate v. [djú:plikeit] a. [djú:plikit]	du	plic	ate	du [＝two 2] ~ate [＝make…にする→動，形]	v.二重にする，複製する；a.二重の，複製の，2倍の；n.複製物
duplicity [dju:plísiti]	du	plic	ity	du [＝two 2] ~ity [→名]	n.二重であること，行動に裏表のあること
employ [implɔ́i]	em	ploy		em＜in [＝in 中に] ~.「包み込む」→「雇う」	v.(人を)使用する，用いる

pli(c), plait, pleat, ply², play, plo(y), ble, plicit, ploit, ple, p

employee [implɔíː]	em|ploy|ee		em＜in [＝in 中に] ～ee [＝person 人→名]	n.使用人, 従業人
employer [implɔ́iər]	em|ploy|er		em＜in [＝in 中に] ～er [＝person 人→名]	n.雇用者, 使用者
employment [implɔ́imənt]	em|ploy|ment		em＜in [＝in 中に] ～ment [→名]	n.使用, 使役, 職業
explicate [éksplikeit]	ex|plic|ate		ex [＝out of 外に]＋plic＜ L. plicāre [＝fold 折る]＋ ate [＝make…にする→ 動].「包みをひらく」	v.明らかにする, 説明する
explicit [iksplísit]	ex|plicit		ex [＝out of 外に] ～.	a.明示された, 明白な
exploit [éksplɔit]	ex|ploit		ex [＝out of 外に] ～.fold out「ほどく」	n.手柄, 功績；v.開発する, 搾取する
exploitation [eksplɔitéiʃən]	ex|ploit|ation		ex [＝out of 外に] ～ate [＝make…にする→動]＋ ion [→名]	n.開発, 搾取
imply [implái]	im|ply		im＜in [＝in 中に] ～.「中に含む」の意から	v.包含する, 意味する, 暗示する
implicit [implísit]	im|plicit		im＜in [＝in 中に] ～.「折り込まれた」	a.絶対的な, 言わず語らずの
multiple [mʌ́ltipl]	multi|ple		multi [＝many たくさん]＋ ple＜L. plus [＝fold 曲げる, たたむ]	a.多くの部分から成る, 複合の；n.倍数
multiply [mʌ́ltiplai]	multi|ply		multi[＝many たくさん]～	v.倍加する
quadruple [kwɔ́drupl]	quadru|ple		quadru [＝four 4]＋ple＜ L. plus [＝fold 曲げる, たたむ]	v.4倍にする, 4倍になる；a.四重の, 4倍の；n.四重のもの, 4倍
replica [réplikə/riplíːkə]	re|plic|a		re [＝back もとへ] ～	n.模写, 写し, 複製
replicate [réplikeit]	re|plic|ate		re [＝back もとへ] ～ate [＝make…にする→動]	v.折り返す, 複製する
replication [replikéiʃən]	re|plic|ation		re [＝back もとへ] ～ate [＝make…にする→動]＋ ion [→名]	n.返答, 複製
reply [riplái]	re|ply		re [＝back もとへ] ～.「包み返す」→「お返し」	v.返答する, 応じる；n.返答, 返事
simple [símpl]	sim|ple		sim [＝single 1つの]＋ ple＜L. plus [＝fold 曲げる, たたむ]	a.簡単な, 単一の, まったくの
simplicity [simplísiti]	sim|plic|ity		sim [＝single 1つの] ～ity [→名]	n.簡単, 単純, 純真
simplify [símplifai]	sim|pli|fy		sim [＝single] ～fy [＝ make…にする→動]	v.簡単にする, 単一にする
simply [símpli]	sim|p|ly		simple＋ly [→副]	ad.簡単に, 飾りなく, 無邪気に
supplicate [sʌ́plikeit]	sup|plic|ate		sup＜sub [＝under 下に] ～ate [＝make…にする→ 動].「体を折り重ねる」	v.嘆願する, 祈願する

triple [trípl]	tri|ple	tri [=three 3]+ple<L. plus[=fold 曲げる, たたむ]		a.3倍の, 3つの部分から成る；v.3倍にする, 3倍になる
triplicate v. [tríplikeit] a. [tríplikit]	tri|plic|ate	tri [=three 3] ～ate [=make…にする→動, 名]		v.3倍にする；a.3倍の, 三重の
triplicity [triplísiti]	tri|plic|ity	tri[=three 3] ～ity[→名]		n.3倍あること, 三位一体

plor [=cry out 大声で叫ぶ, lament 嘆く]

deplore [diplɔ́:r]	de|plor|e	de[=強意] ～. weep bitterly「激しく泣く」	v.嘆き悲しむ
deplorable [diplɔ́:rəbl]	de|plor|able	de[=強意] ～able[=possible…できる→形]	a.嘆かわしい, 哀れな
explore [ikstplɔ́:r]	ex|plor|e	ex [=out of 外に] ～.「叫んで呼び出す」	v.探検する, 探究する, 調査する
exploration [eksplɔ:réiʃən]	ex|plor|ation	ex [=out of 外に] ～ate [=make…にする→動]+ion [→名]	n.探検, 探究, 診察, 踏査
explorer [ikstplɔ́:rər]	ex|plor|er	ex[=out of 外に]～er[=person 人→名]	n.探究する人, 探検家
implore [implɔ́:r]	im|plor|e	im[=強意] ～.「(涙を流して)呼びかける」	v.嘆願する, 哀願する
imploring [implɔ́:riŋ]	im|plor|ing	im [=強意] ～ing [→形]	a.嘆願の

plur, plus [=more もっと多くの]

plural [plúərəl]	plur|al	～al [→形, 名]	n.,a.《文法》複数(の)
plus [plʌs]	plus		a.加の；n.プラス記号, 添え物
surplus [sə́:rpləs]	sur|plus	sur[=over 越える] ～.「より多くの」	n.余り, 過激

point, poign, pounc, punch, punct, pung [=point 先端, dot 点, prick 刺す, 突く]

point [pɔint]	point	「刺された物」→「とがった物」	n.先端, 先, 点, 地点, 主眼
poignant [pɔ́injənt]	poign|ant	～ant [→形]. <L. pungere 刺す	a.きびしい, 鋭い, 痛烈な
pounce [pauns]	pounc|e		v.つかみかかる, 飛びかかる
punch [pʌntʃ]	punch		n.パンチ, 拳の一撃, 迫力；v.げんこつで打つ, パンチで打ち抜く
punctual [pʌ́ŋktʃuəl]	punct|ual	～al [→形]	a.時間を厳重に守る
punctuality [pʌŋktʃuǽliti]	punct|uality	～al [→形]+ity [=state 状態→名]	n.時間厳守, 正確
punctuate [pʌ́ŋktʃueit]	punct|uate	～ate [=make…にする→動]	v.句読点をつける, 強調する
punctuation [pʌŋktʃuéiʃən]	punct|uation	～ate [=make…にする→動]+ion [→名]	n.区切り, 句読(点)

単語	分解			語源説明	意味
puncture [pʌ́ŋktʃər]		punct	ure	～ure [→名]	n.穴をあけること, 刺し傷；v.パンクする, 小穴をあける
pungent [pʌ́ndʒənt]		pung	ent	～ent [→形]	a.辛い, 鋭い
appoint [əpɔ́int]	ap	point		ap＜ad[＝to…へ] ～.「～へ指さす」	v.命じる, 指定する, 定める
appointment [əpɔ́intmənt]	ap	point	ment	ap＜ad [＝to…へ] ～ment [＝state 状態→名]	n.任命, 地位, 命令, 約束
compunction [kəmpʌ́ŋkʃən]	com	punct	ion	com [＝with 共に] ～.「心を突き刺すこと」	n.良心のとがめ, 悔恨
disappoint [dìsəpɔ́int]	disap	point		dis[＝not]＋ap＜ad[＝to…へ] ～.「先を鈍くする」	v.失望する, 妨げる
disappointment [dìsəpɔ́intmənt]	disap	point	ment	dis [＝not]＋ap＜ad [＝to…へ] ～ment [＝state 状態→名]	n.失望, 落胆
expunge [ekspʌ́ndʒ]	ex	pung	e	ex [＝out of 外に] ～.「突き刺して取り除く」	v.削除する
expunction [ikspʌ́ŋkʃən]	ex	punct	ion	ex [＝out of 外に] ～ion [→名]	n.削除, 抹消

polis, polic, polit [＝city 都市]

単語	分解		語源説明	意味
police [pəlíːs]		polic	e	「国家, 政治組織」が原義.「警察」は18世紀以降	n.警察, 治安隊
policeman [pəlíːsmən]		polic	eman	～man 人	n.警官
policy [pálisi]		polic	y	～y [→名]	n.政策, 方針
politic [pálitik]		polit	ic	～ic [→形]	a.思慮のある, ずるい, 政治上の
political [pəlítikəl]		polit	ical	～cal [→形]	a.政治学の, 政治上の, 政党の
politician [pɑ̀litíʃən]		polit	ician	～ian [＝person 人→名]	n.政治家, 政客
politics [pálitiks]		polit	ics	～ics[＝science 学問→名]	n.政治, 政治学, 政策, 政略
metropolis [mitrápəlis]	metro	polis		metro [＝mother 母] ～	n.首都, 中心地
metropolitan [mètrəpálitən]	metro	polit	an	metro [＝mother 母] ～an [→形・名]	a.,n.大都会の(人)

pon, pause, pos(it), post, pound, pot¹ [＝put, place, set 置く]

単語	分解		語源説明	意味
pause [pɔːz]	paus	e	＜L. pausa「休止」	v.休む, 立ち止まる；n.中止, ポーズ
pose [pouz]	pos	e	＜ME. pose(n)＜OF. poser＜L. pausāre「止まる, 休止する」	n.ポーズ, 気構え；v.ポーズを取る
posit [pázit]	posit		＜L. positpone「置く」	v.置く, 据える, 仮定する
position [pəzíʃən]	posit	ion	～ion [→名]	n.位置, 場所, 適所, 勤め口
positive [pázitiv]	posit	ive	～ive [→形]	a.決定的な, 明確な, 肯定的な

pon, pause, pos(it), post, pound, pot[1]

語	接頭辞	語幹	接尾辞	分析	意味
positively [pázitivli]		posit	ively	～ive [→形]+ly [→副]	ad.明確に
post [poust]		post		「固定されたもの」	n.地位, 持ち場
posture [pástʃər]		post	ure	～ure [→名]	n.姿勢, 態度, ポーズ, 形勢
component [kəmpóunənt]	com	pon	ent	com [=together 共に] ～ent [→形・名]	a.構成している; n.成分
compound [kampáund]	com	pound		com [=together 共に] ～.「一緒に置く」	a.合成の, 複雑な; n.合成物, 化合物
compose [kəmpóuz]	com	pos	e	com [=together 共に] ～.「共に置く」→「組み立てる」	v.構成する, 作曲する
composer [kəmpóuzər]	com	pos	er	com [=together 共に] ～er [=person 人→名]	n.作曲家, 作者
composed [kəmpóuzd]	com	pos	ed	com [=together 共に] ～ed [→形]	a.落ち着いた
composition [kampəzíʃən]	com	posit	ion	com [=together 共に] ～ion [→名]	n.構成, 合成, 作文
composure [kəmpóuʒər]	com	pos	ure	com [=together 共に] ～ure [→名]	n.決着, 平静
depose [dipóuz]	de	pos	e	de [=off, away 離れた] ～	v.(高位から)退ける, 供述する
deposit [dipázit]	de	posit		de [=off, away 離れた] ～.「しまって置く」	v.置く, (卵を)産みつける, 預ける
depository [dipázitɔ:ri]	de	posit	ory	de [=off, away 離れた] ～ory [=place 場所→名]	n.保管所, 倉庫
depot [dépou]	de	pot		de[=off, away 離れた]～.<F. dépôt<L. dēpositum「わきに置かれたもの」	n.倉庫, 停車場
dispose [dispóuz]	dis	pos	e	dis<de [=off, away 離れた] ～.「わきに置く」	v.配列する, …したい気にする, 片づける
disposition [dispəzíʃən]	dis	posit	ion	dis<de [=off, away 離れた] ～ion [→名]	n.配列, 準備, 処分, 性質
expose [ikspóuz]	ex	pos	e	ex[=out of 外に]～.「外に置く」	v.さらす, 陳列する, 暴く
exposition [ekspəzíʃən]	ex	posit	ion	ex[=out of 外に]～ion[→名]	n.博覧会, 解説
exposure [ikspóuʒər]	ex	pos	ure	ex[=out of 外に]～ure[→名]	n.さらすこと, 発覚, 向き
expound [ikspáund]	ex	pound		ex [=out of 外に] ～	v.明確に解く, 解釈する
impose [impóuz]	im	pos	e	im [=on 上に] ～.「上に置く」	v.課す, 押しつける, だます
imposing [impóuziŋ]	im	pos	ing	im [=on 上に] ～ing [→形]	a.印象的な, 堂々とした
imposition [impəzíʃən]	im	posit	ion	im [=on 上に] ～ion [→名]	n.課税, 負担, だまし, ペテン
interpose [intərpóuz]	inter	pos	e	inter [=between 間に] ～.「間に置く」	v.間にはさむ, 挿入する
interposition [intərpəzíʃən]	inter	posit	ion	inter [=between 間に] ～ion [→名]	n.介在, 仲裁, 干渉

opponent [əpóunənt]	op	pon	ent	op＜ob [＝against 反対に]～ent [→名]	n.敵手, 反対者
oppose [əpóuz]	op	pos	e	op＜ob [＝against 反対に]～	v.…に反対する
opposite [ápəzit]	op	posit	e	op＜ob [＝against 反対に]～	a.反対側の, 正反対の
opposition [apəzíʃən]	op	posit	ion	op＜ob [＝against 反対に]～ion [→名]	n.抵抗, 反対, 野党
postpone [poustpóun]	post	pon	e	post [＝behind, after 後に]～.「後に置く」	v.延期する
preposition [prepəzíʃən]	pre	posit	ion	pre [＝before 前に]～ion [→名].「前に置かれたもの」	n.《文法》前置詞
propose [prəpóuz]	pro	pos	e	pro[＝before 前に]～.「前に置く」	v.申し込む, 提案する
proposal [prəpóuzəl]	pro	pos	al	pro[＝before 前に]～al[→名]	n.申し込み, 提議, 計画
proposition [prapəzíʃən]	pro	posit	ion	pro[＝before 前に]～ion[→名]	n.提議, 計画, 事業
purpose [pə́ːrpəs]	pur	pos	e	pur[＝before 前に]～.「前に置く」	n.目的, 意図
purposely [pə́ːrpəsli]	pur	pos	ely	pur[＝before 前に]～ly [→副]	ad.故意に
repose [ripóuz]	re	pos	e	re [＝again 再び]～.「再び身を置く」	n.休憩, 休止, 落ち着き；v.休む
repository [ripázitɔːri]	re	posit	ory	re [＝again 再び]～ory [＝place 場所→名].「置く場所」	n.貯蔵所, 倉庫
suppose [səpóuz]	sup	pos	e	sup＜sub [＝under 下に]～.「下に置く」	v.想像できる, 思う
supposed [səpóuzd]	sup	pos	ed	sup＜sub [＝under 下に]～ed [→形]	a.仮定の, うわさの
supposition [sʌpəzíʃən]	sup	posit	ion	sup＜sub [＝under 下に]～ion [→名]	n.想像, 推測, 仮定
transpose [trænspóuz]	trans	pos	e	trans [＝over, across 越えて]～.「向こうに置く」	v.順序を入れ換える, 置き換える

popul, publ [＝people 人]

popular [pápjulər]		popul	ar	～ar [→形]	a.庶民の, 人気のある
popularity [papjulǽriti]		popul	arity	～ar [→形]＋ity [＝state 状態→名]	n.人気, 流行
population [papjuléiʃən]		popul	ation	～ation [→名]	n.人口, 住民
populous [pápjuləs]		popul	ous	～ous[＝full of…で満ちた→形]	a.人口の多い
public [pʌ́blik]		publ	ic	～ic [→形, 名]	a.公の, 公共の, 公立の; n.[the ～]公衆, 人民
publication [pʌblikéiʃən]		publ	ication	ic [→形]＋～ate [＝make…にする→動]＋ion [→名]	n.発表, 公布, 出版, 発行
publicity [pʌblísiti]		publ	icity	ic [→形]＋～ity [→名]	n.周知, 公表, 広告
publicly [pʌ́blikli]		publ	icly	～ic [→形]＋ly [→副]	ad.公に, 公的に
publish [pʌ́bliʃ]		publ	ish	～ish [＝make…にする→動]	v.発表する, 出版する
publisher [pʌ́bliʃər]		publ	isher	～er [＝person 人→名]	n.発表者, 発行者
republic [ripʌ́blik]	re	publ	ic	re＜L. res [＝thing もの, 物事].「人民のもの」	n.共和国, …界
republican [ripʌ́blikən]	re	publ	ican	～an [→形・名]	a.共和国の; n.共和党員
unpopular [ʌnpápjulər]	un	popul	ar	un [＝not]～ar [→形]	a.人気のない, 流行しない

port¹, porch [=harbor 港, gate 門]

porch [pɔːrtʃ]		porch		<ME. porche 柱廊玄関	n.玄関, 縁側
port [pɔːrt]		port			n.港, 門
portal [pɔ́ːrtəl]		port	al	~al [→名]	a.表玄関, 入口
porter [pɔ́ːrtər]		port	er	~er [=person 人→名]	n.ドアマン, 守衛
inopportune [inɑpərtjúːn]	inop	port	une	in [=not]+op [=to…の方へ]+portune.「港のそばにいない」→「不都合な」	a.折の悪い, 不適当な
opportunity [ɑpərtjúːniti]	op	port	unity	op [=to…の方へ]+portune [L.=port 港]+ity [=state 状態→名].「港のそばにいること」→「好都合」	n.機会, 好機
opportune [ɑpərtjúːn]	op	port	une	op[=to…の方へ]+portune[=L. port 港].「港のそばにいる」→「好都合な」	a.好時期の, 好適合の
passport [pǽspɔːrt]	pass	port		pass 通行証~.「港の出入り許可証」	n.旅券, パスポート

port² [=carry 運ぶ]

portable [pɔ́ːrtəbl]		port	able	~able[=possible…できる→形]	a.携帯用の; n.ポータブル
porter [pɔ́ːrtər]		port	er	~er [=person 人→名]	n.運搬人, ポーター
comport [kəmpɔ́ːrt]	com	port		com [=together 共に]~.「身を運ぶ」	v.調和する, 振る舞う
deport [dipɔ́ːrt]	de	port		de [=off, away 外に]~.「運び去る」	v.追放する, 運ぶ
disport [dispɔ́ːrt]	dis	port		dis[=apart 離れて]~.「仕事から離れる」→「仕事を止めて楽しむ」	v.遊び興ずる, 戯れる
export [ekspɔ́ːrt]	ex	port		ex[=out of 外に]~.「運び出す」	v.輸出する
exportation [ekspɔːrtéiʃən]	ex	port	ation	ex [=out of 外に]~ate [=make…にする→動]+ion[→名]	n.輸出
import [impɔ́ːrt]	im	port		im[=into 中に]~.「運び入れる」	v.輸入する
importance [impɔ́ːrtəns]	im	port	ance	im [=into 中に]~ance [=state 状態→名]	n.重要(性), 重み
important [impɔ́ːrtənt]	im	port	ant	im [=into 中に]~ant [→形].「運び入れるほどの」→「重要な」	a.重大な, 重要な
importation [impɔːrtéiʃən]	im	port	ation	im [=into 中に]~ate [=make…にする→動]+ion [→名]	n.輸入
purport [pə́ːrpɔːrt]	pur	port		pur<pro [=forth 前へ]~	n.趣旨, 意味
report [ripɔ́ːrt]	re	port		re [=back もとに]~.「もとのところへ運び帰る」	n.,v.報告(する), 報道(する)
reporter [ripɔ́ːrtər]	re	port	er	re[=back もとに]~er[=person 人→名]	n.報告[申告]者, 通信員
sport [spɔːrt]	s	port		disport の短縮形	n.運動, スポーツ; v.ふざける
sportsman [spɔ́ːrtsmən]	s	port	sman	~man 人	n.スポーツマン
support [səpɔ́ːrt]	sup	port		sup<sub [=under 下に]~.「下で支える」	v.支える, 維持する, 扶養する

pot², posses(s), poss, power

supportable [səpɔ́ːrtəbl]	sup	port	able	sup＜sub [＝under 下に] ～able [＝possible…できる→形]	a.支持できる，扶養できる
supporter [səpɔ́ːrtər]	sup	port	er	sup＜sub [＝under 下に] ～er [＝person 人→名]	n.支持者，サポーター
transport [trænspɔ́ːrt]	trans	port		trans [＝over, across 向こうに] ～.「向こう側に運ぶ」	v.輸送する
transportation [trænspɔːtéiʃən]	trans	port	ation	trans [＝over, across 向こうに] ～ate [＝make…にする→動]＋ion [→名]	n.輸送，運送

pot², posses(s), poss, power [＝able 有能な, powerful 力強い]

possess [pəzés]		possess		＜L. potis「力のある」＋L. sedere [＝sit 座る]．「主人として座る」	v.所有する，占有する
possessor [pəzésər]		possess	or	～or [＝person 人→名]	n.所有者，占有者
possession [pəzéʃən]		possess	ion	～ion [→名]	n.所有(物)
possessive [pəzésiv]		possess	ive	～ive [→形]	a.所有の
possible [pásəbl]		poss	ible	～ible [＝able…できる→形]	a.可能な，ありそうな
possibly [pásəbli]		poss	ibly	～ible [＝able…できる]＋ly [→副]	ad.あるいは，たぶん
possibility [pasəbíliti]		poss	ibility	～ible [＝able…できる]＋ity [＝state 状態→名]	n.可能性，実現性
potent [póutənt]		pot	ent	～ent [→形]．「力強い」	a.有力な，効能のある
power [páuər]		power		＜L. posse「力をもつ」	n.力，能力，権力
powerful [páuərfəl]		power	ful	～ful [＝full of…で満ちた→形]	a.強力な，有力な
powerless [páuərlis]		power	less	～less [＝without…のない→形]	a.無力な，頼りのない
dispossess [dispəzés]	dis	possess		dis [＝off, away 離れて] ～	v.取り上げる，奪う
dispossession [dispəzéʃən]	dis	possess	ion	dis [＝off, away 離れて] ～ion [→名]	n.追い立て，強奪
empower [impáuər]	em	power		em [＝into 中に] ～	v.…に権限を与える
impossibility [impasəbíliti]	im	poss	ibility	im [＝not] ～ible [＝able…できる→形]＋ity [＝state 状態→名]	n.不可能(性)
impossible [impásəbl]	im	poss	ible	im [＝not] ～ible [＝able…できる→形]	a.不可能な，ありえない
impossibly [impásəbli]	im	poss	ibly	im [＝not] ～ible [＝able…できる→形]＋ly [→副]	ad.ありそうにもなく
impotence [ímpətəns]	im	pot	ence	im [＝not] ～ence [＝state 状態→名]	a.無気力，無力
impotent [ímpətənt]	im	pot	ent	im [＝not] ～ent [→形]	a.無力の
omnipotence [amnípətəns]	omni	pot	ence	omni [＝all すべて] ～ence [→名]	n.全能
omnipotent [amnípətənt]	omni	pot	ent	omni [＝all すべて] ～ent [→形]．「あらゆる力のある」	a.全能の

preci, praise, price, prize [=value 価値, price 値段]

praise [preiz]	praise		<L. pretium「価値」	n.賞賛, 賛美; v.誉める, 賛美する
precious [préʃəs]	preci	ous	~ous [=full of…で満ちた→形]	a.高価な, 大事な, 愛しい
price [prais]	price		<MF. pris「値段」	n.価格, 値段, 代償, 賞品
priceless [práislis]	price	less	~less [=without…のない→形]	a.金では買えない
prize [praiz]	prize		<MF. pris. 現行綴りは prize「捕獲」の影響を受けた. 16世紀から	n.賞, 景品, 目的物
appreciate [əpríːʃieit]	ap	preci	ate	ap<ad [=to…へ] ~ate [=make…にする→動]	v.真価を認める, 鑑賞する
appreciation [əpriːʃiéiʃən]	ap	preci	ation	ap<ad [=to…へ] ~ate [=make…にする→動]+ion [→名]	n.正しい判断, 鑑賞, 感謝
depreciate [dipríːʃieit]	de	preci	ate	de [=down 下に] ~ate [=make…にする→動]. lower the price「価格を減ずる」	v.下げる, 価格を下げる, けなす
depreciation [dipriːʃiéiʃən]	de	preci	ation	de [=down 下に] ~ate [=make…にする→動]+ion [→名]	n.減価, 下落, 軽視

prehend, prey, pris², prehens, prent [=hold 保つ, seize とらえる]

prey [prei]	prey		もとはラテン語 praeda「戦利品」	n.餌食, 犠牲, 戦利品
prison [prízn]	pris	on	<L. prehensio「つかむこと」	n.刑務所, 幽閉
prisoner [prízənər]	pris	oner	~er [=person 人→名]	n.囚人, とりこ
apprehend [æprihénd]	ap	prehend		ap<ad [=to…へ] ~.「前につかむ」	v.気遣う, 捕らえる
apprehension [æprihénʃən]	ap	prehens	ion	ap<ad [=to…へ] ~ion [→名]	n.気遣い, 不安, 逮捕, 理解
apprehensive [æprihénsiv]	ap	prehens	ive	ap<ad [=to…へ] ~ive [→形]	a.気遣う, 心配する
apprentice [əpréntis]	ap	prent	ice	<OF.[=learn 習う]. 原義は「つかんだ[学んだ]人」	n.徒弟, 見習い, 初心者
apprenticeship [əpréntisʃip]	ap	prent	iceship	~ship [=office→名]	n.従弟の身分, 年季奉公
comprehend [kamprihénd]	com	prehend		com [=together 共に] ~.「共につかむ」	v.理解する, 包含する
comprehension [kamprihénʃən]	com	prehens	ion	com [=together 共に] ~ion [→名]	n.理解, 包含
comprehensive [kamprihénsiv]	com	prehens	ive	com [=together 共に] ~ive [→形]	a.包含的な, 範囲の広い, 理解力のある
comprise [kəmpráiz]	com	pris	e	com[=together 共に] ~	v.含む, …から成っている
enterprise [éntərpraiz]	enter	pris	e	enter[=between 間に]~.「間で心がつかまること」	n.企て, 事業, 冒険心
enterprising [éntərpraiziŋ]	enter	pris	ing	enter [=between 間に] ~ing [→形]	a.進取的な, 冒険心のある

imprison [imprízn]	im	pris	on	im [=into 中に] ~. 「つかんで中に入れる」	v.刑務所に入れる, 監禁する
imprisonment [imprízənmənt]	im	pris	onment	im [=into 中に] ~ment [→名]	n.投獄, 監禁, 拘束
reprehend [rèprihénd]	re	prehend		re [=back もとに] ~. 「捕らえて引き戻す」	v.非難する
reprehension [rèprihénʃən]	re	prehens	ion	re [=back もとに] ~ion [→名]	n.非難
surprise [sərpráiz]	sur	pris	e	sur [=upon 上に] ~. 「上から捕らえる」→「急襲する」	v.驚かす, 不意に襲う
surprisal [sərpráizəl]	sur	pris	al	sur [=upon 上に] ~al [→名]	n.驚き, 不意打ち
surprising [sərpráiziŋ]	sur	pris	ing	sur [=upon 上に] ~ing [→形]	a.驚くべき, 意外な

prem, prim, prin, pr [=first 第一番目の]

premier [primíər]	prem	ier		~er [=person 人→名]	n.総理大臣, (米)国務長官
primary [práiməri]	prim	ary		~ary [→形]	a.第一の, 最初の, 主要な, 初歩の
primarily [práimərili]	prim	arily		~ari<ary [→形]+ly [→副]	ad.第一に, 最初に, 主として
prime [praim]	prim	e			a.最初の, 第一の, 首位の, 最上の
primer [prímər]	prim	er		~er [=thing もの→名]	n.手引書, 初歩, 入門書
primeval [praimí:vəl]	prim	eval		~eval<L. aevum [=age 時代]	a.初期の, 太古の
primitive [prímitiv]	prim	itive		~ive [→形]. 「その種の最初」	a.原始の, 原始的な, 素朴な
primrose [prímrouz]	prim	rose		<L. prima rosa [=first rose 一番目のバラ]	n.サクラソウ, 薄黄色
prince [prins]	prin	ce		<OF.<L. prínceps (primus=first+capere 取る.) 「第一人者となること」	n.王子, 君主
princely [prínsli]	prin	cely		~ly [→形]	a.君主らしい, 気高い, 王子の
princess [prínsis]	prin	cess		~ess [=female 女性→名]	n.王女, 王妃
principal [prínsəpəl]	prin	cipal		~cip<capere 取る+al [→形]	a.主な, 主要な; n.校長
principally [prínsəpəli]	prin	cipally		~ly [→副]	ad.主として, 主に
principle [prínsəpl]	prin	ciple		<L. principium [=beginning 初め]+le [→名]	n.原理, 原則, 主義, 本質
prior [práiər]	pr	ior		<L. prior [=former 以前の]. -ior はラテン語の比較級語尾	a.先の, 前の, より重要な
priority [praiáriti]	pr	iority		~ity [=state 状態→名]	n.先であること, 優先(権)

press [=press 押す]

press [pres]		press			v.圧する, 押す, 絞る, 強いる, 攻め立てる
pressing [présiŋ]		press	ing	~ing [→形]	a.差し迫った, 切実な
pressure [préʃər]		press	ure	~ure [=action 行為, state 状態→名]	n.圧縮, 圧力, 圧迫, 緊急

単語	分解	語源説明	意味
compress [kəmprés]	com|press	com [=together 共に] ~. 「すべて押す」	v.圧縮する，短縮する，要約する
compression [kəmpréʃən]	com|press|ion	com [=together 共に] ~ion [→名]	n.圧縮，縮小，簡潔
depress [diprés]	de|press	de [=down 下に] ~. 「下へ押す」	v.押し下げる，憂鬱にする，下落させる
depression [dipréʃən]	de|press|ion	de [=down 下に] ~ion [→名]	n.低下，下落，くぼみ，不況
depressing [diprésiŋ]	de|press|ing	de [=down 下に] ~ing [→形]	a.抑えつける，陰気な
express [iksprés]	ex|press	ex [=out of 外に] ~. 「はっきりと押された」→「明示された」	v.表す，言い表す，速達で送る
expression [ikspréʃən]	ex|press|ion	ex [=out of 外に] ~ion [→名]	n.表現，辞句，表情
expressive [iksprésiv]	ex|press|ive	ex [=out of 外に] ~ive [→形]	a. …を表現する，意味のある
impress [imprés]	im|press	im [=on 上に] ~. 「上に押された」	v.印象づける，押す，印をつける
impression [impréʃən]	im|press|ion	im [=on 上に] ~ion [→名]	n.印象，感動，感じ，結果
impressive [imprésiv]	im|press|ive	im [=on 上に] ~ive [→形]	a.印象的な，感動に残る
oppress [əprés]	op|press	op [=upon 上に] ~. 「上から押す」の意	v.圧迫する，虐待する，ふさぎこませる
oppression [əpréʃən]	op|press|ion	op [=upon 上に] ~ion [→名]	n.圧迫，圧制，苦悩
oppressive [əprésiv]	op|press|ive	op [=upon 上に] ~ive [→形]	a.圧制的な，重苦しい
repress [riprés]	re|press	re [=back もとに] ~. 「後ろへ押す」→「騒ぎを抑える」	v.抑える，制止する，鎮圧する

priv [=single 単一の，alone 単独の，take off 取り去る]

単語	分解	語源説明	意味
privacy [práivəsi]	priv|acy	~cy [=state 状態→名]	n.隠退(所)，プライバシー，秘密
private [práivit]	priv|ate	~ate [→形]．「前に立つ」が原義	a.私の，秘密の，私有の，平民の
privately [práivitli]	priv|ately	~ate [→形]＋ly [→副]	ad.ひそかに，一個人として
privilege [prívilidʒ]	priv|ilege	~lege [=law 法]．private law「個人のための法律」	n.特権，特典
privileged [prívilidʒd]	priv|ileged	~lege [=law 法]＋ed [→形]	a.特権のある，特典のある
privy [prívi]	priv|y	~y [→形]	a.内々関知する，隠れた
deprive [dipráiv]	de|priv|e	de [=off, away 離れた] ~.＝take off 取り去る	v.奪う，職を奪う
deprivation [deprivéiʃən]	de|priv|ation	de [=off, away 離れた] ~ate [=make…にする→動]＋ion [→名]	n.剝奪，免職，喪失

proach, proxim [=near 近く]

単語	分解	語源説明	意味
approach [əpróutʃ]	ap|proach	ap＜ad [=to …へ] ~	v.近づく，話を持ちかける，取りかかる
approximate v.[əpráksimeit] a.[əpráksimit]	ap|proxim|ate	ap＜ad [=to …へ] ~ate [=make …にする→動,形]．proxim＜L. proximus もっとも近い．「もっとも接近させる」	v. …に近づく，近似する a.およその，近似の

単語	分解			語源説明	意味
approximately [əpráksimitli]	ap	proxim	ately	ap＜ad［＝to…へ］～ate［→形］+ly［→副］	ad.おおよそ、ほぼ
reproach [ripróutʃ]	re	proach		re［＝back もとに］～.「もっとも近くに戻す」→「…のせいにする」	n.叱責、非難、名折れ；v.叱る、非難する
reproachful [ripróutʃfəl]	re	proach	ful	re［＝back もとに］～ful［＝full of…で満ちた→形］	a.叱る、責めるような
reproachless [ripróutʃlis]	re	proach	less	re［＝back もとに］～less［＝without…のない→形］	a.非難の余地のない

prob, proof, prov［＝prove 証明する, good 良い］

単語	分解			語源説明	意味
probability [prɑbəbíliti]		prob	ability	～abil［＝possible…できる→形］+ity［＝state 状態→名］	n.ありそうなこと、見込み、公算
probable [prάbəbl]		prob	able	～able［＝possible…できる→形］.「良いと証明可能な」	a.ありそうな、事実らしい
probably [prάbəbli]		prob	ably	～able［＝possible…できる→形］+ly［→副］	ad.たぶん、おそらく
probate [próubeit]		prob	ate	～ate［＝make…にする→動］	v.検認する
proof [pru:f]		proof		proveの名詞形	n.証拠、証明、試験
prove [pru:v]		prov	e	＜OF. prover＜L. probāre「調べる」	v.証明する、試験する、～だと判明する
approbate [ǽproubeit]	ap	prob	ate	ap＜ad［＝to…へ］～ate［＝make…にする→動］.「善と見なす」	v.認可する、是認する
approbation [ǽprəbéiʃən]	ap	prob	ation	ap＜ad［＝to…へ］～ate［＝make…にする→動］+ion［→名］	n.認可、是認
approve [əprú:v]	ap	prov	e	ap＜ad［＝to…へ］～	v.是認する、承認する、賛成する
approval [əprú:vəl]	ap	prov	al	ap＜ad［＝to…へ］～al［→名］	n.是認、賛成、許可
disprove [disprú:v]	dis	prov	e	dis［＝not］～.「正しくないと実証する」	v.反証をあげる、論ばくする
disproof [disprú:f]	dis	proof		dis［＝not］～	n.反証、反ばく
improve [imprú:v]	im	prov	e	im［＝in 中に］～.「利益を生じさせる」	v.改良する、利用する、進歩する
improvement [imprú:vmənt]	im	prov	ement	im［＝in 中に］～ment［→名］	n.改良、改善、進歩、活用
reprieve [riprí:v]	re	priev	e	re［＝again 再び］～.＜ME. repreve（reproveの変形）.「調査し直す」	v.刑執行を猶予する；n.刑執行の猶予
reprobate [réproubeit]	re	prob	ate	re［＝against 反対に］～ate［＝make…にする→動］.「反証する」	v.とがめる、非難する、見捨てる
reprobation [reproubéiʃən]	re	prob	ation	re［＝against 反対に］～ate［＝make…にする→動］+ion［→名］	n.非難、叱責、排斥
reproof [riprú:f]	re	proof		re［＝against 反対に］～	n.非難、叱責、とがめ
reprove [riprú:v]	re	prov	e	re［＝against 反対に］～	v.叱る、非難する

propri, proper［＝one's own 自分自身の, particular 個別の］

単語	分解	語源説明	意味
proper [prάpər]	proper	＜L. proprius「自分自身の」	a.適当な、正しい、礼儀正しい

見出し語	接頭	語幹	接尾	語源説明	意味
properly [prάpərli]		proper	ly	～ly [→副]	ad.適当に, 当然, 正しく, 礼儀正しく
property [prάpərti]		proper	ty	～ty [＝state 状態→名].「自分自身の所有」	n.財産, 所有物, 固有性
appropriate v.[əpróuprieit] a.[əpróupriit]	ap	propri	ate	ap＜ad [＝to…へ] ～ate [＝make…にする→動].「自分のものとする」	v.充当する, 専用にする, 着服する; a.適切な
appropriation [əprouprieiʃən]	ap	propri	ation	ap＜ad[＝to…へ] ～ate[＝make…にする→動]＋ion[＝state 状態→名]	n.専用にすること, 着服, 充当
improper [imprάpər]	im	proper		im [＝not] ～	a.誤った, 不適当な, みだらな
impropriety [imprəpráiəti]	im	propri	ety	im[＝not] ～ty[＝state 状態→名]	n.誤り, 不適当, 不品行

psycho [＝mind 心]

見出し語	接頭	語幹	接尾	語源説明	意味
psychology [saikάlədʒi]		psycho	logy	～logy [＝study 学問→名].「心理の学問」	n.心理学, 心理
psychologist [saikάlədʒist]		psycho	logist	～logy [＝study 学問]＋ist [person 人→名]	n.心理学者
psychological [saikəlάdʒikəl]		psycho	logical	～logy [＝study 学問]＋al [→形]	a.心理学の, 精神的な
psychopathy [saikάpəθi]		psycho	pathy	～pathy [＝suffering 苦しみ]	n.精神病

pup [＝child 子供]

pup [pʌp]		pup			n.犬の子
pupil [pjú:pil]		pup	il	～il [＝small 小さい→指小辞]	n.弟子, 生徒, 瞳
puppet [pʌ́pit]		pup	pet	～et [＝small 小さい→指小辞]．＜L. pupa＝girl 少女, doll 人形	n.操り人形, 手先
puppy [pʌ́pi]		pup	py	～y [→名]．pupil と同語源	n.犬の子, 犬ころ

pur, pour [＝pure 純粋, pour 注ぐ]

pour [pɔ:r]		pour		中英語より．原義は「清める」	v.つぐ, 注ぐ, 流す, 殺到する
pure [pjuər]		pur	e		a.清い, 純粋な, 上品な, まったくな
purely [pjúərli]		pur	ely	～ly [→副]	ad.純粋に, まったく, 単に
purge [pə:rdʒ]		pur	ge	＜ME. purgen＜OF. purger＜L. purgāre [＝cleanse 清める, purify 純化する]	v.清める, 除去する, 粛正する
purify [pjúərifai]		pur	ify	～ify [＝make…にする→動]	v.清める, 浄化する, 除く
purification [pjuərifikéiʃən]		pur	ification	～fic [＝make…にする]＋ation [→名]	n.清めること, 洗浄
purity [pjúəriti]		pur	ity	～ity [＝state 状態→名]	n.清浄, 潔白, 純粋
Puritan [pjúəritən]		Pur	itan	～an [＝person 人→名]．16～17世紀に英国で起こったプロテスタントの一派の信者	n.清教徒

Puritanism [pjúəritənizəm]	Pur	itanism		～ism［＝doctrine 教義→名］	n.清教，清教主義
impure [impjúər]	im	pur	e	im［＝not］～	a.汚い，不純な，けがれた
impurity [impjúəriti]	im	pur	ity	im［＝not］～ity［→名］	n.不純,不潔,まざり物

put［＝think 考える，reckon 数える］

compute [kəmpjúːt]	com	put	e	com［＝together 共に］～．「全体的に考える」→「計算する」	v.計算する,評価する
computer [kəmpjúːtər]	com	put	er	com［＝together 共に］～er［＝person 人，instrument 道具→名］	n.計算者，計算器，コンピューター
dispute [dispjúːt]	dis	put	e	dis［＝apart 離れて］～．think apart「考えを異にする」	v.議論する，反論する
impute [impjúːt]	im	put	e	im［＝on 上に］～．「数えて帰する」	v.帰する，負わす
repute [ripjúːt]	re	put	e	re［＝again 再び］～．「再び考える」	n.評判，名声
reputation [repjutéiʃən]	re	put	ation	re［＝again 再び］～ate［＝make …にする→動］＋ion［→名］	n.評判，名声，信望

Q, R

quaint [=know 知る]

quaint [kweint]	quaint		「知られた」	a.風変わりでおもしろい, おかしな
acquaint [əkwéint]	ac	quaint		ac<ad [=to…へ] ~	v.実地に知らせる, 報知する
acquaintance [əkwéintəns]	ac	quaint	ance	ac<ad [=to…へ] ~ance [=state 状態→名]	n.面識, 知人, 知識

quer, quest, quir, quis [=ask 尋ねる, seek 探す]

query [kwíəri]		quer	y	~y [→名]	n.質問, 疑問; v.問う, 聞き出す
quest [kwest]		quest			n.探索, 探求; v.探す
question [kwéstʃən]		quest	ion	~ion [→名]	n.質問, 疑問, 問題
acquire [əkwáiər]	ac	quir	e	ac<ad [=to…へ] ~. 「求めて得る」	v.得る, 習得する
acquisition [ækwizíʃən]	ac	quis	ition	ac<ad [=to…へ] ~ion [→名]	n.取得, 習得
acquisitive [əkwízitiv]	ac	quis	itive	ac<ad [=to…へ] ~ive [→形]	a.得たがる, 欲の深い
conquer [káŋkər]	con	quer		con [=強意] ~. 「完全に求める」	v.征服する, 勝利を得る
conquest [káŋkwest]	con	quest		con [=強意] ~	n.征服, 克服
conqueror [káŋkərər]	con	quer	or	con [=強意] ~or [=person 人→名]	n.征服者, 勝利者
exquisite [ékskwizit]	ex	quis	ite	ex [=out of 外に] ~. 「探し求められた」→「絶妙な」	a.優美な, 精巧な, 鋭敏な
inquire [inkwáiər]	in	quir	e	in [=into 中に] ~. 「求めて入る」	v.尋ねる, 問い合わせる
inquiry [inkwáiəri]	in	quir	y	in [=into 中に] ~y [→名]	n.質問, 照会, 探究, 調査
inquisition [inkwizíʃən]	in	quis	ition	in [=into 中に] ~tion [→名]	n.調査, 探究, 尋問
inquisitive [inkwízitiv]	in	quis	itive	in [=into 中に] ~tive [→形]	a.聞きたがる, 知りたがる
perquisite [pə́ːrkwizit]	per	quis	ite	per [=completely 完全に] ~. 「求めて完全に得たもの」	n.臨時の報酬, 役得
request [rikwést]	re	quest		re [=again 再び] ~. 「再び求める」	n.願い, 頼み, 要求; v.頼む, 要求する
require [rikwáiər]	re	quir	e	re [=again 再び] ~	v.要する, 必要とする, 請求する
requirement [rikwáiərmənt]	re	quir	ement	re [=again 再び] ~ment [→名]	n.要求, 必要(品), 資格
requisite [rékwizit]	re	quis	ite	re [=again 再び] ~	a.必要な; n.必要物, 要素

quit, quiet, quil [=release 放つ, discharge 放出する]

語	分解1	分解2	分解3	語源説明	意味
quiet [kwáiət]		quiet		L. *quiēscere*「休む，黙る」	*a.*静かな，動かない，落ち着いた
quietly [kwáiətli]		quiet	ly	〜ly [→副]	*ad.*静かに，落ち着いて
quietude [kwáiitjuːd]		quiet	ude	〜ude [=state 状態→名]	*n.*静かさ，平安，平静
quit [kwit]		quit			*v.*やめる，辞職する，去る
acquit [əkwít]	ac	quit		ac＜ad [=to…へ] 〜.「解放する」	*v.*無罪にする，放免する，弁済する
acquittal [əkwítl]	ac	quit	tal	ac＜ad [=to…へ] 〜al [→名]	*n.*釈放，無罪，弁済，履行
tranquil [trǽŋkwil]	tran	quil		＜F. *tranquille*「平穏な」．tran＜trans [=beyond 越えて]+quil＜L. *quiēs*「休養」	*a.*静かな，落ち着いた，安らかな
tranquility [træŋkwíliti]	tran	quil	ity	tran＜trans [=beyond 越えて] 〜ity [=state 状態→名]	*n.*平静，平安，落ち着き

rad, ras(c), raz [=scrape こする，削る]

語	分解1	分解2	分解3	語源説明	意味
rascal [rǽskəl]	rasc	al		〜al [→名]．＜OF. *rascaille*「くず」＜L. *radere*「削る」	*n.*悪漢，ごろつき
raze, rase [reiz]	raz ras	e e		＜ME. *raser*「こする」	*v.*消す，破壊する
razor [réizər]	raz	or		〜or [=instrument 道具→名]	*n.*かみそり
abrade [əbréid]	ab	rad	e	ab [=off, away 離れて] 〜	*v.*すり減らす，すりむく
erase [iréis]	e	ras	e	e＜ex [=out of 外に] 〜	*v.*消しとる，抹殺する，除去する
eraser [iréisər]	e	ras	er	e＜ex [=out of 外に] 〜er [=person 人, instrument 道具→名]	*n.*消しとる人，消しゴム，黒板拭き

radi¹ [=root 根]

語	分解1	分解2	分解3	語源説明	意味
radical [rǽdikəl]		radi	cal	〜cal [→形]．「根からの」	*a.*根本的な，徹底的な，急進的な；*n.*急進論者，語根，《数学》根号
radicle [rǽdikl]		radi	cle	〜cle [=small 小さい→指小辞．「小さな根」]	*n.*小根
radish [rǽdiʃ]		radi	sh	＜L. *radix*「根」	*n.*ダイコン
radix [réidiks]		radi	x		*n.*根源
eradicate [irǽdikeit]	e	radi	cate	e＜ex [=out of 外に] 〜ate [=make…にする→動]．「根から引き抜く」	*v.*根こそぎにする，根絶する
eradication [irædikéiʃən]	e	radi	cation	e＜ex [=out of 外に] 〜ate [=make…にする→動]+ion [→名]	*n.*根絶，撲滅

radi², radi(o), ray [=ray 光線, shine 輝く]

語	分解1	分解2	分解3	語源説明	意味
radiant [réidiənt]		radi	ant	〜ant [→形]．「輝いている」	*a.*光を発する，放射の，輝く

rang, rank

radiate [réidieit]	radi	ate	〜ate [＝make…にする→動]	v.(光・熱などを)放射する, 輝く
radiation [reidiéiʃən]	radi	ation	〜ate [＝make…にする→動]＋ion [→名]	n.放射, 放射線, 発散, 発光
radiator [réidieitər]	radi	ator	〜or [＝thing もの→名]	n.放射体, 発光体, ラジエーター
radioactive [reidioæktiv]	radio	active	〜active 活性の, 放射性の	a.放射性の, 放射能のある
radium [réidiəm]	radi	um	＜L. radius [＝ray 光線]	n.ラジウム
radius [réidiəs]	radi	us	「中心より光線の届く範囲」	n.半径, 活動範囲
ray [rei]	ray		＜L. radius「光線・半径」	n.光線, ひらめき, 放射線
rayon [réiɑn]	ray	on	「繊維に光沢のあることに由来」. ＜F. raie [＝ray 光線] の指小辞	n.レーヨン
irradiate [iréidieit]	ir	radi	ate	ir＜in [＝on 上に] 〜. 「光を上に投げかける」	v.照らす, 輝く

rang, rank [＝rank 階級, row 列]

range [réindʒ]		rang	e		v.並べる, くみする, うろつく
ranger [réindʒər]		rang	er	〜er [＝person 人→名]	n.放浪者, レーンジャー
rank [ræŋk]		rank		＜F. rang＜OF. ranc「列, 並び」	n.列, 階級, 身分
ranking [ræŋkiŋ]		rank	ing	〜ing [→名・形]	n.等級づけ, 格づけ；a.上級の
arrange [əréindʒ]	ar	rang	e	ar＜ad [＝to…へ] 〜. 「ある状態へ並べ替える」	v.整える, 配列する, 取り決める, 脚色する
arrangement [əréindʒmənt]	ar	rang	ement	ar＜ad [＝to…へ] 〜ment [→名]	n.整理, 配列, 準備, 協定, 編曲
derange [diréindʒ]	de	rang	e	de [＝out of 外に] 〜. 「列から離す」	v.かき乱す, 発狂する
derangement [diréindʒmənt]	de	rang	ement	de [＝out of 外に] 〜ment [→名]	n.かく乱, 発狂

rap(t) [＝seize つかむ, snatch ひったくる]

rape [reip]		rap	e	「ひったくる」	n.,v.強奪(する), 強姦(する)
rapacious [rəpéiʃəs]		rap	acious	〜ous [＝full of…で満ちた→形]	a.強欲な
rapid [ræpid]		rap	id	〜id [→形]. 「ひったくり去る」→「急激な」	a.急速な
rapidity [rəpíditi]		rap	idity	〜ity [＝state 状態→名]	n.急速
rapt [ræpt]		rapt		「心をひったくられた」	a.心を奪われた, 夢中な, うっとりした
rapture [ræptʃər]		rapt	ure	〜ure [＝state 状態→名]	n.有頂天, 狂喜
enrapture [inræptʃər]	en	rapt	ure	en [＝make…にする→動] 〜ure [＝state 状態→名]	v.有頂天にする, うっとりさせる

rav [＝seize つかむ]

ravage [rǽvidʒ]	rav	age	＜F. *ravager* [＝carry off by force ひったくり去る]	*n.,v.*破壊（する）
ravish [rǽviʃ]	rav	ish	～ish [＝make…にする→動]．「ひったくる」	*v.*強奪する，有頂天にさせる

re [＝thing 物]

real [ríːl]	re	al	～al [→形]．「物の，事実の」	*a.*真実の，真の，現実の，実在の
realism [ríːəlizm]	re	alism	～al [→形]＋ism [＝thought 教義→名]	*n.*現実主義，リアリズム
realist [ríːəlist]	re	alist	～al [→形]＋ist [＝person 人→名]	*n.*現実主義者，リアリスト
realize [ríːəlaiz]	re	alize	～al [→形]＋ize [＝make…にする→動]	*v.*悟る，理解する，得る
realization [riːəlaizéiʃən]	re	alization	～al [→形]＋ize [＝make…にする→動]＋ion [→名]	*n.*悟ること，実現，もうけること
really [ríːəli]	re	ally	～al [→形]＋ly [→副]	*ad.*実際に，本当に
republic [ripʌ́blik]	re	public	～public 民衆の	*n.*共和国，…社会，…界

rect [＝straight まっすぐの，right 正しい，guide 導く]

rectangle [réktæŋgl]	rect	angle	～angle 角．「正しい角」	*n.*長方形
rectangular [réktæŋgjulər]	rect	angular	～angle [＝角]＋ar [→形]	*a.*長方形の，直角の
rectitude [réktitjuːd]	rect	itude	～tude [＝nature 性質→名]	*n.*正直，実直，正しさ
rector [réktər]	rect	or	～or [＝person 人→名]．「支配者」	*n.*教区牧師，校長，学長，院長
correct [kərékt]	cor	rect	cor [＝perfectly 申し分なく]～	*a.*正しい，正確な，礼儀にかなった *v.*訂正する
correctly [kəréktli]	cor	rect ly	cor [＝perfectly 申し分なく]～ly [→副]	*ad.*正しく，正確に
correction [kərékʃən]	cor	rect ion	cor [＝perfectly 申し分なく]～ion [→名]	*n.*改正，正すこと，正誤
direct [dirékt/dairékt]	di	rect	di＜dis [＝apart 離れて]～．「まっすぐに向ける」	*v.*指導する，命令する；*a.*まっすぐの，直接の
direction [dirékʃən/dairékʃən]	di	rect ion	di＜dis [＝apart 離れて]～ion [→名]	*n.*指導，管理，命令
directly [diréktli/dairéktli]	di	rect ly	di＜dis [＝apart 離れて]～ly [→副]	*ad.*まっすぐに，直接に
director [diréktər/dairéktər]	di	rect or	i＜dis [＝apart 離れて]～or [＝person 人→名]	*n.*指導者，指揮者，ディレクター
erect [irékt]	e	rect	e＜ex [＝out of 外に]～．「立てられた」	*a.*直立の，まっすぐの；*v.*立てる，直立させる
incorrect [inkərékt]	incor	rect	in [＝not]＋cor [＝perfectly 申し分なく]～	*a.*不正確な，適当でない
indirect [indirékt/indairékt]	indi	rect	in [＝not]＋di＜dis [＝apart 離れて]～	*a.*間接の，二次的な

re(g), roy [=king 王]

regal [ríːgəl]	reg	al	～al [→形]	a.国王の, 国王にふさわしい, 堂々たる
realm [relm]	re	alm	<L. regalis「王の」+ men「王国」	n.王国, 国土, 領土, 範囲
regicide [rédʒisaid]	reg	icide	～cide [=kill 殺す].「王を殺す」	n.大逆
royal [rɔ́iəl]	roy	al	～al [→形]	a.国王の, 王の, 女王の, 王立の, 高貴な, 素晴らしい
royalty [rɔ́iəlti]	roy	alty	～al [→形]+ty [→名]	n.王[女王]であること, 王権, 著作権使用料, 印税
corduroy [kɔ́ːrdjurɔi]	cordu	roy	<F. corde du roi [=king's cord 王様の太いひも]	n.コールテン (の服・ズボン); a.コールテン製の

reg(ul), reign [=rule 規則, 統治[支配], guide 導く]

regent [ríːdʒənt]	reg	ent	～ent [→形, 名].「支配している(者)」	n.,a.摂政(の)
regime [reiʒíːm]	reg	ime		n.統治, 政体, 制度
regiment [rédʒimənt]	reg	iment	～ment [→名]	n.連隊, 大群
region [ríːdʒən]	reg	ion	～ion [→名].「統治する地域」	n.地方, 地域, 範囲
regional [ríːdʒənəl]	reg	ional	～al [→形]	a.地方の, 地域的な
regular [régjulər]	regul	ar	～ar [→形].「物差しの」	a.整然とした, 規則正しい
regularity [regjulǽriti]	regul	arity	～ar [→形]+ity [=state 状態→名]	n.規則正しいこと, 調和
regularly [régjulərli]	regul	arly	～ar [→形]+ly [→副]	ad.規則正しく, 本式に, 定期的に
regulate [régjuleit]	regul	ate	～ate [=make…にする→動]	v.規則立てる, 統制する
reign [rein]	reign		<L. regnum [支配すること]	n.,v.統治(する)
irregular [irégjulər]	ir	regul ar	ir [=not] ～ar [→形]	a.不規則な, 異常な

rid, ris [=laughter 笑い]

ridicule [rídikjuːl]	rid	icule	～cule [→指小辞].「ちょっとした笑い」	n.あざけり, あざ笑い
ridiculous [ridíkjuləs]	rid	iculous	～cule [→指小辞]+ous [=full of…で満ちた→形]	a.おかしい, ばかげた
risible [rízibl]	ris	ible	～ible [=able…できる→形]	a.笑いうる, 笑い性の
deride [diráid]	de	ride	de [=強意] ～	v.あざける, あざ笑う
derision [diríʒən]	de	rision	de [=強意] ～ion [→名]	n.嘲笑, 笑い者

riv, ripp [=river 川, bank 堤, stream 小川, flow 流れ]

ripple [rípl]	ripp	le	re [=riv 川]+le [=small 小さい→指小辞]	n.さざ波, 波紋, ウェーブ
rival [ráivəl]	riv	al	～al [→名].「同じ川の両岸に住む人」	n.競争者, 敵手, 好敵手
rivalry [ráivəlri]	riv	alry	～ry [=state 状態→名].「水利権をめぐる争いが多くあったこと」	n.競争, 対抗, 張り合い

river [rívər]		riv	er	「川によって切り取られたもの」が原義	n.川, 河, 多量の流れ
rivulet [rívjulit]		riv	ulet	〜let [=small 小さい→指小辞]	n.小川
arrive [əráiv]	ar	riv	e	ar<ad [=to…へ] 〜.「岸に着く」	v.到着する, 到来する
arrival [əráivəl]	ar	riv	al	ar<ad [=to…へ] 〜al [→名]	n.到着, 出現, 到着物
derive [diráiv]	de	riv	e	de [=from] 〜. draw off water「川から水をひく」	a.(源から)引き出す, 起源を尋ねる
derivation [dèrivéiʃən]	de	riv	ation	de [=from…から] 〜ate [=make…にする→動]+ion [→名]	n.誘導, 由来, 起源, 派生
derivative [dirívətiv]	de	riv	ative	de [=from…から] 〜ate [=make…にする→動]+ive [→形]	a.由来する, 派生的な

rob [=strength 力]

robust [rəbʌ́st]		rob	ust	<L. *robustus*「オークの」.「オークの木のように強い」	a.丈夫な, 健全な
corroborate [kərábəreit]	cor	rob	orate	cor [=強意] 〜ate [=make…にする→動].「強くする」	v.強くする, 確証する

rog [=ask 聞く, beg 請う]

arrogance [ǽrəgəns]	ar	rog	ance	ar<ad [=to…へ] 〜ance [=state 状態→名]. 原義は「自分のものだと要求する」	n.尊大, 横柄
arrogant [ǽrəgənt]	ar	rog	ant	ar<ad [=to…へ] 〜ant [→形].「しつこく求める」	a.尊大な, 傲慢な
interrogate [intérougeit]	inter	rog	ate	inter [=between 間に] 〜ate [=make…にする→動].「間で問われた」	v.質問する, 取り調べる
interrogation [intèrougéiʃən]	inter	rog	ation	inter [=between 間に] 〜ate [=make…にする→動]+ion [→名]	n.質問, 疑問
interrogative [intərágətiv]	inter	rog	ative	inter [=between 間に] 〜ate [=make…にする→動]+ive [→形]	a.疑問の, 質問の

rol(l), rot [=wheel 輪]

roll [roul]		roll			n.,v.回転(する), 起伏(する)
roller [róulər]		roll	er	〜er [=thing 物, instrument 道具→名]	n. ローラー, 輪, 大うねり
rotate [róuteit]		rot	ate	〜ate [=make…にする→動]	v.回転する, 交替する
control [kəntróul]	cont		rol	cont<contra [=against 反対に] 〜.「まわるものに抗する」	n.,v.支配(する), 制御(する)

rud, red(d), rub, russ, rust[1] [=red 赤]

red [red]		red			a.赤い
redden [rédn]		redd	en	〜en [=make…にする→動]	v.赤くする, 赤面させる
redbreast [rédbrest]		red	breast	〜brest 胸部. 胸部が赤いことから	n.コマドリ
ruby [rúːbi]		rub	y	<OF. *rubi*<L. *rubeus* [=red]. その色の深紅色から	n.ルビー, ルビー色
ruddy [rʌ́di]		rud	dy	〜y [→形]	a.赤い, 血色のよい

russet [rʌ́sit]	russ|et	russ<OF. *ros, rous* [=red]. ~et [=small 小さい→指小辞]		a.朽ち葉色の，あずき色の
rust [rʌst]	rust	<OE. rūst [=red]. red と同系		n.鉄さび，さび
rusty [rʌ́sti]	rust|y	~y [→形]		a.さびた，さび色の

rupt, rout [=break 破る]

route [ruːt]	rout|e	<L. *rupta (via)* [=broken path 切り開かれた道]		n.路，ルート，…号線，航路
rupture [rʌ́ptʃər]	rupt|ure	~ure [=action 行為, condition 状態→名]		n.破裂，決裂，不和
abrrupt [əbrʌ́pt]	ab|rupt	ab [=off, away 離れて] ~.「突然に破れる」		a.突然の，無作法な，急な
abruptly [əbrʌ́ptli]	ab|rupt|ly	ab [=off, away 離れて] ~ly [→副]		ad.突然に，ぶっきらぼうに
bankrupt [bǽŋkrəpt]	bank|rupt	bank 銀行~. <It. *banca*「机」→「両替屋の机」		n.破産者；a.破産した
bankruptcy [bǽŋkrəptsi]	bank|rupt|cy	bank 銀行~cy [=state 状態→名]		n.破産，破綻
corrupt [kərʌ́pt]	cor|rupt	cor<con [=wholly 完全に] ~.「完全に壊された」		a.退廃した，間違いだらけの
corruptible [kərʌ́ptibl]	cor|rupt|ible	cor<con [=wholly 完全に] ~ible [=able…できる→形]		a.腐敗しやすい，賄賂のきく
corruption [kərʌ́pʃən]	cor|rupt|ion	cor<con [=wholly 完全に] ~ion [→名]		n.腐敗，堕落，汚職，賄賂
erupt [irʌ́pt]	e|rupt	e<ex [=out of 外に] ~.「壊し出された」		v.噴出する，爆発する，吹き出す
eruption [irʌ́pʃən]	e|rupt|ion	e<ex [=out of 外に] ~ion [→名]		n.噴出，爆発(物)，発疹
interrupt [intərʌ́pt]	inter|rupt	inter [=between 間に] ~.「壊して割り込む」		v.さえぎる，妨げる
interruption [intərʌ́pʃən]	inter|rupt|ion	inter [=between 間に] ~ion [→名]		n.さえぎること，妨害，中止

rur, rust² [=country 田舎]

rural [rúːrəl]	rur|al	~al [→形]		a.田舎の，田園の
rurality [ruːrǽliti]	rur|ality	~al [→形]+ity [=state 状態→名]		n.田舎風，田舎生活
ruralize [rúːrəlaiz]	rur|alize	~ize [=make…にする→動]		v.田園化する，田園生活をする
rustic [rʌ́stik]	rust|ic	~ic [→形]		a.田舎の，質素な，粗野な
rusticate [rʌ́stikeit]	rust|icate	~ate [=make…にする→動]		v.田舎に行く，田舎住まいをする
rusticity [rʌstísiti]	rust|icity	~ity [=state 状態→名]		n.田舎風，田園生活，質素

S

sacr, sanct, secr, ecr [=holy 聖なる]

sacrament [sǽkrəmənt]	sacr	ament	〜ment [→名]．「神聖にすること」	n.聖礼典，聖餐，聖体
sacramental [sækrəméntl]	sacr	amental	〜al [→形]	a.神聖な，聖礼の
sacred [séikrid]	sacr	ed	〜ed [→形]	a.神の，神聖な，宗教的な
sacrifice [sǽkrifais]	sacr	ifice	〜fice [=make…にする→動]．「神聖なものとすること」	n.犠牲，生けにえ
sacrilege [sǽkrilidʒ]	sacr	ilege	〜lege [=take away 取り去る→動]．「神聖な物を奪う」の意	n.冒瀆，罰当たりな行為
sacrilegious [sækrilídʒəs]	sacr	ilegious	〜lege [=take away 取り去る→動]+ous [=full of…で満ちた→形]	a.冒瀆の，罰当たりの
saint [seint]		saint	<OE. sanct<L. sanctus [=holy]．12世紀 OF.からの借用語 seint がこれに代った．「神聖にされた」	n.聖人，聖者
sanctify [sǽŋktifai]	sanct	ify	〜ify [=make…にする→動]	v.神聖にする，清める，正当化する
sanction [sǽŋkʃən]	sanct	ion	〜ion [→名]．「神聖化すること」	n.裁可，承認，処罰，制裁
sanctuary [sǽŋktʃueri]	sanct	uary	〜ary [=place 場所→名]．「清められた場所」	n.聖所，聖域，隠れ場
consecrate [kánsikreit]	con	secr ate	con [=強意] 〜ate [=make…にする→動]．secr<L. sacer, sacrī [=holy]．「…を神聖化する」	v.神聖にする，清める，捧げる
desecrate [désikreit]	de	secr ate	de [=off, away 離れて] 〜．「聖なる状態から外す」	v.冒瀆する
execrate [éksikreit]	ex	ecr ate	ex [=out of 外に] 〜ate [=make…にする→動]．<L. ex+ secrārī [=holy]．「ex+(s)ecr+ate」と分解するとわかりやすい．「神聖なるものの外に」	v.呪う，忌み嫌う
obsecrate [ɔ́bsikreit]	ob	secr ate	ob [=for…のために] 〜ate [=make…にする→動]．「聖なるものを求める」	v.嘆願する

saf, sav(i) [=safe 安全な]

safe [seif]	saf	e		a.安全な，信頼できる，用心深い
safely [séifli]	saf	ely	〜ly [→副]	ad.安全に，確かに
safety [séifti]	saf	ety	〜ty [=state 状態→名]	n.安全，安全装置
save [seiv]	sav	e	<L. salvāre 「安全にする」	v.救う，助ける，蓄える，節約する
saving [séiviŋ]	sav	ing	〜ing [→形]	a.救う，節約する，償いになる
savior [séivjər]	savi	or	〜or [=person 人→名]	n.救助者，[The S-]救い主[キリスト]

sail, sal¹, sault, sult, ult, sil [=dance 踊る, leap 跳ねる]

salience [séiljəns]	sal	ience	～ence [=state 状態→名]	n.顕著さ, 突出, 飛躍, ポイント
salient [séiljənt]	sal	ient	～ent [→形]	a.顕著な, 目立つ
sally [sǽli]	sal	ly	<L. salīre [=leap 跳ねる]	n.突撃, 外出, ほとばしり, 冗談
salmon [sǽmən]	sal	mon	<F. saumon<salmō [=leaping fish 跳ねる魚]. これは通俗語源説であるとする学者もいる	n.サケ(鮭)
assail [əséil]	as	sail	as<ad [=to…へ] ～.「跳びかかる」	v.襲う, 攻め立てる
assailant [əséilənt]	as	sail ant	as<ad [=to…へ] ～ant [→名]	n.攻撃者, 加害者
assault [əsɔ́:lt]	as	sault	as<ad [=to…へ] ～. leap on…に跳びかかる	n,v.攻撃(する), 突撃(する)
desultory [désəltɔ:ri]	de	sult ory	de [=off, away 離れて] ～ory [→形].「それて跳ぶ」	a.散漫な, 気まぐれな
desultorily [désəltɔ:rili]	de	sult orily	de [=off, away 離れて] ～ory [→形]+ly [→副]	ad.漫然と
insult [ínsʌlt]	in	sult	in [=on 上に] ～. leap on「跳びかかる」→「侮辱する」	n.侮辱, 無礼
insulting [insʌ́ltiŋ]	in	sult ing	in [=on 上に] ～ion [→形]	a.侮辱的な, 無礼な
result [rizʌ́lt]	re	sult	re [=back もとに] ～.「跳ね返ってくるもの」	n.結果, 成績, 答え; v.起こる, 生じる
resultant [rizʌ́ltənt]	re	sult ant	re [=back もとに] ～ant [→形]	a.結果として生じる, 合成的な
resultful [rizʌ́ltfəl]	re	sult ful	re [=back もとに] ～ful [=full of …で満ちた→形]	a.結果のある, 有効な
resultless [rizʌ́ltlis]	re	sult less	re [=back もとに] ～less [=without…のない→形]	a.結果のない, 効果のない
exult [egzʌ́lt]	ex	ult	ex [=out of 外へ] ～. <L. ex-sultāre (ex+sultāre 飛び上がる).「ex+(s)ult」と分解するとわかりやすい.「(うれしさのあまり) 飛び出す」	v.大喜びする
exultant [igzʌ́ltənt]	ex	ult ant	ex [=out of 外に] ～ant [→形]	a.大喜びの, 勝ち誇った
exultation [egzʌltéiʃən]	ex	ult ation	ex [=out of 外へ] ～ion [→名]	n.歓喜
resilent [rizíliənt]	re	sil ient	re [=back もとへ] ～ent [→形]. <L. resilīre (re+salīre [=jump])	a.跳ね返る, 快活な

sal², salt, sauc, saus [=塩]

salad [sǽləd]	sal	ad	<L. salāta [=salted 塩漬けにされた]	n.サラダ
salary [sǽləri]	sal	ary	～ary [→名]. 古代ローマ時代, 兵士に食塩を買うためにお金が与えられたことから	n.給料
saline [séilain]	sal	ine	～ine [→形]	a.塩の, 塩性の
salt [sɔ:lt]	salt			n.塩, 食塩
salty [sɔ́:lti]	salt	y	～y [→形]	a.塩気のある, ぴりっとした
sauce [sɔ:s]	sauc	e	<OF.<L. salsus「塩漬けにされた」	n.ソース

sausage [sɔ́:sidʒ]	saus	age	～age [→名].「塩味のものから作られた」		n.ソーセージ

sal³, san [=healthy 健康な, sane 健全な]

sane [sein]		san	e	「健康の」	a.正気の, 健全な, 分別のある
sanatorium [sænətɔ́:riəm]		san	atorium	～rium [=place 場所→名]	n.療養所, サナトリウム
sanitary [sǽniteri]		san	itary	～ary [→形]	a.衛生の, 清潔な
sanitation [sænitéiʃən]		san	itation	～ate [=make…にする→動]+ion [→名]	n.(公衆)衛生, 衛生施設
sanity [sǽniti]		san	ity	～ity [=state 状態→名]	n.正気, 健全
salubrious [səlú:briəs]		sal	ubrious	<L. salūbri [=healthy 健康な]+ous [=full of…で満ちた→形]	a.健康によい
salutary [sǽljəteri]		sal	utary	<L. salūtāri [=health 健康]+ary [→形]	a.健康によい
salute [səlú:t]		sal	ute	「相手の健康を願う」	n.,v.挨拶(する)
insane [inséin]	in	san	e	in [=not] ～	a.発狂した, 気違いじみた
insanitary [insǽniteri]	in	san	itary	in [=not] ～ary [→形]	a.不衛生な, 健康に悪い
insanity [insǽniti]	in	san	ity	in [=not] ～ity [=state 状態→名]	n.狂気, 発狂, 狂気のさた

sat, satis [=enough 十分な]

satiable [séiʃiəbl]		sat	iable	～ible [=possible…できる→形]	a.満足させられる
satiate [séiʃieit]		sat	iate	～ate [=make…にする→動].「十分に与えられた」	v.飽きさせる
satiety [sətáiəti]		sat	iety	～ty [=state 状態→名]	n.飽満, 過多
satire [sǽtaiər]		sat	ire	<L. satira [=full].「寄せ集め」	n.風刺文, 皮肉
satiric(al) [sətírik(əl)]		sat	iric(al)	～ic(al) [→形]	a.風刺的な, 皮肉な
satisfaction [sætisfǽkʃən]		satis	faction	～fact [=make…にする→動]+ion [→名]	n.満足(させること), 償い
satisfactory [sætisfǽktəri]		satis	factory	～fact [=make…にする→動]+ory [→形]	a.満足な, 確かな
satisfy [sǽtisfai]		satis	fy	～fy [=make…にする→動].「十分なものとなす」	v.満足させる, 返済させる
satisfying [sǽtisfaiiŋ]		satis	fying	～fy [=make…にする→動]+ing [→形]	a.満足な, 確かな
saturate [sǽtʃəreit]		sat	urate	～ate [=make…にする→動].「十分とする」	v.しみ込ませる, 飽和させる
saturation [sætʃuréiʃən]		sat	uration	～ate [=make…にする→動]+ion [→名]	n.浸透, 飽和
dissatisfaction [disætisfǽkʃən]	dis	satis	faction	dis [=not] ～fact [=make…にする→動]+ion [→名]	n.不満, 不平

語	接頭辞	語幹	接尾辞	語源・成り立ち	意味
dissatisfactory [dìsætisfǽktəri]	dis	satis	factory	dis [=not] ～fact [=make…にする→動+ory [→形]	*a*.不満足な，意に満たない
insatiable [inséiʃiəbl]	in	sat	iable	in [=not] ～able [=…できる→形]	*a*.飽くことのない
insatiability [inseiʃiəbíliti]	in	sat	iability	in [=not～abil [=…できる→形]+ity [→名]	*n*.強欲

scend, scal, scan, scens, scent [=climb 登る]

語	接頭辞	語幹	接尾辞	語源・成り立ち	意味
scale [skeil]		scal	e	<L. *scāla* [=ladder はしご] <L. *scandere*「登る」	*n*.はしご，物差し，目盛り
scan [skæn]		scan		<L. *scandere*「登る」の過去分詞．「足の上げ下げで詩のリズムを計る」	*v*.(詩の韻律を)調べる，目を通す
scandal [skǽndəl]		scan	dal	<L. *scandere* [=climb 登る].「飛び上がるもの」→「罠」	*n*.スキャンダル
ascend [əsénd]	a	scend		a<ad [=to…へ] ～	*v*.上がる，登る，高くなる
ascenda[e]ncy [əséndənsi]	a	scend	a[e]ncy	a<ad [=to…へ] ～cy [=state 状態→名]	*n*.優越，主導権
ascenda[e]nt [əséndənt]	a	scend	a[e]nt	a<ad [=to…へ] ～a[e]nt [→形]	*a*.登りつつある，優勢な
ascension [əsénʃən]	a	scens	ion	a<ad [=to…へ] ～ion [→名]	*n*.登ること，上昇
ascent [əsént]	a	scent		a<ad [=to…へ] ～	*n*.上昇，向上，上り坂
condescend [kɑndisénd]	conde	scend		con [=together 共に]+de [=down 下に] ～.「共に下る」	*v*.へり下る
descend [disénd]	de	scend		de [=down 下に] ～	*v*.降りる，下る，伝わる
descendant [diséndənt]	de	scend	ant	de [=down 下に] ～ant [=person 人→名]	*n*.子孫
descent [disént]	de	scent		de [=down 下に] ～	*n*.降りること，下り坂，継承，家系
escalater [éskəleitər]	e	scal	ator	20世紀から．escala(de) 階段+(eleva)tor エレベーター	*n*.エスカレーター
transcend [trænsénd]	tran	scend		tran<trans [=over 越えて] ～.「越えて登る」	*v*.超越する

schol, school [=leasure ひま, school 学校]

scholar [skɑ́lər]	schol	ar	～ar [=person 人→名]	*n*.学者，学生，奨学生
scholarly [skɑ́lərli]	schol	arly	～ar [=person 人→名]+ly [→形]	*a*.学者らしい，博学な，学問的な
scholarship [skɑ́lərʃip]	schol	arship	～ar [=person 人→名]+ship [=condition 状態→名]	*n*.学問，学識，給費
scholastic [skəlǽstik]	schol	astic	～ic [→形]	*a*.学校の，学者の

school [sku:l]	school			<L. schola<GK. skholé「余暇」.「ひま」→「学ぶ時間」→「学ぶ場所」	n.学校, 授業
schooling [skú:liŋ]	school	ing		〜ing [→名]	n.学校教育
schoolmaster [skú:lmæstər]	school	master		〜master 主人	n.教師, 校長
schoolroom [skú:lru:m]	school	room		〜room 部屋	n.教室

sci [=know 知る]

science [sáiəns]		sci	ence	〜ence [=action 行為→名].「知ること」	n.科学, 学問, 自然科学
scientific [saiəntífik]		sci	entific	〜ic [→形]	a.科学の, 学術上の
scientist [sáiəntist]		sci	entist	〜ist [=person 人→名]	n.(自然)科学者
conscience [kánʃəns]	con	sci	ence	con [=together 共に]〜.「共に知っているもの」	n.良心, 本心, 意識
conscientious [kɑnʃiénʃəs]	con	sci	entious	con [=together 共に]〜ous [=full of…で満ちた→形]	a.良心的な, 誠実な
conscious [kánʃəs]	con	sci	ous	con [=together 共に]〜ous [=full of…で満ちた→形].「共に知っている」→「承知している」	a.意識している, 意識のある
consciousness [kánʃəsnis]	con	sci	ousness	con [=together 共に]〜ness [→名]	n.意識, 自覚
omniscience [ɑmníʃəns]	omni	sci	ence	omni [=all すべて]〜ence [→名].「すべてを知っている」	n.全知, [O-]全知者, 神
omniscient [ɑmníʃənt]	omni	sci	ent	omni [=all すべて]〜ent [→形]	a.全知の
prescience [préʃəns]	pre	sci	ence	pre [=beforehand 前もって]〜ence [→名]	n.予知, 先見
prescient [préʃənt]	pre	sci	ent	pre [=beforehand 前もって]〜ent [→形].「前もって知っている」	a.予知する, 見識のある

scope [=see 見る]

scope [skoup]			scope	「観察するもの」→「目標, 目的」	n.範囲, 機会, 広さ, 目的
microscope [máikrəskoup]		micro	scope	micro [=small 小さい]〜.「小さいものを見る鏡」	n.顕微鏡
periscope [périskoup]		peri	scope	peri [=around 周りを]〜.「周りを見るもの」	n.潜望鏡, 展望鏡
telescope [téliskoup]		tele	scope	tele [=far off 遠く]〜.「遠くを見るもの」	n.望遠鏡

scrib, script [=write 書く]

scribe [skraib]		scrib	e	「書く人」	n.筆記者
script [skript]		script		「書かされたもの」→「文字」	n.手書き, 脚本, 答案
scripture [skríptʃər]		script	ure	〜ure [→名]	n.[S-]聖書

語	接頭辞	語根	接尾辞	語源説明	意味
ascribe [əskráib]	a	scrib	e	a＜ad [＝to…へ] ～.「書いて…のせいにする」	v.…に帰する，…に基づくものとする
conscript [kánskript]	con	script		con [＝wholly 完全に] ～	a.兵籍に入れられた
describe [diskráib]	de	scrib	e	de [＝down] ～.「書き記す」	v.述べる，描く
description [diskrípʃən]	de	script	ion	～ion [→名]	n.記述，記事，特徴
inscribe [inskráib]	in	scrib	e	in [＝in 中へ] ～.「書き込む」	v.書き付ける，記入する，削る
inscription [inskrípʃən]	in	script	ion	in [＝in 中へ] ～ion	n.題銘，碑文，銘刻
manuscript [mǽnjuskript]	manu	script		manu [＝hand 手] ～.「手で書かれたもの」	n.写本，原稿
postscript [póustskript]	post	script		post [＝afterward あとで] ～.「後から書き加えたもの」	n.追伸，あとがき
prescribe [priskráib]	pre	scrib	e	pre [＝beforehand 前もって] ～.「あらかじめ書く」	v.命じる，規定する，処方する
prescription [priskrípʃən]	pre	script	ion	pre [＝beforehand 前もって] ～ion [→名]	n.命令，規定，処方
subscribe [səbskráib]	sub	scrib	e	sub [＝under 下に] ～.「名前を下に書く」が原義	v.寄付する，応募する，同意する
subscription [səbskrípʃən]	sub	script	ion	sub [＝under 下に] ～ion [→名]	n.寄付，予約金，同意，応募
transcribe [trænskráib]	tran	scrib	e	trans [＝across 越えて] ～.「写して書く」	v.写す，転写する
transcription [trænskrípʃən]	tran	script	ion	trans [＝across 越えて] ～ion [→名]	n.書き換え，写し，写本

sect¹, saw, seg, sex [＝cut off 切り取る]

語	接頭辞	語根	接尾辞	語源説明	意味
saw [sɔː]		saw		＜OE. saga ＜ L. secāre 切る	n.のこぎり
section [sékʃən]		sect	ion	～ion [→名].「切られること」	n.切開，断面，断片，部門
sectional [sékʃənəl]		sect	ional	～ion [→名]＋al [→形]	a.部門の，部門的な
sectionalism [sékʃənəlizm]		sect	ionalism	～ion [→名]＋al [→形]＋ism [＝belief 信念→名]	n.地方主義，偏見
segment [ségmənt]		seg	ment	seg＜L. sec (L. secāre「切る」の語幹)＋ment [→名].「切ったもの」	n.部分，切片，分節
segmental [segméntl]		seg	mental	～ment [→名]＋al [→形]	a.部分の，断片の
sex [seks]		sex		＜L. sexus [＝分けられること]	n.性
insect [ínsekt]	in	sect		in [＝into 中へ] ～. 昆虫の体には深い切れ目があることから	n.昆虫
insecticide [inséktisaid]	in	sect	icide	in [＝into 中へ] ～cide [＝killing 殺し]	n.殺虫剤
intersect [intərsékt]	inter	sect		inter [＝between 間で] ～	v.横切る，交差する

単語	接頭辞	語根	接尾辞	語源説明	意味
intersecion [intərsékʃən]	inter	sect	ion	inter [=between 間で] ~ion [→名]	n.横切ること，交差

secut, sec, sect², sequ, su(e), suit, ecut [=follow ついて行く，追う]

単語	接頭辞	語根	接尾辞	語源説明	意味
second [sékənd]		sec	ond	~ond [→形]．「従っている」	n., a.第二(の)
secondary [sékəndəri]		sec	ondary	~ary [→形]	a.第二の，二次的な
sect [sekt]		sect		<L. secta [=従うべきもの]	n.宗派，セクト
sequel [síːkwəl]		sequ	el	~el [=small 小さい→指小辞]	n.成り行き，結果，続編
sequence [síːkwəns]		sequ	ence	~ence [=state 状態→名]	n.連続，順序，結果
sequent [síːkwənt]		sequ	ent	~ent [→形]	a.連続する，次の
sue [suː]		sue		<OF. suer [=follow 追いかける，得ようと努める]	v.訴える，懇願する，訴訟を起こす
suit [suːt]		suit		<L. sequī 従う．「従う［連れ立つ］(もの)」→「適する(もの)，似合う(もの)」	n.スーツ(一着)，願い，告訴；v.適する，合う
suitable [súːtəbl]		suit	able	~able [=…できる→形]	a.適当な，ふさわしい
suite [swiːt]		suit	e	「続き部屋」は英語における発達	n.一行，随行員，一組，続き部屋
suitor [súːtər]		suit	or	~or [=person 人→名]．「追跡者，追求者」	n.原告，求婚者
consequence [kánsikwəns]	con	sequ	ence	con [=together 共に] ~ence [→名]．「あとに従って起こるもの」	n.結果，影響，重要さ
consequent [kánsikwənt]	con	sequ	ent	con [=together 共に] ~ent [→形]	a.当然の，必然な
consequently [kánsikwəntli]	con	sequ	ently	con [=together 共に] ~ent [→形]+ly [→副]	ad.その結果，したがって
ensue [insúː]	en	sue		en [=after 後ろに] ~	v.続いて起こる，続く
execute [éksikjuːt]	ex	ecut	e	ex [=out of 外に] ~．「ex+secute」と分解するとわかりやすい．「追いかけて外へ出す」	v.実行する，実施する，完成する
execution [iksikjúːʃən]	ex	ecut	ion	ex [=out of 外に] ~ion [→名]	n.実行，履行，処刑，手ぎわ
executive [igzékjutiv]	ex	ecut	ive	ex [=out of 外に] ~ive [→形]	a.実行の，行政上の
obsequious [əbsíːkwiəs]	ob	sequ	ious	ob [=near 近くに] ~ous [=full of …で満ちた→形]．「そばについている」	a.こびへつらう
persecute [pə́ːrsikjuːt]	per	secut	e	per [=completely 完全に] ~．「ずっと後を追う」	v.迫害する，わずらわす
persecution [pəːrsikjúːʃən]	per	secut	ion	per [=completely 完全に] ~ion [→名]	n.迫害，悩ますこと
prosecute [prásikjuːt]	pro	secut	e	pro [=forward 前に] ~．「追いかけられる」	v.遂行する，従事する，起訴する

単語	接頭辞	語根	接尾辞	説明	意味
prosecution [prɑsikjúːʃən]	pro	secut	ion	pro [=forward 前に] ～ion [→名]	n.実行，遂行，経営，告訴
prosecutor [prɑ́sikjuːtər]	pro	secut	or	pro [=forward 前に] ～or [=person 人→名]	n.遂行者，検察官
pursue [pərsúː]	pur	sue		pur [=forward 前に] ～.「どんどん後を追う」	v.追いかける，求める，続行する
pursuer [pərsúːər]	pur	su	er	pur [=forward 前に] ～er [=person 人→名]	n.追求者，続行者，原告
pursuit [pərsúːt]	pur	suit		pur [=forward 前に] ～	n.追跡，追求，仕事，研究
subsequent [sʌ́bsikwənt]	sub	sequ	ent	sub [=under 下に] ～ent [→形]．「下に（後に）従う」	a.あとの，結果として起こる
subsequently [sʌ́bsikwəntli]	sub	sequ	ently	sub [=under 下に] ～ly [→副]	ad.あとに，次に，その後

sed, sess, sid [=sit 座る]

単語	接頭辞	語根	接尾辞	説明	意味
sedentary [sédntəri]		sed	entary	～ary [→形]	a.すわりきりの
session [séʃən]		sess	ion	～ion [→名]．「座っていること」	n.開催していること，学期
sessional [séʃənəl]		sess	ional	～ion [→名]+al [→形]	a.開会の，開廷の，会期の
assiduous [əsídʒuəs]	as	sid	uous	as<ad [=to …へ] ～ous [=full of…で満ちている→形]．「そばに座っている」→「勤勉な」	a.絶え間のない，勤勉な
reside [rizáid]	re	sid	e	re [=back 後ろへ] ～．「座ってのこる」	v.住む，在勤する，属する
residence [rézidəns]	re	sid	ence	re [=back 後ろへ] ～ence [→名]	n.住居，在住
resident [rézidənt]	re	sid	ent	re [=back 後ろへ] ～ent [→形，名]	a.居住する；n.居住者
residue [rézidjuː]	re	sid	ue	re [=back 後ろへ] ～．<L. residuum 残ったもの	n.残り，残余
subside [səbsáid]	sub	sid	e	sub [=under 下に] ～．「下に座る」	v.沈む，沈殿する，静まる
subsidiary [səbsídiəri]	sub	sid	iary	sub [=under 下に] ～ary [→形]	a.補助の，補足的な

sembl, sam, seem, simil, simul [=together 一緒に, similar 似た]

単語	接頭辞	語根	接尾辞	説明	意味
same [seim]		sam	e	ON.の sami, same [=同じ] からの借用	a.同じ
seem [siːm]		seem		原義は「ふさわしいものにする」	v.…のように見える
semblance [sémbləns]		sembl	ance	～ance [=state 状態→名]．「等しくすること」	n.外観，外形，様子
similar [símilər]		simil	ar	～ar [→形]	a.類似した，同様の
similarity [similǽriti]		simil	arity	～ar [→形]+ity [=state 状態→名]	n.類似，相似，同様
similarly [símilərli]		simil	arly	～ar [→形]+ly [→副]	ad.同様に，類似して
simile [símili]		simil	e		n.直喩

simulate [símjuleit]		simul	ate	～ate [=make…にする→動]	v.酷似する，ふりをする
simultaneous [simǝltéiniǝs]		simul	taneous	～ous [=full of…で満ちた→形]	a.同時の
assemble [ǝsémbl]	as	sembl	e	as＜ad [=to…へ] ～.「一緒にすること」	v.集める，組み立てる
assembly [ǝsémbli]	as	sembl	y	as＜ad [=to…へ] ～y [→名]	n.会議，集会，（機械の部品の）組み立て
assimilate [ǝsímileit]	as	simil	ate	as＜ad [=to…へ] ～ate [=make…にする→動].「似たものにする」	v.同化する，同じくする
dissemble [dìsémbl]	dis	sembl	e	dis [=not] ～	v.本心を偽る，とぼける
dissimilar [dìsímilǝr]	dis	simil	ar	dis [=not] ～ar [→形]	a.同じではない，異なる
dissimilarity [dìsimilǽriti]	dis	simil	arity	dis [=not] ～ar [→形]＋ity [→名]	n.不同，相違
resemble [rizémbl]	re	sembl	e	re [=again] ～.「再び同様にする」	v.…に似る
resemblance [rizémblǝns]	re	sembl	ance	re [=again] ～ance [→名]	n.類似，外観

sens, sent² [=feel 感じる]

sensation [senséiʃǝn]		sens	ation	～ate [=make…にする→動]＋ion [→名].「感ずること」	n.感覚，感動，評判
sensational [senséiʃǝnǝl]		sens	ational	～ate [=make…にする→動]＋ion [→名]＋al [→形]	a.感動させる，評判の
sense [sens]		sens	e	14世紀「意味」，16世紀に「感覚」	n.感覚，観念，正気，意味；v.感じる
senseless [sénslis]		sens	eless	～less [=without…のない→形]	a.無感覚な，無意識の，愚かな
sensible [sénsǝbl]		sens	ible	～ible [=able…できる→形]	a.分別のある，気づいて，目立つ
sensibly [sénsǝbli]		sens	ibly	～ible [=able…できる→形]＋ly [→副]	ad.感じやすく，巧みに，目立つほどに
sensitive [sénsitiv]		sens	itive	～ive [→形]	a.感じやすい，敏感な
sensual [sénʃuǝl]		sens	ual	～al [→形]	a.官能的な，肉欲の，好色の
sensuous [sénʃuǝs]		sens	uous	～ous [=full of…で満ちた→形]	a.感覚的な，美的な
sentence [séntǝns]		sent	ence	～ence [→名].「感じ方」→「見解，意見」	n.文，金言，判決，宣告；v.宣告する
sentiment [séntimǝnt]		sent	iment	～ment [→名].「感じて生ずるもの」	n.感情，情操，意見
sentimental [sentiméntl]		sent	imental	～ment [→名]＋al [→形]	a.感傷的な，多感な
assent [ǝsént]	as	sent		as [=to…へ] ～.「近くに感じる」	v.同意する；n.賛成，同意

consent [kənsént]	con	sent		con [=together 共に] ～．「共に感じる」	v.同意する；n.同意, 承諾
dissent [disént]	dis	sent		dis [=apart 離れて] ～．「別の感じかたをする」	v.意見を異にする；n.不同意
dissention [disénʃən]	dis	sent	ion	dis [=apar 離れて] ～ion [→名]	n.意見の相違, 不和
insensible [insénsibl]	in	sens	ible	in [=not] ～ible [=able…できる→形]	a.無感覚な, 平気な
nonsense [nánsens]	non	sens	e	non [=not] ～	n.意味をなさぬこと, たわごと
resent [rizént]	re	sent		re [=again 再び] ～．「強く感じる」	v.憤慨する, 恨む
resentful [rizéntfəl]	re	sent	ful	re [=again 再び] ～ful [=full of…で満ちた→形]	a.憤慨した, 怒りっぽい
resentment [rizéntmənt]	re	sent	ment	re [=again 再び] ～ment [→名]	n.憤慨, 恨み

ser(t) [＝put 置く, join together 結ぶ]

series [síri:z]	ser	ies		＜L. serere [=arrange in order 順序よく並べる]．「結びつけること」	n.続き, シリーズ(もの)
serial [síəriəl]	ser	ial		～al [→形]	a.一連の, 続きものの
assert [əsə́:rt]	as	sert		as＜ad [=to…へ] ～．「自説に加える」	v.主張する, 断言する
assertion [əsə́:rʃən]	as	sert	ion	as＜ad [=to…へ] ～ion [→名]	n.主張, 断言, 言明
assertive [əsə́:rtiv]	as	sert	ive	as＜ad [=to…へ] ～ive [→形]	a.断言的な, 独断的な
desert n.,a.[dézərt] v.[dizə́:rt]	de	sert		de [=off, away 離れて] ～．「結合を離す」	n.砂漠；a.荒れ果てた；v.捨てる, 逃亡する
desertion [dizə́:rʃən]	de	sert	ion	de [=off, away 離れて] ～ion [→名]	n.捨て去ること, 逃亡, 脱走
insert [insə́:rt]	in	sert		in [=into 中に] ～	v.差し込む, 挿入する
insertion [insə́:rʃən]	in	sert	ion	in [=into 中に] ～ion [→名]	n.挿入, 書き入れ, 折り込み広告

serv [＝keep 保存する, hold 保つ, serve 仕える, 役立つ]

serve [sə:rv]		serv	e	＜L. [=奴隷として仕える]	v.仕える, 給仕する, 役立つ, 務める
servant [sə́:rvənt]		serv	ant	～ant [=person 人→名]	n.召使, 奉仕者
service [sə́:rvis]		serv	ice	～ice [=action 行為→名]．「奴隷の状態」	n.奉仕, 礼拝, 事務, サービス
servile [sə́:rvil]		serv	ile	～ile [=belonging to…に属する→形]	a.奴隷の, 屈従的な, 自主性のない
conserve [kənsə́:rv]	con	serv	e	con [=together 共に] ～．「共に保つ」	v.保存する, 砂糖づけにする；n.ジャム
conservation [kɑ̀nsərvéiʃən]	con	serv	ation	con [=together 共に] ～ion [→名]	n.保護, 管理, 保存

単語	分解			語源説明	意味
conservative [kənsə́ːrvətiv]	con	serv	ative	con [=together 共に] 〜ive [→形, 名]	a.保守的な；n.保守主義者
deserve [dizə́ːrv]	de	serv	e	de [=completely 完全に] 〜. 「十分に役立つ」	v.…する価値がある
observe [əbzə́ːrv]	ob	serv	e	ob [=to…へ] 〜. 「…へ注意を保つ」	v.守る, 順守する, 観察する
observance [əbzə́ːrvəns]	ob	serv	ance	ob [=to…へ] 〜ance [=action 行為→名]	n.順守, 儀式, 習慣, 観察
observation [àbzərvéiʃən]	ob	serv	ation	ob [=to…へ] 〜ate [=make…にする→動]+ion [→名]	n.観察, 注意, 観測
observatory [əbzə́ːrvətɔ̀ːri]	ob	serv	atory	ob [=to…へ] 〜ory [=place 場所→名]	n.天文台, 展望台
observer [əbzə́ːrvər]	ob	serv	er	ob [=to…へ] 〜er [=person 人→名]	n.観察者, オブザーバー
preserve [prizə́ːrv]	pre	serv	e	pre [=before 前もって] 〜. 「あらかじめ保つ」	v.保存する, 保持する
preservation [prìzərvéiʃən]	pre	serv	ation	pre [=before 前もって] 〜ate [=make…にする→動]+ion [→名]	n.保存, 保護, 保全
reserve [rizə́ːrv]	re	serv	e	re [=back もとへ] 〜. 「後へ保つ」	v.とっておく, 予約する；n.保存, 遠慮
reservation [rèzərvéiʃən]	re	serv	ation	re [=back もとへ] 〜ate [=make…にする→動]+ion [→名]	n.保留, 予約, 遠慮
reservoir [rézərvwɑ̀ːr]	re	serv	oir	re [=back もとへ] 〜oir [=place 場所→名]. 「たくわえる場所」	n.貯水池, たくわえ

sever [=serious 重大な, strict きびしい]

単語	分解			語源説明	意味
severe [sivíər]	sever	e			a.厳格な, 鋭い, ひどい, 簡素な
severely [sivíərli]	sever	ely		〜ly [→副]	ad.きびしく, 簡素に
severity [sivériti]	sever	ity		〜ity [=state 状態→名]	n.厳格, きびしさ, 簡素さ
persevere [pə̀ːrsivíər]	per	sever	e	per [=completely 完全に] 〜. 「きびしく耐える」	v.我慢する, 屈しない
perseverance [pə̀ːrsivíərəns]	per	sever	ance	per [=completely 完全に] 〜ance [=action 行為→名]	n.忍耐, 固執
persevering [pə̀ːrsivíəriŋ]	per	sever	ing	per [=completely 完全に] 〜ing [→形]	a.我慢強い, 根気のよい

sign [=sign, mark しるし(をつける)]

単語	分解		語源説明	意味
sign [sain]	sign		原義は「刻み込まれたしるし」	n.しるし, 記号, 信号；v.サインする, 合図する
signal [sígnəl]	sign	al	〜al [→名, 形]	n.記号, 合図；a.合図の, きわだつ
signatory [sígnətɔ̀ːri]	sign	atory	〜ory [→形, 名]	a.署名した；n.調印者
signature [sígnitʃər]	sign	ature	〜ure [→名]	n.署名

語	接頭辞	語幹	接尾辞	語源説明	意味
signify [sígnifai]		sign	ify	〜fy [=make…にする→動]．「印で示す」	v.表す，示す，重大である
significance [signífikəns]		sign	ificance	〜fic [=make…にする→動]+ance [→名]	n.重要性，意味，趣旨
significant [signífikənt]		sign	ificant	〜fic [=make…にする→動]+ant [→形]	a.重要な，意味のある
assign [əsáin]	as	sign		as<ad [=to…へ] 〜．「しるしをつける」	v.割り当てる，…に帰する
assignment [əsáinmənt]	as	sign	ment	as<ad [=to…へ] 〜ment [→名]	n.割り当て，指定，任務，宿題
consign [kənsáin]	con	sign		con [=together 共に] 〜．「同じ印をつける」	v.渡す，ゆだねる，あてがう
consignment [kənsáinmənt]	con	sign	ment	con [=together 共に] 〜ment [→名]	n.交付，委託
design [dizáin]	de	sign		<L. designare [=mark down 記号で示し書く]	n.デザイン，設計(図)，計画；v.設計する
designate [dézigneit]	de	sign	ate	<L. designare [=mark down 記号で示し書く] 〜ate [=make…にする→動]	v.示す，指定する，指名する
designation [dizignéiʃən]	de	sign	ation	<L. designare [=mark down 記号で示し書く] 〜ate [=make…にする→動]+ion [=→名]	n.指名，指示，名称
ensign [énsain]	en	sign		<L. insignum [=はっきりしたしるし]．en<in [=in 中に] 〜	n.旗，国旗，記章
insignificant [insignífikənt]	in	sign	ificant	in [=not] 〜fic [=make 作る+ant [→形]	a.取るに足らない
resign [rizáin]	re	sign		re [=back 後ろへ] 〜．「署名して身を引く」	v.辞任する，放棄する，断念する
resignation [rizignéiʃən]	re	sign	ation	re [=back 後ろへ] 〜ate [=make…にする+ion [→名]	n.辞職，放棄，あきらめ

sir, sider, stella [=star 星]

語	接頭辞	語幹	接尾辞	語源説明	意味
consider [kənsídər]	con	sider		con [=completely 完全に] 〜．「星を見て運勢を判断したことから」	v.考察する，考慮する
considerable [kənsídərəbl]	con	sider	able	con [=completely 完全に] 〜able [=…できる→形]	a.考慮すべき，重要な，相当な
considerably [kənsídərəbli]	con	sider	ably	con [=completely 完全に] 〜able [=…できる→形]+ly [→副]	ad.よほど，かなり，相当
considerate [kənsídərit]	con	sider	ate	con [=together] 〜ate [→形]	a.思いやりのある
consideration [kənsidəréiʃən]	con	sider	ation	con [=completely 完全に] 〜ate [=make…にする→動]+ion [→名]	n.考慮，心づけ
considering [kənsídəriŋ]	con	sider	ing	con [=completely 完全に] 〜ing [→前]	prep.…を考慮すれば
constellation [kɑnstəléiʃən]	con	stella	tion	con [=together 共に] 〜ate [=make…にする→動]+ion [→名]	n.星座

語	接頭辞	語根	接尾辞	語源・語義	意味
desire [dizáiər]	de	sir	e	de [=off, away 離れて]～. long for a star「星を望む」の意	v.欲する；n.願望, 要求
desirable [dizáiərəbl]	de	sir	able	de [=off, away 離れて]～able [=…できる→形]	a.望ましい, 好ましい
desirability [dizaiərəbíliti]	de	sir	ability	de [=off, away 離れて]～able [=…できる→形]＋ity [=state 状態→名]	n.望ましいこと
desirous [dizáiərəs]	de	sir	ous	de [=off, away 離れて]～ous [=full of…で満ちた→形]	a.願う, 欲しがる

sist, st, stal(l), stand, stat, stay, stead, sta, stit, stin, ist, t², stet [=stand 立つ, 耐える]

stage [steidʒ]		st	age	<L. status [=stand 立つ].「立っている場所」	n.台, 舞台, 足場, 時期
stable [stéibl]		st	able	<L. stabilis [=steady 安定した, firm ぐらつかない].「じっと立っているところ」	a.堅固な, 安定した
stability [stəbíliti]		st	ability	～ity [=condition 状態→名]	n.安定, すわり, 強固
stall [stɔːl]		stall		<OE. steall「立つ場所, 馬小屋」	n.観覧席, 売店, 屋台店；v.馬屋に入れる, 立ち往生する（させる）
stamina [stǽminə]		st	amina	<L. stāmen「たて糸」	n.精力, 元気
stand [stænd]		stand			v.立つ, 位置する, 有効である
standard [stǽndərd]		stand	ard	～ard [=place 場所]	n.標準, 基準
standing [stǽndiŋ]		stand	ing	～ing [→形]	a.立っている, 常置の
standingpoint [stǽndiŋpɔint]		stand	ingpoint	～ing [→形]＋point 点	n.立場, 見地, 見方
state [steit]		stat	e	<L. status「立っている状態」	n.国, 政府, 身分, 状態
stately [stéitli]		stat	ely	～ly [→形]	a.威厳のある, 品位のある
statement [stéitmənt]		stat	ement	～ment [→名]	n.陳述, 声明, 申告
statesman [stéitsmən]		stat	esman	～man 人	n.政治家
station [stéiʃən]		stat	ion	～ion [→名].「立っていること」	n.駅, 警察署, 放送局, 位置
stationary [stéiʃəneri]		stat	ionary	～ary [→形]	a.静止した, 変化しない
stationery [stéiʃəneri]		stat	ionery	～ery [collection 集合→名]. stationer「文房具商」が商う品物	n.文房具, 便せん

sist, st, stal(l), stand, stat, stay,
stead, sta, stit, stin, ist, t, stet

stationer [stéiʃənər]	stat	ioner	～er [＝person 人→名]	n.文房具商
statistics [stətístiks]	stat	istics	～ics [＝study 学問→名].「国家に関する事実，統計」	n.統計学，統計
statue [stǽtʃuː]	stat	ue	＜L. statua [＝stand 立っている]	n.像，彫像
stature [stǽtʃər]	stat	ure	～ure [→名]	n.身長，成長，発達
status [stéitəs]	stat	us	～us [＝state 状態→名].「立っている状態」	n.状態，地位，資格
statute [stǽtjuːt]	stat	ute	＜L. [＝cause to stand, establish 設立する]	n.法令，成文法，規則
stay [stei]	stay		＜L. stāre [＝standing 立っている]	v.とどまる，滞在する，止める
stead [sted]	stead		＜OE. stede [＝場所]	n.場所，利益
steadfast [stédfæst]	stead	fast	～fast [＝firm しっかりした]	a.しっかりした，不動の
steady [stédi]	stead	y	～y [→形]	a.しっかりした，不変の
steadily [stédili]	stead	ily	～y [→形]＋ly [→副]	ad.しっかりと，着々と
apostasy [əpɔ́stəsi]	apo	sta	sy	apo [＝off away 離れて] ～sy [→名].「離れて立つこと」	n.背教，変節
assist [əsíst]	as	sist		as＜ad [＝to …へ] ～.「そばに立つ」	v.助ける，列席する
assistance [əsístəns]	as	sist	ance	as＜ad [＝to…へ] ～ance [＝action 行為→名]	n.援助，助力
assistant [əsístənt]	as	sist	ant	as＜ad [＝to …へ] ～ant [→名，形]	n.助手；a.助ける，補助の
circumstance [sə́ːrkəmstæns]	circum	st	ance	circum [＝around 周りに] ～.「周りに立っているもの」	n.事情，環境
circumstantial [sə̀ːrkəmstǽnʃəl]	circum	st	antial	circum [＝around 周りに] ～al [→形]	a.状況の，付随的な
consist [kənsíst]	con	sist		con [＝together 共に] ～.「共に立つ」→「…から成る」	v.…から成る，存する，両立する
consistent [kənsístənt]	con	sist	ent	con [＝together 共に] ～ent [→形]	a.一致した，調和した，一貫した
constant [kánstənt]	con	st	ant	con [＝together 共に] ～ant [→形].「絶えず立つ」→「不変の」	a.変わらぬ，不断，誠実な
constantly [kánstəntli]	con	st	antly	con [＝together] ～	ad.絶え間なく，常に
constitute [kánstitjuːt]	con	stit	ute	con [＝together 共に] ～.「共に置く」→「組み立てる」	v.構成する，組織する
constituent [kənstítʃuənt]	con	stit	uent	con [＝together 共に] ～ent [→形，名]	a.構成する；n.要素，構成員

constitution [kɑnstitjúːʃən]	con	stit	ution	con [＝together 共に] ～tion [→名]	n.構成, 体格, 設立, 憲法
constitutional [kɑnstitjúːʃənəl]	con	stit	utional	con [＝together 共に] ～tion [→名]+al [→名]	a.素質の, 構造上の, 憲法の
contrast [kántræst]	contra	st		contra [＝against 反対に] ～.「対立して立つ」	n.対照, 対比, 著しい相違
cost [kɔːst]	co	st		＜L. constare [＝stand together しっかり立つ, 価格が固定する]	n.値段, 費用, 失費, 損害；v.かかる, 要する
costly [kɔ́ːstli]	co	st	ly	～ly [→形]	a.高価な, 費用の
desist [dizíst]	de	sist		de [＝away, off 離れて] ～.「立ち去る」	v.やめる, 思いとどまる
destine [déstin]	de	stin	e	＜F. destiner＜L. dēstināre「固定する」. de [＝強意] ～.「固定する」→「決めておく」	v.運命づける, 予定する
destination [destinéiʃən]	de	stin	ation	de [＝強意] ～tion [→名]	n.目的地, 届け先, 目的, 割り当て
destiny [déstini]	de	stin	y	de [＝強意] ～y [＝state 状態→名]	n.運命, 天命
destitute [déstitjuːt]	de	stit	ute	de [＝off, away 離れて] ～.「離れたところに置かれた」	a.貧困な, …を欠く
distance [dístəns]	di	st	ance	di＜dis [＝apart 離れて] ～ance [→名].「離れて立っている」	n.距離, 経過
distant [dístənt]	di	st	ant	di＜dis [＝apart 離れて] ～ant [→形]	a.遠い, 冷淡な, かすかな
ecstasy [ékstəsi]	ec	sta	sy	ec＜ex [＝out of 外に] ～y [→名].「外に立ち己を忘れること」	n.有頂天, 精神昏迷
establish [istǽbliʃ]	e	st	ablish	e [＝強意] ～ish [＝make …にする→動]	v.確立する, 設立する, 確証する
established [istǽbliʃt]	e	st	ablished	e [＝強意] ～ish [＝make →動]+ed [→形]	a.設立された, 確立された, 制定された
establishment [istǽbliʃmənt]	e	st	ablishment	e [＝強意] ～ish [＝make …にする→動]+ment [→名]	n.確立, 創立, 施設, 編成
estate [istéit]	e	stat	e	＜OF. estat＜L. stare [＝立っている]. OF.で estat となったのは, フランス語では語頭が st-になることを好まないから	n.地所, 財産, 所有権, 階級
exist [igzíst]	ex	ist		ex [＝out of 外に] ～.「ex+sist」と分解するとわかりやすい.「出てくる」→「現れる」	v.実在する, 存在する
existence [igzístəns]	ex	ist	ence	ex [＝out of 外に] ～ence [→名]	n.実在, 存在, 生活, 実体

sist, st, stal(l), stand, stat, stay, stead, sta, stit, stin, ist, t, stet

extant [ekstænt]	ex	t	ant	ex [=out of 外に] ~ant [=形].「外に立っている」	a.現存の
insist [insíst]	in	sist		in [=on 上に] ~.「しっかり立つ」→「主張する」	v.しいる，強く主張する
insistence [insístəns]	in	sist	ence	in [=on 上に] ~ence [→名]	n.むりじい，主張
install [instɔ́:l]	in	stall		in [=in 中に] ~.「中に置く」→「場所に置く」	v.据えつける，設備する
installation [instəléiʃən]	in	stall	ation	in [=in 中に] ~ate [=make…にする→動] +ion [→名]	n.据え付け，施設，設備，就任(式)
instal(l)ment [instɔ́:lmənt]	in	stal(l)	ment	in [=in 中に] ~ment [→名].「設備のための支払金」	n.支払金
instance [ínstəns]	in	st	ance	in [=near 近くに] ~ance [→名].「近くにあること」→「緊急(事)」(14世紀)	n.例，場合
instant [ínstənt]	in	st	ant	in [=near 近くに] ~ant [→形].「すぐ近くに立っている」→「すぐの」.15世紀「緊急の」.16世紀「現在の」	a.切迫した，すぐの，即席の
instantly [ínstəntli]	in	st	antly	in [=near 近くに] ~ant [→形] +ly [→副]	ad.たちどころに，即座に
instantaneous [instəntéiniəs]	in	st	antaneous	in [=near 近くに] ~ant [→形] +ous [=full of …で満ちた→形]	a.即時の，同時の
instead [instéd]	in	stead		in stead「代わりに」の短縮形．原義は「その場所に」	ad.その代わりに，代わりとして
institute [ínstitju:t]	in	stit	ute	in [=on 上に] ~.「上に立てられたもの」→「設立されたもの」	n.協会，学会，大学; v.設ける
institution [ínstitju:ʃən]	in	stit	ution	in [=on 上に] ~tion [→名]	n.公共団体，慣列，設立
irresistible [irizístəbl]	irre	sist	ible	ir [=not] +re [back 後ろに] ~ible [able…できる→形]	a.抵抗できない，たまらない
metastasis [mitǽstəsis]	meta	sta	sis	meta [=変化して] ~sis [→名].「立っている状態の変化」	n.変形，変態，移転
obstacle [ábstəkl]	ob	sta	cle	ob [=against 反対に] ~cle [=small→指小辞].「…に反対して立つ」→「邪魔するもの」	n.障害，故障
obstetric [əbstétrik]	ob	stet	ric	ob [=toward …の方へ] ~ic [→形].「妊婦の前に立つ」	a.産科の
obstinate [ábstinit]	ob	stin	ate	ob [=against 反対に] ~ate [→形]	a.がんこな，強情な
persist [pərsíst]	per	sist		per [=through 通して] ~.「通して立つ」→「ずっと立つ」	v.固執する，主張する，がんばる

単語	分解			語源説明	意味
persistent [pərsístənt]	per	sist	ent	per [=through 通して] ～ent [→形]	a.しつこい, がんこな, 永続する
prostitute [prάstitju:t]	pro	stit	ute	pro [=before 前に] ～. 「前に立つ」→「人の前に身をさらした状態」→「売春婦」	v.身を売る, 身売りをする; n.売春婦
prostitution [prɑstitjú:ʃən]	pro	stit	ution	pro [=before 前に] ～tion [→名]	n.売春, 変節
resist [rizíst]	re	sist		re [=back 後ろに] ～. 「後ろに立つ」→「抵抗する」	v.抵抗する, 反対する, 耐える
resistance [rizístəns]	re	sist	ance	re [=back 後ろに] ～ance [→名]	n.抵抗, 反対, 妨害
resistant [rizístənt]	re	sist	ant	re [=back 後ろに] ～ant [→形]	a.抵抗する, 反対する
restitution [restitjú:ʃən]	re	stit	ution	re [=back もとへ] ～tion [→名].「元の状態に立ち戻す」	n.返還, 賠償, 復旧
solstice [sɔ́lstis]	sol	st	ice	sol [=the sun 太陽] ～.「太陽が静止する点」	n.至点, 極点, 危機
subsist [səbsíst]	sub	sist		sub [=under 下に] ～.「下に立つ」→「しっかり立つ」	v.生きていく, 存続する
substance [sΛ́bstəns]	sub	st	ance	sub [=under 下に] ～ance [→名].「下に立っている (存在している) もの」	n.物質, 本質, 内容
substantial [səbstǽnʃəl]	sub	st	antial	sub [=under 下に] ～ant [→形]+al [→形]	a.実質の, 真価のある
substitute [sΛ́bstitju:t]	sub	stit	ute	sub [=under 下に] ～.「下に置かれるもの」→「代わりのもの」	n.代用, 代理人, 代用品
substitution [sΛbstitjú:ʃən]	sub	stit	ution	sub [=under 下に] ～tion [→名]	n.代理, 代用, 交替
system [sístəm]	sy	st	em	sy<syn [=together 共に] ～em [→名].「共に立つ」→「部分を集めてできたもの」	n.組織, 系統, 秩序
understand [Λndərstǽnd]	under	stand		under 下に～.「下に立つ」→「間に立つ」→「理解する」	v.理解する, 納得する
understanding [Λndərstǽndiŋ]	under	stand	ing	under [=under 下に] ～ing [→名]	n.理解, 知識, 分別
withstand [wiðstǽnd]	with	stand		with [=against 反対に] ～.「対抗して立つ」	v.逆らう, 反抗する

soci [=companion 仲間]

social [sóuʃəl]		soci	al	～al [→形].「友の」	a.社会の, 社交的な
socialist [sóuʃəlist]		soci	alist	～ist [=person 人→名]	n.社会主義者

socialism [sóuʃəlizm]	soci	alism	~ism [=doctrine 教義→名]	n.社会主義
society [səsáiəti]	soci	ety	~ty [=state 状態→名].「仲間の集合体」	n.社会, 世間, 交際
sociology [souʃiálədʒi]	soci	ology	~logy [=study 学問→名]	n.社会学
associate [əsóuʃieit]	as soci	ate	as<ad [=to…へ] ~ate [=make…にする→動]	v.連合させる, 想起する
association [əsousiéiʃən]	as soci	ation	as<ad [=to…へ] ~ate [=make…にする→動]+ion [=state 状態→名]	n.連合, 組合, 連想

sol¹ [=the sun 太陽]

solar [sóulər]	sol	ar	~ar [→形]	a.太陽の
solstice [sálstis]	sol	stice	~stice [<L.=make to stand 静止させる].「太陽が静止する点」	n.《天文》至, 至日
parasol [pǽrəsɔ:l]	para sol		para [=against 対して] ~.「太陽の熱をさえぎるもの」	n.日傘, パラソル

sol², sull [=single 単独の, lonely さびしい]

sole [soul]	sol	e	<L. solus「ひとりの」	a.唯一の, 単独の, 独占的な
solely [sóuli]	sol	ely	~ly [→副]	ad.ひとりで, 単独に, もっぱら
soliloquy [səlíləkwi]	sol	iloquy	~loquy [=speech 言葉].「ひとりの言葉」	n.ひとりごと, 独白
solitary [sáliteri]	sol	itary	~ary [→形]	a.孤独の, さびしい, 孤立した
solitude [sálitju:d]	sol	itude	~tude [→名]	n.孤独, さびしさ, へき地
solo [sóulou]	sol	o		n.独奏(曲), 単独飛行
sullen [sʌ́lən]	sull	en	~en [→形].<L. solus「ひとりの」	a.ふきげんな, 陰気な
desolate [désəlit]	de sol	ate	de [=completely 完全に] ~ate [→形].「完全にさびしくする」	a.荒れ果てた, 孤独の
desolation [desəléiʃən]	de sol	ation	de [=completely 完全に] ~ate [=make…にする→動]+ion [→名]	n.荒らすこと, 荒廃, 心細さ

sol³ [=console 慰める]

solace [sális]	sol	ace	<L. solari [=comfort 慰め]	n.慰め; v.慰める, 慰謝する
console [kənsóul]	con sol	e	con [=completely 完全に] ~.「完全に慰める」	v.慰める, 慰問する
consolation [kɑnsəléiʃən]	con sol	ation	con [=completely 完全に] ~ate [=make…にする→動]+ion [→名]	n.慰め, 慰安

solid [=firm 堅い]

solid [sálid]	solid			a.堅い, 固形の, 充実した, 確実な

見出し語	接頭辞	語幹	接尾辞	語源・解説	意味
soldier [sóuldʒər]		sold	ier	<L. solidus「(ローマ帝政時代の) 金貨」. 原義は「堅い」.「金貨を支払われる者」	n.軍人, 兵
consolidate [kənsálideit]	con	solid	ate	con [=together 共に] ~ate [=make …にする→動].「合わせて固定する」	v.結合させる, 固める

solv, solut [=loosen ゆるめる, untie 結び目を解く]

solution [səljúːʃən]		solut	ion	~ion [→名]	n.溶解, 分解, 解決, 解(答)
solve [sɑlv]		solv	e	<L. solvete「自由にする, ゆるめる」	v.解答する, 解決する
solvent [sálvənt]		solv	ent	~ent [→形]	a.支払い能力のある, 溶解力のある
absolute [ǽbsəluːt]	ab	solut	e	ab [=away, from 離れて] ~.「ゆるめられた」→「束縛を受けない」→「思いどおりになる」	a.絶対の, まったくの, 専制の, 確実な
absolutely [ǽbsəluːtli]	ab	solut	ely	ab [=away, from 離れて] ~ly [→副]	ad.絶対に, 完全に, まったく
absolution [æbsəlúːʃən]	ab	solut	ion	ab [=away, from 離れて] ~ion [→名]	n.免除, 責任解除
absolve [əbsálv]	ab	solv	e	ab [=away, from 離れて] ~.「ゆるめて離す」	v.ゆるす, 免除する, 解除する
resolute [rézəluːt]	re	solut	e	re [=back 後ろへ] ~	a.決然たる, 断固たる
resolutely [rézəluːtli]	re	solut	ely	re [=back 後ろへ] ~ly [→副]	ad.決然として, 断固として
resolve [rizálv]	re	solv	e	re [=back 後ろへ] ~.「後ろへゆるめる」→「部分に戻す」→「決心する」の意は16世紀から	v.決心する, 決定する, 分解する, 散らす
resolved [rizálvd]	re	solv	ed	re [=back 後ろへ] ~ed [→形]	a.決意した, 断固たる
resolvent [rizálvənt]	re	solv	ent	re [=back 後ろへ] ~	a.分解する, 溶解力のある
resolution [rizəlúːʃən]	re	solut	ion	re [=back 後ろへ] ~	n.決心, 決定, 決議, 分解

son, sound [=sound 音]

sonnet [sánit]		son	net	~et [→指小辞]. <It. sonnetto. suono「音」の指小形	n.14行詩, ソネット
sonorous [sənɔ́ːrəs]		son	orous	~ous [=full of …で満ちた→形]	a.朗々とした, 響き渡る
sound [saund]		sound		英語の添加音の-dは15世紀に現れ始め, 16世紀に確立	n.音, 騒音, 聞こえ
consonant [kánsənənt]	con	son	ant	con [=together 共に] ~ant [→形・名].「一緒に響くところ(のもの)」	a.一致する, 調和する; n.子音
resound [rizáund]	re	sound		re [=again 再び] ~	v.響く, 鳴り渡る, もてはやす

sorb, sorp [=drink 飲む]

見出し語	接頭辞	語幹	接尾辞	語源・解説	意味
absorb [əbsɔ́ːrb]	ab	sorb		ab [=away from 離れて] ~.「吸い上げる」	v.吸収する, 併合する, 夢中になる

word	morphemes	etymology	meaning
absorbing [əbsɔ́ːrbiŋ]	ab|sorb|ing	ab [=away from 離れて] ~ing [→形]	a.吸収する, 夢中にする
absorption [əbsɔ́ːrpʃən]	ab|sorp|tion	ab [=away from 離れて] ~tion [→名]	n.吸収, 専心, 夢中

sor(r) [=sore 痛み]

sore [sɔːr]	sor|e		a.ひりひりする, 悲しい; n.傷, ただれ
sorrow [sárou]	sorr|ow	<OE. sārig「悲しい」	n.悲しみ, 後悔, 不幸
sorrowful [sároufəl]	sorr|owful	~ful [=full of …で満ちた→形]	a.悲しんでいる, 哀れな, 痛ましい
sorry [sári]	sorr|y	~y [→形]	a.気の毒に思って, 貧弱な, みじめな

sort [=share 分かち合う]

sort [sɔːrt]	sort	原義は MF. sors「くじ運」.「分かれたもの」	n.種類, 品質; v.分類する
assort [əsɔ́ːrt]	as|sort	as<ad [=to …へ] ~.「種類にわける」	v.分類する, そろえる, 釣り合う
assorted [əsɔ́ːrtid]	as|sort|ed	as<ad [=to …へ] ~ed [→形]	a.取り合わせた, 調和した
assortment [əsɔ́ːrtmənt]	as|sort|ment	as<ad [=to …へ] ~ment [→名]	n.分類, 各種取り合せ
consort n.[kánsɔːrt] v.[kənsɔ́ːrt]	con|sort	con [=together 共に] ~.「運命を共にする者」	n.配偶者, 仲間; v.交際する

spec, spect, spy, spic, spis, spit, spi, pect [=look, see 見る]

special [spéʃəl]	spec|ial	~al [→形]. <L. speciālis「種類の」<L. speciēs「種類」. 原義は「特殊な種類に属する」. cf. species	a.特別の, 独特の, 専門の, 特定の
speciality [speʃǽliti]	spec|iality	~al [→形]+ity [=condition 状態→名]	n.特質, 特色, 専門, 特製品
specialize [spéʃəlaiz]	spec|ialize	~al [→形]+ize [=make …にする→動]	v.専門化する, 専攻する, 限定する (意味など)
specially [spéʃəli]	spec|ially	~al [→形]+ly [→副]	ad.特別に, 臨時に
specie [spíːʃiː]	spec|ie	<L. speciē [=in kind (紙幣・手形でなく) 正金で].「外見と実際が一致している種類のもので」→「実際の硬貨で」→「正真正銘の硬貨」	n.(紙幣に対して) 正金, 正貨
species [spíːʃiːz]	spec|ies	<L. specere [=look, see 見る].「見えるもの」→「様相」→「外形, 形状, 種類」	n.種類, 種
specific [spəsífik]	spec|ific	~fic<fy [=make …にする→動]+ic [→形]	a.特殊の, 特別の, 明細な, 明確な

spec, spect, spy, spic, spis, spit, spi, pect, pro

specifically [spəsífikəli]	spec	ifically	～fical (fy [＝make…にする→動]＋ical [→形])＋ly [→副]	ad.類に従って，特に，明確に(言えば)
specify [spésifai]	spec	ify	～ify [＝make…にする→動]	v.名をあげて言う，指名する，明細に述べる
specimen [spésimin]	spec	imen	～men [＝re-sult 結果→名].「見るもの」→「見本」	n.見本，標本
specious [spí:ʃəs]	spec	ious	～ous [＝full of…で満ちた→形]	a.見かけのよい，もっともらしい
spectacle [spéktəkl]	spect	acle	～cle [→指小辞].「見るに値するもの」	n.見もの，背景，(pl.)めがね
spectacular [spektækjulər]	spect	acular	～ar [→形]	a.見世物の，めざましい
specter [spéktər]	spect	er	～er [＝person 人, thing 物→名].「見えるもの」	n.幽霊，妖怪，こわいもの
spectrum [spéktrəm]	spect	rum	「見えるもの」	n.スペクトル，残像
speculate [spékjuleit]	spec	ulate	～ate [＝make…にする→動].「観察する」→「熟考する」	v.熟考する，推測する，投機する
speculation [spekjuléiʃən]	spec	ulation	～ion [→名]	n.沈思，思弁，投機
speculative [spékjulətiv]	spec	ulative	～ive [→形]	a.思弁的な，推理の，投機の
spy [spai]		spy	espy「ふと見つける」の短縮形	v.見つける，探知する；n.スパイ
aspect [æspekt]	a	spect	a＜ad [＝to…へ] ～.「見られるもの」→「眺め」	n.様子，顔つき，方向，状勢
auspice [ɔ́:spis]	au	spic	e	＜L. auspicium (avis 鳥＋spicere 見る).「鳥を見ること」→「(鳥の飛び方による)鳥占い」	n.前兆，吉祥，庇護
circumspect [sə́:rkəmspekt]	circum	spect	circum [＝round 周りを] ～.「周りをよく見る」	a.用心深い
conspicuous [kənspíkjuəs]	con	spic	uous	con [＝強意] ～ous [＝full of…で満ちた→形].「完全に見える」	a.目立つ，抜群の
despise [dispáiz]	de	spis	e	de [＝down 下を] ～.「見下す」	v.軽べつする，見くびる
despite [dispáit]	de	spit	e	de [＝down 下を] ～.「見下すこと」.＜OF.＜L. dē 下に＋specere 見る	n.軽べつ，悪意；prep.…にもかかわらず
especial [ispéʃəl]	e	spec	ial	e＜ex [＝強意] ～al [→形].「種特有の」	a.特別の，格別の，特殊な
especially [ispéʃəli]	e	spec	ially	e＜ex [＝強意] ～al [→形]＋ly [→副]	ad.特に，とりわけて
espionage [espiəná:ʒ]	e	spi	onage	～age [→名].＜F.＜It. spia「スパイ」	n.探索，スパイを使うこと
espy [ispái]	e	spy		＜OF. espier「見つける」	v.見つける，探し出す

spec, spect, spy, spic, spis, spit, spi, pect, pro

expect [ikspékt]	ex	pect		ex [=out of 外を] ~.「ex+spect」に分解するとわかりやすい。「あるものを求めて外を見る」→「期待する」	v.予想する, 見込む, 期待する
expectation [ekspektéiʃən]	ex	pect	ation	ex [=out of 外を] ~ate [=make…にする→動]+ion [→名].「ex+spect+ation」に分解するとわかりやすい	n.期待, 見込み
inspect [inspékt]	in	spect		in [=into 中を] ~.「中を見ること」	v.調べる, 監査する, 点検する
inspection [inspékʃən]	in	spect	ion	in [=into 中を] ~ion [→名]	n.検査, 監査, 視察
inspector [inspéktər]	in	spect	or	in [=into 中を] ~or [=person 人→名]	n.検査官, 検問者, 警部
introspect [introuspékt]	intro	spect		intro [=into 中へ] ~.「(心の)内側を見る」	v.内省する
perspective [pərspéktiv]	per	spect	ive	per [=through 通して] ~ive [→形]	n.遠近画法, 遠景, 釣合, 前途
perspicacious [pəːrspikéiʃəs]	per	spic	acious	per [=through 通して] ~ous [=full of…で満ちた→形]	a.明敏な, 洞察力のある
perspicuous [pərspíkjuəs]	per	spic	uous	per [=through 通して] ~ous [=full of…で満ちた→形].「ずっと見える」	a.明瞭な, 明白な
prospect [práspekt]	pro	spect		pro [=before 前を] ~.「前方を見る」	n.見晴らし, 光景, 展望, 予想
prospetive [prəspéktiv]	pro	spect	ive	pro [=before 前を] ~ive [→形]	a.予期された, 将来の
respect [rispékt]	re	spect		re [=back 後ろを] ~.「振り返って見る」→「尊敬する」	n.尊敬, 注意, 関係; v.尊敬する, 注意する
respectable [rispéktəbl]	re	spect	able	re [=back 後ろを] ~able [=pssible…できる→形]	a.尊敬すべき, 相当な
respectful [rispéktfəl]	re	spect	ful	re [=back 後ろを] ~ful [=full of…で満ちた→形]	a.敬意を表する, 礼儀正しい
respectfully [rispéktfəli]	re	spect	fully	re [=back 後ろを] ~ful [=full of…で満ちた→形]+ly [→副]	ad.うやうやしく, つつしんで
respecting [rispéktiŋ]	re	spect	ing	re [=back 後ろを] ~ing [→前]	prep.…について, に関して
respective [rispéktiv]	re	spect	ive	re [=back 後ろを] ~ive [→形]	a.それぞれの, 各自の
respectively [rispéktivli]	re	spect	ively	re [=back 後ろを] ~ive [→形]+ly [→副]	ad.それぞれ, 別々に
retrospect [rétrouspekt]	retro	spect		retro [=backward 後方を] ~.「後ろを見る」	v.回顧する; n.回顧, 追憶, 想出
suspect [səspékt]	sus	pect		sus<sub [=under 下に] ~.「下から見られる」→「疑いをかけられた」	v.感づく, 疑う, 怪しむ

単語	分解			語源説明	意味
suspicion [səspíʃən]	su	spic	ion	su＜sub [=under 下に] ~ion [→名]	n.嫌擬，不審，気味
suspicious [səspíʃəs]	su	spic	ious	su＜sub [=under 下に] ~ous [=full of…で満ちた→形]	a.疑わしい，怪しい，疑り深い
transpicuous [trænspíkjuəs]	tran	spic	uous	tran [=through 通して] ~ous [=full of…で満ちた→形]「通して見える」	a.透明な
unexpected [ʌnikspéktid]	unex	pect	ed	un [=not]+ex [=out of 外に] ~ed [→形]	a.思いもよらない，意外な

sper, spair [=hope 希望, favorable 有望な]

単語	分解			語源説明	意味
despair [dispéər]	de	spair		de [=without…のない] ~.「期待からはずれる(こと)」.＜OF.＜L. dē「ない」+spērāre「期待する」	n.絶望；v.絶望する，思い切る
despairing [dispéəriŋ]	de	spair	ing	de [=without…のない] ~ing [→形]	a.絶望している，見込みのない
desperate [déspərit]	de	sper	ate	de [=without…のない] ~ate [→形]「希望を失った」	a.命知らずの，必死の，絶望的な
desperately [déspəritli]	de	sper	ately	de [=without…のない] ~ate [→形]+ly [→副]	ad.向こう見ずに
desperation [dèspəréiʃən]	de	sper	ation	de [=without…のない] ~ate [→形]+ion [→名]	n.向こう見ず，死にものぐるい
prosper [práspər]	pro	sper		pro [=forward 前へ] ~.「希望に向かってする」	v.繁盛する，成功する
prosperity [prɑspériti]	pro	sper	ity	pro [=forward 前へ] ~ity [=state 状態→名]	n.繁栄，成功，幸運
prosperous [práspərəs]	pro	sper	ous	pro [=forward 前へ] ~ous [=full of…で満ちた→形]	a.繁栄する，好運な

spers [=scatter まき散らす]

単語	分解			語源説明	意味
asperse [əspə́ːrs]	a	spers	e	a＜ad [=to…へ] ~	v.中傷する，洗礼の水をふりかける
disperse [dispə́ːrs]	di	spers	e	di＜dis [=away 離れて] ~.「あちこちにばらまく」	v.散らす，解散する
dispersion [dispə́ːrʃən]	di	spers	ion	di＜dis [=away 離れて] ~ion [→名]	n.散乱，散布，解散
intersperse [ìntərspə́ːrs]	inter	spers	e	inter [=between] ~.「間にまき散らす」	v.ところどころに入れる

sphere [=ball 玉, sphere 球(体)]

単語	分解			語源説明	意味
sphere [sfíər]			sphere		n.球，天体，天，領域
atmosphere [ǽtməsfìər]		atmo	sphere	atmo [=air 空気] ~.「地球の周囲の空気のある所」	n.大気，環境，雰囲気
hemisphere [hémisfìər]		hemi	sphere	hemi [=half 半分] ~	n.半球，活動範囲

spir, pir [=breathe 息づく]

単語	接頭辞	語根	接尾辞	語源・解説	意味
spirit [spírit]		spir	it	<L. *spīritus* [=breath 息, life 生命, soul 魂].「呼吸が行われるもの」	n.精神, 心, 気分, 元気
spiritual [spíritʃuəl]		spir	itual	～al [→形, 名]	a.精神の, 神の; n.黒人霊歌
aspire [əspáiər]	a	spir	e	as<ad [=to…へ] ～.「…に向かって呼吸する」	v.熱望する, 切望する
aspiration [æspəréiʃən]	a	spir	ation	～ate [=make…にする→動]+ion [→名]	n.熱望, 抱負, 吸気
conspire [kənspáiər]	con	spir	e	con [=together 共に] ～.「共に呼吸する」→「共にたくらむ」	v.共謀する, 協力する, たくらむ
conspiracy [kənspírəsi]	con	spir	acy	con [=together 共に] ～acy [=action 行為→名]	n.共謀, 陰謀, むほん
expire [ikspáiər]	ex	pir	e	ex [=out of 外に] ～.「ex+spire」に分解するとわかりやすい.「呼吸が果てる」→「死ぬ」	v.終わる, 満期になる, 息を吐き出す
expiration [ekspəréiʃən]	ex	pir	ation	ex [=out of 外に] ～ate [=make…にする→動]+ion [→名].「ex+spir+ation」に分解するとわかりやすい	n.終結, 満了, 吸気
perspire [pərspáiər]	per	spir	e	per [=through 通して] ～.「皮膚を通して呼吸する」	v.汗をかく, 分泌する
perspiration [pəːrspəréiʃən]	per	spir	ation	per [=through 通して] ～ate [=make…にする→動]+ion [→名]	n.発汗(作用), 汗
respire [rispáiər]	re	spir	e	re [=again 再び] ～.「繰り返し呼吸する」	v.呼吸する, 休息する
respiration [respəréiʃən]	re	spir	ation	re [=again 再び] ～ate [=make…にする→動]+ion [→名]	n.呼吸, 一息

spond, spons [=answer 答える, promise 約束する]

単語	接頭辞	語根	接尾辞	語源・解説	意味
sponsor [spánsər]		spons	or	～or [=person 人→名].「約束した者」	n.名づけ親, 保証人, スポンサー
correspond [kɔrispánd]	corre	spond		cor [=together 共に]+re [=back もとへ] ～.「共に応じ合う」	v.相当する, 一致する, 文通する
correspondence [kɔrispándəns]	corre	spond	ence	cor [=together 共に]+re [=back もとへ] ～ence [→名]	n.文通, 通信, 一致, 類似
correspondent [kɔrispándənt]	corre	spond	ent	cor [=together 共に]+re [=back もとへ] ～ent [=person 人→名]	n.通信者, 取引先
corresponding [kɔrispándiŋ]	corre	spond	ing	cor [=together 共に]+re [=back もとへ] ～ing [→形]	a.相当する, 通信する
despond [dispánd]	de	spond		de [=off, away 離れて] ～.「応じてくれない」	v.落胆する
irresponsible [irispánsəbl]	irre	spons	ible	ir [=not]+re [=back もとへ] ～ible [=able…できる→形]	a.責任のない, 無責任な

単語	分解			語源説明	意味
respond [rispánd]	re	spond		re [=back もとへ] ～.「約束を返す」→「返答する」	v.答える, 応じる, 反応する
response [rispáns]	re	spons	e	re [=back もとへ] ～	n.答え, 応答, 反応
responsible [rispánsəbl]	re	spons	ible	re [=back もとへ] ～ible [=able…できる→形]	a.責任のある, 信頼すべき
responsibility [rispɑnsəbíliti]	re	spons	ibility	re [=back もとへ] ～ibil [=able…できる→形]+ity [=condition 状態→名]	n.責任, 負担

stimul, sting, stinct, tinct, ting¹ [=mark しるしをつける, prick さす]

単語	分解			語源説明	意味
stimulate [stímjuleit]		stimul	ate	～ate [=make…にする→動].「人を突つく」	v.刺激する, 激励する
stimulus [stímjuləs]		stimul	us	<L. stimulus [=goad 刺し棒, 突棒].「先のとがった棒」	n.刺激, 激励, 刺激物
sting [stiŋ]		sting			v.刺す, 苦しめる, 刺激して…させる
distinct [distíŋkt]	di	stinct		di<dis [=apart 離れて] ～.「しるしで区別された」	a.別の, 異なった, 明白な
distinction [distíŋkʃən]	di	stinct	ion	di<dis [=apart 離れて] ～ion [→名]	n.差別, 区別, 優秀, 名誉
distinctive [distíŋktiv]	di	stinct	ive	di<dis [=apart 離れて] ～ive [→形]	a.差異を示す, 特殊の
distinctively [distíŋktivli]	di	stinct	ively	di<dis [=apart 離れて] ～ive [→形]+ly [→副]	ad.まぎれもなく, 明白に
distinguish [distíŋgwiʃ]	di	sting	uish	di<dis [=apart 離れて] ～ish [=make…にする→動].「しるしで区別する」	v.区別する, 見分ける
distinguished [distíŋgwiʃt]	di	sting	uished	di<dis [=apart 離れて] ～ish [=make…にする→動]+ed [→形]	a.有名な, 上品な, すぐれた
extinct [ikstíŋkt]	ex	tinct		ex [=out of 外に] ～.「ex+stinct」に分解するとわかりやすい.「消された」	a.消えた, 絶えた
extinguish [ikstíŋgwiʃ]	ex	ting	uish	ex [=out of 外に] ～ish [=make…にする→動].「ex+stingu+ish」に分解するとわかりやすい.「消し去る」	v.消す, 絶やす, 静める
instinct [ínstiŋkt]	in	stinct		in [=on 上に] ～. prick on「どんどんつき刺す」の意から	n.本能, 直観
instinctive [instíŋktiv]	in	stinct	ive	in [=on 上に] ～ive [→形]	a.本能的な, 天性の

stle [=send 送る]

単語	分解		語源説明	意味
apostle [əpásl]	apo	stle	apo [=off 離れて] ～.「送られる人」→「使者」	n.使徒, 開祖, 主唱者
epistle [ipísl]	epi	stle	<GK. epi [=to…へ]+stellein [=send 送る].「送られたもの」	n.書簡, (新約聖書中の)使徒書簡

stor, staur [＝repair 補う, renew 回復する]

語	分解1	分解2	分解3	説明	意味
store [stɔːr]	stor	e			n.たくわえ, 蓄積, 商店; v.たくわえる
storage [stɔ́ːridʒ]	stor	age		～age [→名]	n.貯蔵, 倉庫
storehouse [stɔ́ːrhaus]	stor	ehouse		store たくわえ＋house 家	n.倉庫, 宝庫
restaurant [réstərənt]	re	staur	ant	＜F. [＝restoring 再び元気をつける]	n.レストラン
restore [ristɔ́ːr]	re	stor	e	re [＝again 再び] ～「再び元気にする」	v.復旧する, 回復する
restoration [rèstəréiʃən]	re	stor	ation	re [＝again 再び] ～ion [→名]	n.回復, 返還, 復職

strain(t), strait, stress, strict, string [＝stretch 伸ばす, tighten 引きしめる]

語	分解1	分解2	分解3	説明	意味
strain [strein]		strain			v.ひっぱる, 抱きしめる, 働かせすぎる, くじく
strait [streit]		strait		「ひっぱられた」→「狭い場所」	n.海峡, (pl.)窮乏, 難儀
stress [stres]		stress		原義は「縛られた」	n.圧力, 強制, ストレス, アクセント
strict [strikt]		strict		「ひっぱられた」→「きびしい」	a.きびしい, 厳格な, 厳密な, 完全な
strictly [stríktli]		strict	ly	～ly [→副]	ad.きびしく, きちんと, 厳密に
stringent [stríndʒənt]		string	ent	～ent [→形]	a.切迫した, 厳重な, 有力な
constrain [kənstréin]	con	strain		con [＝強意] ～	v.強いる, 強制する, 束縛する
constraint [kənstréint]	con	straint		con [＝強意] ～	n.強制, 拘束, 気がね
constrict [kənstríkt]	con	strict		con [＝強意] ～	v.圧縮する, 締める
constriction [kənstríkʃən]	con	strict	ion	con [＝強意] ～ion [→名]	n.圧縮, 締めつけられる感じ
distress [distrés]	di	stress		di＜dis [＝apart 離れて] ～.「ひっぱり離す」	n.苦悩, 心痛, 貧苦; v.苦しめる, 悩ます
distressing [distrésiŋ]	di	stress	ing	di＜dis [＝apart 離れて] ～ing [→形]	a.苦しめる, 悲しい
district [dístrikt]	di	strict		di＜dis [＝apart 離れて] ～.「引いて離されたもの」→「地区」	n.地方, 地区, 選挙区
restrain [ristréin]	re	strain		re [＝back 後ろへ] ～	v.抑える, 制限する, 拘束する
restraint [ristréint]	re	straint		re [＝back 後ろへ] ～	n.抑制, 禁止, 自制
restrict [ristríkt]	re	strict		re [＝back 後ろへ] ～. 原義は「締めつけられた」	v.限る, 制限する
restriction [ristríkʃən]	re	strict	ion	re [＝back 後ろへ] ～ion [→名]	n.制限, 拘束, 遠慮

restrictive [ristríktiv]	re	strict | ive	re [=back 後ろへ] ~ive [→形]	a.制限する, 限定する

struct, stru [=build 建てる]

structure [strʌ́ktʃər]		struct | ure	~ure [=result 結果→名]	n.構造, 構成, 組織, 構造物
structural [strʌ́ktʃərəl]		struct | ural	~al [→形]	a.構造の, 構成の
construct [kənstrʌ́kt]	con	struct	con [=together 共に] ~. 「共に建てる」	v.組み立てる, 建てる, 作る
construction [kənstrʌ́kʃən]	con	struct | ion	con [=together 共に] ~ion [→名]	n.建造, 工事, 解釈, 構造
constructive [kənstrʌ́ktiv]	con	struct | ive	con [=together 共に] ~ive [→形]	a.建設的, 構造上の, 作図の
construe [kənstrúː]	con	stru | e	con [=together 共に] ~. 「積み上げる」→「構成する」	v.解釈する, 分析する
destruction [distrʌ́kʃən]	de	struct | ion	de [=down 下に] ~ion [→名]. 「下に積み上げること」→「取りこわすこと」	n.破壊, 破滅(の原因)
destructive [distrʌ́ktiv]	de	struct | ive	de [=down 下に] ~ive [→形]	a.破壊的な, 有害な
instruct [instrʌ́kt]	in	struct	in=on 上に] ~. 「積み上げる, 建てる」	v.教える, 指令する, 知らせる
instruction [instrʌ́kʃən]	in	struct | ion	in [=on 上に] ~ion [→名]	n.教授, 教育, 知識, 通達
instructive [instrʌ́ktiv]	in	struct | ive	in [=on 上に] ~ive [→形]	a.教育的な, 有益な
instructor [instrʌ́ktər]	in	struct | or	in [=on 上に] ~or [=person 人→名]	n.教師, 教諭
instrument [ínstrumənt]	in	stru | ment	in [=on 上に] ~ment [→名]. 「組み立てるもの」	n.道具, 器具, 手先, 手段
obstruct [əbstrʌ́kt]	ob	struct	ob [=against 反して] ~. 「反して建てられた」	v.ふさぐ, さえぎる
obstruction [əbstrʌ́kʃən]	ob	struct | ion	ob [=against 反して] ~ion [→名]	n.妨害, 阻止, 障害物
obstructive [əbstrʌ́ktiv]	ob	struct | ive	ob [=against 反して] ~ive [→形]	a.妨害する, じゃまな
reconstruct [riːkənstrʌ́kt]	recon	struct	re [=again 再び]+con [=together 共に] ~	v.建て直す, 改造する
reconstruction [riːkənstrʌ́kʃən]	recon	struct | ion	re [=again 再び]+con [=together 共に] ~ion [→名]	n.再建, 改造, 復興

stup [=to be struck senseless 失神する]

stupefy [stjúːpifai]	stup	efy	~fy [=make…にする→動]	v.麻痺させる, 知覚を失わせる
stupendous [stjuːpéndəs]	stup	endous	~ous [=full of…に満ちた→形].「驚くべき」	a.途方もない, 素晴らしい, 巨大な
stupid [stjúːpid]	stup	id	~id [→形].「気絶させる」→「驚いてぼんやりした」	a.ばかな, ばかげた
stupidity [stjuːpíditi]	stup	idity	~ity [=state 状態→名]	n.愚鈍, まぬけ, 愚行

stupor [stjúːpər]	stup	or	~or [→名]		n.無感覚, 人事不省, 麻痺

suad, suas [=advise 忠告する]

dissuade [diswéid]	dis	suad	e	dis [=away 離れて] ~.「説得して離す」	v.(説得して)思いとどまらせる
persuade [pərswéid]	per	suad	e	per [=thoroughly 完全に] ~.「完全に説得する」	v.説きふせる, 納得させる
persuasion [pərswéiʒən]	per	suas	ion	per [=thoroughly 完全に]~ion [→名]	n.説得(力), 確信, 信仰, 信条

sum¹, sov, sup [=highest 最高の]

sovereign [sávrin]	sov	ereign		<OF. so(u)verain<L. superānus (super「上に」+ānus [=-an →形].-reign [=rule 支配する]との連想でgが入った	a.主権のある, 独立した, 最高の
sum [sʌm]	sum			<OF. summe<L. summa「一番上の, 最高の, 全体の」	n.総計, 概略, 金額
summary [sʌ́məri]	sum	mary		~ary [→形, 名]	a.摘要の, 略式の, 即座の; n.摘要
summit [sʌ́mit]	sum	mit		<L. summum「最高のもの」. ~it<et [=small 小さい→指小辞]	n.頂上, 絶頂
superior [supíəriər]	sup	erior		<L.[=higher より高い. iorは比較級語尾]	a.上の, 上質の, すぐれた
superiority [supiərɔ́ːriti]	sup	eriority		~ior [=比較級語尾→形]+ity [=condition 状態→名]	n.優位, 優秀, 優勢
supreme [suprí:m]	sup	reme		<L. suprēmus [=highest 最高の]	n.最上の, 最高の, 最重要の
supremacy [suprémsəsi]	sup	remacy		~acy [=condition 状態→名]	n.最高, 主権, 優位

sum², sumpt [=take 取る]

sumptuous [sʌ́mptʃuəs]		sumpt	uous	~ous [=full of …で満ちた→形].「費用のかかる」	a.ぜいたくな, 豪華な
assume [əsjúːm]	as	sum	e	as<ad [=to …へ] ~.「取り上げる」	v.取る, 引き受ける, 見せかける
assumption [əsʌ́mpʃən]	as	sumpt	ion	as<ad [=to …へ] ~ion [→名]	n.引き受けること, 仮定, 横柄
consume [kənsjúːm]	con	sum	e	con [=completely 完全に] ~.「完全にとる」	v.消費する, 浪費する
consumer [kənsjúːmər]	con	sum	er	con [=completely 完全に] ~er [=person 人→名]	n.消費者, 消耗者
consumption [kənsʌ́mpʃən]	con	sumpt	ion	con [=completely 完全に] ~ion [→名]	n.消費, 消耗, 肺病
presume [prizúːm]	pre	sum	e	pre [=before 前もって] ~.「先取りする」	v.推定する, 仮定する, あえて…する
presumably [prizúːməbli]	pre	sum	ably	pre [=before 前もって] ~ly [→副]	ad.推測上, たぶん
presumption [prizʌ́mpʃən]	pre	sumpt	ion	pre [=before 前もって] ~ion [→名]	n.推定, 仮定, 見込み, でしゃばり

resume [rizúːm]	re	sum	e	re [=back 後ろへ] ~.「後ろへ取る」	v.取り返す, 再び始める
resumption [rizʌ́mpʃən]	re	sumpt	ion	re [=back 後ろへ] ~ion [→名]	n.取返し, 回復, 続行

sur [=safe 安全な, secure 確かな]

sure [ʃuər]		sur	e		a.確かな, 確信して, 安全な
surely [ʃúərli]		sur	ely	~ly [→副]	ad.確かに, 完全に
assure [əʃúər]	as	sur	e	as<ad [=to…へ] ~.「…に対して確実にする」	v.保証する, 安心させる, 確かにする
assurance [əʃúərəns]	as	sur	ance	as<ad [=to…へ] ~ance [=action 行為→名]	n.保証, 確信, あつかましさ
assuredly [əʃúəridli]	as	sur	edly	as<ad [=to…へ] ~ed [→形]+ly [→副]	ad.確かに, 疑いもなく
ensure [inʃúər]	en	sur	e	en [=make…にする→動] ~	v.確実にする
insure [inʃúər]	in	sur	e	in [=in 中へ] ~. ensure の異形	v.保険をつける, 確保する, 確実にする
insurance [inʃúərəns]	in	sur	ance	in [=in 中へ] ~ance [=action 行為→名]	n.保険, 保証, 請合い
reassure [riːəʃúər]	reas	sur	e	re [=again 再び]+as<ad [=to…へ] ~.	v.安心させる, 再保証する

surg, sourc, surrect [=rise もり上がる]

source [sɔːrs]		sourc	e	<OF. sors「湧き出ること」→「起り」	n.水源地, 源, 出所
surge [səːrdʒ]		surg	e	「もり上がる」	v.大波が立つ, 起伏する; n.うねり, 大波
surgy [səːrdʒi]		surg	y	~y [→形]	a.大きく波打つ, うねる
insurgent [insəːrdʒənt]	in	surg	ent	in [=upon 上に] ~ent [→形, 名].「…に押し寄せる」	a.打ち寄せる, 反乱を起こした; n.暴徒, 反乱者
resource [risɔ́ːrs]	re	sourc	e	re [=again 再び] ~.「次々に湧き上るもの」	n.(通例 pl.)資源, 方便, 機知, 娯楽
resourceful [risɔ́ːrsfəl]	re	sourc	eful	re [=again 再び] ~ful [=full of…で満ちた→形]	a.工夫に富む, 資源に富む
resurge [risəːrdʒ]	re	surg	e	re [=again 再び] ~.「再び立ち上がる」	v.再起する, 復活する
resurrect [rezərékt]	re	surrect		re [=again 再び] ~.「浮き上がる」	v.生き返る(返らせる), 復興する
resurrection [rezərékʃən]	re	surrect	ion	re [=again 再び] ~ion [→名]	n.生き返り, 復活

swer, swear [=swear 誓う]

swear [sweər]		swear		<OE. swerian「誓う」	v.誓う, 宣誓する
answer [ǽnsər]	an	swer		an [=against 反対して] ~.「相手に反対して誓う」が原義	n.答え; v.答える, 解く
answerable [ǽnsərəbl]	an	swer	able	an [=against 反対して] ~able [=possible…できる→形]	a.責任のある

T

tach, tact, tang, tast, tack, tag, ting², tegr [＝touch さわる，接触する]

語	分解1	分解2	分解3	語源・説明	意味
tact [tækt]	tact			＜L. *tactus*「手ざわり」	n.気転，手練，手際
tactics [tæktiks]	tact	ics		～ics [＝science 術]	n.戦術，策略，かけひき
tangent [tǽndʒənt]	tang	ent		～ent [→形]．「触れている」	a.接触する，接する
tangible [tǽndʒəbl]	tang	ible		～ible [＝able…できる→形]．「触れることができる」	a.触知しうる，確実な，明白な
taste [teist]	tast	e		＜OF. *taster* [＝feel 触れる]．L. *tangere*「触れる」とL.*gustāre*「味わう」の混淆とする説あり	v.味わう，経験する；n.味，試食，趣味
attach [ətǽtʃ]	at	tach		at＜ad [＝to…へ] ～．「くいに固定する」	v.付ける，所属させる，愛着させる
attachment [ətǽtʃmənt]	at	tach	ment	at＜ad [＝to…へ] ～ment [→名]	n.付着，付属品，愛着
attack [ətǽk]	at	tack		attach「付ける」と同語源	v.攻撃する，おかす，取りかかる
contact [kántækt]	con	tact		con [＝with 共に] ～．「共に触れること」	n.接触，交渉
contagion [kəntéidʒən]	con	tag	ion	con [＝with 共に] ～ion [→名]	n.接触伝染，伝染病，腐敗
contagious [kəntéidʒəs]	con	tag	ious	con [＝with 共に] ～ous [＝full of…で満ちた→形]	a.伝染性の
contingent [kəntíndʒənt]	con	ting	ent	con [＝with 共に] ～ent [→形]．「共に触れる」→「関係した」	a.不慮の，付随的な
detach [ditǽtʃ]	de	tach		de [＝off, away 離れて] ～．「木くぎから離れて」	v.離す，取りはずす，派遣する
detachment [ditǽtʃmənt]	de	tach	ment	de [＝off, away 離れて] ～ment [→名]	n.分離，分遣，超然たること
intact [intǽkt]	in	tact		in [＝not] ～．「触れられていない」	a.手のついていない，完全な
intangible [intǽndʒibl]	in	tang	ible	in [＝not] ～ible [＝able…できる→形]	a.離れることのできない，無形の
integral [íntigrəl]	in	tegr	al	in [＝not] ～al [→形]．「手をつけない」→「完全な」	a.完全な，必須の
integrity [intégriti]	in	tegr	ity	in [＝not] ～ity [＝state 状態→名]	n.誠実，正直，完全

tail [＝cut 切る]

語	分解1	分解2	語源・説明	意味
tail [teil]	tail		＜OE.＜MLG. *tagel* [＝rope's end 縄の端]．原義は tuft of hair「毛髪のふさ」	n.尾，尾部，おさげ
tailor [téilər]	tail	or	～or [＝person 人→名]．「切る人」	n.洋服屋
tally [tǽli]	tall	y	＜OF. *taille* [＝cut 切る, notch 刻み目をつける]	n.割り符，符号，一致，計算

curtail [kə:rtéil]	cur	tail	15世紀 curtal の形で「尻尾を短く切った馬」を指した	v.切り縮める，はぎとる，奪う
detail [ditéil]	de	tail	de [=completely 完全に]～．「完全に切る」→「細部に切る」	n.詳細，細目
retail [rí:teil]	re	tail	re [=again 再び]～. sell by small pieces 小片に切って売る	n.小売

tain, ten, tent¹, tinent, tin(u), in [=hold 保持する，keep 保つ]

tenacious [tinéiʃəs]		ten	acious	～ous [=full of…で満ちた→形]．「しっかり保っている」	a.しっかりくっついて離れない，がんこな
tenacity [tinǽsiti]		ten	acity	～ity [=state 状態→名]	n.固執，固持，がんこ
tenant [ténənt]		ten	ant	～ant [=person 人→名]．「保有する人」	n.借地人，小作人，借家人
tenement [ténimənt]		ten	ement	～ment [→名]	n.家，建物，貸し室，保有物
tenet [ténit]		ten	et	＜L. tenet [=he holds 彼は保持する]	n.信条，教義，主義
tennis [ténis]		ten	nis	14世紀から．＜OF. tenez「（球を）とれ」．日本にテニスが入ったのは明治10(1877)年頃	n.テニス
tenor [ténər]		ten	or	～or [→名]．「保つもの」→「定旋律を受け持つもの」	n.行程，趣意；テナー（歌手）
tenure [ténjuər]		ten	ure	～ure [=action 行為→名]	n.保有，享受，保有権
abstain [əbstéin]	abs	tain		abs [=away from 離れて]～=keep from「…から手を離す」	v.やめる，絶つ，控える
abstention [əbsténʃən]	abs	tent	ion	abs [=away from 離れて]～ion [→名]	n.慎むこと，節制，差し控え
attain [ətéin]	at	tain		at＜ad [=to…へ]～．「…に手が触れる」	v.達する，手に入れる
attainment [ətéinmənt]	at	tain	ment	at＜ad [=to…へ]～ment [→名]	n.到達，達成
contain [kəntéin]	con	tain		con [=together 共に]～．「共に保つ」→「含む」	v.含む，入れる，相当する
content¹ [kəntént]	con	tent		con [=together 共に]～．「すべて含まれた」→「なんの不足もない」	a.満足して；v.満足させる
content² [kántent]	con	tent		con [=together 共に]～．「共に含む」→「含まれたもの」	n.中身，内容
contented [kənténtid]	con	tent	ed	con [=together 共に]～ed [→形]	a.満足している
continent [kántinənt]	con	tinent		con [=together 共に]～ent [→名]．continent land「つながっている国」の名詞省略形	n.大陸，本土
continental [kàntinéntl]	con	tinent	al	con [=together 共に]～al [→形]	a.大陸の

単語	分解1	分解2	分解3	語源説明	意味
continue [kəntínju:]	con	tinu	e	con [=together 共に] ~. 「保ち続ける」→「つながる, つなげる」	v.続く, 存続する, 続ける
continual [kəntínjuəl]	con	tinu	al	con [=together 共に] ~al [→形]	a.続けた, 連続的な
continually [kəntínjuəli]	con	tinu	ally	con [=together 共に] ~al [→形]+ly [→副]	ad.絶えず
continuance [kəntínjuəns]	con	tinu	ance	con [=together 共に] ~ance [=state 状態→名]	n.永続, 存続, 連続
continuation [kəntinjuéiʃən]	con	tinu	ation	con [=together 共に] ~ion [→名]	n.継続, 続き
continuity [kəntinjú:iti]	con	tinu	ity	con [=together 共に] ~ity [=condition 状態→名]	n.連続, 一続き
continuous [kəntínjuəs]	con	tinu	ous	con [=together 共に] ~ous [=full of…で満ちた→形]	a.連続の, 絶えない
continuously [kəntínjuəsli]	con	tinu	ously	con [=together 共に] ~ous [=full of…で満ちた→形]+ly [→副]	ad.引き続き, 連続して
countenance [káuntinəns]	coun	ten	ance	coun<con [=together 共に] ~. 「共に保つ」→「身のこなし方」	n.顔(色), 落ち着き, 援助; v.後援する, 賛成する
detain [ditéin]	de	tain		de [=down 下に] ~. 「下に保つ」→「押さえておく」	v.引き止める, 抑留する, 押さえる
detention [díténʃən]	de	tent	ion	de [=down 下に] ~ion [→名]	n.引き止め, 留置
discontent [diskəntént]	discon	tent		dis[=not]+con[=together 共に] ~	n.不満, 不平
entertain [entərtéin]	enter	tain		enter [=between 間に] ~. 「間に保つ」→「維持する」→「接待する」	v.楽しませる, もてなす
entertainment [entərtéinmənt]	enter	tain	ment	enter [=between 間に] ~ment [→名]	n.もてなし, 娯楽
lieutenant [lu:ténənt]	lieu	ten	ant	lieu [=<F.場所] ~ant [=person 人→名]. 「場所を取る者」→「代わりをする者」	n.副官, 中尉
maintain [meintéin]	main	tain		main [=hand 手] ~. 「手で保つ」	v.保つ, 維持する, 主張する
maintenance [méintənəns]	main	ten	ance	main [=hand 手] ~ance [=action 行為→名]	n.維持, 主張, 生計
obtain [əbtéin]	ob	tain		ob [=near そばに] ~. 「近くに保つ」	v.得る, 達成する, 流行する
obtainable [əbtéinəbl]	ob	tain	able	ob[=near そばに]~able[=possible…できる→形]	a.得られる, 手に入る
pertain [pərtéin]	per	tain		per [=completely 完全に] ~. 「完全に関係を保つ」	v.属する, 関係する, 適する
pertinent [pə́:rtinənt]	per	tin	ent	per [=completely 完全に]+tin<L. tinēre 「保つ」+ent [→形]. 「関係を保っている」	a.適切な, 要領を得た

rein [rein]	re	in		retainと同系. retain「保有する」の短縮形	n.手綱, 統御; v.手綱で御する
retain [ritéin]	re	tain		re [=back 後ろへ] ~.「後ろへ保つ」→「しっかり保つ」	v.保有する, 持続する, 記憶する
retentive [riténtiv]	re	tent	ive	re [=back 後ろへ] ~ive [→形]	a.保持する, 記憶のよい
sustain [səstéin]	sus	tain		sus<sub [=from under 下から] ~.「下から保つ」→「持ち上げる」	v.ささえる, 支持する, 養う
sustenance [sʌ́stənəns]	sus	ten	ance	sus<sub [=from under 下から] ~.「支えること」	n.生命の維持, 生計, 食物
sustentation [sʌ̀stentéiʃən]	sus	ten	tation	sus<sub [=from under 下から] ~ion [→名]	n.維持, 栄養

taint, ting³, tint [=color 色づける]

taint [teint]	taint			「色づける」	n.汚れ, 病毒; v.汚す, 感染させる
tinge [tindʒ]	ting	e		<L. tingere「塗る, 染める」	v.うすく染める, 帯びさせる; n.薄い色調
tint [tint]	tint			「染められた」	n.色合い

techn, tect¹ [=skill 技能, art 技術]

technician [tekníʃən]		techn	ician	~ic [→形]+an [=person 人→名].「木を切る術を知っている者」	n.専門家, 技術家
technical [téknikəl]		techn	ical	~ical [→形]	a.工業の, 技術の, 専門の
technique [tekní:k]		techn	ique	<F. technique	n.技術, 手法, 方法
technology [teknálədʒi]		techn	ology	~logy [=study 学問]	n.工芸学, 科学技術, 術語
architect [á:rkitekt]	archi	tect		archi [=chief 主要な] ~.「大工の棟梁」	n.建築家, 設計者
architecture [á:rkitektʃər]	archi	tect	ure	archi [=chief 主要な] ~ure [→名]	n.建築術, 建築学, 建築物
architectural [à:rkitéktʃərəl]	archi	tect	ural	archi [=chief 主要な] ~ure [=result 結果→名]+al [→形]	a.建築術の

tect² [=cover 覆う]

detect [ditékt]	de	tect		de [=off, away 離れて] ~.「覆いを取られた」	v.見つける, 発見する
detection [ditékʃən]	de	tect	ion	de [=off, away 離れて] ~ion [→名]	n.発見, 探知, 発覚
detective [ditéktiv]	de	tect	ive	de [=off, away 離れて] ~ive [→形, 名]	a.探偵の; n.探偵, 刑事
protect [prətékt]	pro	tect		pro [=before 前に] ~.「前を覆う」	v.守る, 防ぐ
protection [prətékʃən]	pro	tect	ion	pro [=before 前に] ~ion [→名]	n.保護, 旅券

temp, tempest, tempo, tempor [=time 時間]

tempest [témpist]	tempest	<L. *tempestās*「天気」*tempus*「時間, 季節」.「よい天気」,「悪い天気」両方に用いられたが, 後に「悪い天気」だけを指すようになった	n.大あらし, 騒動
tempestuous [tempéstjuəs]	tempest|uous	〜ous [=full of…で満ちた→形]	a.大あらしの, 暴風雨の
tempo [témpou]	tempo	<It. *tempo* [=time 時間]. 18世紀から	n.テンポ, 速さ
temporal [témpərəl]	tempor|al	〜al [→形]	a.時の, 一時的, 現世の
temporary [témpəreri]	tempor|ary	〜ary [→形]	a.一時的な
temporarily [tempərérili]	tempor|arily	〜ari<ary [→形]+ly [→副]	ad.一時, 仮に
contemporary [kəntémpəreri]	con|tempor|ary	con [=together 共に] 〜ary [→形].「時を共にする」	a.同時代の, 現代の; n.同時代の人
extempore [ikstémpəri]	ex|tempor|e	ex [=out of 外に] 〜. at the moment「その場で」	a.,ad.即座の(に)

temper [=regulate 調節する, divide duly 正当にわける]

temper [témpər]	temper	<L. [=適当な割合で混ぜる]	n.気質, 気分, 短気, 落ち着き; v.調和する, 和らぐ
temperament [témpərəmənt]	temper|ament	〜ment [=state 状態→名]	n.気質, 性質
temperamental [tempərəméntl]	temper|amental	〜ment [=state 状態→名]+al [→形]	n.気質[気性]の, 怒りっぽい
temperance [témpərəns]	temper|ance	〜ance [=action 行為→名]	n.節制, 自制, 禁酒
temperate [témpərit]	temper|ate	〜ate [→形]	a.温和な, 節制のある, 適度の
temperature [témprətʃər]	temper|ature	〜ate [→形]+ure [→名].「混和」.「温度」は17世紀から	n.温度, 体温
distemper [distémpər]	dis|temper	dis [=not] 〜	n.病気, ふきげん, 社会的不安

tempt, tent² [=try 試みる]

tempt [tempt]	tempt	「力をためす」	v.誘惑する, そそのかす
tempting [témptiŋ]	tempt|ing	〜ing [→形]	a.誘惑的な, 人の心をひく
temptation [temptéiʃən]	tempt|ation	〜ion [→名]	n.誘惑
tentative [téntətiv]	tent|ative	〜ive [→形].「試みられる」	a.試験的な, 仮の
attempt [ətémpt]	at|tempt	at [=to…へ] 〜.「…へ試みる」	v.試みる, 企てる, ねらう

tend, tens, tent³ [=stretch 伸ばす, extend 広げる]

tend¹ [tend]		tend		<OF. *tendre*<L.*tendere* [=伸ばす, 向ける]	v.…の傾向がある, 向かう, 行く
tend² [tend]		tend		<attend の語頭音脱落	v.番をする, 看護する
tendency [téndənsi]		tend	ency	～cy [=condition 状態→名]	n.傾向, 性向, 趣向
tense [tens]		tens	e	原義は「伸ばされた」	a.強く張った, はりつめて
tension [ténʃən]		tens	ion	～ion [→名]	n.はりつめ, 緊張, 興奮
tent [tent]		tent		「伸ばされたもの」	n.テント
attend [əténd]	at	tend		at<ad [=to…へ] ～.「…の方へ伸ばす」→「…へ行く」	v.…に出席する, 仕える, 気をつける
attendance [əténdəns]	at	tend	ance	at<ad [=to…へ] ～ance [→名]	n.出席, 出勤, 世話, 出席者
attendant [əténdənt]	at	tend	ant	at<ad [=to…へ] ～ant [→形, 名]	a.随行の, 出席の, 付随の; n.付き添い人, 出席者
attention [əténʃən]	at	tent	ion	at<ad [=to…へ] ～ion [→名]	n.注意, 注目; (pl.)世話
attentive [əténtiv]	at	tent	ive	at<ad [=to…へ] ～ive [→形]	a.注意深い, 懇切な
contend [kənténd]	con	tend		con [=together 共に] ～.「張り合う」	v.争う, 論争する
contention [kənténʃən]	con	tent	ion	con [=together 共に] ～ion [→名]	n.争い, 闘争, 論争
contentious [kəntén ʃəs]	con	tent	ious	con [=together 共に] ～ous [=full of…で満ちた→形]	a.論争的な, 争い好きな
distend [disténd]	dis	tend		dis [=apart 離れて] ～	v.広げる, 広がる
extend [iksténd]	ex	tend		ex [=out of 外に] ～.「外まで伸ばす」	v.差し伸べる, 広げる, 及ぼす
extension [iksténʃən]	ex	tens	ion	ex [=out of 外に] ～ion [→名]	n.延長, 拡張, 広がり
extensive [iksténsiv]	ex	tens	ive	ex [=out of 外に] ～ive [→形]	a.広い, 多方面にわたる
extensively [iksténsivli]	ex	tens	ively	ex [=out of 外に] ～ive [→形]+ly [→副]	ad.広く, 広範囲に
extent [ikstént]	ex	tent		ex [=out of 外に] ～	n.広さ, 程度, 範囲
intend [inténd]	in	tend		in [=into 中へ] ～.「差し伸べる, 向ける」	v.意図する, 予定する
intense [inténs]	in	tens	e	in [=into 中へ] ～.「ぴんと張った」	a.激烈な, はりきった
intensely [inténsli]	in	tens	ely	in [=into 中へ] ～ly [→副]	ad.激しく, 熱心に
intensify [inténsifai]	in	tens	ify	in [=into 中へ] ～ify [=make…にする→動]	v.激しくする, 強烈にする

単語	分解	語源・構成	意味
intensity [inténsiti]	in|tens|ity	in [=into 中へ] ~ity [=condition 状態→名]	n.強烈, 強度
intensive [inténsiv]	in|tens|ive	in [=into 中へ] ~ive [→形]	a.強い, 集中的な
intention [inténʃən]	in|tent|ion	in [=into 中へ] ~ion [→名]	n.意思, 意向
pretend [priténd]	pre|tend	pre [=before 前に] ~. 「前に伸ばす」	v.ふりをする, 偽る, 要求する
pretense [priténs]	pre|tens|e	pre [=before 前に] ~	n.口実, 見せかけ, 要求(権)
pretension [preténʃən]	pre|tens|ion	pre [=before 前に] ~ion [→名]	n.自認, 口実, (pl.)主張, 要求
pretentious [preténʃəs]	pre|tent|ious	pre [=before 前に] ~ous [=full of…で満ちた→形]	a.自負する, うぬぼれた

term [=boundary 境界, limit 限度]

単語	分解	語源・構成	意味
term [tə:rm]	term	<L. terminus「境界の標」	n.期限, 語, 条件, 約定
terminal [tɔ́:rminəl]	term|inal	~al [→形, 名]	a.はしの, 定期の; n.末端, 終点
terminate [tɔ́:rmineit]	term|inate	~ate [=make…にする→動]	v.終わらせる, 限る, 終わる
termination [tə:rminéiʃən]	term|ination	~ion [→名]	n.終止, 満期, 末端
terminus [tɔ́:rminəs]	term|inus	<L. terminus「境界の標」	n.終点, 終着駅
determine [ditɔ́:rmin]	de|term|ine	de [=off, away 離れて] ~ine [=make…にする→動].「境界を決める」	v.決定する, 決心する
determined [ditɔ́:rmind]	de|term|ined	de [=off, away 離れて] ~ed [→形]	a.かたく決心した, 断固とした
determination [ditə:rminéiʃən]	de|term|ination	de [=off, away 離れて] ~ion [→名]	n.決定, 決心, 終決
exterminate [ekstɔ́:rmineit]	ex|term|inate	ex [=out of 外に] ~ate [=make…にする→動].「境界の外へ追いやる」	v.絶やす, 根絶する
extermination [ekstə:rminéiʃən]	ex|term|ination	ex [=out of 外に] ~ion [→名]	n.根絶, 皆殺し

terr [=frighten 驚かす]

terrible [térəbl]	terr|ible	~ible [=able…できる→形].「驚かす」	a.恐ろしい, はなはだしい
terribly [térəbli]	terr|ibly	~ible [→形]+ly [→副]	ad.恐ろしく, ひどく
terrific [tərífik]	terr|ific	~fic [=make…にする→形]	a.恐ろしい, 激しい, すごい
terrify [térifai]	terr|ify	~ify [=make…にする→動]	v.恐れさせる, 驚かす
terror [térər]	terr|or	~or [→名]	n.恐怖
terrorism [térərizm]	terr|orism	~ism [=action 行為→名]	n.恐怖政治, テロ行為
terrorist [térərist]	terr|orist	~ist [=person 人→名]	n.恐怖政治主義者, 暴力主義者

terr(a) [=earth 大地, 土地]

語	分解	語源・説明	意味
terrace [térəs]	terra | ce	<OF. [=土をつんだ所]	n.台地, 高台, 段丘
terrestrial [tiréstriəl]	terr | estrial	~al [→形]	a.地球の, 陸の, 現世の
territory [téritəri]	terr | itory	~ory [=place 場所→名]. 「領域」	n.地方, 領土, 活動範囲
Mediterranean [meditəréiniən]	Medi | terra | nean	Mid [=middle 中央] ~an [→形]. 「土地の中間に位置する」	a.地中海の; n.[the M-]地中海
subterranean [sʌbtəréiniən]	sub | terra | nean	sub [=under 下に] ~an [→形]	a.地下の, 地中の

test [=witness 証言する]

語	分解	語源・説明	意味
test [test]	test		n.,v.試み(る), 試験(する)
testament [téstəmənt]	test | ament	~ment [→名]	n.聖約, [T-]聖書
testify [téstifai]	test | ify	~ify [=make…にする→動]	v.証明する, 証言する
testimony [téstimouni]	test | imony	~mony [=result 結果→名]	n.証言, 証明, 証拠
testimonial [testimóuniəl]	test | imonial	~mony [=result 結果→名]+al [→形, 名]	n.証明書, 賞状; a.表彰の
attest [ətést]	at | test	at<ad [=to…へ] ~. 「証拠によって証明する」	v.証明する, 証言する
contest n.[kántest] v.[kəntést]	con | test	con [=together 共に] ~. 「共に証言し合う」	n.争い, 論争, 競技; v.争う
contestant [kəntéstənt]	con | test | ant	con [=together 共に] ~ant [=person 人→名]	n.競争者, 論争者
contestable [kəntéstəbl]	con | test | able	con [=together 共に] ~able [=possible…できる→形]	a.争われる, 論争される
detest [ditést]	de | test	de [=off, away 離れて] ~. 「神を証人として呼び非難する」	v.嫌悪する
protest [prətést]	pro | test	pro [=before 前に] ~. 「人の前で証言する」	v.異議を申し立てる, 主張する

text, tiss, toil [=weave 織る]

text [tekst]	text	<L. textum 「織られたもの」	n.本文, 原文
textbook [tékstbuk]	text | book	~book 本	n.教科書
textile [tékstail]	text | ile	~ile [=belonging to…に属する→形]	n.,a.織物(の)
textual [tékstʃuəl]	text | ual	~al [→形]	a.本文の, 原文の
texture [tékstʃər]	text | ure	~ure [→名]. 「織られたもの」	n.生地, 織物, 組織
tissue [tíʃu:]	tiss | ue	OF. tissu [=woven 織られた]	n.薄い織物, (細胞の)組織
toilet [tɔ́ilit]	toil | et	~et [→指小辞]. <F. toile「布」. 原義は「織物商が布を包んだ物」	n.浴室, 洗面所, 化粧台, 化粧

context [kántekst]	con	text		con [=together 共に] ~. 「共に織られたもの」	n.(文の)前後関係, 文脈, 背景
contextual [kəntékstʃuəl]	con	text	ual	con [=together 共に] ~al [→形]	a.文脈上の, 前後関係の
pretext [prí:tekst]	pre	text		pre [=before 前に] ~. 「前もって織られたもの」	n.口実, かこつけ

the(o), thus [=god 神]

theology [θi:álədʒi]		theo	logy	~logy [=doctrine 教理→名]	n.神学
theological [θi:əládʒikəl]		theo	logical	~logy [=doctrine 教理→名]+cal [→形]	a.神学(上)の
atheism [éiθiizm]	a	the	ism	a [=not] ~ism [=doctrine 教理→名]	n.無神論, 不信心
atheist [éiθiist]	a	the	ist	a [=not] ~ist [=person 人→名]	n.無神論者, 不信心者
enthusiasm [inθjú:ziæzm]	en	thus	iasm	en [=in 中に]+thus<GK. theos [=god 神]+ism [=state 状態→名]. 「神がとりついた状態」	n.熱狂, 熱中
enthusiastic [inθju:ziǽstik]	en	thus	iastic	en [=in 中に] ~ic [→形]	a.熱心な, 狂信的な
monotheism [mánəθi:izm]	mono	the	ism	mono [=single 単一] ~ism [=doctrine 教理→名]	n.一神論
Pantheon [pǽnθi:ən]	Pan	the	on	<L.<GK. Pantheion<Pan [=all すべての]+theos 神+ios [→形]=すべての神のもの	n.パンテオン, 万神殿

thesis, theme [=put 置く]

theme [θi:m]		theme		<GK. the [=put 置く]+me [<GK.-ma→名].	n.題, 話題
thesis [θí:sis]		thesis		<GK. the [=put 置く]+sis [→名]. 「置かれた状態」	n.論題, 主題, テーゼ, 論文
hypothesis [haipáθisis]	hypo	thesis		hypo [=under 下に] ~. 「下の説」	n.仮説, 仮定
parenthesis [pərénθisis]	paren	thesis		par [=beside 側に]+en [=in 中に] ~	n.挿入語句, カッコ

tim [=fear 恐れる]

timid [tímid]		tim	id	~id [→形]	a.臆病な, 内気な
timidity [timíditi]		tim	idity	~ity [=condition 状態→名]	n.臆病, 内気
timorous [tímərəs]		tim	orous	~ous [=full of…に満ちた→形]	a.臆病な
intimidate [intímideit]	in	tim	idate	in [=in 中に] ~ate [=make…にする→動]	v.おどす, 脅迫する

tom [=devide 分ける, cut 切る]

tome [toum]		tom	e	<L. tumus<GK. tomos 「切り取られたもの, 一片」	n.冊, 巻, 大きな本
atom [ǽtəm]	a	tom		a [=not] ~. 「それ以上分割できないもの」	n.原子, 微分子
atomic [ətámik]	a	tom	ic	a [=not] ~ic [→形]	a.原子の, 極微の

見出し語	分解1	分解2	分解3	語源解説	意味
anatomy [ənǽtəmi]	ana	tom	y	ana [=完全に] ~y [→名].「完全に体を切ること」	n.解剖, 解剖学
epitome [ipítəmi]	epi	tom	e	epi [=on 上に] ~.「重要でない部分を切り取ったもの」→「要約」	n.概略, 大要, 縮図
epitomize [ipítəmaiz]	epi	tom	ize	epi [=on 上に] ~ize [=make…にする→動]	v.要約する

ton, toun [=sound 音, thunder 雷]

tone [toun]		ton	e	「音程」	n.調子, 音調, 口調
astonish [əstániʃ]	as	ton	ish	as<ad [=to…へ] ~ish [=make…にする→動].「雷に打たれたようになる」	v.驚かす, びっくりさせる
astonishing [əstániʃiŋ]	as	ton	ishing	as<ad [=to…へ] ~ish [=make…にする→動]+ing [→形]	a.びっくりさせるような, 驚くべき
astonishment [əstániʃmənt]	as	ton	ishment	as<ad [=to…へ] ~ish [=make…にする→動]+ment [→名]	n.びっくり, 驚くべき事物
astound [əstáund]	as	toun	d	as<ad [=to…へ] ~d [→過去分詞]. toun<L. tonāre「雷に打たれる」	v.仰天させる
detonate [détouneit]	de	ton	ate	de [=down 下に] ~ate [=make…にする→動]	v.爆発させる, 爆発する
intone [intóun]	in	ton	e	in [=in 中に] ~	v.雷が鳴る, 吟唱する
intonation [intənéiʃən]	in	ton	ation	in [=in 中に] ~ion [→名]	n.吟じること, イントネーション
monotone [mánətoun]	mono	ton	e	mono [=single 単一] ~.「一つの音調」	n.単調
monotonous [mənátənəs]	mono	ton	ous	mono [=single 単一] ~ous [=full of…で満ちた→形]	a.単調な
monotony [mənátəni]	mono	ton	y	mono [=single 単一] ~y [→名]	n.単調さ, 退屈

tort, torch, tor, turt [=twist ねじる, torment 悩ます]

torch [tɔːrtʃ]	torch		<OF.<L. torquēre「巻く, ねじる, まるく廻す」. 原義は「まるく巻いたもの」	n.たいまつ
torchlight [tɔːrtʃlait]	torch	light	~light 光	n.たいまつ(の光)
torment n.[tɔ́ːrmənt] v.[tɔːrmént]	tor	ment	<OF.<L. tormentum「巻き上げ機, 投石機」(→「苦痛を与えるもの」)<L. torquēre「ねじる」+ment [→名, =make…にする→動]	n.苦痛, 拷問; v.苦しめる, 困らせる
tortoise [tɔ́ːrtəs]	tort	oise	「カメの足が曲がっている」ことからという説がある	n.(陸上, 淡水にすむ)カメ
torture [tɔ́ːrtʃər]	tort	ure	~ure [→名].「ねじられること」	n.拷問, 苦痛
tortuous [tɔ́ːrtʃuəs]	tort	uous	~ous [=full of…で満ちた→形]	a.ねじれた, 不正な

turtle [tə́ːrtl]		turt	le	英国の水夫達がスペイン語 tortuga [=tortoise カメ] を誤って turtle に変えてしまった	n.ウミガメ
contort [kəntɔ́ːrt]	con	tort		con [=強意] 〜	v.ねじれる、ゆがめる、しかめる
contortion [kəntɔ́ːrʃən]	con	tort	ion	con [=強意] 〜ion [=action 行為→名]	n.ねじれ、ゆがみ、ひきつけ
distort [distɔ́ːrt]	dis	tort		dis [=off, away 離れて] 〜.「外側にねじる」	v.ゆがめる、ねじる、曲げる
distortion [distɔ́ːrʃən]	dis	tort	ion	dis [=off, away 離れて] 〜ion [→名]	n.ゆがみ、ねじれ、こじつけ
extort [ikstɔ́ːrt]	ex	tort		ex [=out of 外に] 〜.「ねじ取る」	v.無理に取る、こじつける
retort [ritɔ́ːrt]	re	tort		re [=back もとに] 〜.「ねじ返す」→「言い返す」	v.言い返す、報復する；n.口答え

tour, tourn, tu, tur, turn, torn [=turn 回る]

tour [tuər]		tour		原義はギリシャ語「(大工などの)円を描く道具」→「一巡」→「周遊」	n.,v.周遊(する)、旅行(する)
tourist [túərist]		tour	ist	〜ist [=person 人→名]	n.観光客
tournament [túərnəmənt]		tourn	ament	tourn<F. tourner [=turn]. 〜ment [→名]. 原義は「向きを変える」	n.競技大会、選手権大会
tulip [tjúːlip]		tu	lip	もとはトルコ語 tülbend「ターバン」. 形がターバンに似ていることから. turban と姉妹語	n.チューリップ
turban [tə́ːrbən]		tur	ban	<トルコ語 tülbend「ターバン」<ペルシャ語 dulband (dul [=turn まわる]+band [=band])	n.ターバン
turn [təːrn]		turn		<GK. tornos「コンパス」	v.回す、曲がる、裏返す、向ける
turnip [tə́ːrnip]		turn	ip	「丸い形」から	n.カブ
attorney [ətə́ːrni]	at	torn	ey	at<ad [=to …へ] 〜. torn<OF. tourn 回す. (困った時に)他の人に代理を頼むことから	n.代理人、弁護士
contour [kántuər]	con	tour		con [=together 共に] 〜.「共にまわる、輪郭を描く」	n.輪郭、外形、海岸線、形勢
detour [dituər]	de	tour		de [=off, away 外に] 〜.「向きを変える、迂回する」	n.回り道
return [ritə́ːrn]	re	turn		re [=back もとに] 〜.「後ろへ曲がる」	v.帰る、答える；n.帰宅、帰国、返答

trac, track, tract, trail, train, trait[1], treat, tray[1], tire [=draw 引く、pull ひっぱる]

trace [treis]		trac	e	<OF.<L. trahere「引く」.「引かれたもの」	v.跡をつける、たどって行く、(図面などを)写す
track [træk]		track		<MF. trac「引く」	n.通った跡、通路、進路；v.…の跡を追う

tract [trækt]	tract		「引き出されること」→「広がり」	n.広い地面, 広がり, 期間
tractable [træktəbl]	tract	able	〜able [＝possible…できる→形]	a.すなおな, 扱いやすい
tractile [træktail]	tract	ile	〜ile [＝able…できる→形]	a.引き伸ばしできる
tractor [træktər]	tract	or	〜or [＝person 人, thing 物→名]	n.ひっぱる人, トラクター
trail [treil]	trail		＜OF.＜L. trahere「引く」	v.引きずる, つける; n.足跡, 小道
trailer [tréilər]	trail	er	〜er [＝person 人, thing 物→名]	n.追跡者, トレーラー
train [trein]	train		＜OF.＜L. trahere「引く」,「引きずる」→「汽車」	n.列車, 随員, 連続; v.訓練する
trainer [tréinər]	train	er	〜er [＝person 人→名]	n.訓練者, 調教師, 指導者
training [tréiniŋ]	train	ing	〜ing [→名]	n.訓練, 練習, 仕込み
trait [treit]	trait		＜F. trait [＝ひと引き].「特徴」の意味は18世紀から	n.特色, 顔立ち, 一筆, 気味
treat [tri:t]	treat		「引き回す」→「取り扱う, 待遇する」	v.取り扱う, もてなす, 論じる, 治療する
treatise [trí:tis]	treat	ise	「扱われた題目」	n.論文
treatment [trí:tmənt]	treat	ment	〜ment [→名]	n.取り扱い, 処理, 治療
treaty [trí:ti]	treat	y	〜y [＝result 結果→名].「取り扱われるもの」	n.条約, 約定
attract [ətrækt]	at	tract	at＜ad [＝to…へ] 〜.「引きつける」	v.引く, 魅惑する
attraction [ətrækʃən]	at	tract	ion	at＜ad [＝to…へ] 〜ion [→名]	n.引きつけること, 魅力, 呼びもの
attractive [ətræktiv]	at	tract	ive	at＜ad [＝to…へ] 〜ive [→形]	a.魅力のある, 引力のある
abstract a.[æbstrækt] v.[æbstrækt]	abs	tract	abs [＝off, away 離れて] 〜.「引き離された」	a.抽象的な, 深遠な; v.抽象する
abstraction [æbstrækʃən]	abs	tract	ion	abs [＝off, away 離れて] 〜ion [→名]	n.抽象, 放心
contract n.[kάntrækt] v.[kəntrækt]	con	tract	con [＝together 共に] 〜.「共に引き寄せられる状態」→「契約」	n.契約; v.契約する, 結ぶ
contraction [kəntrækʃən]	con	tract	ion	con [＝together 共に] 〜ion [→名]	n.収縮, 短縮, (病気に)かかること
detract [ditrækt]	de	tract	de [＝off, away 離れて] 〜.「引き離す」	v.引き下げる, 損じる

単語	分解			語源説明	意味
distract [distrǽkt]	dis	tract		dis [=apart 離れて]〜.「引き離された」	v.(心，注意を)散らす，そらす，迷わす
distraction [distrǽkʃən]	dis	tract	ion	dis [=apart 離れて]〜ion [→名]	n.気を散らすこと，気晴らし，狂気
entreat [intríːt]	en	treat		en [=into 中へ]〜.「引き入れる」→「嘆願する」	v.熱心に頼む
entreaty [intríːti]	en	treat	y	en [=into 中へ]〜y [=action 行為→名]	n.頼み込み，懇願
extract [ikstrǽkt]	ex	tract		ex [=out of 外に]〜.「引き出す」	v.引き出す，抽出する
maltreat [mæltríːt]	mal	treat		mal [=badly 悪く]〜.「悪く取り扱う」	v.虐待する，酷使する
portray [pɔːrtréi]	por	tray		por<pro [=forward 前に]〜.=draw forth.「前に引き出す」→「描き出す」	v.描く，肖像を描く
portrait [pɔ́ːrtreit]	por	trait		por<pro [=forward 前に]〜.「描き出されたもの」	n.肖像，人物写真
protract [prətrǽkt]	pro	tract		pro [=forward 前に]〜.「前方へ引きのばす」	v.長引かせる，伸ばす，製図する
protraction [prətrǽkʃən]	pro	tract	ion	pro [=forward 前に]〜ion [→名]	n.長びかすこと，延長，製図
retire [ritáiər]	re	tire		re [=back 後へ]〜	v.退く，退職する
retirement [ritáiərmənt]	re	tire	ment	re [=back 後へ]〜ment [→名]	n.退却，退職
retract [ritrǽkt]	re	tract		re [=back もとに]〜.「後ろへ引き込む」	v.引っ込める，縮む，取り消す
retreat [ritríːt]	re	treat		re [=back もとに]〜.「後ろへ引く」	n.退却，隠れ家，収容所; v.退く，引っ込む
subtract [səbtrǽkt]	sub	tract		sub [=under 下に]〜.「引き下げる」	v.引く，減じる，控除する
subtraction [səbtrǽkʃən]	sub	tract	ion	sub [=under 下に]〜ion [→名]	n.引くこと，控除，引き算

trad, treas, trait², tray² [=deliver 引き渡す]

単語	分解			語源説明	意味
tradition [trədíʃən]		trad	ition	〜tion [→名].「引き渡されたもの」	n.伝説，伝統，慣例
traditional [trədíʃənəl]		trad	itional	〜tion [→名]+al [→形]	a.伝説の，伝統的，伝来の
traitor [tréitər]		trait	or	<L. trādere「引き渡す，裏切る」+or [=person 人→名].「引き渡す人」	n.反逆者，裏切り者
traitorous [tréitərəs]		trait	orous	〜or [=person 人→名]+ous [=full of …で満ちた→形]	a.むほんする，二心のある
treason [tríːzn]		treas	on	<L. trāditiōnem [=引き渡されること，裏切られること]	n.反逆(罪)，国事犯，不忠，不実
betray [bitréi]	be	tray		be [=強意]〜.「引き渡す」→「秘密を漏らす」	v.裏切る，敵に渡す，密告する
betrayal [bitréiəl]	be	tray	al	be [=強意]〜al [=action 行為→名]	n.裏切り，背信，密告

trem [=tremble 震える]

tremble [trémbl]	trem|ble	<ME. *trem(b)len*「震える」	v.震える，わななく，おののく
tremendous [triméndəs]	trem|endous	～ous [=full of…で満ちた→形].「震えるほどの」	a.恐ろしい，すさまじい
tremendously [triméndəsli]	trem|endously	～ous [=full of…で満ちた→形]+ly [→副]	ad.恐ろしく，とても
tremor [trémər]	trem|or	～or [→名]	n.おののき，おじけ，震動
tremulous [trémjuləs]	trem|ulous	～ous [=full of…で満ちた→形].「震える」	a.震える，臆病な

trib [=add 加える，give 与える，assign 割り当てる]

tribe [traib]	trib|e	<L. *tribus*「ローマの3部族の一つ」	n.種族，部族
tribal [tráibəl]	trib|al	～al [→形]	a.部族の，種族の
tribune [tríbju:n]	trib|une	<L. *tribūnus* [=chief of a tribe 部族の長]	n.護民官
tribunal [tribjú:nəl]	trib|unal	～al [→名]	n.法官席，法廷，さばき
tribute [tríbju:t]	trib|ute	「tribe [=種族] に配分する」が原義	n.貢ぎ物，感謝の言葉
tributary [tríbjuteri]	trib|utary	～ary [→形]	a.貢ぎ物を納める，補助的な
attribute [ətríbju:t]	at|trib|ute	at<ad [=to…へ] ～.「種族に割り与える」→「…のせいにする」	v.帰する，…のせいにする
attribution [ætribjú:ʃən]	at|trib|ution	at<ad [=to…へ] ～ion [→名]	n.帰すること，帰属，属性
attributive [ətríbjutiv]	at|trib|utive	at<ad [=to…へ] ～ive [→形]	a.属性の，《文法》限定的な
contribute [kəntríbju:t]	con|trib|ute	con [=together 共に] ～.「一緒に与える」	v.寄与する，投稿する，貢献する
contribution [kantribjú:ʃən]	con|trib|ution	con [=together 共に] ～tion [=act →名]	n.貢献，寄与，投稿，寄付金
contributive [kəntríbjutiv]	con|trib|utive	con [=together 共に] ～ive [→形]	a.貢献する，助成する
contributor [kəntríbjutər]	con|trib|utor	con [=together 共に] ～or [=person 人→名]	n.貢献者，寄付者，寄稿家
distribute [distríbju:t]	dis|trib|ute	dis [=away 離れて] ～.「別々に与える」	v.分配する，広める
distribution [distribjú:ʃən]	dis|trib|ution	dis [=away 離れて] ～tion [→名]	n.配分，配布，配給
redistribute [ri:distríbju:t]	redis|trib|ute	re [=again 再び]+dis [=away 離れて] ～	v.分配しなおす
redistribution [ri:distribjú:ʃən]	redis|trib|ution	re [=again 再び]+dis [=away 離れて] ～tion [→名]	n.再分配，再区分

trud, trus [=thrust 突く, push 押す]

単語	分解			語源説明	意味
extrude [ekstrúːd]	ex	trud	e	ex [=out of 外に] ~	v.押し出す, 突き出す, 追い出す
extrusion [ekstrúːʒən]	ex	trus	ion	ex [=out of 外に] ~ion [→名]	n.押し出し, 追放, 突起
extrusive [ekstrúːsiv]	ex	trus	ive	ex [=out of 外に] ~ive [→形]	a.押し出す, 突き出す
intrude [intrúːd]	in	trud	e	in [=into 中へ] ~.「突っ込む」	v.押し込める, 侵入する
intruder [intrúːdər]	in	trud	er	in [=into 中へ] ~er [=person 人→名]	n.侵入者, 妨害者
intrusion [intrúːʒən]	in	trus	ion	in [=into 中へ] ~ion [→名]	n.押しつけ, 妨害者
obtrude [əbtrúːd]	ob	trud	e	ob [=toward…の方へ] ~.「突き出す」	v.押しつける, でしゃばる
protrude [prətrúːd]	pro	trud	e	pro [=forward 前方に] ~.「前方に突き出す」	v.押し出す, 突き出る, はみ出す
protrusion [prətrúːʒən]	pro	trus	ion	pro [=forward 前方に] ~ion [→名]	n.押出し, 突起

tuit, tut [=guard 見張る, see 見る, teach 教える]

単語	分解			語源説明	意味
tutor [tjúːtər]		tut	or	~or [=person 人→名].「見張る人」→「保護者」	n.家庭教師, 大学講師
tuition [tjuːíʃən]		tuit	ion	~ion [→名].「子供を守ってやった代価」	n.教授, 授業料
intuition [intjuːíʃən]	in	tuit	ion	in [=into 中へ] ~ion [→名].「心の中をのぞくこと」	n.直覚, 直観

tumult [=uproar 騒ぎ]

単語	分解		語源説明	意味
tumult [tjúːmʌlt]		tumult		n.騒ぎ, 暴動, 激情
tumultuous [tjuːmʌltʃuəs]		tumult	uous	~uous [=full of …で満ちた→形]	a.騒々しい, 騒乱の

turb, troubl, turbul [=crowd 群集, disturb 混乱させる, agitate 動揺させる]

単語	分解		語源説明	意味
trouble [trʌ́bl]		troubl	e	<L. turbidus「混乱した」	n.心配, 手数, 苦労, 騒ぎ; v.困らす, わずらわす
troublesome [trʌ́blsəm]		troubl	esome	~some [→形]	a.うるさい, やっかいな
turbid [tə́ːrbid]		turb	id	~id [→形]	a.濁った, 泥水の, 混乱した
turbulence [tə́ːrbjuləns]		turbul	ence	~ence [=condition 状態→名]	n.騒がしさ, 荒れ, 動乱
turbulent [tə́ːrbjulənt]		turbul	ent	~ent [→形]	a.荒れ狂う, 騒がしい
disturb [distə́ːrb]	dis	turb		dis [=apart 離れて] ~.「(群衆を) かき散らす」	v.かき乱す, 騒がす, 妨げる
disturbance [distə́ːrbəns]	dis	turb	ance	dis [=apart 離れて] ~ance [=condition 状態→名]	n.騒動, 不安, 妨害
perturb [pərtə́ːrb]	per	turb		per [=conpletely 完全に] ~.「完全に乱す」	v.かき乱す, 混乱させる, 不安にする

U

ultra, ultimat [＝extreme 極端な, last 最後の]

ultimate [ʎltimit]	ultimat	e	＜L. *ultimātus* [＝last 最も遠い, 最後の].「最も遠い」	*a*.最後の, 根本の, 最も遠い
ultimately [ʎltimitli]	ultimat	ely	～ly [→副]	*ad*.最後に, 結局, 根本的に
ultimatum [ʌltiméitəm]	ultimat	um	＜L. [＝最後のもの]	*n*.最後のことば, 最後通ちょう
ultra [ʎltrə]	ultra		＜L. *ultrā* [＝越えて向こうの]	*a*.過度の, 極端な；*n*.急進論者

umbr, ombr [＝shade 陰, shadow 影]

umbrage [ʎmbridʒ]	umbr	age	～age [→名]	*n*.陰影, 不快, 立腹
umbrella [ʌmbrélə]	umbr	ella	～ella [→指小辞].「小さな影, 陰」	*n*.かさ, 雨がさ
somber, -bre [sámbər]	s omber		s＜sub [＝under 下に]＋ombre (＝*umbra*) [＝shadow 影, 陰]	*a*.薄暗い, 陰気な, 黒ずんだ
sombrero [sɑmbréərou]	s ombr	ero	スペイン語より. 原義は shadow「陰」	*n*.メキシコ帽

un, on, uni [＝one 1]

onion [ʎnjən]	on	ion	「皮が何枚も集まり一つになっているもの」	*n*.タマネギ
unanimity [juːnənímiti]	un	animity	～anim [＝heart 心]＋ity [＝state 状態→名]	*n*.同意, 同説, 満場一致
unanimous [junǽniməs]	un	animous	～anim [＝heart 心]＋ous [＝full of…で満ちた→形].「一つの心の」	*a*.異議のない, 満場一致の
unify [júːnifai]	uni	fy	～ify [＝make…にする→動]	*v*.一体にする, 統一する
uniform [júːnifɔːrm]	uni	form	～form「型」	*a*.一様の, 変化しない；*n*.制服
uniformed [júːnifɔːrmd]	uni	formed	～ed [→形]	*a*.制服を着た
uniformly [júːnifɔːrmli]	uni	formly	～ly [→副]	*ad*.一様に, 均等に, 一律に
uniformity [juːnifɔ́ːrmiti]	uni	formity	～form 型＋ity [＝state 状態→名]	*n*.一様, 画一, 均等
unique [juːníːk]	un	ique	＜L. [＝single 単一の]	*a*.1つしかない, 独特の, 珍しい
unit [júːnit]	un	it	unity からの逆成	*n*.1個, 1人, 単位, ユニット, 部品
unite [juːnáit]	un	ite	～ite [＝make…にする→動].「結ばれた」	*v*.一体にする, 合する, 結婚させる
unity [júːniti]	un	ity	～ity [＝state 状態→名]	*n*.単一(性), 一致, 調和, 統一
union [júːnjən]	un	ion	～ion [→名].「一つになっていること」	*n*.結合, 連合, 結婚, 同盟
unison [júːnizn]	uni	son	～son [＝sound 音]	*n*.調和, 一致, 同音, 同調

単語	接頭辞	語根	接尾辞	語源説明	意味
universe [júːnivəːrs]		uni	verse	～verse [＝turn 回転]	n.宇宙，全世界
universal [juːnivə́ːrsəl]		uni	versal	～verse [＝turn 回転]＋al [→形].「全体に属する」	a.全世界の，万人の，普遍的
university [juːnivə́ːrsiti]		uni	versity	～verse [＝turn 回転]＋ity [＝state 状態→名].「団体，共同体」	n.総合大学

urb [＝city 都市]

単語	接頭辞	語根	接尾辞	語源説明	意味
urban [ə́ːrbən]		urb	an	～an [→形].「都市の」	a.都市の，都会にある
urbane [əːrbéin]		urb	ane	～ane [→形]	a.都会ふうな，礼儀のある，上品な
urbanity [əːrbǽniti]		urb	anity	～ity [＝condition 状態→名]	n.都会ふう，上品
suburb [sʌ́bəːrb]	sub	urb		sub [＝under 下に，near 近くに] ～.「都市の近くの所」	n.郊外，近郊
suburban [səbə́ːrbən]	sub	urb	an	sub [＝under 下に，near 近くに] ～an [→形]	a.都市周辺の，市外の

us, ut¹ [＝use 使用する]

単語	接頭辞	語根	接尾辞	語源説明	意味
use n.[juːs] v.[juːz]		us	e	＜OF.＜L. ūsus「ūtī 使う＋sus [→過去分詞語尾]＝使用法」	n.使用，必要，習慣； v.使用する
usage [júːsidʒ]		us	age	～age [→名]	n.使用(法)，慣習，語法
used [juːst]		us	ed	～ed [→形]	a.慣れて，…するのが常だった
useful [júːsfəl]		us	eful	～ful [＝full of…で満ちた→形]	a.有用な，役に立つ，便利な
useless [júːslis]		us	eless	～less [＝without…のない→形]	a.役に立たない，無用な
usual [júːʒuəl]		us	ual	～al [→形].「使用中の」	a.普通の，ありふれた
usually [júːʒuəli]		us	ually	～al [→形]＋ly [→副]	ad.通例，普通
usurp [juːzə́ːrp]		us	urp	～urp [＝seize つかまえる].「(不法に) 私物化する」	v.(権力，地位などを)奪う，強奪する
usury [júːʒəri]		us	ury	～y [→名].「(不法に) 私物化すること」	n.高利で金を貸すこと，高利貸業
utensil [juːténsl]		ut	ensil	＜L. ūtēnsile [＝things for use.使用に適したもの]	n.家庭用品，器具，道具
utility [juːtíliti]		ut	ility	～il [→形]＋ity [＝condition 状態→名]	n.有用，実用，(pl.)実用品
utilize [júːtilaiz]		ut	ilize	～il [→形]＋ize [＝make…にする→動]	v.利用する，役立たせる
abuse [əbjúːz]	ab	us	e	ab [＝away from 離れて] ～.「正用から離れる」	v.乱用する，ののしる，虐待する
abusive [əbjúːsiv]	ab	us	ive	ab [＝away from 離れて] ～ive [→形]	a.ののしる，乱用する
disuse n.[disjúːs] v.[disjúːz]	dis	us	e	dis [＝not] ～	n.使われないこと； v.廃止する

misuse *v.*[misjú:z] *n.*[misjú:s]	mis|us|e	mis [=wrongly 誤って] ~	*v.*誤用する，酷使する；*n.*誤用，乱用
misusage [misjú:zidʒ]	mis|us|age	mis [=wrongly 誤って] ~age [→名]	*n.*誤用，虐待
peruse [pərú:z]	per|us|e	per [=thoroughly 完全に] ~．原義は「使い果たす」	*v.*熟読する，精読する
perusal [pərú:zəl]	per|us|al	per [=thoroughly 完全に] ~al [→名]	*n.*熟読，精読
disabuse [disəbjú:z]	disab|us|e	dis [=not]+ab [=away from 離れて] ~	*v.*迷いを解く，(誤りなどを)悟らせる

ut², out [=out 外の，外に]

out [aut]	out		*a.*外の，外部の
outer [áutər]	out|er	~er [→比較級]	*a.*外の
utmost [ʌ́tmoust]	ut|most	~most [→最上級語尾]	*a.*極度の，最も遠い
utter [ʌ́tər]	ut|ter	<OE. *ut* [=out 外の] の比較級．「より外の」(動詞の utter は ME. outre<OE. *ut* [=out 外に]．「外に出す」の意あり)	*a.*まったくの，絶対的な；*v.*発言する
utterance [ʌ́tərəns]	ut|terance	~ance [=action 行為→名]	*n.*発言，発話
utterly [ʌ́tərli]	ut|terly	~ly [→副]	*ad.*まったく，全然

V

vac, void, vit[1] [=empty からの, lack …を欠く]

単語	接頭辞	語根	接尾辞	語源説明	意味
vacant [véikənt]		vac	ant	〜ant [→形].「からである」	a.空虚な, 欠員の, 無為の
vacate [véikeit]		vac	ate	〜ate [=make…にする→動]	v.からにする, 退く, 休暇をとる
vacation [vəkéiʃən]		vac	ation	〜ate [=make…にする→動]+ion [→名]	n.休み, 休暇, 引払い, 空位
vacuity [vækjúːiti]		vac	uity	〜ity [=state 状態→名]	n.空虚, 真空, 放心
vacuum [vǽkjuəm]		vac	uum	〜um [=state 状態→名]	n.真空, 空所
void [vɔid]		void			a.からの, 無い, 無益の
avoid [əvɔ́id]	a	void		a [=out of 外に] 〜.「からにする」→「避ける」	v.避ける, 回避する, 無効にする
avoidable [əvɔ́idəbl]	a	void	able	a [=out of 外に] 〜able [=possible…できる→形]	a.避けられる, 無効にしうる
evacuate [ivǽkjueit]	e	vac	uate	e<ex [=out of 外に] 〜ate [=make…にする→動].「からにする」	v.からにする, 明け渡す, 避難する
evacuation [ivækjuéiʃən]	e	vac	uation	e<ex [=out of 外に] 〜ate [=make…にする→動]+ion [→名]	n.明け渡し, 撤兵, 疎開, 避難
inevitable [inévitəbl]	ine	vit	able	in [=not]+e<ex [=out of 外に] 〜able [=possible…できる→形]. vit<L. vitāre 避ける	a.避けられない, 必然の

vad, wad, vas[1] [=go 行く]

単語	接頭辞	語根	接尾辞	語源説明	意味
wade [weid]		wad	e	<L. vādere「行く」と同系	v.徒歩で渡る, やっと通る
evade [ivéid]	e	vad	e	e<ex [=out of 外に] 〜.「逃げる」→「さける」	v.のがれる, ごまかす, 回避する
evasion [ivéiʒən]	e	vas	ion	e<ex [=out of 外に] 〜ion [→名]	n.逃避, 回避, ごまかし
evasive [ivéisiv]	e	vas	ive	e<ex [=out of 外に] 〜ive [→形]	a.逃げる, 言い抜けの
invade [invéid]	in	vad	e	in [=into 中に] 〜.「中に行く」	v.侵す, 侵略する, 襲う
invader [invéidər]	in	vad	er	in [=into 中に] 〜er [=person 人→名]	n.侵入者, 侵略者
invasion [invéiʒən]	in	vas	ion	in [=into 中に] 〜ion [→名]	n.侵入, 侵略, 侵犯
pervade [pərvéid]	per	vad	e	per [=through 通って] 〜.「広がって行く」	v.普及する, …にみなぎる
pervasion [pərvéiʒən]	per	vas	ion	per [=through 通って] 〜ion [→名]	n.普及, 浸透
pervasive [pərvéisiv]	per	vas	ive	per [=through 通って] 〜ive [→形]	a.広がる, しみ通る

vag [=wander さまよう, ramble あてもなく歩く]

単語	接頭辞	語根	接尾辞	語源説明	意味
vagabond [vǽgəbɑnd]		vag	abond	<L.=wandering 浮浪する, 定めのない	n.浮浪者, 放浪者

単語	接頭	語根	接尾	語源説明	意味
vagrant [véigrənt]		vag	rant	～ant [→形]	a.浮浪する，放浪の，定まらない
vague [veig]		vag	ue	＜L. vagus「さまよった」	a.ぼんやりした，あいまいな
vaguely [véigli]		vag	uely	～ly [→副]	ad.あいまいに，ばく然と
extravagance [ikstrǽvəgəns]	extra	vag	ance	extra [＝beyond 越えて] ～ance [→名]「さまよい出る」	n.浪費，過度
extravagant [ikstrǽvərəgənt]	extra	vag	ant	extra [＝beyond 越えて] ～ant [→形]	a.金づかいの荒い，過度の

vail, val [＝strong 強い, worth 価値がある]

単語	接頭	語根	接尾	語源説明	意味
valiant [vǽljənt]		val	iant	～ant [→形]「強くある，価値がある」	a.勇敢な，英雄的な
valid [vǽlid]		val	id	～id [→形]「強くある」	a.正当な，有効な，妥当な
valor [vǽlər]		val	or	～or [→名]	n.勇気，剛勇
value [vǽlju:]		val	ue		n.価値，代価，真意
valuable [vǽljuəbl]		val	uable	～able [＝possible…できる→形]	a.高価な，貴重な
avail [əvéil]	a	vail		a＜ad [＝to…へ] ～「価値のある」	v.利する，役に立つ
available [əvéiləbl]	a	vail	able	a＜ad [＝to…へ] ～able [＝possible…できる→形]	a.役に立つ，用いうる
equivalent [ikwívələnt]	equi	val	ent	equi [＝equal 等しい] ～ent [→形]「等しい価値のある」	a.等しい，同意義の，同価の
evaluation [ivæljuéiʃən]	e	val	uation	e＜ex [＝out of 外に] ～ion [→名]「価値を見出すこと」	n.評価
invalid [ínvəlid]	in	val	id	in [＝not] ～id [＝person 人→名]	n.病人，病弱者
invaluable [invǽljuəbl]	in	val	uable	in [＝not] ～able [＝possible…できる→形]	a.値の計れない，非常に貴重な
prevail [privéil]	pre	vail		pre [＝before 前に] ～「ほかの者より強い」→「非常に強い，まさる」	v.まさる，流行する，普及する
prevalent [prévələnt]	pre	val	ent	pre [＝before 前に] ～ent [→形]	a.流行する，一般的な

va(i)n, vaun [＝empty からの]

単語	接頭	語根	接尾	語源説明	意味
vain [vein]		vain		「からの」	a.無益の，空虚な，うぬぼれた
vainly [véinli]		vain	ly	～ly [→副]	ad.むなしく，自慢して
vanish [vǽniʃ]		van	ish	～ish [＝make…にする→動]「空虚にする」	v.見えなくなる，消失する
vanity [vǽniti]		van	ity	～ity [＝state 状態→名]	n.空虚，無益，虚栄
vainglory [veinglɔ́:ri]		vain	glory	～glory 名誉	n.自慢，虚栄，見え
vainglorious [veinglɔ́:riəs]		vain	glorious	～glory「名誉」+ous [＝full of…で満ちた→形]	a.自慢する，うぬぼれの強い
vaunt [vɔ:nt]		vaun	t	vanityの動詞形.「むなしくする」	v.自慢する，誇る

evanescent [evənésnt]		e|van|escent	e＜ex [＝out of 外に] ～ent [→形].「からになる」		a.しだいに消える，はかない

val(l) [＝valley 谷]

vale [veil]		val|e			n.谷
valley [vǽli]		vall|ey	＜OF. valee「谷」		n.谷，流域，盆地
avalanche [ǽvəlæntʃ]	a|val|anche		a＜ad [＝to…へ] ～.「谷間へ落ちてゆく」の意から		n.なだれ，殺到

van(t), vanc [＝before 前に]

van [væn]		van	vanguard の短縮形		n.(軍隊の)先頭，先駆
vanguard [vǽngɑːrd]		van|guard	～guard 守る.「前を守るもの」		n.前衛，先導者
advance [ədvǽns]	ad|vanc|e		＜OF. avancer＜L. abante (ab [＝from]+ante [＝before])「前から」. ab-の原義が忘れられ ad-が採用された.「前になるようにする」		v.進める，促進させる，提出する
advanced [ədvǽnst]	ad|vanc|ed		advance+d [→形]		a.進んだ，進歩した，先走った
advancement [ədvǽnsmənt]	ad|vanc|ement		advance+ment [＝act→名]		n.前進，促進，発達，昇進
advantage [ədvǽntidʒ]	ad|vant|age		＜MF. advantage (avant (＜ab [＝from]+ante [＝before])「前から」+age [＝state 状態→名].「優位な状態」		n.利益，有利，優勢
advantageous [ədvəntéidʒəs]	ad|vant|ageous		advantage+ous [＝full of…で満ちた→形]		a.有利な，好都合な

vapor [＝steam 蒸気]

vapor [véipər]		vapor			n.蒸気，気体，妄想
vaporize [véipəraiz]		vapor|ize	～ize [＝make…にする→動]		v.蒸発させる，気化する
vaporous [véipərəs]		vapor|ous	～ous [＝full of…で満ちた→形]		a.蒸気の多い，空虚な
evaporate [ivǽpəreit]	e|vapor|ate		e＜ex [＝out of 外に] ～ate [＝make…にする→動].「蒸気になる」		v.蒸発させる，消えうせる

var [＝change 変化する]

variable [véəriəbl]		var|iable	～able [＝possible…できる→形]		a.変わりやすい，一定しない
variably [véəriəbli]		var|iably	～able [＝possible…できる→形]+ly [→副]		ad.不定に，変わりうるように
variant [véəriənt]		var|iant	～ant [→形]		a.異なる，種々の，変わる
variation [vèəriéiʃən]		var|iation	～ate [＝make…にする→動]+ion [→名]		n.変化，変動，変化物
varied [véərid]		var|ied	～ed [→形]		a.様々の，多彩な
variegate [véərigeit]		var|iegate	～ate [＝make…にする→動]		v.雑色にする，変化を与える

variety [vəráiəti]		var	iety	~ty [=condition 状態→名]	n.変化, 多様, 取合せ, 種類
various [véəriəs]		var	ious	~ous [=full of…で満ちた→形].「雑多な, 異なった」	a.違った, 異なる, 種々の
vary [véəri]		var	y	「変化する(させる)」	v.変える, 変わる, 異なる
invariable [invéəriəbl]	in	var	iable	in [=not] ~able [=possible…できる→形]	a.変化しない, 一定の
unvarying [ʌnvéəriiŋ]	un	var	ing	un [=not] ~ing [→形]	a.不変の, 一定の

vas², ves [=vessel 容器]

vase [veis]		vas	e	<L. vās「つぼ」	n.びん, つぼ, 花びん
vessel [vésl]		ves	sel	~el [→指小辞].「船」は「器」からの意味変化	n.容器, 器, 船, 《聖》人間

veal, veil, vel [=covering 覆い, sail 帆]

veil [veil]			veil	原義は L. vehere「運ぶもの」→「帆, 幕, 布」	n.ベール, 覆い, 幕, 口実
reveal [riví:l]	re		veal	re [=back もとに] ~. draw back a veil「ベールをはぐ」	v.現す, 示す, もらす, 啓示する
revelation [revəléiʃən]	re	vel	ation	re [=back もとに] ~ate [=make…にする→動]+ion [→名]. vel<L. velum「ベール」	n.暴露, 摘発, 黙示

veg, vig [=living 活気のある]

vegetable [védʒitəbl]		veg	etable	<L. vegetus [=lively 生き生きした].「元気をつけることができるもの」	n.野菜, 青物
vegetarian [vedʒitéəriən]		veg	etarian	~arian [=person 人→名]	n.菜食主義者
vegetate [védʒiteit]		veg	etate	~ate [=make…にする→動]	v.(植物が)生長する, 増殖する
vegitation [vedʒitéiʃən]		veg	etation	~ate [=make…にする→動]+ion [→名]	n.植物, 生長, 無為の生活
vigil [vídʒil]		vig	il	「元気である」→「目をさましている」	n.徹夜, 不寝番
vigilance [vídʒiləns]		vig	ilance	~ance [→名]	n.不寝番, 警戒, 不眠症
vigilant [vídʒilənt]		vig	ilant	~ant [→形]	a.油断のない, 見張っている
vigor [vígər]		vig	or	<L. vigor [=strong 強い].「生き生きとした力」	n.元気, 精神力, 生気, 力, 体力
vigorous [vígərəs]		vig	orous	~ous [=full of…で満ちた→形]	a.活力のある, 活発な
invigorate [invígəreit]	in	vig	orate	in [=into 中へ] ~ate [=make…にする→動].「活力を入れる」	v.元気[活気]づける, 激励する
invigoration [invigəréiʃən]	in	vig	oration	in [=into 中へ] ~ate [=make…にする→動]+ion [→名]	n.元気づけること

veh, vein [=carry 運ぶ]

vehemence [víːməns]	veh	emence	～mence<L. mens [=mind 心]. 「心を運ぶ」の意から	n.激しさ, 熱情
vehement [víːmənt]	veh	ement	～ent [→形]	a.激しい, 熱心な
vehicle [víːikl]	veh	icle	～cle [=small →指小辞].「小さな運ぶもの」	n.乗り物, 車, 媒介物, 手段
vein [vein]	vein		<L. vēna [=血管]	n.静脈, 血管, 脈, 性質

velop [=wrap 包む]

develop [divéləp]	de	velop	de<des [=apart 離れて] ～.「包みを解く」→「発達させる」	v.発達させる, 発展する
development [divéləpmənt]	de	velop	ment	de<des [=apart 離れて] ～ment [→名]	n.発達, 動向, 展開
envelop [invéləp]	en	velop	en [=in 中に] ～. wrap in「中に包む」	v.包む, 封じる, おおい隠す
envelope [énviloup]	en	velop	e	en [=in 中に] ～	n.封筒, 包み, 外皮

ven, vent¹, venue, venir [=come 来る]

venture [véntʃər]		vent	ure	adventure の ad を省略した形	n.冒険, 投機, やま
avenue [ǽvənjuː]	a	venue		a<ad [=to…へ] ～.「家に近づく道」	n.並木道, 大通り
advent [ǽdvent]	ad	vent		ad [=to…へ] ～.「来ること」	n.到来, 出現, [the A-]キリストの降臨
adventure [ədvéntʃər]	ad	vent	ure	<L. adventūra 「まさに起こらんとしていること」→「異常な出来事」→「冒険」	n.冒険, 冒険心
adventurer [ədvéntʃərər]	ad	vent	urer	ad [=to…へ] ～er [=person 人→名]	n.冒険家, やま師
adventurous [ədvéntʃərəs]	ad	vent	urous	ad [=to…へ] ～ous [=full of…で満ちた→形]	a.冒険好きな, 危険な
convene [kənvíːn]	con	ven	e	con [=together 共に]. =come together「共に来る」→「集まる」	v.集める, 召集する
convenience [kənvíːnjəns]	con	ven	ience	con [=together 共に] ～ence [→名]	n.便利, 便利な道具
convenient [kənvíːnjənt]	con	ven	ient	con [=together 共に] ～ent [→形].「共に来る」→「都合よい」	a.便利な, 手近な
conveniently [kənvíːnjəntli]	con	ven	iently	con [=together 共に] ～ly [→副]	ad.便利に, 都合よく
convent [kánvent]	con	vent		con [=together 共に] ～「共に来る」→「集合, 集会」	n.僧団, 修道院
convention [kənvénʃən]	con	vent	ion	con [=together 共に] ～ion [→名].「共に来ること」→「一致」	n.集会, 会議, 協約, 風習
conventional [kənvénʃənəl]	con	vent	ional	con [=together 共に] ～al [→形]	a.因襲的な, 月並みの, 協定の

covenant [kʌ́vinənt]	co	ven	ant	co＜con [＝together 共に] ～ant [→名]	n.契約(書)，盟約，聖約
event [ivént]	e	vent		e＜ex [＝out of 外に] ～. 「結果として起こる」	n.出来事，大事件，結果，種目，一試合
eventful [ivéntfəl]	e	vent	ful	e＜ex [＝out of 外に] ～ful [＝full of…で満ちた→形]	a.多事な，波乱の多い，重大な
eventual [ivéntjuəl]	e	vent	ual	e＜ex [＝out of 外に] ～al [→形]	a.終局の，最後の，可能な
eventually [ivéntjuəli]	e	vent	ually	e＜ex [＝out of 外に] ～al [→形]＋ly [→副]	ad.最後に，結局は
intervene [intərvíːn]	inter	ven	e	inter [＝between 間に] ～. 「間に来る」	v.間に入る，干渉する，調停する
intervention [intərvénʃən]	inter	vent	ion	inter [＝between 間に] ～ion [→名]	n.介在，調停，仲裁
invent [invént]	in	vent		in [＝on 上に] ～. come upon「出会う」→ find out「見つけ出す」	v.発明する，考え出す
invention [invénʃən]	in	vent	ion	in [＝on 上に] ～ion [→名]	n.発明，作り事，発明の才
inventor [invéntər]	in	vent	or	in [＝on 上に] ～or [＝person 人→名]	n.発明家，考案者
prevent [privént]	pre	vent		pre [＝before 前に] ～.「前に来る」→「邪魔する」	v.妨げる，じゃまする，予防する
prevention [privénʃən]	pre	vent	ion	pre [＝before 前に] ～ion [→名]	n.防止，妨害，予防
preventive [privéntiv]	pre	vent	ive	pre [＝before 前に] ～ive [→形]	a.予防の，妨げる
revenue [révənjuː]	re	venue		re [＝back もとに] ～.「戻ってくるもの」	n.歳入，収入，財源
souvenir [suːvəníər]	sou	venir		sou＜sub [＝under 下に] ～.「下に来る」→「心の中に起こる」	n.みやげ，記念品，かたみ

veng, vind [＝vindicate 守る, punish 罰する]

vengeance [véndʒəns]		veng	eance	～ance [＝action 行為→名]	n.復讐，あだ討ち
vindicate [víndikeit]		vind	icate	＜L. vindicāre (vendicāre) 権利を要求する	v.正しさを立証する，けん疑を晴らす
avenge [əvéndʒ]	a	veng	e	a＜ad [＝to…へ] ～.「相手に罰を与える」	v.あだをうつ，復讐する
revenge [rivéndʒ]	re	veng	e	re [＝again 再び] ～.「再び正当性を実証する」	n.復讐，恨み；v.…の恨みを晴らす
revengeful [rivéndʒfəl]	re	veng	eful	re [＝again 再び] ～ful [＝full of …で満ちた→形]	a.復讐心に燃えた，執念深い

vent², ventil [＝wind 風]

vent [vent]	vent		＜L. ventus「風」	n.排気口，抜け口，はけ口
ventilate [véntileit]	ventil	ate	ventil＜L. ventulus「微風」＋ate [＝make…にする→動].「微風を起こす」	v.換気する，自由に討議する
ventilation [ventiléiʃən]	ventil	ation	ventil＜L. ventulus「微風」＋ate [＝make…にする→動]＋ion [→名]	n.通風，換気，議論，検討

ventilator [véntileitər]	ventil	ator	～ate [=make…にする→動]+or [=instrument 道具→名]	n.通風機，換気扇

ver [=true 真実の，genuine 純正の]

very [véri]	ver	y	<OF. verai [=true真実の]．「非常に」の意は15世紀後半から	ad.非常に，たいへん
verify [vérifai]	ver	ify	～ify [=make…にする→動]．「真実に成す」	v.立証する，証明する
verily [vérili]	ver	ily	～ly [→副]	ad.まことに
verdict [vá:rdikt]	ver	dict	～dict [=say 言う]．「本当のことを言う」	n.評決，答申，判断
aver [əvá:r]	a	ver	a<ad [=to…へ] ～	v.断言する，主張する

verb [=word 語]

verb [və:rb]		verb		n.《文法》動詞
verbal [vá:rbəl]		verb	al	～al [→形]	a.言葉の，用語上の，口頭の
adverb [ǽdvə:rb]	ad	verb	a<ad [=to…へ] ～．原義は「動詞」に添えられたもの	n.《文法》副詞
proverb [práv:ə:rb]	pro	verb	pro [=before 前に，publicly 公に] ～．= word said publicly	n.評判のもの，格言，ことわざ

vers, vert [=turn 曲がる，回す]

verse [və:rs]		vers	e	<L. versus「曲げられたもの」→「コース」→「詩の行」	n.詩歌，詩，詩句
versatile [vá:rsətil]		vers	atile	～ile [→形]．「曲げられた」	a.多才の，多芸の，移り気の
version [vá:rʃən]		vers	ion	～ion [→名]．「曲げられてできたもの」．「曲がり」	n.翻訳，…版，説明，意見
vertical [vá:rtikəl]		vert	ical	～ical [→形，名]．「曲がった」→「渦巻の」→「頂点の」	a.頂点の，垂直の；n.垂直線，垂直面
vertigo [vá:rtigou]		vert	igo	<L. [=ぐるぐる回る]	n.めまい，旋回
averse [əvá:rs]	a	vers	e	a [=away from 離れて]～．turn away「…から向きを変える」	a.嫌って，反抗して
avert [əvá:rt]	a	vert	a [=away from 離れて] ～．「外に向ける」	v.避ける，そらす，そむける
advertise [ǽdvərtiz]	ad	vert	ise	<F. advertir [=warn 警告する]．「人の注意を向ける」→「広告する」	v.広告する，知らせる
advertisement [ædvərtáizmənt]	ad	vert	isement	ad [=to…へ] ～ment [→名]	n.広告
adverse [ædvá:rs]	ad	vers	e	ad [=to…へ] ～．「反対に向けられた」	a.逆の，反対の，不運の
adversary [ǽdvə:rseri]	ad	vers	ary	ad [=to…へ] ～ary [→名]	n.敵，相手，対抗者
adversity [ədvá:rsiti]	ad	vers	ity	ad [=to…へ] ～ity [=state 状態→名]	n.逆境
animadvert [ænimædvá:rt]	animad	vert	anim [=mind 心]+ad [=to…へ] ～．「非難を向ける」	v.批評を加える，非難する

vers, vert

語	接頭辞	語根	接尾辞	語源	意味
anniversary [ænivə́ːrsəri]	anni	vers	ary	anni [=year 年] ~ary [→形・名].「毎年戻ってくる」	n.記念日, 記念祭
controversial [kɑntrəvə́ːrʃəl]	contro	vers	ial	contro [=against 反対して] ~al [→形]	a.論争の, 疑わしい
converse [kənvə́ːrs]	con	vers	e	con [=together 共に] ~.「まわった」→「逆の」.「共にまわる」→「交わる」	v.談話する; a.逆の, 反対に
conversation [kɑnvərséiʃən]	con	vers	ation	con [=together 共に] ~ate [=make …にする→動]+ion [→名]	n.会話, 会談, 交際
convert [kənvə́ːrt]	con	vert		con [=together 共に] ~.「共にまわる」→「変わる」	v.変える, 転向させる
diverse [daivə́ːrs]	di	vers	e	di<dis [=apart 離れて] ~.「別の方向に曲げられた」	a.異なった, 種々の, いろいろな
diversion [daivə́ːrʃən]	di	vers	ion	di<dis [=apart 離れて] ~ion [→名]	n.転換, 気晴らし
diversity [daivə́ːrsiti]	di	vers	ity	di<dis [=apart 離れて] ~ity [=state 状態→名]	n.不同, 変化, 多様性
divert [daivə́ːrt]	di	vert		di<dis [=apart 離れて]	v.そらす, 気を紛らわす
extrovert [ékstrouvəːrt]	extro	vert		extro [=outside 外側に] ~.「外側に向ける」	n.外向的な人
introvert [íntrouvəːrt]	intro	vert		intro [=inside 内側に] ~.「内側に向ける」	n.内向的な人
invert [invə́ːrt]	in	vert		in [=into 中へ] ~.「方向を変える」	v.逆にする, 裏返す
obverse [ɑ́bvəːrs]	ob	vers	e	ob [=toward …の方へ] ~.「表を向け合う」	n.表面, 反面
perverse [pərvə́ːrs]	per	vers	e	per [=wrongly 誤って] ~.「正しい道に背を向ける」	a.片意地な, 邪悪な, 誤った
reverse [rivə́ːrs]	re	vers	e	re [=back 後ろへ] ~.「後に向ける」	v.逆にする, 取り消す
reversal [rivə́ːrsəl]	re	vers	al	re [=back 後ろへ] ~al [→名]	n.反転, 逆転
revert [rivə́ːrt]	re	vert		re [=back 後ろへ] ~	v.もとの状態に戻る, 復帰する
subversive [sʌbvə́ːrsiv]	sub	vers	ive	sub [=under 下に] ~ive [→形]	a.転覆する, 破壊的な
subvert [sʌbvə́ːrt]	sub	vert		sub [=under 下に] ~.「下からひっくり返す」	v.くつがえす, 破壊する, 打破する
traverse [trǽvərs]	tra	vers	e	tra<trans [=over, across 越えて] ~.「不意に向く」	v.横切る, 妨害する, 歩きまわる
universe [júːnivəːrs]	uni	vers	e	uni [=one 1] ~.「1つになされたもの」→「まとまった万物」	n.宇宙, 全世界
universal [juːnivə́ːrsəl]	uni	vers	al	uni [=one 1] ~al [→形]	a.一般の, 宇宙の, 全体の
university [juːnivə́ːrsiti]	uni	vers	ity	uni [=one 1] ~ity [→名].「団体, 共同体」	n.大学

vest [＝clothe, dress 着物を着せる]

vest [vest]		vest		「着せる」	n.ベスト; v.授ける, 衣服を着せる
divest [daivést]	di	vest		di＜dis [＝apart 離れて] ～.「着ているものをはぐ」	v.はぐ, 脱がせる
invest [invést]	in	vest		in [＝in 中に] ～.「着物を着せる」	v.投資する, 着せる, 授ける
investment [invéstmənt]	in	vest	ment	in [＝in 中に] ～ment [→名]	n.投資, 叙任, 包囲

via, voy, vey¹, vi¹ [＝way 道路]

via [váiə]		via		＜L. via「道路」.「道によって」が原義	prep.…を通って, …によって
voyage [vɔ́iidʒ]		voy	age	原義は「旅の金, 食料」. のちに「旅」へと意味変化した.	n.航海, 空の旅, 旅行
convey [kənvéi]	con	vey		con [＝together 共に] ～.「道を共にする」	v.運ぶ, 伝達する, 知らせる
conveyance [kənvéiəns]	con	vey	ance	con [＝together 共に] ～ance [→名]	n.運搬, 乗り物, 伝達
convoy [kánvɔi]	con	voy		con [＝together 共に] ～.「道を共にする」	n.護送, 警護, 護衛艦
deviate [díːvieit]	de	vi	ate	de [＝away from 離れて] ～ate [＝make …にする→動].「決まった道を離れる」	v.それる, 離れる
deviation [diːviéiʃən]	de	vi	ation	de [＝away from 離れて] ～ion [→名]	n.それること, 脱線
envoy [énvɔi]	en	voy		＜F. envoyer [＝send「送る」の過去分詞].「送られし者」「外交官」	n.使節, 使者
obvious [ábviəs]	ob	vi	ous	ob [＝against…に対して, …に向かって]＋vi＜L. via 道＋ous [→形]. lying in the way「じゃまして」→「明白な」	a.明らかな, 見え透いた
obviously [ábviəsli]	ob	vi	ously	ob [＝against…に対して, …に向かって]＋vi＜L. via 道＋ous [＝full of…で満ちた→形]＋ly [→副]	ad.明らかに
trivial [tríviəl]	tri	vi	al	tri [＝three 3] ～al [→形].「3つの道が出会う場所」→「ありふれた」	a.つまらない, ありふれた

vict¹, vanqu, vinc [＝conquer 征服する]

vanquish [vǽŋkwiʃ]		vanqu	ish	vanqu＜L. vincere「征服する」. ～ish [＝make…にする→動]	v.…に打ち勝つ, 征服する
victor [víktər]		vict	or	～or [＝person 人→名]	n.勝利者, 戦勝者
victory [víktəri]		vict	ory	～y [→名]	n.勝利, 征服
vitorious [viktɔ́ːriəs]		vict	orious	～i＜y [→名]＋ous [＝full of…で満ちた→形]	a.勝利の
convince [kənvíns]	con	vinc	e	con [＝completely 完全に] ～.「完全に征服する」	v.確信させる, 納得させる
convincing [kənvínsiŋ]	con	vinc	ing	con [＝completely 完全に] ～ing [→形]	a.信服させる, 得心のいく

vid², view, vis², vic, vi², vy, d, vey²

convict v.[kənvíkt] n.[kánvikt]	con	vict		convince と同語源.「完全に征服された」→「有罪とされた」	v.有罪とする; n.罪人
conviction [kənvíkʃən]	con	vict	ion	~ion [→名]	n.有罪決定, 確信
evince [ivíns]	e	vinc	e	e＜ex [=thoroughly 完全に] ~.「十分に征服する」	v.明白にする, 実証する
invincible [invínsəbl]	in	vinc	ible	in [=not] ~ible [=able…できる→形]	a.無敵の

vid, view, vis, vic, vi², vy, d, vey² [=see 見る]

view [vju:]		view		＜L. vidēre「見る」	n.見ること, 視界, 視力, 光景; v.見る, 考察する
visage [vízidʒ]		vis	age	＜OF. vis [=face 顔] ~age [→名].「見られるもの」	n.顔, 様子
visible [vízəbl]		vis	ible	~ible [=able…できる→形].「見られる」	a.目に見える, 明白な
vision [víʒən]		vis	ion	~ion [→名].「見ること, 光景, 現象」	n.視力, 先見, 光景, 幻
visit [vízit]		vis	it	~it [=go 行く]. go to see「見に行く」	v.訪問する, 訪れる, 見舞う
visitor [vízitər]		vis	itor	~it [=go 行く]+or [=person 人→名]	n.訪問者, 滞在客
visual [víʒuəl]		vis	ual	~al [→形]	a.視覚の, 目に見える
advice [ədváis]	ad	vic	e	ad [=to…へ] ~＜OF. a(d)vis. もとはラテン語 ad vīsum「見たところ」. 16世紀に s が無声音であることを示すために advice という綴字が作られた	n.忠告, 助言, [通例 pl.]報道, 報告
advise [ədváiz]	ad	vis	e	ad [=to…へ] ~	v.忠告する, 相談する, 知らせる
device [diváis]	de	vic	e	de＜dis [=apart 離れて] ~	n.計画, 工夫
devise [diváiz]	de	vis	e	de＜dis [=apart] ~.「見分ける」→「工夫する」	v.計画する, 工夫する, 発明する
invidious [invídiəs]	in	vid	ious	in [=on 上に] ~ous [=full of…で満ちた→形].「見上げる」→「ねたましい」	a.ねたましく思わせる, 不快に感じさせる
evidence [évidəns]	e	vid	ence	e＜ex [=out of 外に] ~ence [→名].「外から見るもの」	n.証拠, 証言, 形跡
evident [évidənt]	e	vid	ent	e＜ex [=out of 外に] ~ent [→形]	a.明白な
evidently [évidəntli]	e	vid	ently	e＜ex [=out of 外に] ~ent [→形]+ly [→副]	ad.明らかに
envious [énviəs]	en	vi	ous	en [=on] ~ous [=full of…で満ちた→形]	a.うらやましい, 望ましい
envy [énvi]	en	vy		＜F. envie＜L. invidēre (in+vidēre 見る). en [=on 上に] ~.「ねたんで見ること」	n.ねたみ; v.うらやむ, ねたむ
invisible [invízəbl]	in	vis	ible	in [=not] ~ible [=able…できる]	a.目に見えない, はっきりしない

improvise [ímprəvaiz]	impro	vis	e	im [=not]+pro [=beforehand 前もって]～.「前もって見ておかない」→「準備しておかない」	v.即席に作る，即席にやる
interview [íntərvjuː]	inter	view		inter [=between 間に]～.「見合う」→「二者間の会合」	n.会見，面会，面接
provide [prəváid]	pro	vid	e	pro [=before 前に]～.「先を見る」→「予見する」	v.用意する，支給する，規定する
providence [právidəns]	pro	vid	ence	pro [=before 前に]～ence [→名]	n.神意，[P-]神
provision [prəvíʒən]	pro	vis	ion	pro [=before 前に]～ion [→名]	n.準備，貯蔵物，(pl.)食料，規定
preview [príːvjuː]	pre	view		pre [=before 前に]～.「前に見ること」	n.下検分，試演，概説
prudent [prúːdənt]	pru	d	ent	pru<pro [=before 前に]～ent [→形]．dent<L.videntis (vidēre「見る」の現在分詞)．「先を見る」→「慎重な」	a.用心深い，思慮分別のある，賢明な
purvey [pəːrvéi]	pur	vey		pur<pro [=before 前に]～．vey<L. vidēre 見る．「前もって見る」	v.(食料品を)調達する
review [rivjúː]	re	view		re [=again 再び]～.「再び見ること」	v.再び見る，評論する，復習する
revise [riváiz]	re	vis	e	re [=again 再び]～.「再び観察する」→「見直す」	v.校訂する，校正する，変える
revision [rivíʒən]	re	vis	ion	re [=again 再び]～ion	n.校訂，修正，校正
supervise [súːpərvaiz]	super	vis	e	super [=over 上から]～.「見渡す」→「監督する」	v.管理する，監督する
supervisor [súːpərvaizər]	super	vis	or	super [=over 上から]～er [=person 人→名]	n.管理人，監督者

vill [=hamlet, village 村落]

villa [vílə]	vill	a		<L. villa「田舎の邸宅」	n.別荘，別邸
village [vílidʒ]	vill	age		～age [→名]．hamlet より大きく town より小さい	n.村，村落
villager [vílidʒər]	vill	ager		～er [=person 人→名]	n.村人，いなか者
villain [vílən]	vill	ain		<L. [=farm servant 農奴]	n.悪者，悪漢，悪役
villainous [vílənəs]	vill	ainous		～ous [=full of…で満ちた→形]	a.悪漢のような，悪らつな，下劣な

viv, vi³, vict², vit² [=alive 生きている, life 生命]

viand [váiənd]	vi	and		<F. viande「食物」．<L. vīvenda (L. vīver「生きる」の動名詞形)	n.食品
victual [víktʃuəl]	vict	ual		<OF. vitaille [=live 生きる]．-c-の文字は後にラテン語にならってのもの	n.食料品
vital [váitl]	vit	al		～al [→形]．「生命に関する」	a.生命の，活気のある，重要な
vitality [vaitǽliti]	vit	ality		～ity [=condition 状態→名]	n.生命力，活気，元気

voc, voice, vouch, vow¹, vok

単語	分解			語源説明	意味
vitamin [váitəmin]	vit		amin	~amin.「アミン」。初めはアミノ酸が含まれていると考えられたことから	n.ビタミン
vivacious [vivéiʃəs]	viv		acious	~ous [＝full of…で満ちた→形]	a.活気に満ちた, 陽気な
vivacity [vivǽsiti]	viv		acity	~ity [→名]	n.活気, (色彩などの)鮮明
vivid [vívid]	viv		id	~id [→形]	a.生き生きとした, 鮮明な
vivify [vívifai]	viv		ify	~fy [＝make…にする→動]	v.生命を与える, 励ます
vivisect [vivisékt]	viv		isect	~sect [＝cut切る]。「生きているものを切る」	v.生体を解剖する
convivial [kənvíviəl]	con	viv	ial	con [＝together 共に] ~al [→形].「共に生を楽しむ」	a.酒宴の, 陽気な
revive [riváiv]	re	viv	e	re [＝again 再び] ~.「再び生きる」	v.生き返る, 回復する, 元気づける
revival [riváivəl]	re	viv	al	re [＝again 再び] ~al [→名]	n.再生, 回復, [R-]文芸復興
survive [sərváiv]	sur	viv	e	sur＜super [＝beyond 越えて] ~.＝live beyond ~	v.生き残る, 残存する
survival [sərváivəl]	sur	viv	al	sur＜super [＝beyond 越えて] ~al [→名]	n.生存(者), 残存, 遺物
survivor [sərváivər]	sur	viv	or	sur＜super [＝beyond 越えて] ~or [＝person 人→名]	n.生き残った人, 遺族

voc, voice, vouch, vow¹, vok [＝voice 声, call 呼ぶ]

単語	分解			語源説明	意味
vocabulary [vəkǽbjuləri]		voc	abulary	＜L. *vocābulum* [＝word 語]	n.語彙(ご), 単語集
vocal [vóukəl]		voc	al	~al [→形]	a.声の, 口頭の, 声楽の
vocation [voukéiʃən]		voc	ation	~ion [→名]	n.神命, 使命, 職業, 仕事
vocational [voukéiʃənəl]		voc	ational	~ion [→名]＋al [→形]	a.職業の, 職業に資する
vociferate [vousífəreit]		voc	iferate	~fer [＝carry 運ぶ]＋ate [＝make…にする→動].「声を遠くに運ぶ」	v.大声で叫ぶ, どなりつける
vociferous [vousífərəs]		voc	iferous	~fer [＝carry 運ぶ]＋ous [＝full of…で満ちた→形]	a.大声で叫ぶ, やかましい
voice [vɔis]		voic	e	＜OF. *vois*＜L. *vox, voc-*	n.声, 音, 発言
vouch [vautʃ]		vouch		＜OF. *vo(u)cher*＜L. *vocāre* 呼ぶ.「声を出して言う」	v.証言する, 断言する, 保証する
vowel [váuəl]		vow	el	＜L. *vōcālis*「声に出す」	n.母音(字)
avouch [əváutʃ]	a	vouch		a＜ad [＝to…へ] ~.「声に出す」→「誓う」	v.公言する, 保証する, 承認する
avow [əváu]	a	vow		a＜ad [＝to…へ] ~.「声に出す」→「白状する」	v.公言する, 自白する
advocate n.[ǽdvəkit] v.[ǽdvəkeit]	ad	voc	ate	ad [＝to…へ]＋~ate [＝make…にする→名, 動].「声を出して助けを求める」	n.擁護者, 主唱者; v.主唱する

単語	分解			語源説明	意味
convoke [kənvóuk]	con	vok	e	con [=together 共に] ~. 「呼び集める」	v. 召集する
equivocal [ekwívəkəl]	equi	voc	al	equi [=equal 等しい] ~. 「等しい声の」→「紛らわしい声の」	a. 両意に取れる, あいまいな
invoke [invóuk]	in	vok	e	in [=on …に] ~. 「呼びかける」→「祈願する」	v. 祈り願う, 訴える, 呼び起こす
provocative [prəvάkətiv]	pro	voc	ative	pro [=forward 前方へ] ~ ive [→形]	a. 怒らせる, 挑発的な
provoke [prəvóuk]	pro	vok	e	pro [=forward 前方へ] ~. 「前方へ呼ぶ」→「挑戦する」	v. 怒らせる, 刺激して…させる
revocation [revəkéiʃən]	re	voc	ation	re [=back 後ろへ] ~ate [=make…にする→動]+ion [→名]	n. 廃止, 取り消し
revoke [rivóuk]	re	vok	e	re [=back 後ろへ] ~. 「後ろへ呼ぶ」→「呼び戻す」	v. 撤回する, 取り消す

vol [=will 意志, wish 願う]

単語	分解			語源説明	意味
volition [voulíʃən]		vol	ition	~ition [=action 行為→名]	n. 意志, 意欲
voluntary [vάlənteri]		vol	untary	~ary [→形]. 「自発的な」	a. 自由意志の, 志願の, 随意の
volunteer [vɑləntíər]		vol	unteer	~eer [=person 人→名]. 「自発的にたずさわる人」	n. 志願者, 義勇兵; v. 志願する
voluptuous [vəlʌ́ptjuəs]		vol	uptuous	<L. 「享楽の」	a. 肉欲にふける, なまめかしい
benevolent [binévələnt]	bene	vol	ent	bene [=good 良い] ~ent [→形]. 「よく望むところの」→「善意の」	a. 慈悲深い, 情け深い
malevolent [məlévələnt]	male	vol	ent	male [=bad 悪い] ~. 「悪い気質の」	a. 悪意のある, 意地悪い
involuntary [invάlənteri]	in	vol	untary	in [=not] ~ary [→形]	a. 何気なしの, 無意識の

volcan [=fire 火]

単語	分解		語源説明	意味
volcano [vɑlkéinou]	volcan	o	<L. Volcānus 「古代ローマの火と鍛冶(かじ)の神」	n. 火山
volcanic [vɑlkǽnik]	volcan	ic	~ic [→形]	a. 火山の, 火山性の

volv, vault, volum, volut [=roll 巻く, 回転する]

単語	分解			語源説明	意味
vault [vɔ:lt]		vault		<L. volūta. volvere 「転がす, 渦巻く」の過去分詞. 「まわるもの」→「アーチ」	n. 丸天井, 青空, 地下室
volume [vάljum]		volum	e	<MF.<L. volūmen 巻き物<volvere「渦巻く」. 原義は「巻かれたもの」. その大きさや厚みから「量」を表すようになった	n. 書物, 巻, 冊, 体積, 多量
convolve [kənvάlv]	con	volv	e	con [=together 共に] ~. 「共に巻く」	v. 巻く, 巻き付く
evolve [ivάlv]	e	volv	e	e<ex [=out of 外に] ~. 「回転して解く」	v. 発展させる, 展開する, 進化する

involve [inválv]	in	volv	e	in [=into 中に] ~. 「巻き込む」	v.含む, 意味する, こみいらす, 包む
revolve [riválv]	re	volv	e	re [=back もとへ] ~. 「ぐるぐる回る」	v.回転させる, 思いめぐらす
revolver [riválvər]	re	volv	er	re [=back もとへ] ~er [=instrument 道具→名]	n.連発ピストル
revolution [rivəlú:ʃən]	re	volut	ion	re [=back もとへ] ~ion [→名]	n.革命, 回転, 周期
revolutionary [rivəlú:ʃənəri]	re	volut	ionary	re [=back もとへ] ~ion [→名]+ary [→形]	a.革命の, 革命的な

vot, vow[2] [=vow 誓う]

vote [vout]		vot	e	<L. *vovēre*「誓約する」. 「誓約されたもの」	n.投票, 投票権, 票; v.投票する
vow [vau]		vow		<L. *vovēre*「誓約する」	n.誓い, 誓願; v.誓う, 誓約する
devote [devóut]	de	vot	e	de [=completely 完全に] ~. 「完全にささげられた」	v.(心身を)ささげる, ゆだねる
devoted [divóutid]	de	vot	ed	de [=completely 完全に] ~ed [→形]	a.忠実な, 献身的な, 没頭している
devotion [devóuʃən]	de	vot	ion	de [=completely 完全に] ~ion [→名]	n.献身, 専心, 熱愛, 信心

vuls [=pluck ひっぱる, むしり取る]

avulsion [əvÁlʃən]	a	vuls	ion	a<ab [=away from 離れて] ~ion [→名]. 「ひっぱって取る」	n.引き裂くこと, むしり取ること
convulse [kənváls]	con	vuls	e	con [=together 共に] ~. 「共に引く」	v.けいれんさせる, 振動させる
convulsion [kənválʃən]	con	vuls	ion	con [=together 共に] ~ion [→名]	n.けんれん, ひきつけ, 笑いの発作, 変動, 動乱
convulsive [kənválsiv]	con	vuls	ive	on [=together 共に] ~ive [→形]	a.けいれん性の, 発作的な
revulsion [riválʃən]	re	vuls	ion	re [=back もとへ] ~ion [→名]. 「引き戻すこと」	n.引き戻し, 激変, 急変

W, Z

wail [＝lament 嘆く]

wail [weil]	wail	＜ON. *vǽla*「嘆き悲しむ」	*v.*泣きわめく，嘆き悲しむ
bewail [biwéil]	be|wail	be [＝強意] ～	*v.*嘆き悲しむ

wait [＝guard 守る, watch 見守る]

wait [weit]	wait	＜OF.「番をする，見守る」	*v.*待つ，給仕する
waiter [wéitər]	wait|er	～er [＝person 人→名]	*n.*ウェイター
waitress [wéitris]	wait|ress	～ess [＝female→女性名詞]	*n.*ウェイトレス
await [əwéit]	a|wait	a＜ad [＝to…へ] ～	*v.*待つ，待ちかまえる

wak [＝awake 目覚める]

wake [weik]	wak|e	＜OE. *wacian*「目覚めている」	*v.*目が覚める，気づく
waken [wéikən]	wak|en	～en [＝make…にする→動]	*v.*目を覚ます，起こす
awake [əwéik]	a|wak|e	a＜ad [＝to…へ] ～	*v.*起こす，目覚める；*a.*目が覚めた，用心深い
awaken [əwéikən]	a|wak|en	a＜ad [＝to…へ] ～en [＝make…にする→動]	*v.*覚ます，起こす，覚める

war, guard, guar, ward, gard [＝cautious 注意する, guard 守る]

guard [gɑ:rd]	guard		ward と同一語．フランス語では w が g に変わって guard	*n.*警戒，用心，護衛者，防護物
guarantee [gærəntí:]	guar	antee	warrant と同一語	*n.*保護(人)；*v.*保証する
guardian [gɑ́:rdiən]	guard	ian	～ian [＝person 人→名]	*n.*保護者，管理人
ward [wɔ:rd]	ward		＜OE. *weard*「見張り」	*n.*見張り，保護，病舎
ware [wéər]	war	e	＜OE. *wær*「注意する，気をつける」	*v.*気をつける，用心する
warn [wɔ:rn]	war	n	「用心する」	*v.*警告する，注意する
warrant [wɔ́:rənt]	war	rant	～ant [→名]	*n.*正当な理由，根拠，保証，許可証
wary [wéəri]	war	y	～y [→形]	*a.*用心深い，油断のない
award [əwɔ́:rd]	a|ward		a＜ex [＝out of 外に] ～．「完全に眺めたあとで判定する」	*v.*授与する，給与する；*n.*賞品
aware [əwéər]	a|war	e	a＜ad [＝to…へ] ～．「用心深い状態にある」	*a.*知っていて，気づいて
beware [biwéər]	be|war	e	be ware の短縮形	*v.*注意する，警告する
regard [rigɑ́:rd]	re|gard		re [＝back 後ろへ] ～．reward と同一語．中フランス語を経由して英語に入ったために，w が g となっている	*n.*注意，関心，尊敬；*v.*注意する，考察する

見出し語	分解1	分解2	分解3	語源・説明	意味
regardless [rigá:rdlis]	re	gard	less	re [=back 後ろへ] ~less [=without…のない→形]	a.注意しない，気にかけない
reward [riwɔ́:rd]	re	ward		re [=back 後ろへ] ~. 「後ろへ観察する」→「返礼する」	n.報酬，賞，報い；v.報いる
steward [stjú:wərd]	ste	ward		<OE. stig [=hall「ホール」, sty「豚小屋」] ~. 「家の管理者，豚小屋の番人」	n.家令，支配人，スチュワード
stewardess [stjú:wərdis]	ste	ward	ess	~ess [=female→女性名詞]	n.スチュワーデス
unaware [ʌnəwéər]	una	war	e	un [=not] ~	a.気づかない，知らない

way, wag, wagon, weigh, weg [=go 行く，move 移動する，carry 運ぶ]

wag [wæg]		wag		<OE. wagian「動かす，振る」	v.振る（尾など を），揺れる
wagon [wǽgən]		wagon		オランダ語 wagen「荷馬車」より	n.荷馬車，貨車
way [wei]		way		<OE. weg. 原義は「動く，運ぶ，目方がある」	n.道，方法，手段，様式，方向，進行
weigh [wei]		weigh		<OE. wegan「運ぶ，動かす」.「もち上げて目方を測る」	v.目方を量る
weight [weit]		weigh	t	weigh「目方を量る」+t [→名]	n.重さ
Norway [nɔ́:rwei]	Nor	way		Nor [=north 北]+way「道」.「北の道」	n.ノルウェー
Norwegian [nɔ:rwí:ʒən]	Nor	weg	ian	Nor [=north]+weg (<ON.=way)+ian [=person 人→名]	a.,n.ノルウェーの，ノルウェー人(の)，ノルウェー語(の)

wel(l), weal [=pleasant 楽しい，happy 幸福な]

見出し語	分解1	分解2	分解3	語源・説明	意味
weal [wi:l]		weal		<OE. wela「欲する，望む」	n.《古》福利，幸福
wealth [welθ]		weal	th	~th [=state 状態→名]. OE. wela から health にならって th がついた	n.富，財産，富裕，豊富
wealthy [wélθi]		weal	thy	~y [→形]	a.富んだ，豊富な
welfare [wélfeər]		wel	fare	<ME. wel [=well よく]+fare [=go 行く，live 暮らす]	n.幸福，繁栄，救済事業
welfare state [wélfeər steit]		wel	fare state	~state 国家	n.福祉国家
welfare work [wélfeər wə:rk]		wel	fare work	~work 事業	n.福祉事業
well [wel]		well		<OE. wel.「願望に従って」が原義.「健康な」の意味は 16 世紀から	a.健康な；ad.よく，適当に

wid [=separate 分ける]

widow [wídou]	wid	ow	<L. vidua「未亡人」. 原義は「分けられた者」	n.未亡人，後家
widower [wídouər]	wid	ower		n.男やもめ

wind, weather, with [＝風]

単語	分解1	分解2	語源・説明	意味
weather [wéðər]	weath	er	＜OE. weder「元気」．印欧語根*wē-「風が吹く」から形成されたと考えられている．サンスクリット語 vā「吹く」と同系．	n.天気，気候；v.風雨にさらす乾かす
wind [wind]	wind		＜OE. wind＜ON. vindr＜L. ventus「風」	n.風，呼吸，むだ話
windmill [wíndmil]	wind	mill	～mill [製粉場]	n.風車
window [wíndou]	wind	ow	～ow＜ON. auga [＝eye 目]．「風がはいる穴」	n.窓，窓ガラス
windy [wíndi]	wind	y	～y [→形]	a.風の吹く，風の強い，空虚な
wither [wíðər]	with	er	＜ME. wederen「外気にあてる」．weather(v.)から特別の意味を表すために分化したものと考えられる	v.しおれる，枯れる

wis, wit, wiz, witch [＝know 知っている]

wisdom [wízdəm]	wis	dom	～dom [＝state 状態→名]	n.知恵，分別，金言，知識
wise [waiz]	wis	e	＜OE. wīs「知っている」	a.賢い，学問のある
wit [wit]	wit		原義は「知る」．wise と同系	n.機知，才人，知恵
witness [wítnis]	wit	ness	～ness [→名．動詞は名詞の転用]	n.証人，証拠；v.目撃する，示す，証言する
witting [wítiŋ]	wit	ting	～ing [→形]	a.意識している，知っていての
witty [wíti]	wit	ty	～y [→形]	a.機知に富んだ，気のきいた
wizard [wízərd]	wiz	ard	～ard [＝person 人→名]．「賢明な人」	n.(男の)魔法使い，手品師，鬼才，天才，名人
witch [witʃ]	witch		＜OE. wicce ＝ OE. wicca「魔法使い」の女性形	n.女魔法使い，魅惑的な女
witchcraft [wítʃkræft]	witch	craft	～craft 技術，技巧	n.魔法，魅力，魔力
bewitch [biwítʃ]	be	witch	be [＝強意] ～．「魔法にかける」	v.魔法にかける，うっとりさせる
unwittingly [ʌnwítŋli]	un	wit tingly	un [＝not] ～ing [→形]＋ly [→副]	ad.はからずも

zoo [＝animal 動物]

単語	分解1	分解2	語源・説明	意味
zoo [zu:]	zoo			n.動物園
zoology [zouálədʒi]	zoo	logy	～logy [＝study 学問]	n.動物学
zoological [zouəládʒikəl]	zoo	logical	～logy [＝study 学問]＋cal [→形]	a.動物学の，動物に関する

索 引

(太字は見出し語根を表す)

A

aback 34
abase 35
abasement 36
abate 36
abatement 36
abb 19
abbacy 19
abbé 19
abbess 19
abbey 19
abbot 19
abbreviate 40
abbreviation 40
abdicate 76
abdication 76
abdomen 19
abdomen 19
abdominal 19
aberrant 84
abet 37
abetment 37
abetter, -tor 37
abhor 126
abhorrence 126
abhorrent 126
abide 38
ability 19
abject 130
abl 19
able 19
ablution 147
abnegate 169
abnormal 170
abnormality 170
abnormity 170
aboard 40
abode 38

abol 19
abolish 19
abolishment 19
abolition 19
abominable 174
abominate 174
aboriginal 177
abound 177
abrade 209
abreast 40
abridge 40
abridg(e)ment 40
abroad 41
abrupt 214
abruptly 214
absence 85
absent 85
absent-minded 85
absolute 233
absolutely 233
absolution 233
absolve 233
absorb 233
absorbing 234
absorption 234
abstain 245
abstention 245
abstract 255
abstraction 255
abundance 177
abundant 177
abuse 260
abusive 260
academ(y) 19
academic 19
academical 19
academician 19
academy 19
accede 51

accelerate 53
acceleration 53
accent 45
accentuate 45
accept 47
acceptable 47
acceptance 47
access 51
accessible 51
accession 51
accessory 51
accident 42
accidental 42
acclaim 60
acclamation 60
accommodate 163
accommodation 163
accompaniment 179
accompanist 179
accompany 179
accomplish 192
accomplished 192
accomplishment 192
accord 64
accordance 64
according 64
accordingly 64
accordion 64
accost 65
account 66
accountable 66
accountant 66
accredit 67
accumbent 68
accumulate 69
accumulation 69
accumulative 69
accuracy 70
accurate 70

accurately 70
accursed 71
accusation 50
accusatory 50
accuse 50
accustom 71
accustomed 72
acerb 19
acerbity 19
acetify 19
ache 20
ache 20
achieve 46
achievement 46
acid 19
acidity 19
acknowledge 115
acknowledgement 115
acquaint 208
acquaintance 208
acquire 208
acquisition 208
acquisitive 208
acquit 209
acquittal 209
acre 23
acrid 20
acrimony 20
acrobat 20
across 68
act 20
act 20
action 20
active 20
activity 20
actor 20
actress 20
actual 20
actually 20

acuity 72
acute 72
acutely 72
adapt 29
adaptable 29
adaptation 29
adaptive 29
add 21
add 21
addict 76
addition 21
additional 21
additive 21
adequacy 84
adequate 84
adhere 125
adherent 125
adhesive 125
adieu 78
adjacent 130
adjectival 130
adjective 130
adjoin 132
adjoining 132
adjourn 132
adjudge 133
adjudication 133
adjure 134
adjust 134
adjustment 134
administer 159
administration 159
administrative 159
admirable 159
admiral 21
admiral 21
admiralty 21
admiration 159
admire 159
admirer 159
admiring 159
admission 160
admit 160
admonish 164
admonition 164
adolescence 21
adolescent 21
adopt 175
adoption 175

adorable 176
adoration 176
adore 175
adorn 177
adornment 177
adul 21
adult 21
advance 27, 264
advanced 27, 264
advancement 27, 264
advantage 27, 264
advantageous 27, 264
advent 266
adventure 266
adventurer 266
adventurous 266
adverb 268
adversary 268
adverse 268
adversity 268
advertise 268
advertisement 268
advice 271
advise 271
advocate 274
aeri 21
aerial 21
aerocraft 21
aeroplane 21
af 22
affable 87
affair 93
affect 88
affectation 88
affected 88
affection 88
affectionate 88
affiance 92
affiliate 97
affiliation 97
affinity 98
affirm 99
affirmative 99
affix 100
afflict 101
affliction 101
afflictive 101
affluence 102
affluent 102

afflux 102
afforest 104
afforestation 104
affright 108
affront 108
afire 99
aflame 100
afraid 108
afresh 107
after 22
afternoon 22
afterward(s) 22
ag 22
again 111
against 111
age 23
age 23
aged 23
ageless 23
agelong 23
agency 22
agenda 22
agent 22
aggravate 119
aggregate 119
aggregation 119
aggression 119
aggressive 119
aggressor 119
aggrieve 119
agile 22
agility 22
agitate 22
agitation 22
agitator 22
agnostic 115
agonize 22
agonizing 22
agony 22
agr 23
agrarian 23
agree 118
agreeable 118
agreement 118
agricultural 23
agriculture 23, 64
agronomy 23
ahead 124
aid 23

aid 23
aid-de-camp 23
aid station 23
aim 85
aimless 85
air 21
airmail 21
airplane 21
airport 21
akin 134
al 23
alarm 30
alarm clock 30
alb 24
albino 24
Albion 24
album 24
albumen, -min 24
alchemist 23, 57
alchemy 23, 57
alcohol 23, 63
alcoholic 63
alcoholism 63
algebra 24
ali 24
alibi 24
alien 24
alienable 24
alienate 24
alienation 24
align 143
alignment 143
alkali 24
allege 139
allegiance 139
alleviate 140
alleviation 140
alliance 140
allied 140
allocate 144
allocation 144
allocution 146
allophone 24
allude 146
allusion 146
allusive 146
alluvial 147
alluvium 147
ally 140

along 145
alpine 25
Alps 25
alt 25
altar 25
alter 24
alteration 24
altercate 24
altercation 24
alternate 24
alternation 24
altitude 25
alto 25
altruism 24
altruistic 24
am 25
amateur 25
amateurism 25
amb 25
ambiguity 22,25
ambiguous 22,25
ambition 25,129
ambitious 25,129
amble 26
ambulance 26
ambulate 26
ambuscade 41
ambush 41
amend 154
amendment 154
amiable 25
amicable 25
amid 157
amity 25
amorous 25
amount 166
amour 25
amphibious 26,39
amphitheater 26
amuse 166
amusement 166
amusing 166
an 26
anachronism 57
anachronistic 57
analects 137
analogy 144
analysis 148
analyze 148

anarchism 30
anarchy 30
anatomy 253
ancestor 26,51
ancestral 26,51
ancestry 26,51
anch 27
anchor 27
anchorage 27
ancient 26
anecdotal 73
anecdote 73
ang² 27
anger 27
angle 27
angler 27
Angles 27
angry 27
anguish 27
angular 27
anim 27
animadvert 268
animal 27
animalcule 28
animate 28
animated 28
animosity 28
ankle 27
ann 28
annalist 28
annals 28
annex 168
annihilate 135
anniversary 28,269
annotate 171
annotation 171
announce 171
announcement 171
announcer 171
annoy 169
annoyance 169
annual 28
annually 28
annuity 28
annunciate 171
annunciation 171
anonym 175
answer 243
answerable 243

antagonist 22
antagonize 22
ante-bellum 36
antecedence 26
antecedent 26
antediluvian 147
ante meridiem 76
anthology 144
anthrop 28
anthropology 28,144
anticipant 26,47
anticipate 26,47
anticipation 26,47
anticipatory 26
antidemocratic 75
antipathy 183
antique 26
antiquity 26
antonym 175
anxiety 27
anxious 27
apart 182
apartment 182
apologize 144
apology 144
apostasy 228
apostle 239
apparatus 180
apparel 180
apparent 181
apparition 181
appeal 185
appealing 185
appear 181
appearance 181
appease 178
appeasement 178
append 186
appendix 186
appetite 189
applaud 192
applause 192
appliance 194
applicable 194
application 194
apply 194
appoint 197
appointment 197
appreciate 202

appreciation 202
apprehend 202
apprehension 202
apprehensive 202
apprentice 202
apprenticeship 202
approach 204
approbate 205
approbation 205
appropriate 206
appropriation 206
approval 205
approve 205
approximate 204
approximately 205
apt 29
apt 29
aptitude 29
aptness 29
aqua 29
aquaplane 29
aqualung 29
aquarium 29
aquatic 29
aqueduct 29
aqueous 29
arbitrary 39
arbitrate 39
arbitration 39
arc 29
arc 29
arch² 29
arch 29
archbishop 29
archer 29
archery 29
architect 29,247
architectural 29,247
architecture 29,247
ard 30
ardent 30
ardently 30
ardor 30
arduous 30
aristocracy 67
aristocrat 67
aristocratic 67
arm 30
arm(s) 30

armada 30
armament 30
armistice 30
armor 30
army 30
arrange 210
arrangement 210
arrival 213
arrive 213
arrogance 213
arrogant 213
art 31
art 31
artful 31
article 31
articulate 31
artificial 31
artificially 31
artisan 31
artist 31
artistic 31
artless 31
ascend 218
ascenda[e]ncy 218
ascenda[e]nt 218
ascension 218
ascent 218
ascertain 56
ascribe 220
aspect 235
asper 31
asperity 31
asperse 237
aspiration 238
aspire 238
assail 216
assailant 216
assault 216
assemble 223
assembly 223
assent 223
assert 224
assertion 224
assertive 224
assiduous 222
assign 226
assignment 226
assimilate 223
assist 228

assistance 228
assistant 228
associate 232
association 232
assort 234
assorted 234
assortment 234
assume 242
assumption 242
assurance 243
assure 243
assuredly 243
aster 31
aster 31
asterisk 31
astonish 253
astonishing 253
astonishment 253
astound 253
astrology 31
astronaut 31, 168
astronomy 31, 170
atheism 252
atheist 252
athl 32
athlete 32
athletic 32
athletics 32
atmosphere 237
atom 252
atomic 252
attach 244
attachment 244
attack 244
attain 245
attainment 245
attempt 248
attend 249
attendance 249
attendant 249
attention 249
attentive 249
attest 251
attitude 29
attorney 254
attract 255
attraction 255
attractive 255
attribute 257

attribution 257
attributive 257
auc 32
auction 32
auctioneer 32
aud 32
audible 32
audience 32
audit 32
audition 32
auditorium 32
augment 32
aus 33
auspice 33, 235
author 32
authoritative 32
authority 32
authorize 32
auto 33
autobiographer 33, 39, 116
autobiography 33, 39, 116
autocracy 33, 67
autocrat 33
autocratic 33
autograph 33, 116
automat 33
automatic 33
automation 33
automobile 162
autonomy 33, 170
auxiliary 32
avail 263
available 263
avalanche 264
avenge 267
avenue 266
aver 268
averse 268
avert 268
aviary 33
aviation 33
aviator 33
avoid 262
avoidable 262
avouch 273
avow 273
avulsion 275

await 276
awake 276
awaken 276
award 276
aware 276

B

back 34
back 34
backbone 34
background 34
backward 34
bag(g) 34
bag 34
baggage 34
ball[1] 34
ball[2] 34
ball 34
ballad(e) 34
ballerina 34
ballet 34
ballistic 39
balloon 34
ballot 34
band 34
band 34
bandage 34
bankrupt 214
bankruptcy 214
bar 34
bar 34
barb[1] 35
barb[2] 35
barb 35
barbarian 35
barbarous 35
barbel 35
barber 35
barometer 156
barrack 34
barrel 34
barricade 35
barrier 35
barrister 35
bas 35
base 35
baseball 35
basement 35

basic 35
basis 35
bass 35
bat 36
batter 36
battery 36
battle 36
battlefield 36
battleship 36
beat 36
beau 37
beautiful 37
beautifully 37
beautify 37
beauty 37
because 50
behead 124
bel(l) 36
bell 37
belle 37
bellicose 36
bellicosity 36
belligerence 36,113
belligerent 36,113
belong 145
belongings 145
bene 37
benediction 37,76
benefaction 37,88
benefactor 37,88
beneficial 37
benefit 37
benevolent 37,274
benifit 99
benign 112
bet 37
bet 37
betray 256
betrayal 256
beverage 38
bewail 276
beware 276
bewitch 278
bi 37
bib 38
bib 38
Bible 38
bibli 38
biblical 38

bibliographer 38
bibliography 38
bibliomania 38
bicycle 37,72
bide 38
bilateral 38
bilingual 38
bimonthly 38
binary 38
bind 34
binocular 38
bio 38
biochemistry 38
biographer 38,116
biographical 38,116
biography 38,117
biological 39
biology 39,144
biped 38
biplane 38
bitr 39
blaspheme 190
bleed 39
blem 39
bless 39
bless 39
blessed 39
blessing 40
blood 40
bloodshed 40
bloody 40
board 40
board 40
boarder 40
boardinghouse 40
bomb 40
bomb 40
bombard 40
bona fide 92
bond 34
bonny 37
bonus 37
boom 40
bound 34
boundary 34
bountiful 37
bounty 37
bouquet 41
brace 40

brace 40
bracelet 40
bravado 35
brave 35
bravely 35
bravery 35
breadth 41
breast 40
breast 40
brev 40
brevity 40
brief 40
briefly 40
broach 41
broad 41
broad 41
broadcast 41,50
broaden 41
broc 41
brocade 41
brochure 41
broker 41
brooch 41
budget 34
bump 40
bumper 40
bundle 34
bureaucracy 67
busc 41
bush 41
bushy 41

C

cabbage 45
cad 42
cadaverous 42
cage 50
cal¹ 43
calc 43
calcium 43
calculate 43
calculation 43
calculator 43
calculus 43
calendar 43
calends 43
call 43
calm 43

calmly 43
calor 43
calorie 43
calorific 43
camer 44
camera 44
camp 44
camp 44
campaign 44
campus 44
can 115
canal 44
canal 44
cand 44
candid 44
candidate 45
candle 45
candor 45
cant 45
canto 45
cap¹ 45
cap² 46
cap 45
capability 46
capable 46
capacity 46
cape 48
cape 48
capital 45
capitalism 45
capitalist 45
capitalistic 45
Capitol 46
capsize 46
capsule 46
captain 46
captivate 46
captive 46
captivity 46
capture 47
car¹ 49
car² 49
car 49
card 56
care 70
career 49
careful 70
carefully 70
careless 70

carelessly 70
caress 49
cargo 49
caricature 49
carn 49
carnal 49
carnation 49
carnival 49
carnivorous 49
carpenter 49
carriage 49
carrier 49
carry 49
cart 49
cartel 57
cartoon 57
cascade 42
case 42, 47
casement 47
cash 47
cashier 47
casket 47
cast 50
c(h)ast 57
cast 50
castaway 50
caste 57
castigate 57
casual 42
catalog(ue) 144
catch 47
catcher 47
cattle 46
caus 50
causative 50
cause 50
cav 50
caval 50
cavalcade 51
cavalier 50
cavalry 51
cave 50
cavern 50
cavernous 50
cavity 50
cease 51
ceaseless 51
ced 51
cede 51

ceil 53
ceiling 53
cel(er) 53
ce(i)l 53
celerity 53
celestial 53
cell 53
cell 53
cellar 53
cement 58
cens² 54
censor 54
censorious 54
censure 54
census 54
cent² 54
cent 54
centenary 54
centennial 28, 54
center, -tre 54
centigrade 54
centigram 54
centimeter 54, 156
centipede 54
centr 54
central 54
centralization 54
centralize 54
centrifugal 54
centripetal 54, 189
century 54
cern 55
cert 56
certain 56
certainly 56
certainty 56
certificate 56
certification 56
certify 56
certitude 56
chafe 43
chalk 43
chalky 43
chamber 44
chamberlain 44
champaign 44
champion 44
championship 44
chance 42

chandelier 45
channel 44
chant 45
chanter 45
chapel 48
chaperon 48
chaplet 48
chapter 46
charge 49
chariot 49
charitable 49
charity 49
chart 56
chart 57
charter 57
chas 57
chase 57
chaser 57
chaste 57
chasten 57
chastise 57
cheat 42
chem 57
chemical 57
chemist 57
chemistry 57
cherish 49
chest 59
chief 46
chiefly 46
chivalry 51
chron 57
chronic 57
chronicle 57
chronicler 57
cid² 58
circ 58
circle 58
circuit 58, 129
circuitous 58, 130
circulate 58
circulation 58
circulator 58
circulatory 58
circumference 59, 94
circumferential 59, 94
circumflex 100
circumfluence 102
circumfluent 102

circumfluous 102
circumfuse 109
circumfusion 109
circumnavigate 168
circumscribe 59
circumspect 235
circumstance 59, 228
circumstantial 59, 228
circus 59
cist 59
cistern 59
cit¹ 59
cit² 59
citadel 59
citation 60
cite 59
citizen 59
citizenship 59
city 59
civic 59
civil 59
civilian 59
civility 59
civilization 59
civilize 59
civilized 59
claim 60
claim 60
claimable 60
claimant 60
claimer 60
claimor 60
clamorous 60
clar 61
clarification 61
clarify 61
clarity 61
clause 62
clean 61
cleaner 61
cleanse 61
cleanser 61
clear 61
clearance 61
clearly 61
clim 61
climate 61
climatic 61
climatically 62

climax 62
clime 62
cloister 62
close 62
closed 62
closely 62
closeness 62
closet 62
closure 62
clud 62
coast 65
coastal 65
coaster 65
cognate 167
cognition 115
cognizable 115
cognizance 115
cohabit 121
cohere 125
coherence 125
coherent 125
cohesion 125
cohesive 125
cohol 63
coincide 42
coincidence 42
coincident 42
coition 130
col² 63
collaborate 135
collapse 135
collapsible 135
collate 135
collateral 135
colleague 137
collect 137
collection 137
collective 137
collector 137
college 137
collegiate 137
collocation 144
colloquial 146
colloquialism 146
colonial 63
colonization 63
colonize 63
colony 63
color 53

combat 36
combatant 36
combative 36
combination 38
combine 38
comedian 174
comedy 174
comfort 104
comfortable 104
comfortably 104
command 150
commander 150
commandment 150
commemorate 154
commemoration 154
commend 150
commendable 150
commendation 150
commensurate 153
comment 154
commentary 154
commentate 154
commentator 155
commerce 155
commercial 155
commercialize 155
commission 160
commissioner 160
commit 160
commitment 160
committee 160
commode 163
commodious 163
commodity 163
common 163
commonly 163
commonplace 164
commonwealth 164
commotion 162
commune 164
communicate 164
communication 164
communion 164
communiqué 164
communism 164
communist 164
community 164
commutate 166
commute 166

compact 178
companion 179
companionship 179
company 179
comparable 180
comparative 180
comparatively 180
compare 180
comparison 180
compartment 182
compass 183
compassion 183
compassionate 183
compeer 180
compel 186
compensate 187
compensation 187
compete 189
competence 189
competent 189
competition 189
competitive 189
competitor 189
complacence 191
complacent 191
complaisance 191
complaisant 191
complement 193
complemental 193
complementary 193
complete 192
completely 193
completion 193
complex 193
complexion 193
complexity 193
complicate 194
complicated 194
compliment 193
comply 193
component 198
comport 200
compose 198
composed 198
composer 198
composition 198
composure 198
compound 198
comprehend 202

comprehension 202
comprehensive 202
compress 204
compression 204
comprise 202
compromise 160
compulsion 186
compulsive 186
compulsory 186
compunction 197
compute 207
computer 207
comrade 44
conceal 53
concealment 53
concede 51
conceivable 47
conceive 47
concentrate 54
concentration 54
concept 47
conception 47
concern 55
concerned 55
concerning 55
conciliate 43
concise 58
conclude 62
conclusion 62
conclusive 62
concord 64
concordance 64
concordant 64
concourse 69
concupiscence 69
concur 69
concurrence 69
concurrent 69
concuss 71
concussion 71
condemn 73
condemned 73
condescend 218
condign 77
condition 76
conditional 76
condole 79
condonation 73
condone 73

conduce 80
conduct 81
conductor 81
confab 87
confection 88
confectionery 88
confederacy 92
confederate 92
confederation 92
confer 94
conference 94
conferment 94
confess 96
confession 96
confidant 92
confide 92
confidence 92
confidential 92
confine 98
confinement 98
confirm 99
confirmation 99
confirmed 99
conflagration 100
conflict 101
conflicting 101
confluence 102
confluent 103
conform 105
conformable 105
conformation 105
conformity 105
confound 109
confront 108
confrontation 108
confuse 109
confusion 109
congenial 112
congenital 112
congested 114
congestion 114
congratulate 118
congratulation 118
congregate 119
congregation 119
congress 119
congressional 119
congressman 119
coniferous 94

conjecture 130
conjoin 132
conjugate 132
conjugation 132
conjunction 132
conjuncture 132
conjuration 134
conjure 134
connect 168
connection 168
connective 168
conquer 208
conqueror 208
conquest 208
conscience 219
conscientious 219
conscious 219
consciousness 219
conscript 220
consecrate 215
consent 224
consequence 221
consequent 221
consequently 221
conservation 224
conservative 225
conserve 224
consession 51
consessive 51
consider 226
considerable 226
considerably 226
considerate 226
consideration 226
considering 226
consign 226
consignment 226
consist 228
consistent 228
consolation 232
console 232
consolidate 233
consonant 233
consort 234
conspicuous 235
conspiracy 238
conspire 238
constant 228
constantly 228

constellation 226
constituent 228
constitute 228
constitution 229
constitutional 229
constrain 240
constraint 240
constrict 240
constriction 240
construct 241
construction 241
constructive 241
construe 241
consume 242
consumer 242
consumption 242
contact 244
contagion 244
contagious 244
contain 245
contemporary 248
contend 249
content[1] 245
content[2] 245
contented 245
contention 249
contentious 249
contest 251
contestable 251
contestant 251
context 252
contextual 252
continent 245
continental 245
contingent 244
continual 246
continually 246
continuance 246
continuation 246
continue 246
continuity 246
continuous 246
continuously 246
contort 254
contortion 254
contour 254
contract 255
contraction 255
contradict 76

contradiction 76
contradictory 76
contrast 229
contribute 257
contribution 257
contributive 257
contributor 257
control 213
controversial 269
convenant 267
convene 266
convenience 266
convenient 266
conveniently 266
convent 266
convention 266
conventional 266
conversation 269
converse 269
convert 269
convey 270
conveyance 270
convict 270
conviction 271
convince 270
convincing 270
convivial 273
convoke 274
convolve 275
convoy 270
convulse 275
convulsion 275
convulsive 275
cooperate 175
cooperation 175
cooperative 175
coordinate 176
cor[1] **64**
cordial 64
cordially 64
corduroy 212
core 64
corolla 65
coron 65
corona 65
coronation 65
coronet 65
corp 65
corporal 65

corporate 65
corporation 65
corps 65
corpse 65
corpulence 65
corpulent 65
correct 211
correction 211
correctly 211
correspond 238
correspondence 238
correspondent 238
corresponding 238
corroborate 213
corrupt 214
corruptible 214
corruption 214
cost 65
cost 229
costly 229
costume 71
council 43
councilor 43
count 65
count 65
countable 65
countenance 246
counter 66
counteract 20
counterfeit 88,93
counterpoise 187
countless 66
courage 64
courageous 64
course 69
court 66
court 66
courteous 66
courtesy 66
courtier 66
courtyard 66
cover 66
cover 66
coverlet 66
covert 66
covet 69
covetous 69
cracy 67
cred 67

credit 67
creditable 67
creditor 67
credulous 67
creed 67
creek 68
crisis 55
criterion 55
critic 55
critical 55
criticism 55
criticize 55
crook 68
crooked 68
cross 68
cross 68
crossfertilize 94
crossing 68
crossroad 68
crown 65
cruch 68
crucial 68
crucify 68
cruize 68
cruizer 68
crusade 68
cub 68
cult 63
cultivate 63
cultivation 63
cultivator 63
cultural 64
culture 63
cultured 64
cumul 69
cumulate 69
cumulative 69
cunning 115
cupid 69
Cupid 69
cupidity 69
cur² 69
cur³ 70
curate 70
curb 71
cure 70
curfew 66
curious 70
curiousity 70

currency 69
current 69
currently 69
curs² 71
curse 71
cursed 71
curtail 245
curv 71
curve 71
cuss 71
custom 71
custom 71
customary 71
customer 71
cut 72
cute 72
cycl 72
cycle 72
cycling 72
cyclist 72
cylinder 72

D

daily 75
dainty 77
dairy 75
daisy 75
dam(n) 73
damage 73
damageable 73
damn 73
damnatory 73
damned 73
dandelion 75
danger 79
dangerous 79
dangerously 79
dat 73
data 73
date 73
dated 73
daunt 79
dauntless 79
dawn 75
day 75
daybreak 75
daylight 75
daytime 75

deb 74
debar 35
debase 36
debate 36
debt 74
debtor 74
dec¹ 74
dec² 74
decade 74
decadence 42
decadent 42
decamp 44
decampment 44
decapitate 46
decathlon 32
decay 42
decayed 42
decease 51
deceased 51
deceit 47
deceitful 47
deceive 47
decelerate 53
deceleration 53
decency 74
decent 74
decentralize 55
deception 47
deceptive 47
decide 58
deciduous 42
decimal 74
decision 58
decisive 58
decisively 58
declaim 60
declamation 60
declamatory 60
declaration 61
declarative 61
declaratory 61
declare 61
decline 62
decorate 74
decoration 74
decorum 74
dedicate 76
dedication 76
deduce 81

deduct 81
deduction 81
deductive 81
deface 87
defamation 90
defame 90
default 90
defeat 88
defect 88
defective 88
defend 93
defendant 93
defender 93
defense 93
defenseless 93
defensive 93
defer[1] 94
defer[2] 94
deference 94
deferential 94
defiance 92
defiant 92
deficiency 88
deficient 88
deficit 88
define 98
definite 98
definition 98
definitive 98
deflate 100
deflation 100
deflect 101
deforest 104
deform 105
deformation 105
deformed 105
deformity 105
defy 92
degenerate 112
degeneration 112
degradation 116
degrade 116
degree 116
dehumanize 127
deify 78
deity 78
dejected 130
delay 135
delegate 138

delegation 139
deliberate 141
deliberately 141
deliberation 141
delicacy 141
delicate 142
delicious 142
delight 142
delightful 142
delineate 143
delinquent 143
deliver 141
deliverance 141
deliverer 141
delivery 141
delude 146
deluge 136
delusion 146
delusive 146
dem(o) 75
demagogue 22, 75
demand 150
demented 155
demerit 156
demobilize 162
democracy 67, 75
democrat 67, 75
democratic 67, 75
democratize 67, 75
demonstrate 165
demonstration 165
demonstrator 165
demote 162
demotion 162
denial 169
denominate 169
denomination 169
denotation 171
denote 171
denounce 171
dent 75
dental 75
dentist 75
deny 169
depart 182
department 182
departure 182
depend 186
dependance, -ence 187

dependent 187
depict 191
deplete 193
deplorable 196
deplore 196
deploy 194
deport 200
depose 198
deposit 198
depository 198
depot 198
depreciate 202
depreciation 202
depress 204
depressing 204
depression 204
deprivation 204
deprive 204
derange 210
derangement 210
derelict 143
deride 212
derision 212
derivation 213
derivative 213
derive 213
descend 218
descendant 218
descent 218
describe 220
description 220
desecrate 215
desert 224
desertion 224
deserve 225
design 226
designate 226
designation 226
desirability 227
desirable 227
desire 227
desirous 227
desist 229
desolate 232
desolation 232
despair 237
despairing 237
desperate 237
desperately 237

desperation 237
despise 235
despite 235
despond 238
destination 229
destine 229
destiny 229
destitute 229
destruction 241
destructive 241
desultorily 216
desultory 216
detach 244
detachment 244
detail 245
detain 246
detect 247
detection 247
detective 247
detention 246
determination 250
determine 250
determined 250
detest 251
detonate 253
detour 254
detract 255
develop 266
development 266
deviate 270
deviation 270
device 271
devil 39
devise 271
devote 275
devoted 275
devotion 275
di 75
diabolic 39
diachronic 58
diacritical 55
diagram 117
dial 75
dialect 137
dialog(ue) 144
diameter 156
dict 76
dictate 76
dictation 76

dictator 76
diction 76
dictionary 76
diet 75
differ 95
difference 95
different 95
differentia 95
differential 95
differentiate 95
differentiation 95
difficult 88
difficulty 89
diffidence 92
diffident 92
diffuse 109
diffusion 109
diffusive 110
digest 114
digestion 114
digestive 114
dign 77
dignified 77
dignify 77
dignitary 77
dignity 77
digress 119
dilate 135
dilatory 135
diligence 137
diligent 137
dilute 136
dilution 136
dime 74
dimension 153
dimensional 153
diminish 159
diminution 159
diminutive 159
diploma 194
diplomacy 194
diplomat 194
diplomatic 194
direct 211
direction 211
directly 211
director 211
disability 19
disable 19

disabuse 261
disadvantage 27
disagree 118
disagreeable 118
disagreement 118
disappear 181
disappearance 181
disappoint 197
disappointment 197
disarm 30
disarmament 30
disaster 31
disastrous 31
discard 57
discern 55
discernible 55
discharge 49
disclaim 60
disclaimer 60
disclose 62
disclosure 62
discontent 246
discord 64
discordance 64
discordant 64
discount 66
discourage 64
discouragement 64
discouraging 64
discourse 69
discourteous 66
discover 66
discovery 66
discredit 67
discreditable 67
discreet 55
discretion 55
discriminate 55
discrimination 55
discuss 71
discussion 71
disdain 77
disdainful 77
disfigure 97
disfigurement 97
disgrace 118
disgraceful 118
dishonest 125
dishonor 125

dishonorable 125
disinclination 62
disincline 62
disinherit 124
disinheritance 124
disinterest 85
disinterested 85
disjoin 132
disjoint 132
disjunctive 132
dislocate 144
dislocation 144
dismal 75
dismiss 160
dismissal 160
dismount 166
disobedient 32
disobey 32
disoblige 142
disobliging 142
disorder 176
disparity 180
dispel 186
dispensable 187
dispensary 187
dispensation 187
dispense 187
disperse 237
dispersion 237
display 194
displease 192
displeasure 192
disport 200
dispose 198
disposition 198
dispossess 201
dispossession 201
disproof 205
disprove 205
dispute 207
dissatisfaction 217
dissatisfactory 218
dissemble 223
dissent 224
dissention 224
dissimilar 223
dissimilarity 223
dissuade 242
distance 229

distant 229
distemper 248
distend 249
distinct 239
distinction 239
distinctive 239
distinctively 239
distinguish 239
distinguished 239
distort 254
distortion 254
distract 256
distraction 256
distress 240
distressing 240
distribute 257
distribution 257
district 240
disturb 258
disturbance 258
disuse 260
diurnal 76
div 78
diverse 269
diversion 269
diversity 269
divert 269
divest 270
divid 78
divide 78
dividend 78
divine 78
divinity 78
divisible 78
division 78
doc 78
docile 78
doctor 78
doctrine 78
document 78
documentary 78
dogma 80
dogmatic 80
dol 78
doleful 78
dolor 79
dom 79
dom(in) 79
domain 79

dome 79
domestic 79
domesticate 79
domestication 79
domicile 79
dominance 79
dominate 79
domination 79
domineer 79
domineering 79
dominion 79
donate 73
donation 73
dorm 80
dorm 80
dormancy 80
dormant 80
dormitory 80
dormouse 80
dose 73
double 80, 194
doublet 80
doubt 80
doubtful 80
doubtless 80
dower 73
dox 80
dozen 80
du² 80
dual 80
dubious 80
duc 80
due 74
duet 80
duly 74
duplicate 80, 194
duplicity 194
dur 82
durability 82
durable 82
durance 82
duration 82
during 82
duteous 74
dutiful 74
duty 74

E

eager 20
eagerly 20
eagerness 20
earphone 190
eccentric 55
eccentricity 55
eclipse 135
ecliptic 135
economic 170
economical 170
economics 170
economist 170
economy 170
ecstasy 229
edict 76
edit 73
edition 73
editor 73
editorial 73
educate 81
education 81
educe 81
eduction 81
eem 83
efface 87
effect 89
effective 89
effectively 89
effectual 89
efficacious 89
efficient 89
effloresce 101
efflorescence 102
effluence 103
effluvium 103
efflux 103
effort 104
effortless 104
effuse 110
effusion 110
ego 83
ego 83
egoism 83
egoist 83
egoistic 83
egotism 83
egotist 83

egregious 119
egress 120
ejaculate 130
eject 130
ejection 130
elaborate 135
elaborately 135
elapse 135
elate 136
elated 136
elation 136
elect 137
election 137
elective 138
elector 138
elegance 138
elegant 138
elevate 140
elevation 140
elevator 140
elicit 142
eligible 138
elocution 146
elongate 145
elongation 145
eloquence 146
eloquent 146
else 24
elucidate 147
elude 146
elusion 146
emancipate 151
emancipation 151
embargo 35
embarrass 35
embarrassing 35
embarrassment 35
emblem 39
emblematic 39
embrace 40
emend 154
emerge 155
emergence 156
emergency 156
emigrant 157
emigrate 157
emigration 157
eminence 158
eminent 158

emir 21
emit 160
emotion 162
emotional 162
emperor 128
emphasis 190
emphasize 190
emphatic 190
emphatically 190
empire 128
employ 194
employee 195
employer 195
employment 195
empower 201
empress 128
enable 19
enact 20
encamp 44
encampment 44
encase 47
enchant 45
enchanting 45
enchantment 45
encircle 59
enclose 62
enclosure 62
encourage 64
encouragement 64
encouraging 65
encumbrance 68
encyclopedia 72
endanger 79
endeavor 74
endow 74
endurable 82
endurance 82
endure 82
enduring 82
enemy 25
energetic 84
energy 84
enffluent 103
enforce 104
enforcement 104
engage 111
engaged 111
engagement 111
engender 112

engine 112
engineer 112
engineering 112
engrave 119
engraving 119
enjoin 132
enjoy 132
enjoyable 133
enjoyment 133
enmity 25
enormity 170
enormous 170
enormously 170
enrapture 210
ensign 226
ensue 221
ensure 243
enterprise 202
enterprising 202
entertain 246
entertainment 246
enthusiasm 252
enthusiastic 252
entity 85
entrails 129
entreat 256
entreaty 256
enumerate 173
enunciate 171
envelop 266
envelope 266
envious 271
envoy 270
envy 271
epidemic 75
epidemically 75
episode 174
epistle 239
epitome 253
epitomize 253
equ 83
equal 83
equality 83
equalize 83
equally 83
equanimity 28
equate 83
equation 83
equator 83

equilibrium 83, 141
equinoctial 83
equinox 84
equipoise 84
equivalent 84, 263
equivocal 84, 274
equivocate 84
eradicate 209
eradication 209
erase 209
eraser 209
erect 211
erg 84
err 84
err 84
errant 84
erratic 84
erring 84
erroneous 84
error 84
erupt 214
eruption 214
escalater 218
escape 49
especial 235
especially 235
espionage 235
espy 235
ess 84
essence 84
essential 84
essentially 85
establish 229
established 229
establishment 229
estate 229
esteem 85
estim 85
estimable 85
estimate 85
estimation 85
etymology 144
eugenics 112
euphemism 190
euphony 190
evacuate 262
evacuation 262
evade 262
evaluation 263

evanescent 264
evaporate 264
evasion 262
evasive 262
event 267
eventful 267
eventual 267
eventually 267
evidence 271
evident 271
evidently 271
evince 271
evolve 275
exacerbate 20
exact 20
exactitude 20
exactly 20
exaggerate 114
exaggeration 114
exalt 25
exaltation 25
exalted 25
examination 22
examine 22
examiner 23
example 83
exasperate 31
exasperation 31
excavate 50
exceed 51
exceeding 51
exceedingly 51
excel 53
excellence 53
excellency 53
excellent 53
except 47
excepting 47
exception 47
exceptional 48
excess 51
excessive 51
excite 60
excitement 60
exciting 60
exclaim 60
exclamation 60
exclamatory 61
exclude 62

exclusion 62
exclusive 62
excrement 55
excrete 55
excruciate 68
excruciating 68
excursion 69
excursive 69
excusable 50
excuse 50
execrate 215
execute 221
execution 221
executive 221
exemplify 83
exempt 83
exemption 83
exhalation 121
exhale 121
exhibit 121
exhibition 121
exhume 127
exist 229
existence 229
exit 130
expand 179
expanse 179
expansion 179
expatriate 184
expatriation 184
expect 236
expectation 236
expedient 185
expedite 185
expedition 185
expel 186
expend 187
expendable 188
expenditure 188
experience 188
experienced 188
experiment 188
experimental 188
expert 188
expiration 238
expire 238
explain 192
explanation 192
explanatory 192

expletive 193
explicate 195
explicit 195
explode 192
exploit 195
exploitation 195
exploration 196
explore 196
explorer 196
explosion 192
explosive 192
export 200
exportation 200
expose 198
exposition 198
exposure 198
expound 198
express 204
expression 204
expressive 204
expulsion 186
expunction 197
expunge 197
exquisite 208
extant 230
extempore 248
extend 249
extension 249
extensive 249
extensively 249
extent 249
exter 86
exterior 86
exterminate 250
extermination 250
external 86
extinct 239
extinguish 239
extort 254
extra 86
extract 256
extraneous 86
extraordinary 176
extravagance 263
extravagant 263
extreme 86
extremely 86
extremity 86
extrovert 269

extrude 258
extrusion 258
extrusive 258
exult 216
exultant 216
exultation 216

F

fab 87
fable 87
fabulous 87
fac¹ 87
fac² 87
facade 87
face 87
facet 87
facial 87
facile 87
faciliate 87
facility 87
fact 87
faction 87
factor 88
factory 88
faculty 88
fail 90
failure 90
faint 96
faintly 96
faith 91
faithful 91
faithfully 91
faithless 91
fal(l) 90
fallacious 90
fallacy 90
false 90
falsehood 90
falseness 90
falsify 90
fam 90
fame 90
famous 90
famously 90
fanciful 189
fancy 189
fantastic 189
fantasy 189

far 91
far 91
fare 91
fare 91
farewell 91
farfamed 91
farther 91
farthest 91
fashion 88
fashionable 88
fatal 87
fatalism 87
fatalistic 87
fate 87
fault 90
faultless 90
faulty 90
feal 91
fealty 91
feast 92
feat 88
feature 88
febrile 96
federal 91
federalism 91
federate 91
federation 91
feign 97
feit² 93
female 93
femin 93
feminine 93
feminist 93
fence 93
fenceless 93
fencer 93
fencing 93
fend 93
fend 93
fender 93
fer 94
ferry 94
fertile 94
fertility 94
fertilization 94
fertilize 94
fertilizer 94
ferv 96
fervent 96

fervor 96
fess 96
fe(a)st 92
festival 92
festive 92
festivity 92
fever 96
feverish 96
ficititious 97
fict 96
fiction 97
fictional 97
fidelity 91
fiery 99
figuration 97
figurative 97
figure 97
figurine 97
fil 97
filament 97
file 97
fili 97
filial 97
fin 97
final 97
finale 97
finally 97
finance 97
financial 98
financier 98
fine 98
finely 98
finish 98
finished 98
finishing 98
finite 98
fire 98
fire 98
fire engine 98
fireman 98
fireplace 98
fireproof 98
fireside 98
firm 99
firm 99
firmament 99
fit 99
fit 99
fitness 99

fitting 99
fix 99
fix 99
fixed 99
fixture 99
flagrant 100
flam 100
flamboyance 100
flamboyant 100
flame 100
flaming 100
flat 100
flatuent 100
flect 100
flection 100
flex 100
flexible 100
flict 101
flood 102
floodlight 102
floodtide 102
flor 101
flora 101
floral 101
florescence 101
florid 101
florist 101
flour 101
flourish 101
flourishing 101
flow 102
flower 101
flowery 101
flowing 102
flu 102
flu 102
fluctuate 102
fluctuation 102
fluency 102
fluent 102
fluid 102
fluidity 102
fluvial 102
flux 102
foc 103
focal 103
focus 103
forc 103
force 103

forceful 103
forcible 103
forcibly 103
forcing 103
forecast 50
foreign 104
foreigner 104
forest 104
forest 104
forestation 104
forestry 104
forfeit 93
forfeiture 93
form 104
form 104
formal 105
formality 105
formalize 105
formally 105
formation 105
formative 105
formula 105
formulary 105
formulate 105
formulation 105
fort 103
fortification 104
fortify 103
fortissimo 104
fortitude 104
fortress 104
fortun 106
fortunate 106
fortune 106
found 109
foundation 109
founder 109
fract 106
fraction 106
fractional 106
fracture 106
fragile 106
fragility 106
fragment 106
fragmentary 107
frail 107
frailty 107
fratern 107
fraternal 107

fraternity 107
fratricide 58
fresh 107
fresh 107
freshen 107
freshly 107
freshman 107
freshness 107
friger 107
fright 108
fright 108
frighten 108
frightful 108
frigid 107
frigidity 107
front 108
front 108
frontage 108
frontal 108
frontier 108
frontier spirit 108
fuel 103
fug 108
fugitive 108
fum 108
fume 108
fumigate 108
fumigation 108
fumy 108
fund[1] 109
fund 109
fundamental 109
fundamentally 109
fus 109
fuse 109
fusible 109
fusion 109
fusion bomb 109
futile 109
futility 109

G

gage 111
gage 111
gain 111
gainsay 111
gen 111
gender 111

genderless 111
general 111
generality 111
generalize 111
generally 111
generate 111
generation 111
generator 111
generosity 112
generous 112
genesis 112
genial 112
genius 112
genocide 58
gentile 112
gentility 112
gentle 112
gentleman 112
gentry 112
genuflection 101
genuine 112
genus 112
geo 113
geographer 113
geography 113
geologist 113, 145
geology 113, 145
geometric 113, 156
geometry 113, 156
geophysics 113
geopolitics 113
ger 113
germ 114
germ 114
germicide 114
germinate 114
germination 114
gerund 113
gesticulate 113
gesture 113
gin 112
glamor 116
glamorous 116
glar 114
glare 114
glaring 114
glass 114
glassful 114
glassy 114

glaze 115
glazier 115
gnos 115
grab 117
grace 117
graceful 117
gracious 117
grad 116
grade 116
gradual 116
graduate 116
graduation 116
gram 116
grammar 116
grammatical 116
gramophone 116,190
grant 67
grap 117
graph 116
graphic 116
grapple 117
grasp 117
grat 117
grateful 117
gratification 117
gratify 117
gratifying 117
gratis 118
gratitude 118
gratuity 118
grav¹ 118
grav² 119
grave 118,119
graveyard 119
gravitation 118
gravity 118
greg 119
gregarious 119
gress 119
grief 118
grievance 118
grieve 118
grievous 118
grip 117
gripe 117
grope 117
grub 119
guarantee 276
guard 276

guardian 276

H

habit 121
habit 121
habitation 121
habitual 121
habituation 121
hail 121
hal¹ 121
hal² 121
hale 121
hall 53
hand 122
hand 122
handbook 122
handful 122
handicap 122
handicraft 122
handkerchief 122
handle 122
handling 122
handmade 122
handrail 122
handshake 122
handsome 123
handsomely 123
handwriting 123
handy 123
hap 123
hap 123
haphazard 123
hapless 123
happen 123
happening 123
happily 123
happiness 123
happy 123
hard 123
hard 123
harden 123
hardly 123
hardness 124
hardship 124
hardware 124
hardworking 124
hardy 124
haughty 25

head 124
head 124
headache 20,124
heading 124
headland 124
headlight 124
headline 124
headlong 124
headman 124
headmaster 124
headoffice 124
headquarters 124
headway 124
heal 121
healable 122
healall 122
health 122
healthful 122
healthy 122
heartache 20
heir 124
heirloom 124
hell 54
helmet 54
hemisphere 237
her¹ 124
her² 125
hereditary 124
heredity 124
heritage 124
hesitant 125
hesitate 125
hierarchy 30
hi-fi 92
holiday 122
holy 122
homage 127
homicide 58,127
hon 125
honest 125
honestly 125
honesty 125
honor 125
honorable 125
honorably 125
honorary 125
honorific 125
hor 125
horrible 125

horrid 125
horrify 126
horror 126
hospitable 126
hospital 126
hospitality 126
host¹ 126
host 126
hostage 126
hostel 126
hostess 126
hostile 126
hostility 126
hotel 126
hous 126
house 126
household 126
housekeeper 126
housewife 126
housing 126
hum¹ 127
hum² 127
human 127
humane 127
humanism 127
humanist 127
humble 127
humiliate 127
humility 127
husband 126
husbandary 126
husk 126
hydrogen 113
hypocricy 55
hypocrite 56
hypothesis 252

I

ident 128
identical 128
identify 128
identity 128
idio 128
idiom 128
idiomatic 128
idiot 128
idiotic 128
ignoble 169

ignorance 115
ignorant 115
ignore 115
illegal 139
illegitimacy 139
illegitimate 139
illicit 142
illiterate 143
illuminate 147
illumination 147
illumine 147
illusion 146
illusory 146
illustrate 147
illustration 147
illustrious 147
imag 128
image 128
imaginable 128
imaginary 128
imagination 128
imaginative 128
imagine 128
imbibe 38
imitate 128
imitation 128
immature 152
immediate 157
immediately 157
immemorial 154
immense 153
immensely 153
immensity 153
immigrant 158
immigrate 157
immigration 158
imminent 158
immobile 162
immortal 165
immortality 165
immortalize 165
impact 178
impart 182
impartial 182
impartiality 182
impassive 184
impatience 184
impatient 184
impeach 185

impecunious 185
impede 185
impediment 185
impel 186
imper 128
imperative 128
imperceptable 48
imperfect 89
imperial 128
imperialism 128
imperialist 128
imperious 128
impersonal 188
impersonality 188
impetuous 189
impetus 189
implement 193
implicit 195
implode 192
implore 196
imploring 196
implosion 192
imply 195
import 200
importance 200
important 200
importation 200
impose 198
imposing 198
imposition 198
impossibility 201
impossible 201
impossibly 201
impotence 201
impotent 201
impress 204
impression 204
impressive 204
imprison 203
imprisonment 203
improper 206
impropriety 206
improve 205
improvement 205
improvise 272
impulse 186
impure 207
impurity 207
impute 207

inability 19
inactive 20
inadequate 84
inanimate 28
inaudible 32
incandescent 45
incantation 45
incarnate 50
incarnation 50
incendiary 45
incense 45
inceptive 48
incidence 42
incident 42
incidental 42
incidentally 42
incite 60
incivility 59
inclination 62
incline 62
include 63
inclusion 63
inclusive 63
incognito 115
incomparable 180
incomplete 193
incorporate 65
incorporation 65
incorporeal 65
incorrect 211
incredible 67
incredulous 67
incubate 68
incubator 68
incur 70
incursion 70
incursive 70
incurve 71
indebted 74
indecent 74
indemnify 73
indemnity 73
indent 75
independence 187
independent 187
index 77
indicate 76
indication 77
indicator 77

indict 77
indictment 77
indifference 95
indifferent 95
indignant 78
indignation 78
indignity 78
indirect 211
indiscernible 56
indiscreet 56
indispensable 188
indite 77
individual 78
individualism 78
individualistic 78
individuality 78
individually 78
indoctrinate 78
indolence 79
indolent 79
indomitable 79
induce 81
induct 81
induction 81
inductive 81
indurate 82
inept 29
ineptitude 29
inequality 84
inert 31
inessential 85
inevitable 262
inexcusable 50
inexperienced 188
infallible 90
infamy 91
infancy 91
infant 91
infantry 91
infect 89
infection 89
infectious 89
infer 95
inference 95
inferential 95
infidel 92
infidelity 92
infinite 98
infinitely 98

infinitive 98
infinity 98
infirm 99
infirmary 99
infirmity 99
inflame 100
inflammation 100
inflammatory 100
inflate 100
inflation 100
inflect 101
inflection 101
inflict 101
infliction 101
inflorescence 102
inflorescent 102
influence 103
influential 103
influenza 103
influx 103
inform 105
informal 105
information 105
infuse 110
infusible 110
infusion 110
ingenious 113
ingenuity 113
ingrate 118
ingratiate 118
ingratitude 118
ingredient 116
ingress 120
inhabit 121
inhabitant 121
inhalation 121
inhale 121
inhere 125
inherence 125
inherit 124
inheritance 124
inhibit 121
inhibition 121
inhume 127
inimical 25
iniquity 84
initial 130
initiate 130
initiative 130

inject 130
injection 130
injudicious 133
injure 134
injurious 134
injustice 134
innate 167
innocence 169
innocent 169
innovate 172
innovation 172
innumerable 173
inoffensive 94
inopportune 200
inquire 208
inquiry 208
inquisition 208
inquisitive 208
insane 217
insanitary 217
insanity 217
insatiability 218
insatiable 218
inscribe 220
inscription 220
insect 220
insecticide 58, 220
insecure 71
insensible 224
insert 224
insertion 224
insignificant 226
insist 230
insistence 230
inspect 236
inspection 236
inspector 236
install 230
installation 230
instal(l)ment 230
instance 230
instant 230
instantaneous 230
instantly 230
instead 230
instinct 239
instinctive 239
institute 230
institution 230

instruct 241
instruction 241
instructive 241
instructor 241
instrument 241
insufferable 96
insufferably 96
insular 129
insularity 129
insult 216
insulting 216
insurance 243
insure 243
insurgent 243
int 129
intact 244
intangible 244
integral 244
integrity 244
intellect 138
intellectual 138
intelligence 138
intelligent 138
intelligentsia 138
intelligible 138
intend 249
intense 249
intensely 249
intensify 250
intensity 250
intensive 250
intention 250
intercede 51
intercept 48
interception 48
intercession 52
intercourse 70
interdependence 187
interdict 77
interest 85
interested 85
interesting 85
interfere 95
interference 95
interior 129
interject 131
interjection 131
interlude 146
intermediate 157

intermit 160
internal 129
international 167
interpose 198
interposition 198
interrogate 213
interrogation 213
interrogative 213
interrupt 214
interruption 214
intersecion 221
intersect 220
intersperse 237
intervene 267
intervention 267
interview 272
intestine 129
intimacy 129
intimate 129
intimidate 252
intonation 253
intone 253
introduce 81
introduction 81
introspect 236
introvert 269
intrude 258
intruder 258
intrusion 258
intuition 258
inundate 177
inundation 177
invade 262
invader 262
invalid 263
invaluable 263
invariable 265
invasion 262
invent 267
invention 267
inventor 267
invert 269
invest 270
investment 270
invidious 271
invigorate 265
invigoration 265
invincible 271
invisible 272

invoke 274
involuntary 274
involve 275
irradiate 210
irreclaimable 61
irregular 212
irresistible 230
irresponsible 238
irrit 129
irritate 129
irritating 129
irritation 129
irritative 129
is¹ 129
island 129
islander 129
isle 129
isolate 129
isolation 129
issue 129
isthmus 129
it 129
item 128
itinerary 129

J

jac 130
jeopardy 131
jest 113
jewel 131
jewelry 131
joc 131
jocund 131
join 131
join 131
joint 131
joke 131
joker 131
journ 132
journal 132
journalism 132
journalist 132
journey 132
journeywork 132
joy 132
joy 132
joyful 132
joyous 132

judge 133
judge 133
judgement 133
judicial 133
juggle 131
juggler 131
jun 133
junction 132
juncture 132
junior 133
jur 133
jurisdiction 77, 133
juror 133
jury 133
just 133
justice 133
justification 134
justify 133
justly 134
juvenile 133

K

kerbstone 71
kerchief 66
kin 134
kin 134
kind 134
kindle 45
kindly 134
kindness 134
king 134
kingdom 134
kinship 134
kinsman 134
know 115
knowledge 115

L

labor 135
labor 135
laboratory 135
laborer 135
laborious 135
languish 136
laps 135
lapse 135
lat¹ 135

lat² 135
latitude 135
laundry 136
lav 136
lava 136
lavatory 136
lavender 136
lavish 136
lax 136
lax 136
league 142
lease 137
lect 137
lecture 137
lecturer 137
lefthand 123
lefthanded 123
leg² 138
leg³ 139
legacy 139
legal 139
legally 139
legend 137
legendary 137
legible 137
legion 137
legionary 137
legislate 136, 139
legislation 136
legislative 136
legislature 136
legitimate 139
leisure 142
leisurely 142
len 139
length 145
lengthen 145
leniency 139
lenient 139
lesson 137
letter 143
letterhead 143
lev¹ 139
level 141
lever 139
levitate 139
levity 139
levy 140
li 140

liability 140
liable 140
liaison 140
liber¹ 141
liberal 141
liberalism 141
liberate 141
liberty 141
libr¹ 141
libr² 141
libra 141
librarian 141
library 141
libretto 141
lic¹ 141
lic² 142
license 142
licentious 142
lieutenant 246
lig² 142
ligament 142
light 140
lin 142
line 142
lineage 142
lineal 142
linen 143
liner 143
linger 145
lining 143
linqu 143
liqu 143
liquid 143
liquor 143
lira 141
liter 143
literal 143
literally 143
literary 143
literate 143
literature 143
livery 141
loc¹ 143
local 143
locality 144
locate 144
location 144
locomotion 144, 162
locomotive 144, 162

locution 146
log 144
logic 144
logical 144
long 145
long 145
longevity 145
longing 145
longitude 145
loqu 146
loquacious 146
loquacity 146
loyal 139
loyalty 139
lucid 146
lucidity 147
Lucifer 147
lud 146
ludicrous 146
lumin 148
luminous 147
Luna 147
luna 147
lunacy 147
lunar 147
lunatic 147
lung 140
luster 147
lustrous 147
lut² 147
lux 147
ly² 148

M

maestro 149
magistrate 149
magn 149
magnanimity 28,149
magnanimous 28,149
magnificence 89,149
magnificent 89,149
magnify 149
magnitude 149
maintain 150,246
maintenance 151,246
majestic 149
majesty 149
major 149
majority 149
malediction 77
malefactor 89
malevolent 274
maltreat 256
man¹ 150
manage 151
management 151
manager 151
mand 150
mandate 150
maneuver 151
manicure 151
manifest 93,151
manifestation 93
manipulate 151
manipulation 151
manner 151
mannerism 151
manor 150
mansion 150
manu 150
manual 151
manufacture 89,151
manufacturer 89,151
manure 151
manuscript 151,220
mar¹ 151
marine 151
mariner 151
maritime 152
market 155
marketable 155
marsh 152
marshy 152
marvel 159
marvelous 159
Mass 159
master 149
masterly 149
masterpiece 149
mastery 149
mater 152
mater 152
maternal 152
maternity 152
matriarchy 30,152
matricide 58,152
matrimonial 152
matrimony 152
matrix 152
matron 152
matur 152
mature 152
maturity 152
maxim 149
maximum 149
mayor 149
mean 156
meantime 156
meas 153
measurable 153
measure 153
measurement 153
med 153
mediate 156
mediation 156
medical 153
medicinal 153
medicine 153
medieval 157
mediocre 157
Mediterranean 157,251
medium 157
mega(lo) 153
megalomania 153
megaphone 153
melodious 174
melody 174
mem(or) 153
memo 153
memoir 153
memorable 153
memorandum 153
memorial 153
memorialize 153
memorize 153
memory 154
mend² 154
mend 154
ment 154
mental 154
mentality 154
mentally 154
mention 154
merc(h) 155
mercantile 155
mercenary 155
merchandise 155
merchant 155
merchantman 155
merciful 155
merciless 155
mercy 155
merg 155
meridian 76,157
merit 156
merit 156
meritorious 156
mermaid 152
message 160
messenger 160
metastasis 230
meter 156
meter 156
method 174
methodical 174
metropolis 152,197
metropolitan 152,197
micro 156
microphone 156,190
microscope 156,219
mid 156
mid 157
midday 157
middle 157
midnight 157
midst 157
midsummer 157
midway 157
migr 157
migrate 157
migration 157
migratory 157
mil(l) 158
mile 158
mileage 158
millennium 158
millimeter 158
million 158
millionaire 158
min 158
min(i) 158
mince 158
mind 154
mindful 154
mindless 154

miniature 158
minimize 158
minimum 158
minister 158
ministry 159
minor 159
minority 159
minute 159
mir 159
miracle 159
miraculous 159
mirage 159
mire 152
mirror 159
misanthropy 28
mischief 46
mischievous 46
misfortune 106
mis(s) 159
missile 160
mission 160
missionary 160
mister 149
mistress 149
misusage 261
misuse 261
mob 161
mob 161
mobile 161
mobilization 161
mobilize 161
mod 162
modal 163
mode 162
model 163
moderate 163
moderately 163
moderation 163
modern 163
modernize 163
modest 163
modesty 163
modification 163
modify 163
modish 163
mold 163
moment 161
momentary 161
momentous 161

mon 163
mon(it) 164
monarch 30
monarchy 30
money 164
monitor 164
monitory 164
monotheism 252
monotone 253
monotonous 253
monotony 253
monster 164
monster 164
monstrous 164
monument 164
monumental 164
moor 152
mordant 165
mors 165
morsel 165
mort 165
mortal 165
mortality 165
mortgage 111, 165
mortician 165
mortification 165
mortify 165
mortuary 165
mother 152
motherly 152
motion 161
motionless 161
motivation 161
motive 161
motor 161
motorcar 161
motorist 161
mount(e) 166
mount 166
mountain 166
mountaineer 166
mountainous 166
mountebank 166
movable 162
move 162
movement 162
movie 162
moving 162
multiple 195

multiply 195
murder 165
murderer 165
murderous 165
mus 166
muse 166
muster 165
mut² 166
mutiny 162
mutual 166
mutually 166
mythology 145

N
nasc 167
natal 167
nation 167
national 167
nationalism 167
nationality 167
native 167
natural 167
naturalize 167
naturally 167
nature 167
naus 167
nausea 167
nauseate 167
nauseous 167
nautical 167
nav 168
naval 168
navigate 23, 168
navigation 23, 168
navigator 168
navy 168
necessarily 52
necessary 52
necessitate 52
necessity 52
nect 168
neg 168
negate 168
negation 168
negative 168
neglect 138, 168
neglectful 138, 168
negligence 138, 168

negligent 138, 168
negligible 168
negotiate 168
negotiation 169
neologism 145
nitrogen 113
nobility 169
nobl 169
noble 169
nobleman 169
noc 169
noise 168
noisily 168
noisy 168
nomin 169
nominal 169
nominate 169
nomination 169
nominative 169
nomy 170
nonchalance 44
nonchalant 44
nonsense 224
norm 170
norm 170
normal 170
normalize 170
normally 170
Norway 277
Norwegian 277
nos 170
nose 170
nostril 170
nosy 170
not 171
notable 171
notably 171
note 171
notebook 171
noted 171
notice 171
noticeable 171
notify 171
notion 171
notorious 171
noun 171
noun 171
nour 172
nourish 172

nourishing 172
nourishment 172
nov 172
novel 172
novelist 172
novelistic 172
novelty 172
novice 172
noxious 169
nozzle 170
nuisance 169
number 173
number 173
numberless 173
numeral 173
numerous 173
nurse 172
nursery 172
nurture 172
nutriment 172
nutrition 172
nutritious 172

O

obdurate 82
obedience 32
obedient 32
obey 32
object 131
objection 131
objective 131
objectivism 131
oblate 136
obligation 142
obligatory 142
oblige 142
obliterate 143
obnoxious 169
obsecrate 215
obsequious 221
observance 225
observation 225
observatory 225
observe 225
observer 225
obstacle 230
obstetric 230
obstinate 230

obstruct 241
obstruction 241
obstructive 241
obtain 246
obtainable 246
obtrude 258
obverse 269
obvious 270
obviously 270
occasion 43
occasional 43
occcupant 48
Occident 43
Occidental 43
occlude 63
occult 53
occupation 48
occupy 48
occur 70
occurrence 70
od 174
ode 174
ody 174
offend 93
offender 94
offense 94
offensive 94
offer 95
office 89
official 89
oligarchy 30
omen 174
omen 174
ominous 174
omission 160
omit 160
omni 174
omnibus 174
omnipotence 174, 201
omnipotent 174, 201
omnipresent 174
omniscience 219
omniscient 175, 219
omnivorous 175
onion 259
onomatopoeia 175
onym 175
oper 175
opera 175

operate 175
operation 175
operator 175
opponent 199
opportune 200
opportunity 200
oppose 199
opposite 199
opposition 199
oppress 204
oppression 204
oppressive 204
opt 175
option 175
optional 175
or 175
oracle 175
oral 175
oranamental 177
orator 175
orb 176
orb 176
orbit 176
orbital 176
ordain 176
ordeal 176
order 176
orderly 176
ordin 176
ordinal 176
ordinance 176
ordinarily 176
ordinary 176
ori 176
orient 176
oriental 176
origin 176
original 176
originality 176
originally 176
originate 176
originative 177
orn 177
ornament 177
ornate 177
orthodox 80
ound 177
out 261
outer 261

overestimate 86
oxygen 113

P

pac 178
pacific 178
pacify 178
pack 178
pack 178
package 178
packet 178
pain 178
pain 178
painful 178
painfully 178
painless 178
painstaking 179
pair 180
pan[1] 179
pand 179
pant 189
Pantheon 252
pantry 179
papal 184
par[1] 179
par[2] 180
par[3] 181
par 179
parable 39
parabola 39
parade 180
paradox 80
paragraph 117
paralysis 148
paralyze 148
paramount 166
parasol 232
parcel 181
pardon 74
pardonable 74
parenthesis 252
parl 181
parlance 181
parley 181
parliament 181
parliamentary 181
parlor 181
parson 188

part 181
part 181
partake 181
partaker 181
partial 181
partiality 181
partially 181
participate 182
participation 182
participle 182
particle 182
particular 182
particularly 182
parting 182
partisan 182
partition 182
partly 182
partner 182
partnership 182
party 182
pass[1] **183**
pass[2] **183**
pass 183
passable 183
passage 183
passenger 183
passer-by 183
passing 183
passion 183
passionate 183
passionately 183
passive 183
passport 183, 200
patent 179
pater **184**
paternal 184
pathetic 183
pathos 183
patience 183
patient 183
patiently 183
patriarch 184
patricide 58
patrimony 184
patriot 184
patriotic 184
patriotism 184
patron 184
patronage 184

pattern 184
pause 197
pay 178
payment 178
peace 178
peaceable 178
peaceful 178
peal **184**
peal 184
pecu **185**
peculate 185
peculiar 185
peculiarity 185
peculiarly 185
ped **185**
pedagogue 23
pedal 185
peddler 185
pedestal 185
pedestrian 185
pedigree 185
peer 180
peerless 180
pel **186**
pellucid 147
penal 179
penalty 179
penance 179
pend[1] **186**
pend[2] **187**
pendant 186
pending 186
pendulous 186
pendulum 186
peninsula 129
penitence 179
penitent 179
pension 187
pentathlon 32
per(i) **188**
perambulate 26
perambulator 26
perceive 48
percent, per cent 54
percentage 54
perceptible 48
perception 48
percuss 71
percussion 71

peremptory 83
perennial 28
perfect 89
perfection 89
perfectly 89
perfidious 92
perfidy 92
perform 105
performance 105
performer 105
perfume 108
perfumery 108
perhaps 123
period 174
periodical 174
periscope 219
perish 130
perishable 130
permanence 150
permanent 150
permission 160
permit 160
permute 166
perpendicular 187
perplex 193
perplexity 193
perquisite 208
persecute 221
persecution 221
perseverance 225
persevere 225
persevering 225
persist 230
persistent 231
person **188**
person 188
personage 188
personal 188
personality 188
personally 188
personify 188
personnel 188
perspective 236
perspicacious 236
perspicuous 236
perspiration 238
perspire 238
persuade 242
persuasion 242

pertain 246
pertinent 246
perturb 258
perusal 261
peruse 261
pervade 262
pervasion 262
pervasive 262
perverse 269
pet **189**
petition 189
pha(n) **189**
phantom 190
phase 190
phenomenal 190
phenomenon 190
phil(o) **190**
philanthropism 29
philharmonic 190
philology 145, 190
philosopher 190
philosophic, -ical 190
philosophy 190
phon **190**
phone 190
phonetics 190
phonograph 117
phonology 190
photograph 117
phys **191**
physical 191
physically 191
physician 191
physics 191
physiology 191
pict **191**
picture 191
picturesque 191
pine 179
pioneer 185
plac **191**
placate 191
placation 191
placid 191
plain **191**
plain 191
plainly 191
plait 194
plan 191

plane 191
plank 191
platform 106, 191
plaud 192
plausible 192
ple(n) 192
plea(s) 192
plea 192
plead 192
pleasant 192
pleasantly 192
please 192
pleasing 192
pleasure 192
pleat 194
plenary 192
plentiful 192
plenty 192
plex 193
pli(c) 194
plor 196
plur 196
plural 196
plus 196
plutocracy 67
ply 194
poignant 196
point 196
point 196
poise 187
police 197
policeman 197
policy 197
polis 197
politic 197
political 197
politician 197
politics 197
pollute 147
pollution 148
pon 197
ponder 187
pope 184
popul 199
popular 199
popularity 199
population 199
populous 199
porch 200

port¹ 200
port² 200
port 200
portable 200
portal 200
porter 200
portion 182
portrait 256
portray 256
pose 197
posit 197
position 197
positive 197
positively 198
possess 201
possession 201
possessive 201
possessor 201
possibility 201
possible 201
possibly 201
post 198
post-bellum 36
posthumous 127
postlude 146
post meridiem 76
postpone 199
postscript 220
posture 198
pot² 201
potent 201
pounce 196
pour 206
power 201
powerful 201
powerless 201
praise 202
precede 52
precedence 52
precedent 52
precedessor 52
preceding 52
preci 202
precious 202
precipice 46
precipitate 46
precise 58
precisely 58
precision 58

preclude 63
preclusion 63
predicate 77
predict 77
prediction 77
predominant 80
predominate 79
predomination 80
preface 96
prefer 95
preference 95
preferential 95
preferment 95
prefigure 97
prefix 100
pregnant 113
prehend 202
prejudice 133
prejudicial 133
prelude 146
prem 203
premature 152
premier 203
premium 83
preparation 180
preparatory 180
prepare 180
prepense 188
prepensity 188
preposition 199
prescience 219
prescient 219
prescribe 220
prescription 220
presence 85
present 85
presentation 85
presently 85
preservation 225
preserve 225
press 203
press 203
pressing 203
pressure 203
presumably 242
presume 242
presumption 242
pretend 250
pretense 250

pretension 250
pretentious 250
pretext 252
prevail 263
prevalent 263
prevent 267
prevention 267
preventive 267
preview 272
prey 202
price 202
priceless 202
primarily 203
primary 203
prime 203
primer 203
primeval 203
primitive 203
primrose 203
prince 203
princely 203
princess 203
principal 203
principally 203
principle 203
prior 203
priority 203
prison 202
prisoner 202
priv 204
privacy 204
private 204
privately 204
privilege 139, 204
privileged 139, 204
privy 204
prize 202
proach 204
prob 205
probability 205
probable 205
probably 205
probate 205
problem 39
problematic 39
procedure 52
proceed 52
proceeding 52
proceeds 52

process 52
procession 52
proclaim 61
proclamation 61
proclamatory 61
procumbent 68
procuration 70
procure 70
prodigal 23
produce 81
producer 81
product 81
production 81
productive 81
profess 96
profession 96
professional 96
professor 96
proffer 95
proficiency 90
proficient 90
profile 97
profit 99
profitable 99
profiteer 99
profitless 99
profound 109
profundity 109
profundly 109
profuse 110
profusion 110
program(me) 117
progress 120
progression 120
progressive 120
prohibit 121
prohibition 121
project 131
projection 131
prolog(ue) 145
prolong 145
prolongation 145
prominence 158
prominent 158
prominently 158
promise 160
promising 160
promissory 160
prompt 83

pronoun 172
pronounce 172
pronunciation 172
proof 205
propaganda 178
propagate 178
propeller 186
proper 205
properly 206
property 206
prophesy 190
prophet 191
prophetic 191
proportion 182
proposal 199
propose 199
proposition 199
propri 205
prosecute 221
prosecution 222
prosecutor 222
prospect 236
prospective 236
prosper 237
prosperity 237
prosperous 237
prostitute 231
prostitution 231
protect 247
protection 247
protest 251
protract 256
protraction 256
protrude 258
protrusion 258
prove 205
proverb 268
provide 272
providence 272
provision 272
provocative 274
provoke 274
prudent 272
pseudonym 175
psycho 206
psychological 206
psychologist 145, 206
psychology 145, 206
psychopathy 206

public 199
publication 199
publicity 199
publicly 199
publish 199
publisher 199
pulsate 186
pulse 186
punch 196
punctual 196
punctuality 196
punctuate 196
punctuation 196
puncture 197
pungent 197
pup 206
pup 206
pupil 206
puppet 206
puppy 206
pur 206
purchase 57
purchaser 57
pure 206
purely 206
purge 206
purification 206
purify 206
Puritan 206
Puritanism 207
purity 206
purport 200
purpose 199
purposely 199
pursue 222
pursuer 222
pursuit 222
purvey 272
put 207
putrefaction 90
putrefactive 90

Q

quadruped 185
quadruple 195
quaint 208
quaint 208
quash 71

quer 208
query 208
quest 208
question 208
quiet 209
quietly 209
quietude 209
quit 209
quit 209

R

rad 209
radi¹ 209
radi² 209
radiant 209
radiate 210
radiation 210
radiator 210
radical 209
radicle 209
radioactive 210
radish 209
radium 210
radius 210
radix 209
ramble 26
rang 210
range 210
ranger 210
rank 210
ranking 210
rap(t) 210
rapacious 210
rape 210
rapid 210
rapidity 210
rapt 210
rapture 210
rascal 209
rav 211
ravage 211
ravish 211
ray 210
rayon 210
raze 209
razor 209
re 211
re(g) 212

react 20
reaction 21
reactionary 21
reactive 21
real 211
realism 211
realist 211
realization 211
realize 211
really 211
realm 212
rearm 30
rearmament 30
reassure 243
rebate 36
rebel 36
rebellion 36
rebellious 36
recant 45
recapitulate 46
recede 52
receipt 48
receive 48
receptacle 48
reception 48
receptive 48
recess 52
recession 52
recipe 48
recipient 48
reciprocal 52
reciprocate 52
recital 60
recitation 60
recite 60
reclaim 61
reclamation 61
recline 62
reclusive 63
recognition 115
recognize 115
recollect 138
recollection 138
recommend 150
recommendation 150
recompense 188
reconcile 43
reconstruct 241
reconstruction 241

record 65
recount 66
recourse 70
recover 66
recovery 66
rect 211
rectangle 211
rectangular 211
rectitude 211
rector 211
recumbent 68
recur 70
recurrence 70
recurrent 70
red 213
redbreast 40, 213
redden 213
redeem 83
redemption 83
redistribute 257
redistribution 257
redouble 80
reduce 81
reduction 81
refer 95
reference 95
refine 98
refined 98
refinement 98
refinery 98
reflation 100
reflect 101
reflection 101
reflective 101
refluence 103
refluent 103
reflux 103
reform 106
reformation 106
reformative 106
reformer 106
refract 107
refraction 107
refractory 107
refresh 107
refresher 107
refreshing 107
refreshment 107
refrigerate 107

refrigerator 107
refuel 103
refuge 108
refugee 108
refund 110
refusal 110
refuse 110
refuser 110
reg(ul) 212
regal 212
regard 276
regardless 277
regenerate 113
regeneration 113
regent 212
regicide 212
regime 212
regiment 212
region 212
regional 212
register 114
registration 114
regress 120
regression 120
regressive 120
regular 212
regularity 212
regularly 212
regulate 212
reign 212
rein 247
reinforce 104
reject 131
rejection 131
rejoice 133
rejoicing 133
relapse 135
relate 136
relation 136
relax 137
relaxation 137
release 137
relegate 139
relegation 139
relent 139
relentless 139
relevant 140
reliability 140
reliable 140

reliance 140
relic 143
relief 140
relieve 140
relievo 140
religion 142
religious 142
relinquish 143
relocate 144
rely 140
remain 150
remainder 150
remedy 153
remember 154
remembrance 154
remind 155
reminiscence 155
remit 161
remittance 161
remnant 150
remonstrance 165
remonstrate 165
remorse 165
remorseful 165
remote 162
removability 162
removable 162
removal 162
remove 162
removed 162
renaissance 167
renascence 167
renascent 167
render 74
rendering 74
renegade 169
renounce 172
renovate 172
renovation 172
renown 172
renowned 172
rent 74
renunciation 172
repair 180
repairable 180
repairation 180
repatriate 184
repatriation 184
repay 178

repeal 185
repeat 189
repeated 189
repeatedly 189
repel 186
repent 179
repentance 179
repercussion 71
repetition 189
replenish 193
replete 193
repletion 193
replica 195
replicate 195
replication 195
reply 195
report 200
reporter 200
repose 199
repository 199
reprehend 203
reprehension 203
repress 204
reprieve 205
reproach 205
reproachful 205
reproachless 205
reprobate 205
reprobation 205
reproof 205
reprove 205
republic 199,211
republican 199
repulse 186
repulsive 186
reputation 207
repute 207
request 208
require 208
requirement 208
requisite 208
research 59
researcher 59
resemblance 223
resemble 223
resent 224
resentful 224
resentment 224
reservation 225

reserve 225
reservoir 225
reside 222
residence 222
resident 222
residue 222
resign 226
resignation 226
resilent 216
resist 231
resistance 231
resistant 231
resolute 233
resolutely 233
resolution 233
resolve 233
resolved 233
resolvent 233
resound 233
resource 243
resourceful 243
respect 236
respectable 236
respectful 236
respectfully 236
respecting 236
respective 236
respectively 236
respiration 238
respire 238
respond 239
response 239
responsibility 239
responsible 239
restaurant 240
restitution 231
restoration 240
restore 240
restrain 240
restraint 240
restrict 240
restriction 240
restrictive 241
result 216
resultant 216
resultful 216
resultless 216
resume 243
resumption 243

resurge 243
resurrect 243
resurrection 243
retail 245
retain 247
retentive 247
retire 256
retirement 256
retort 254
retract 256
retreat 256
retrograde 116
retrospect 236
return 254
reveal 265
revel 37
revelation 265
reveller 37
revelry 37
revenge 267
revengeful 267
revenue 267
reversal 269
reverse 269
revert 269
review 272
revise 272
revision 272
revival 273
revive 273
revocation 274
revoke 274
revolution 275
revolutionary 275
revolve 275
revolver 275
revulsion 275
reward 277
rid 212
ridicule 212
ridiculous 212
righthand 123
righthanded 123
ripple 212
risible 212
riv 212
rival 212
rivalry 212
river 213

rivulet 213
rob 213
robust 213
rog 213
rol(l) 213
roll 213
roller 213
rotate 213
route 214
royal 212
royalty 212
ruby 213
rud 213
ruddy 213
rupt 214
rupture 214
rur 214
rural 214
rurality 214
ruralize 214
russet 214
rust 214
rustic 214
rusticate 214
rusticity 214
rusty 214

S

sacr 215
sacrament 215
sacramental 215
sacred 215
sacrifice 215
sacrilege 138,215
sacrilegious 138,215
saf 215
safe 215
safely 215
sail 216
saint 215
sal² 216
sal³ 217
salad 216
salary 216
salience 216
salient 216
saline 216
sally 216

salmon 216
salt 216
salty 216
salubrious 217
salutary 217
salute 217
same 222
sample 83
sanatorium 217
sanctify 215
sanction 215
sanctuary 215
sane 217
sanitary 217
sanitation 217
sanity 217
sat 217
satety 215
satiable 217
satiate 217
satiety 217
satire 217
satiric(al) 217
satisfaction 217
satisfactory 217
satisfy 217
satisfying 217
saturate 217
saturation 217
sauce 216
sausage 217
save 215
saving 215
savior 215
saw 220
scale 218
scamper 44
scan 218
scandal 218
scend 218
schol 218
scholar 218
scholarly 218
scholarship 218
scholastic 218
school 219
schooling 219
schoolmaster 219
schoolroom 219

sci 219
science 219
scientific 219
scientist 219
scissors 58
scope 219
scope 219
scour 71
scrib 219
scribe 219
script 219
scripture 219
search 59
secede 52
seclude 63
secluded 63
seclusion 63
second 221
secondary 221
secrecy 56
secret 56
secretary 56
secrete 56
sect[1] 220
sect 221
section 220
sectional 220
sectionalism 220
secure 71
security 71
secut 221
sed 222
sedentary 222
seduce 81
seducer 81
seduction 82
seem 222
segment 220
segmental 220
segregate 119
segregation 119
select 138
selection 138
self-reliance 140
sembl 222
semblance 222
sens 223
sensation 223
sensational 223

sense 223
senseless 223
sensible 223
sensibly 223
sensitive 223
sensual 223
sensuous 223
sentence 223
sentiment 223
sentimental 223
separate 180
separately 180
separation 180
sequel 221
sequence 221
sequent 221
ser(t) 224
serial 224
series 224
serv 224
servant 224
serve 224
service 224
servile 224
session 222
sessional 222
sever 225
severe 225
severely 225
severity 225
sex 220
sign 225
sign 225
signal 225
signatory 225
signature 225
significance 226
significant 226
signify 226
similar 222
similarity 222
similarly 222
simile 222
simple 195
simplicity 195
simplify 195
simply 195
simulate 223
simultaneous 223

sir 226
sist 227
slack 137
slacken 137
soar 21
soaring 21
soci 231
social 231
socialism 232
socialist 231
society 232
sociology 232
sojourn 132
sol[1] 232
sol[2] 232
sol[3] 232
solace 232
solar 232
soldier 233
sole 232
solely 232
solicit 60
solicitor 60
solicitous 60
solicitude 60
solid 232
solid 232
soliloquy 232
solitary 232
solitude 232
solo 232
solstice 231, 232
solution 233
solv 233
solve 233
solvent 233
somber, -bre 259
sombrero 259
son 233
sonnet 233
sonorous 233
sor(r) 234
sorb 233
sore 234
sorrow 234
sorrowful 234
sorry 234
sort 234
sort 234

sound 233
source 243
souvenir 267
sovereign 242
spec 234
special 234
speciality 234
specialize 234
specially 234
specie 234
species 234
specific 234
specifically 235
specify 235
specimen 235
specious 235
spectacle 235
spectacular 235
specter 235
spectrum 235
speculate 235
speculation 235
speculative 235
spend 188
sper 237
spers 237
sphere 237
sphere 237
spir 238
spirit 238
spiritual 238
spond 238
sponsor 238
sport 200
sportman 200
spy 235
stability 227
stable 227
stage 227
stall 227
stamina 227
stand 227
standard 227
standing 227
standingpoint 227
state 227
stately 227
statement 227
statesman 227

station 227
stationary 227
stationer 228
stationery 227
statistics 228
statue 228
stature 228
status 228
statute 228
stay 228
stead 228
steadfast 228
steadily 228
steady 228
stenographer 117
steward 277
stewardess 277
stimul 239
stimulate 239
stimulus 239
sting 239
stle 239
stor 240
storage 240
store 240
storehouse 240
strain(t) 240
strain 240
strait 240
strange 86
stranger 86
strangle 27
strangulate 27
stress 240
strict 240
strictly 240
stringent 240
struct 241
structural 241
structure 241
stup 241
stupefy 241
stupendous 241
stupid 241
stupidity 241
stupor 242
suad 242
subdue 82
subject 131

subjection 131
subjective 131
subjectivism 131
submarine 152
submerge 156
submission 161
submit 161
subnormal 170
subordinate 176
subscribe 220
subscription 220
subsequent 222
subsequently 222
subside 222
subsidiary 222
subsist 231
substance 231
substantial 231
substitute 231
substitution 231
subterfuge 108
subterranean 251
subtract 256
subtraction 256
suburb 260
suburban 260
subversive 269
subvert 269
succeed 52
success 52
successful 52
succession 53
successive 53
successively 53
successor 53
succor 70
succumb 68
sue 221
suffer 95
sufferance 96
sufferer 96
suffering 96
suffice 90
sufficency 90
sufficient 90
suffix 100
suffrage 107
suffuse 110
suffusion 110

suggest 114
suggestion 114
suggestive 114
suicide 58
suit 221
suitable 221
suite 221
suitor 221
sullen 232
sum^1 242
sum^2 242
sum 242
summary 242
summit 242
summon 164
sumptuous 242
superficial 87
superficiality 87
superficially 87
superfluity 103
superfluous 103
superhuman 127
superior 242
superiority 242
superlative 136
supernatural 167
supervise 272
supervisor 272
supplement 193
supplicate 195
supply 193
support 200
supportable 201
supporter 201
suppose 199
supposed 199
supposition 199
supremacy 242
supreme 242
sur 243
sure 243
surely 243
surg 243
surge 243
surgy 243
surmise 161
surmount 166
surpass 183
surpassing 183

surplus 196
surprisal 203
surprise 203
surprising 203
surrender 74
surround 177
surrounding 177
survival 273
survive 273
survivor 273
susceptible 48
suspect 236
suspend 187
suspense 187
suspension 187
suspensive 187
suspicion 237
suspicious 237
sustain 247
sustenance 247
sustentation 247
swear 243
swer 243
symbol 39
symbolism 39
symbolize 39
symmetrical 156
symmetry 156
sympathetic 184
sympathize 184
sympathy 184
symphony 191
synagogue 23
synchronic 58
synonym 175
system 231

T

tach 244
tact 244
tactics 244
tail 244
tail 244
tailor 244
tain 245
taint 247
taint 247
tally 244

tangent 244
tangible 244
taste 244
techn 247
technical 247
technician 247
technique 247
technology 247
tect² 247
telegram 117
telegraph 117
telephone 191
telescope 219
temp 248
temper 248
temper 248
temperament 248
temperamental 248
temperance 248
temperate 248
temperature 248
tempest 248
tempestuous 248
tempo 248
temporal 248
temporarily 248
temporary 248
tempt 248
tempt 248
temptation 248
tempting 248
tenacious 245
tenacity 245
tenant 245
tend 249
tend¹ 249
tend² 249
tendency 249
tenement 245
tenet 245
tennis 245
tenor 245
tense 249
tension 249
tent 249
tentative 248
tenure 245
term 250
term 250

terminal 250
terminate 250
termination 250
terminus 250
terr 250
terr(a) 251
terrace 251
terrestrial 251
terrible 250
terribly 250
terrific 250
terrify 250
territory 251
terror 250
terrorism 250
terrorist 250
test 251
test 251
testament 251
testify 251
testimonial 251
testimony 251
text 251
text 251
textbook 251
textile 251
textual 251
texture 251
the(o) 252
theme 252
theolgical 252
theology 252
thermometer 156
thesis 252
thesis 252
thoroughfare 91
tim 252
timid 252
timidity 252
timorous 252
tinge 247
tint 247
tissue 251
toilet 251
tom 252
tome 252
ton 253
tone 253
toothache 20

torch 253
torchlight 253
torment 253
tort 253
tortoise 253
tortuous 253
torture 253
tour 254
tour 254
tourist 254
tournament 254
trac 254
trace 254
track 254
tract 255
tractable 255
tractile 255
tractor 255
trad 256
tradition 256
traditional 256
tragedy 174
trail 255
trailer 255
train 255
trainer 255
training 255
trait 255
traitor 256
traitorous 256
tranquil 209
tranquility 209
transact 21
transaction 21
transcend 218
transcribe 220
transcription 220
transfer 96
transferable 96
transference 96
transfiguration 97
transfigure 97
transfix 100
transform 106
transformation 106
transformer 106
transfuse 110
transfusion 110
transgress 120

transgression 120	tumult 258	unholy 122	utter 261
transient 130	tumult 258	uniform 106, 259	utterance 261
transit 130	tumultuous 258	uniformed 106, 259	utterly 261
transition 130	**turb 258**	uniformity 106, 259	
translate 136	turban 254	uniformly 106, 259	**V**
translation 136	turbid 258	unify 259	
translucent 147	turbulence 258	unintelligible 138	**vac 262**
transmigrate 158	turbulent 258	union 259	vacant 262
transmission 161	turn 254	unique 259	vacate 262
transmissive 161	turnip 254	unison 259	vacation 262
transmit 161	turtle 254	unit 259	vacuity 262
transmute 166	tutor 258	unite 259	vacuum 262
transparence 181		unity 259	**vad 262**
transparency 181	**U**	universal 260, 269	**vag 262**
transparent 181		universe 260, 269	vagabond 262
transpicuous 237	ultimate 259	university 260, 269	vagrant 263
transport 201	ultimately 259	unmoved 162	vague 263
transportation 201	ultimatum 259	unnatural 167	vaguely 263
transpose 199	**ultra 259**	unnoticed 171	**vail 263**
traverse 269	ultra 259	unpardonable 74	vain 263
treason 256	**umbr 259**	unpatriotic 184	vainglorious 263
treat 255	umbrage 259	unpopular 199	vainglory 263
treatise 255	umbrella 259	unprecedented 53	vainly 263
treatment 255	**un 259**	unprejudiced 133	**val(l) 264**
treaty 255	unable 19	unvarying 265	vale 264
trem 257	unanimity 28, 259	unwholesome 122	valediction 77
tremble 257	unanimous 28, 259	unwittingly 278	valiant 263
tremendous 257	unaware 277	**urb 260**	valid 263
tremendously 257	uncertain 56	urban 260	valley 264
tremor 257	uncertainty 56	urbane 260	valor 263
tremulous 257	uncivilized 59	urbanity 260	valuable 263
trespass 183	uncomfortable 104	urge 84	value 263
trib 257	unconcerned 56	urgency 84	**va(i)n 263**
tribal 257	unconcernedly 56	urgent 84	**van(t) 264**
tribe 257	uncountable 66	**us 260**	van 264
tribunal 257	uncouth 115	usage 260	vanguard 264
tribune 257	uncover 66	use 260	vanish 263
tributary 257	underestimate 86	used 260	vanity 263
tribute 257	understand 231	useful 260	vanquish 270
triple 196	understanding 231	useless 260	**vapor 264**
triplicate 196	undulate 177	usual 260	vapor 264
triplicity 196	unessential 85	usually 260	vaporize 264
trivial 270	unexpected 237	usurp 260	vaporous 264
trouble 258	unfailing 90	usury 260	**var 264**
troublesome 258	unfortunate 106	**ut² 261**	variable 264
trud 258	unfortunately 106	utensil 260	variably 264
tuit 258	unhappily 123	utility 260	variant 264
tuition 258	unhappy 123	utilize 260	variation 264
tulip 254	unhealthy 122	utmost 261	varied 264

variegate 264
variety 265
various 265
vary 265
vas² 265
vase 265
vault 274
vaunt 263
veal 265
veg 265
vegetable 265
vegetarian 265
vegetate 265
vegitation 265
veh 266
vehemence 266
vehement 155,266
vehicle 266
veil 265
vein 266
velop 266
ven 266
veng 267
vengeance 267
vent² 267
vent 267
ventilate 267
ventilation 267
ventilator 268
venture 266
ver 268
verb 268
verb 268
verbal 268
verdict 77,268
verify 268
verily 268
vers 268
versatile 268
verse 268
version 268
vertical 268
vertigo 268
very 268
vessel 265
vest 270
vest 270

via 270
via 270
viand 272
vict¹ 270
victor 270
victory 270
victual 272
vid¹ 271
view 271
vigil 265
vigilance 265
vigilant 265
vigor 265
vigorous 265
vill 272
villa 272
village 272
villager 272
villain 272
villainous 272
vindicate 77,267
vinegar 20
visage 271
visible 271
vision 271
visit 130,271
visitor 130,271
visual 271
vital 272
vitality 273
vitamin 273
vitorious 270
viv 275
vivacious 273
vivacity 273
vivid 273
vivify 273
vivisect 273
voc 273
vocabulary 273
vocal 273
vocation 273
vocational 273
vociferate 273
vociferous 273
voice 273
void 262

vol 274
volcan 274
volcanic 274
volcano 274
volition 274
volume 274
voluntary 274
volunteer 274
voluptuous 274
volv 274
vot 275
vote 275
vouch 273
vow 275
vowel 273
voyage 270
vuls 275

W

wade 262
wag 277
wage 111
wagon 277
wail 276
wail 276
wait 276
wait 276
waiter 276
waitress 276
wak 276
wake 276
waken 276
war 276
ward 276
ware 276
warn 276
warrant 276
wary 276
way 277
way 277
weal 277
wealth 277
wealthy 277
weather 277
weigh 277
weight 277

wel(l) 277
welfare 91,277
welfare state 91,277
welfare work 91,277
well 277
whole 122
wholesale 122
wholesome 122
widow 271
widower 271
wind 277
wind 277
windmill 277
window 277
windy 278
wis 278
wisdom 278
wise 278
wit 278
witch 278
witchcraft 278
wither 278
withstand 231
witness 278
witting 278
witty 278
wizard 278

X

xylophone 191

Y

young 133
youth 133
youthful 133

Z

zoo 278
zoo 278
zoological 145,278
zoology 145,278

[著者紹介]

瀬谷廣一（せや こういち）
1936年生まれ。2020年没。
主な編・著書に, *A Phonetic Dictionary of English*（桐原書店, 1981）『NEW INTERNATIONAL JAPANESE-ENGLISH DICTIONARY／インターナショナル日本語・英語新辞典』（実教出版, 1994）,『ガウェーンと緑の騎士』（木魂社, 1990）,『全教科書対応 中学英語辞典』（講談社, 2003）,『英語の「ものの数え方」辞典』（木魂社, 2006）,『ジーニアス英和辞典 第3版』『同 第4版』『同 第5版』〔共執筆〕（大修館書店）などがある。

語根中心 英単語辞典（ごこんちゅうしん えいたんごじてん）
© Koichi Seya 2001　　　NDC 833／viii, 310p／26cm
初版第1刷——2001年1月20日
　第10刷——2022年9月1日

著者————瀬谷廣一（せやこういち）
発行者———鈴木一行
発行所———株式会社 大修館書店
　　　　　〒113-8541 東京都文京区湯島 2-1-1
　　　　　電話 03-3868-2651（販売部）03-3868-2293（編集部）
　　　　　振替 00190-7-40504
　　　　　[出版情報] https://www.taishukan.co.jp

装丁者———下川雅敏
編集協力——(有)メビウス
印刷所———壮光舎印刷
製本所———牧製本

ISBN978-4-469-04156-9　　Printed in Japan
Ⓡ本書のコピー、スキャン、デジタル化等の無断複製は著作権法上での例外を除き禁じられています。本書を代行業者等の第三者に依頼してスキャンやデジタル化することは、たとえ個人や家庭内での利用であっても著作権法上認められておりません。

ヨーロッパ人名語源事典
梅田 修 著
菊判・418頁　定価 5,940円（本体 5,400円＋税 10%）

メモリー英語語源辞典
中島 節 編
四六判・354頁　定価 3,520円（本体 3,200円＋税 10%）

スポーツからきた英語表現辞典
R.A. パルマティア・H.L. レイ 著　本名信行・鈴木紀之 編訳
四六判・522頁　定価 4,180円（本体 3,800円＋税 10%）

シップリー英語語源辞典
ジョーゼフ T. シップリー 著　梅田修・眞方忠道・穴吹章子 訳
A5判・778頁　定価 6,600円（本体 6,000円＋税 10%）

英語の語源事典
梅田 修 著
四六判・438頁　定価 3,190円（本体 2,900円＋税 10%）

大修館書店